U0615614

Finance Course

金融学
教程

主　编——王未卿　刘　澄
副主编——曹　辉　刘慧园

经济管理出版社
ECONOMY & MANAGEMENT PUBLISHING HOUSE

图书在版编目（CIP）数据

金融学教程 / 王未卿，刘澄主编 . -- 北京 ：经济
管理出版社，2024. -- ISBN 978-7-5243-0127-1

Ⅰ. F830

中国国家版本馆CIP数据核字第2024VV3870号

组稿编辑：杨　雪
责任编辑：杨　雪
助理编辑：王　慧
责任校对：许　艳
责任印制：蔡晓臻

出版发行：经济管理出版社
　　　　　（北京市海淀区北蜂窝 8 号中雅大厦 A 座 11 层　　100038）
网　　址：www. E-mp. com. cn
电　　话：（010）51915602
印　　刷：唐山昊达印刷有限公司
经　　销：新华书店
开　　本：787mm×1092mm/16
印　　张：21.5
字　　数：551
版　　次：2025 年 3 月第 1 版　　2025 年 3 月第 1 次印刷
书　　号：ISBN 978-7-5243-0127-1
定　　价：68.00 元

前　言

金融在当代经济生活中发挥着极其重要的作用。在市场经济条件下，个人在进行经济决策时既可能面临资金短缺的问题，也可能需要为多余的资金寻找适宜的投资途径；企业的经营管理涉及运用最佳方式筹措资金以及投资项目的最优选择问题；运用金融手段调控宏观经济则是政府经济政策的重要内容。可以说，金融学研究的问题涉及经济生活的方方面面。因此，学习和掌握金融学的相关知识是十分必要的。

金融学是研究资金如何在不同主体间调剂余缺进而实现在全社会范围内合理配置的一门学科，具有很强的理论性与实践性。本教程从实用的角度出发，力图通过简洁、明晰的阐释，使学习者熟知现代金融的基本知识，洞悉现代金融的体系框架，了解现代金融的运行机制。

本教程共分九章。绪论部分通过阐释金融与经济的关系指出金融在国民经济中的重要地位，侧重从历史发展的角度论述金融学的发展演变进程；第一章是货币与信用，主要概述货币职能、货币制度、货币流通规律以及货币供给层次，论述货币需求与供给的影响因素以及货币供求平衡的实现条件，介绍了不同货币理论流派的基本观点；第二章是金融调控，重点介绍金融调控的手段，阐述金融调控的作用，以及如何运用金融手段对金融危机进行防范；第三章是金融市场，主要介绍金融市场的定义、功能、构成要素和分类，并对主要金融市场按照不同类型进行深入说明；第四章是金融机构，首先概述金融机构体系的组成，在此基础上对中央银行、商业银行以及其他金融机构的业务流程进行详尽描述；第五章是金融工具，主要阐述金融工具的特征、类型并对主要的金融工具做出进一步说明，同时结合金融工具的运用描述了金融产品开发的程序；第六章是金融风险管理，界定了风险的定义及特征，介绍了金融风险衡量的基本方法并对金融风险管理的方法做出描述；第七章是投资理财规划，在对投资理财产品进行描述的基础上，介绍了投资理财方案设计的主要方法；第八章是国际金融，重点阐释国际收支、外汇与汇率及国际资本流动等国际金融领域的主要问题。

本教程具有以下鲜明的特征：

第一，实用性。本教程在体系设计、内容取舍、行文方式等方面都试图突出实用性特色。通过大量翔实的流程阐述与案例分析引导学生快速掌握金融活动实践的精髓。

第二，全面性。以实用性为主线，本教程几乎涵盖了金融领域的全部内容。从微观金融的个人企业经济行为分析到宏观金融的金融政策工具的应用，从金融市场的组成框架到金融工具的种类及应用，从对金融风险的管理到投资理财方案的设计，从货币理论到金融活动实践以及国际化视角的国际金融的引入，本教程通过简洁明晰的阐释为学生提供了金融活动的全景概览。

第三，知识性。本教程通过专栏的形式为学生提供了大量金融领域的背景知识，一方面可以激发学生对金融的学习兴趣；另一方面可以为学生的进一步学习提供相应的知识储备。

本教程首次出版于 2008 年，作为应用型教材，受到了很多读者的肯定，历经多次修订和再版。本次修订是结合近年来的教学实践反馈，历经 3 年修订而成的，以反映金融行业最近的理论和实践的发展。参与本次教材修订的有王未卿、刘澄、曹辉、刘慧园等，全书由王未卿、刘澄定稿。

由于编者水平所限，文中错误和遗漏在所难免，恳请读者批评指正。

编者

2024 年 8 月于北京

目 录

绪 论…………………………………………………………………………………1
  第一节　金融在国民经济中的地位……………………………………………1
    一、经济与金融的关系………………………………………………………1
    二、金融创新与金融发展……………………………………………………4
  第二节　金融学发展历程……………………………………………………………10
    一、金融学研究范畴…………………………………………………………10
    二、微观金融学研究的发展演进……………………………………………12
    三、行为金融学研究的发展演进……………………………………………13
    四、宏观金融学的发展演进…………………………………………………16
    五、金融科技的发展演进……………………………………………………17
  思考练习题……………………………………………………………………………19
    一、名词解释…………………………………………………………………19
    二、简答题……………………………………………………………………19
    三、论述题……………………………………………………………………19

第一章　货币与信用…………………………………………………………………20
  第一节　货币概述……………………………………………………………………20
    一、货币内涵…………………………………………………………………20
    二、货币流通…………………………………………………………………22
  第二节　信用…………………………………………………………………………24
    一、信用的内涵………………………………………………………………24
    二、信用的发展历程…………………………………………………………25
    三、信用分类…………………………………………………………………25
    四、信用工具…………………………………………………………………26
  第三节　货币制度……………………………………………………………………26
    一、货币制度概述……………………………………………………………26
    二、国际货币制度……………………………………………………………29
    三、区域性货币制度…………………………………………………………32
  第四节　货币供求……………………………………………………………………32
    一、货币需求理论……………………………………………………………32
    二、货币供给理论……………………………………………………………35
    三、货币供求均衡……………………………………………………………41
    四、通货膨胀与通货紧缩……………………………………………………43
  本章小结………………………………………………………………………………45
  进一步阅读……………………………………………………………………………46
  思考练习题……………………………………………………………………………46
    一、名词解释…………………………………………………………………46

二、填空题 ·········· 46

三、判断题 ·········· 46

四、单项选择 ·········· 47

五、多项选择 ·········· 47

六、问答题 ·········· 48

七、案例分析题 ·········· 48

第二章　金融调控 ·········· 50

第一节　金融调控概述 ·········· 50

一、金融调控的定义 ·········· 50

二、金融调控的目标 ·········· 50

三、金融调控的手段 ·········· 51

四、金融调控的作用 ·········· 51

五、金融调控的趋势 ·········· 51

第二节　货币政策 ·········· 51

一、货币政策概述 ·········· 51

二、货币政策的作用 ·········· 53

三、货币政策目标 ·········· 54

四、货币政策目标的协同 ·········· 55

五、货币政策工具 ·········· 56

六、货币政策的类型 ·········· 60

七、货币政策与财政政策协调 ·········· 60

八、货币政策传导机制 ·········· 64

九、货币政策趋势 ·········· 64

第三节　金融危机 ·········· 65

一、金融危机的界定 ·········· 65

二、金融危机的类型 ·········· 66

三、金融危机的传导机制 ·········· 68

四、金融危机国际援助的博弈论分析 ·········· 69

五、金融危机的防范措施 ·········· 71

第四节　金融监管 ·········· 72

一、金融监管概述 ·········· 72

二、金融监管的原则 ·········· 74

三、金融监管体系的类型 ·········· 74

四、金融监管的内容 ·········· 75

本章小结 ·········· 76

进一步阅读 ·········· 76

思考练习题 ·········· 76

一、名词解释 ·········· 76

二、填空题 ·········· 76

三、判断题 ·········· 77

四、选择题 ·········· 77

五、问答题 ·········· 78

　　　六、案例分析题 ··· 78

第三章　金融市场 ··· 79
　第一节　金融市场概述 ·· 79
　　　一、金融市场的定义 ·· 79
　　　二、金融市场的功能 ·· 79
　　　三、金融市场的构成要素 ··· 80
　　　四、金融市场的类型 ·· 81
　　　五、金融市场的发展趋势 ··· 83
　第二节　货币市场 ·· 84
　　　一、货币市场概述 ·· 84
　　　二、短期信贷市场 ·· 85
　　　三、短期证券市场 ·· 87
　　　四、贴现市场 ··· 90
　第三节　资本市场 ·· 93
　　　一、资本市场概述 ·· 93
　　　二、银行中长期信贷市场 ··· 94
　　　三、证券市场 ··· 94
　第四节　外汇市场与黄金市场 ··· 111
　　　一、外汇市场 ·· 111
　　　二、黄金市场 ·· 114
　第五节　衍生市场 ··· 117
　　　一、衍生市场概述 ··· 117
　　　二、金融远期市场 ··· 120
　　　三、期货市场 ·· 121
　　　四、期权市场 ·· 124
　　　五、互换市场 ·· 128
　　　六、其他衍生工具市场 ··· 131
　本章小结 ··· 132
　进一步阅读 ··· 132
　思考练习题 ··· 132
　　　一、名词解释 ·· 132
　　　二、填空题 ·· 132
　　　三、判断题 ·· 132
　　　四、选择题 ·· 133
　　　五、问答题 ·· 134
　　　六、综合题 ·· 134

第四章　金融机构 ··· 135
　第一节　金融机构概述 ·· 135
　　　一、金融机构的定义及功能 ··· 135
　　　二、金融机构的类型 ·· 136
　　　三、金融机构体系构成 ··· 137

四、国际性金融机构·······················145
第二节 中央银行·······························147
一、中央银行的负债业务·················147
二、中央银行的资产业务·················149
三、中央银行的清算业务和金融统计业务·········150
第三节 商业银行·······························153
一、商业银行的业务·····················153
二、商业银行的经营管理·················160
第四节 其他金融机构·························163
一、保险公司···························163
二、证券公司···························166
本章小结·····································168
进一步阅读·····································169
思考练习题·····································169
一、名词解释···························169
二、填空题·····························169
三、判断题·····························169
四、选择题·····························170
五、问答题·····························171
六、综合题·····························171

第五章 金融工具·································173
第一节 金融工具概述·························173
一、金融工具的内涵·····················173
二、金融工具的特征·····················174
第二节 金融工具的类型·······················176
一、按照期限进行分类···················176
二、按照融资形式进行分类···············176
三、按照权利与义务进行分类·············177
四、按照是否与信用活动直接相关进行分类·······177
第三节 主要金融工具介绍·····················178
一、基础金融工具·······················178
二、衍生金融工具·······················183
第四节 金融产品设计·························197
一、金融产品开发概述···················197
二、金融产品开发程序···················199
三、金融产品设计案例···················201
本章小结·····································204
进一步阅读·····································204
思考练习题·····································204
一、名词解释···························204
二、判断题·····························204

三、选择题 ………………………………………………… 205
四、论述题 ………………………………………………… 205
五、案例分析题 …………………………………………… 205

第六章　金融风险管理 …………………………………… 207
　第一节　金融风险概述 …………………………………… 207
　　一、风险内涵 …………………………………………… 207
　　二、金融风险类型 ……………………………………… 207
　　三、金融风险管理方法 ………………………………… 208
　第二节　金融风险度量 …………………………………… 209
　　一、金融风险度量方法概述 …………………………… 209
　　二、期望—方差法 ……………………………………… 210
　　三、资本资产定价模型 ………………………………… 211
　　四、LPM 模型 …………………………………………… 215
　　五、灵敏度方法 ………………………………………… 215
　　六、VaR 法和 CVaR 法 ………………………………… 216
　　七、其他方法 …………………………………………… 219
　第三节　金融风险管理技术 ……………………………… 219
　　一、风险管理方法 ……………………………………… 219
　　二、风险管理程序 ……………………………………… 225
　本章小结 …………………………………………………… 230
　进一步阅读 ………………………………………………… 230
　思考练习题 ………………………………………………… 231
　　一、名词解释 …………………………………………… 231
　　二、填空题 ……………………………………………… 231
　　三、判断题 ……………………………………………… 231
　　四、选择题 ……………………………………………… 231
　　五、问答题 ……………………………………………… 232
　　六、综合题 ……………………………………………… 232

第七章　投资理财规划 …………………………………… 234
　第一节　投资理财概述 …………………………………… 234
　　一、投资理财的内涵 …………………………………… 234
　　二、理财规划的步骤 …………………………………… 235
　　三、理财规划的内容 …………………………………… 237
　第二节　理财产品概述 …………………………………… 239
　　一、理财产品的类型 …………………………………… 239
　　二、固定收益类理财产品 ……………………………… 241
　　三、权益性理财产品 …………………………………… 247
　　四、投资基金 …………………………………………… 249
　　五、其他类理财产品 …………………………………… 254
　第三节　投资理财方案设计 ……………………………… 256
　　一、投资者特征及财务生命周期 ……………………… 256

二、投资方案设计与管理 ·· 258
本章小结 ·· 263
进一步阅读 ·· 263
思考练习题 ·· 264
一、名词解释 ·· 264
二、填空题 ·· 264
三、判断题 ·· 264
四、选择题 ·· 264
五、问答题 ·· 265
六、案例分析题 ·· 265

第八章　国际金融 ·· 266
第一节　国际收支 ·· 266
一、国际收支概述 ·· 266
二、国际收支理论 ·· 268
三、国际收支平衡表 ······································ 270
四、国际收支平衡表分析 ·································· 277
五、国际收支失衡分析 ···································· 280
第二节　外汇及汇率 ·· 283
一、外汇 ·· 283
二、国际储备 ·· 286
三、汇率 ·· 289
四、汇率理论 ·· 297
五、外汇交易 ·· 300
六、外汇风险管理 ·· 304
第三节　国际资本流动 ······································ 306
一、国际资本流动概述 ···································· 307
二、国际资本流动的原因 ·································· 310
三、国际资本流动的类型 ·································· 312
第四节　国际融资与国际投资 ································ 315
一、国际融资 ·· 315
二、国际投资 ·· 326
本章小结 ·· 330
进一步阅读 ·· 331
思考练习题 ·· 331
一、名词解释 ·· 331
二、填空题 ·· 331
三、判断题 ·· 331
四、选择题 ·· 332
五、问答题 ·· 332

参考文献 ·· 333

绪　论

第一节　金融在国民经济中的地位

当今世界金融领域正发生着巨大的变化，金融创新不断涌现，金融全球化、金融自由化接踵而至。金融活动已经渗透到经济和社会生活的方方面面，对经济和社会发展产生着深刻的影响。

一、经济与金融的关系

经济与金融之间存在着密切而复杂的关系。经济是金融发展的基础，金融则是经济活动的重要支撑和保障。两者相互依存、相互促进，共同构成了现代经济社会的两大支柱。

经济发展为金融奠定了基础，而金融则通过提供资金支持、风险管理和促进创新等方式推动经济的发展，没有金融机构、金融产品和金融市场的深化，经济很难会有长期稳定的发展。同时，经济与金融的互动发展也会衍生各类不同的潜在风险，需要采取有效措施进行防范和化解。因此，在推动经济发展的过程中，需要充分重视金融的作用和影响，实现金融与经济的协调发展。

（一）经济发展对金融的决定作用

1. 经济活动构成金融运行基础

经济与金融是基础与上层建筑的关系。经济是金融的基础，金融是经济的上层建筑。金融在经济发展过程中产生并伴随着经济的发展而发展，经济的繁荣与发展为金融活动提供了广阔的舞台和丰富的资源。不同发展阶段的经济对金融的需求不同，这决定了金融发展的结构、阶段和层次。

2. 经济发展驱动金融活动丰富化

随着经济增长及其结构的转变，金融需求相应地发生变化。经济发展初期，可能更侧重于基础设施建设和生产投资，而经济发展后期，更关注消费信贷和财富管理等方面。

（二）金融对经济的推动作用

1. 资金支持

金融通过为经济发展提供资金支持，促进资源的有效配置。金融是资金融通的主要渠道，它通过银行、证券市场、保险市场等金融机构和金融市场，将资金从盈余部门流向赤字部门，实现资源的优化配置。这种资金的流动不仅促进了经济的发展，而且提高了资金的使用效率。

2. 政策调控

政府通过货币政策、财政政策等手段，影响金融市场的运行，进而对经济活动进行调控。金融市场的反应和变化，又能迅速地反馈到经济活动中，帮助政府及时调整政策，实现经济的稳定增长。

3. 风险管理

金融在经济发展中具有风险管理的功能。金融市场提供了多种风险管理工具（如保险、期货、期权等），帮助企业和个人分散和转移风险。同时，金融市场的稳定运行也是经济稳定的重要保障，它能够有效地抵御外部冲击，维护经济的平稳发展。

4. 促进创新

金融市场的不断创新（如金融产品创新、交易方式创新等）为经济发展提供了新的动力。同时，经济的发展也催生了新的金融需求和金融业态，推动了金融的进一步发展和完善。

（三）金融与经济的相互影响

1. 良性互动

在正常情况下，金融与经济之间形成良性互动。经济发展带动金融需求增加，金融发展则进一步促进经济增长。这种互动关系有助于实现资源的优化配置和经济的高效运行。

2. 潜在风险

金融与经济之间存在潜在的风险。例如，金融总量的失控可能导致信用膨胀和社会总供求失衡；金融运作不善可能加大风险，甚至引发金融危机和经济危机。

（四）经济与金融关系的理论分析

1. 金融深化对经济发展的影响

金融深化是指政府放弃对金融市场和金融体系的过度干预，放松对利率和汇率的严格管制，使利率和汇率成为反映资金供求和外汇供求对比变化的信号，从而有利于增加储蓄和投资，促进经济增长。金融深化标志着整个经济中金融部门的发展和社会货币化程度的提高。金融深化对经济发展的影响表现在以下四个方面：

1）收入效应。指实际货币余额的增长引起社会货币化程度[①]的提高，从而对实际国民收入的增长所产生的影响。

2）储蓄效应。一方面，金融深化引起实际国民收入增加，社会储蓄总额按一定比例增加；另一方面，金融深化提高了货币的实际收益率，导致整个经济社会的储蓄倾向增强。

3）投资效应。一是储蓄效应导致投资总额的增加；二是政府放松管制提升了金融资源市场化配置的程度，进而提高了投资效率。

4）就业效应。由于货币实际收益率的上升导致投资者资金成本的提高，因此投资者倾向于以劳动密集型的生产替代资本密集型的生产以节约资本，从而推动整个社会的就业水平提高。

---

① 社会货币化程度指的是社会货币购买力水平。

专栏 0-1　爱德华·肖与罗纳德·麦金农

爱德华·肖，斯坦福大学教授。罗纳德·麦金农，斯坦福大学教授。1973 年两人共同提出了发展中国家的金融深化理论，是金融深化理论的奠基人。麦金农－肖金融发展模型的核心内容是：主张实行金融自由化，从而使实际利率通过市场机制的作用自动地趋于均衡水平，进而推进经济发展。

2. 金融抑制对经济发展的影响

金融抑制是指当金融市场受到不适当的限制或干预时，各种类型的资金价格被扭曲，融资渠道遭遇阻滞，资金需求者不能以其希望的融资方式和公平价格获得资金，或者无法在市场化基础上调整资金结构。产生金融抑制的根本原因是发展中国家的政府部门选择了不适宜的金融政策和金融制度，它对经济发展的影响主要体现在以下四个方面：

1）负收入效应。发展中国家所选择的金融压制战略阻碍了经济的发展，导致国民收入增长缓慢，而这又制约了储蓄和投资的增加，进而影响经济的发展，结果又使收入得不到提升，如此循环往复。发展中国家在经济发展过程中，经常受到这种恶性循环的严重困扰。

2）负储蓄效应。许多发展中国家存在严重的通货膨胀，而人为压低的利率又不能用变动名义利率的方式来抵补价格上涨给储蓄者造成的损失，因此人们通过使用货币购买物质财富、增加消费支出和向国外转移资金等方式来回避风险，这自然就会导致国内储蓄不足。

3）负投资效应。许多发展中国家奉行金融压制战略，传统部门的投资受到了限制，主要表现在农业等基础部门的发展受到限制，在资金短缺的条件下无法满足基础部门投资的需要。

4）负就业效应。由于金融压制战略限制了传统部门的发展，这就迫使劳动力向城市迁移。但是，城市的现代部门吸纳劳动力的能力有限，导致相当一部分劳动者处于失业或半失业状态。

（五）不同主体在运行中与金融的关系

1. 金融与政府

在整个金融体系的运行中，政府扮演着调控者、监管者及救助者三重角色，既要对金融资源进行合理有效的分配，又要对金融运行及政策执行的状况进行调控与监管，而当整个金融体系出现风险时又要进行必要的救助和支援。

国家层面的金融配置主体主要包括中央银行和其他金融管理机构。它们是金融资源配置的一级主体，其配置领域主要是基础货币和一系列金融制度，功能主要表现在通过对基础货币的调控和制度实施保持金融稳定并促进经济发展。

在金融运行中金融资源存在配置失衡的情况，此时政府就会以调控者的身份制定相关法律法规及政策，对整个金融体系的运行状况进行调控。一方面，基于经济运行不同周期熨平经济波动；另一方面，由于市场制度在提高资源配置效率的同时产生了区域差距扩大的负面效应，这就需要政府层面的金融调控介入，通过实施结构性的区域金融调控政策，促进不同区域经济的协调发展。

金融监管是一国政府监管当局对金融机构实施的监督和业务管制，包括市场准入、业务范围及特定业务管制、风险控制、内部控制、市场退出等方面的立法和执法实践。严格有效的金融监管有利于保护存款人（投资人）的利益，维护公众对金融体系的信心，提升金融体系的运行效率，控制金融体系的整体风险。

2. 金融与企业

企业的发展离不开金融的支持，企业的投融资活动通过金融平台展开。资金短缺和资金盈余是企业运营中经常出现的问题。在资金短缺时，企业需要在债券市场、股票市场等不同金融市场里筹措资金以满足企业发展需要，因此一个高效运行、发展良好的金融市场体系为企业发展提供了有力的金融支持与保障。同样，在资金盈余时，金融市场可以为企业提供投资平台。同时，金融市场利率是企业投资项目评价的重要参考依据。

3. 金融与个人

金融与个人之间存在极为紧密的联系。与前述企业相同，个人也存在资金融通的需要。一方面，个人可以从金融运行体系中取得资金以弥补资金短缺；另一方面，个人的资金用于消费后的剩余部分也需要通过金融运行体系实现保值增值。

个人金融业务是银行业务的重要组成部分。随着居民财富的增加，银行通过努力拓宽个人服务领域，提供如个人投资理财业务、信用卡业务、网上银行业务、保险中介、商业代理等更多的金融服务以满足日益增长的个人金融需求。

二、金融创新与金融发展

20 世纪 70 年代前后，经济发展使原有金融管制出现了不合时宜或过分限制的问题，管制的负面效应不断增大。与此同时，日益兴盛的经济自由主义思潮为金融业要求放松管制、追求自由经营奠定了思想基础，提供了理论武器。在经济自由主义支配下，金融业掀起一股声势浩大的金融自由化浪潮，不约而同地通过金融创新来规避管制。在经济自由主义思潮影响下，各国政府一方面主动放弃了一些明显不合时宜的管制，另一方面被迫默认了许多创新成果，放松了金融管制。更进一步地，新科技革命不仅改变了人们的金融观念和金融运作模式，而且直接推动了金融创新，掀起了一场金融领域的科技革命，金融创新进入更高的层次与阶段。

金融创新是金融业为适应实体经济发展的要求在制度安排、金融工具、金融产品等方面进行的创新活动，是金融结构提升的主要方式和金融发展的主要推动力量。现代金融发展究其本质而言是一个不断演进的金融创新过程。金融创新不仅革新了传统的业务活动和经营管理方式，模糊了各类金融机构的界限，加剧了金融业的竞争，打破了金融活动的国界限制，形成了要求放松金融管制的强大压力，而且改变了金融总量和结构，对货币政策和宏观调控提出了严峻挑战，由此对经济发展产生了巨大而深刻的影响。

（一）金融创新的历史背景及特征

1. 金融创新的历史背景

（1）欧洲货币市场的兴起

"二战"后，科学技术的发展促进了生产力的发展，使生产的社会化扩展到国际化的程度。生产的国际化及由此带来的市场国际化，推动了资本国际化的蓬勃发展。

首先，由于冷战时期东西方关系的恶化，苏联和一些东欧国家将它们持有的美元余额存入欧洲国家银行，预防美国的冻结或没收。其次，1957 年，英镑危机爆发，为了稳定英镑汇率，英国政府实施了更为严格的外汇管制政策，禁止英国商业银行使用英镑为非英镑区居民之间的融资活动提供支持。作为应对措施，英国商业银行纷纷转而使用美元。1958 年底，西欧一些国家恢复了货币对外资的自由可兑换性，这直接导致美元在欧洲地区的自由买卖。

从 1958 年起，随着美国的国际收支逆差逐渐扩大，许多国家将获得的剩余美元投入欧洲货币市场。在此背景下，美国政府为限制资本外流，采取了一系列措施，包括对购买外国证券的美国居民课征利息税，实行对外贷款限制等。同时，美国联邦储备委员会颁布了 Q 条例和 M 条例，前者对国内银行的定期存款利率规定了最高限额，后者规定美国银行对外国银行的负债须按累计比率缴存款准备金。上述措施的实施使美国银行在国内的业务发展受到一定限制，不得不向国外寻求发展。美国资金大量外流，促进了欧洲货币市场业务的兴盛。美国对资本流动的限制，并未挽救以美元为中心的布雷顿森林体系，却意外地孕育出一个全新的市场——欧洲货币市场。欧洲货币市场的建立开创了当代金融创新的先河，其灵活多样的经营手段，为以后的金融创新树立了典范。

（2）国际货币体系的转变

1944 年，美国、英国等 44 个国家确立了战后的国际货币体系——布雷顿森林体系。这个体系实际上是以黄金为基础，以美元为主要国际储备货币，采用黄金—美元本位的一种货币体系。这种货币体系实行两个挂钩：一是美元直接与黄金挂钩，确定了 1 盎司黄金兑换 35 美元的官价，各国政府或中央银行可以随时用美元向美国政府按官价兑换黄金；二是其他国家货币直接与美元挂钩，以美元的含金量作为各国规定货币的评估标准，各国货币与美元保持可调整的固定比价，按各国货币的含金量来确定不同货币与美元的固定比价，并可以在一定范围内调整。这种以美元为中心的货币体系对"二战"后的国际贸易和世界经济的发展起到了一定的积极作用。

随着世界经济的增长和国际贸易的发展，各国对美元的需求日益增加。为了维持布雷顿森林体系的平稳运行，要求黄金的供给必须与美元的供给同步。由于受到储量和开采技术等因素的制约，黄金的供给无法实现与美元供给的同步增加，从而使美元与黄金的可自由兑换日益难以维持。20 世纪 70 年代初，布雷顿森林体系瓦解。主要发达国家宣布实行浮动汇率制，创立了在多元化储备货币体系下以浮动汇率制为核心的新型国际货币制度。

国际货币制度创新的另一表现是区域性货币一体化。区域性货币一体化通常以某一地区的若干国家组成货币联盟的形式而存在，成员国之间统一汇率、统一货币、统一货币管理、统一货币政策。其中最著名的就是欧元区。其他如阿拉伯货币基金组织、西非货币联盟、中非货币联盟、中美洲经济一体化银行、安第斯储备基金会等，都是地区性的货币联盟。

（3）石油危机与石油美元回流

西方石油公司长期以来垄断了世界原油生产，操纵着石油价格，石油生产国却是增产不增收。为了改变这种不合理的局面，摆脱西方石油公司的垄断和控制，增加石油收入，一些石油生产国组织起来，成立了石油输出国组织（OPEC）。1973 年 10 月第四次中东战争爆发后，石油输出国组织国家以石油为武器与西方发达国家抗衡，不仅加快了石油国产化进程，而且大幅度提高油价，这给世界经济带来了巨大的影响，石油危机由此发生。

石油危机造成了全球性严重的国际收支失衡，为了平衡国际收支，发展中国家纷纷进入欧洲货币市场和国际资本市场寻求国际资金，同时 OPEC 国家为了寻求有利的投资场所，将巨额石油贸易带来的美元投入欧美市场，美元从石油输出国返回到进口国，形成了"石油美元回流"。

大量石油美元的涌入，使国际金融市场可供借贷的资金迅速增加，扩大了国际信贷的规模，加快了资金在国际上的流动。但是，涌入国际金融市场的资金大部分是短期金融资产，流动性较大，在浮动汇率条件下加剧了金融市场的动荡，这使融资双方要求有新的金融交易工具来规避日益增大的风险。金融供给主体一方面要满足客户这种对新金融工具的需求，另一方面出于自身在业务经营过程中规避市场风险的需要，势必要推进金融创新。

（4）国际债务危机

20 世纪 70 年代以来，欧洲货币市场的资金规模迅速膨胀，充沛的资金急需寻找出路。同时，许多发展中国家加速发展民族经济，需要大量资金，对国际金融市场的资金需求日渐旺盛。但一些发展中国家不顾其偿债能力，盲目对外大量举债，同时缺乏对债务结构和规模的宏观管理与控制，导致严重的债务问题。更进一步地，一些外部因素加剧了发展中国家的债务危机。首先是石油价格上涨，两次油价上涨使非石油发展中国家进口费用激增，扩大了国际收支经常项目的逆差；其次是利率提高，发展中国家的债务大多数采用可变利率，因此利率大幅度提高使发展中国家的债务进一步恶化；最后是 20 世纪 80 年代初西方工业国家的经济衰退导致世界经济低速增长，国际贸易中保护主义盛行，造成发展中国家出口增长缓慢，出口收入下降，偿债能力减弱。

债务危机爆发对国际金融业产生了深远的影响。国际商业银行不再以 20 世纪 70 年代那样的规模和融资方式放贷，债权人和债务人采取风险分担的方法来改革旧的融资方式，推动了大批新的融资工具和融资方式的诞生。在处理和缓解债务危机的过程中，创造了许多解决债务问题的方法，如债务股权转移、购回旧债发行有抵押条件的新债、债务转债券等。债务危机一方面造成了国际金融业的动荡不安，另一方面也促进了金融工具和融资方式的进一步创新。

2. 金融创新的特征

从早期货币、信用、银行的出现与发展，到近代金融工具、金融制度、金融市场、金融机构的演变与深化，每一次金融创新和每一项金融创新成果都能反映出金融创新的某些特征，其中，风险性、虚拟性和数理性是金融创新的重要特征。

（1）风险性

风险性是金融创新的根本特征。每一次金融创新和每一项金融创新成果都具有风险性。一方面，风险为金融创新提供了动力；另一方面，金融风险又因其特有的收益魅力推动着金融创新的发生。

1973 年和 1978 年两次石油危机使西方国家经济陷入滞胀，为应对通货膨胀，美国不得不运用利率工具，加剧了金融市场的利率波动。利率的升降引起证券价格的反方向变化，并直接影响投资者的收益。利市、汇市、债市、股市发生的前所未有的波动，导致市场风险急剧放大，迫使商业银行、投资机构、企业寻找可以规避市场风险、实现套期保值的金融工具，金融期货、期权、股指期货等衍生金融工具应运而生。20 世纪 90 年代，世界经济发展的区域化、集团化和国际金融市场的全球一体化趋势日益增强，金融风险和金融危机在全球范围内移动和扩散，促使国际监管制度出现，也使衍生金融创新工具向着组合化、深入化的方向发展。

（2）虚拟性

金融的功能是实现社会生产的价值运动。金融创新是为了完善金融的功能，更好地完成资产的价值运动。价值是实物使用价值的内在虚拟表现，所以虚拟性就成了金融创新的一个必然属性。

虚拟性是金融产品的特性，尤其是衍生金融工具的特性。衍生金融工具的虚拟性是指衍生金融工具所具有的独立于现实基础资产运用之外，却能给持有者带来一定收入的特征。衍生金融工具的杠杆性和虚拟性使其投机能量放大，从而更进一步加剧风险性，甚至成为国际投机者冲击一国金融与经济体系的工具。例如，在1997年东南亚金融危机中，以索罗斯掌控的量子基金为首的国际投机集团正是凭借娴熟的投资技巧，运用外汇远期与期权合约等衍生金融工具，先后冲击了泰国泰铢、菲律宾比索、马来西亚林吉特、印度尼西亚卢比及中国香港港元，引发了亚洲金融危机。由此可以看出，衍生金融工具具有"双刃剑"的效应，对经济生活既有积极的影响，也存在负面效应。金融创新就是试图充分发挥其正面作用，为经济发展创造更好的融资手段和避险工具，而社会投机者却利用它通过制造风险来攫取巨额的投机收入。

（3）数理性

随着经济学家对金融风险和金融工程的关注，金融创新的数理性特征越来越突出，主要表现在数学模型和技术在金融创新研究中的应用以及金融工程在金融创新中的运用。

随着金融风险管理在金融创新中的应用，大量有关金融工具研究的模型和技术纷纷涌现。其中主要包括马科维茨的资产组合管理理论、夏普和罗斯创立的资产定价理论，以及布莱克和斯科尔斯创立的期权定价模型等。这些理论和模型的出现大大地提高了金融创新研究的科学性，人们可以通过定量计算和分析，研究各种金融工具的收益与风险之间的关系。

随着风险管理研究的不断深入发展，经济学家在20世纪70年代以来迅猛发展的金融市场上借助衍生金融工具设计了很多有关套利和风险管理的金融产品，研发了不少先进的用于识别和量化风险的技术，推动金融创新向复杂化、先进化、科技化的方向发展。

专栏 0-2　硬币的另一面：金融创新的副作用

金融创新使货币供求总量、机制、结构及特征都发生了深刻的变化，在很大程度上改变了货币政策的决策、操作、传导机制以及实施效果，导致金融风险有增无减，金融业的稳定性趋于下降，金融市场出现过度投机和泡沫膨胀的不良倾向。

（二）金融发展

金融发展以20世纪70年代产生的金融发展理论为理论基础。金融发展理论形成与发展的整个历程可以划分为两个阶段：第一阶段为金融发展理论的最初形成和发展（20世纪90年代以前）阶段。其标志是美国斯坦福大学两位经济学教授罗纳德·I.麦金农（Ronald I. Mckinnon）和爱德华·S.肖（Edward S. Shaw）两人各自的著作在1973年问世，麦金农的著作是《经济发展中的货币和资本》，由布鲁金斯学会出版；而肖的著作是《经济发展中的金融深化》，由牛津大学出版社出版。所以，这一阶段的金融发展理论又称为麦金农·肖理论。麦金农和肖的最大贡献是提出了著名的"金融抑制"理论并建立了一个分析金融抑制的框架。继麦金农和肖以后，一些受其思想影响的经济学家对麦金农·肖理论进行了补充和完善，建立了严格意义上的宏观经济模型，扩展了麦金农·肖理论。第二阶段为金融发展理论的新近发展阶段（20世纪90年代之后）。在汲取20世纪80年代中后期兴起的内生增长理论重要成果的基础上，一些经济学家将内生增长和内生金融中介体（或金融市场）引入模型，对金融中介体（或金融市场）的内生形成以及金融市场与经济增长的关系问题进行了全新论述，使其更加符合各国的实际，形成了全新的金融发展理论。

1. 金融发展理论的发展演进

金融发展理论的发展演进建构在对货币功能认识发生改变的基础之上。早期经济学家基本上都是货币中性与信用媒介论者。他们认为货币作为商品交换的媒介，只是便利交换的工具。因此，货币数量的变化只影响物价水平，而不影响实际经济活动，以此为依据不建议制定相应的倾向性货币金融政策以引导经济增长。在"古典"学派之后，瑞典经济学家维克赛尔创立了货币经济理论。维克赛尔的货币经济理论认为，货币金融对实际经济活动具有重大的实质性影响。在他之后，瑞典经济学家米尔达尔、林达尔，奥地利经济学家哈耶克，英国经济学家凯恩斯等接受了维克赛尔的基本观点，并先后进行了拓展。然而，上述经济学家都只是说明了货币金融对经济的短期影响。1900年，熊彼特首先指出金融发展对经济长期增长具有重大影响。随后，托宾等先后提出不同的货币理论，旨在说明货币金融与经济增长的关系。这些货币理论接纳了凯恩斯的观点，主张采取低利率以及通货膨胀来刺激经济的经济政策。托宾等的研究正是发展中国家实行金融压制政策的理论渊源。

1973年，美国经济学家麦金农和肖分别开创性地提出了"金融压制"与"金融深化"理论，指出了托宾理论存在的局限性，主张采用利率自由化的政策。这种理论在发展中国家开始的金融自由化存在重大影响。最近的金融发展理论研究更为深入、视角更为广阔，经济学家把金融影响经济的机制放在了较为重要的位置，并在此基础上对金融制度设计问题展开研究。

货币金融与经济发展的关系历来是经济学家所关注的重要问题之一。对于这个问题的不同认识直接影响货币金融政策的制定与执行，继而影响金融改革的方向，甚至将影响社会实际经济的增长与发展。人们对货币金融的本质与职能及其在社会经济中的作用和地位的不同理解，以及对货币金融与经济发展关系认识的不断深化，构成金融发展理论演变的重要推进力量。严格地说，金融发展理论所要研究的应是一切有关金融发展与经济发展之关系的理论。

金融发展理论在最初的形成阶段仅关注金融中介体的内生形成而未关注金融市场的内生形成，理论研究也局限在建立新的内生金融中介体模型或提炼和精化已有的模型。造成这种情况的原因主要有：从历史上看，金融中介体（如商业银行）的形成要早于金融市场（如股票市场）。换言之，"早期的金融体系是银行主导型"；20世纪80年代打下的理论基石基本上以金融中介为研究主体；20世纪90年代的金融发展理论认为金融市场的发展状况通常是由法规和政府管制等外生因素决定的。近年来，随着金融市场的不断发展及其在金融体系中地位的上升，一些研究者认识到早期金融发展理论的缺陷——对金融市场形成机制的忽视。故此，一些经济学家开始致力于建立内生金融市场模型，试图深入研究金融市场的形成机制以弥补这一缺陷。这些行为推动了金融发展理论在20世纪90年代以后的新进展。

2. 金融发展趋势总结

世界范围内的金融发展呈现科技化、绿色化、普惠化以及全球化与区域化并存的特点。

（1）科技化趋势

金融科技（FinTech）的兴起：金融科技成为推动金融行业变革的重要力量。金融科技通过运用大数据、人工智能、区块链等先进技术，提高了金融服务的效率、降低了成本，并拓宽了金融服务的覆盖范围。例如，移动支付、智能投顾、区块链交易等新兴金融业态不断涌现，为用户提供了更加便捷与个性化的金融服务。

金融机构的数字化转型：金融机构纷纷加快数字化转型步伐，通过建设数字平台、优化业务流程、提升数据治理能力等方式，提高服务质量和运营效率。数字化转型不仅有助于金融机构应对市场变化，还能更好地满足客户需求，提升市场竞争力。

（2）绿色化趋势

绿色金融的发展：随着全球对环境保护和可持续发展的重视，绿色金融逐渐成为金融行业的重要发展方向。绿色金融通过提供环保项目融资、绿色债券、绿色基金等金融产品，支持可再生能源、节能减排、生态保护等领域的发展。这不仅有助于推动经济结构的转型升级，还能促进全球生态环境的改善。

ESG投资理念的普及：ESG（环境、社会、治理）投资理念在全球范围内得到广泛关注和认可。投资者在评估投资标的时，越来越注重企业的环境绩效、社会责任和治理水平。ESG投资理念的普及将引导更多资金流向可持续发展领域，推动全球经济的绿色转型。

（3）普惠化趋势

普惠金融的推广：普惠金融旨在通过提供便捷、可负担的金融服务，满足社会各阶层尤其是弱势群体的金融需求。随着金融科技的发展和应用，普惠金融的覆盖范围不断扩大，服务质量不断提升。例如，移动支付、数字银行等新兴金融业态为偏远地区和低收入人群提供了更加便捷的金融服务。

金融包容性的提升：金融包容性的提升是普惠金融的重要目标之一。通过加强金融基础设施建设、完善金融监管体系、提高金融教育水平等措施，可以进一步降低金融服务门槛，提高金融服务的可获得性和满意度。这将有助于促进经济社会的全面发展，缩小贫富差距，消除社会不平等。

（4）全球化与区域化并存趋势

金融全球化的深化：尽管面临地缘政治冲突、贸易保护主义等挑战，但金融全球化趋势仍在继续深化。跨国金融机构的扩张、国际资本流动的增加、金融市场的互联互通等现象表明，金融全球化仍然是推动经济全球化的重要力量。

区域金融合作的加强：在全球化背景下，区域金融合作也呈现不断加强的趋势。各国和地区之间通过签署金融合作协议、建立区域金融组织等方式，加强金融政策协调、金融监管合作和金融市场互联互通，共同应对金融风险和挑战。这将有助于促进区域经济的稳定和发展。

综上所述，世界范围内的金融发展趋势呈现科技化、绿色化、普惠化以及全球化与区域化并存的特点。这些趋势将共同推动全球金融行业的变革与发展，为全球经济增长注入新的活力和动力。

第二节　金融学发展历程

一、金融学研究范畴

（一）金融的定义

金融是指货币资金的融通，是与货币、信用、银行直接相关的经济活动的总称。例如，货币的发行与回笼，存款的存入与取出，贷款的发放与回收，国内外资金的汇兑与结算，金银、外汇、有价证券的买卖，贴现市场、同业拆借市场的活动，保险、信托、租赁等，都归属于金融活动的范畴。总而言之，金融涉及金融关系、金融活动、金融工具、金融机构、金融市场等一切与货币信用相关的经济关系和活动。

金融是一个大的概念。从系统的角度而言，金融是由多种相互制约、相互作用的要素组合形成的大系统，该系统具有纵横交叉、内外联通、多维性、多层次的特征。具体而言，金融就是货币资金的筹集、分配、融通、运用及其管理。作为大系统的金融，与其他学科存在交叉现象。例如，国家有关货币资金的筹集、分配、融通、运用及其管理的活动，属于公共金融（或政府金融）范畴，与财政学形成交叉；与企业有关的货币资金筹集、分配、融通、运用及其管理活动，属于企业金融范畴，与企业财务学形成交叉；而与居民相关的货币资金的融通和管理活动，则属于居民金融范畴，与个人理财学形成交叉。因此，金融的内涵是很广泛的，既包括专业金融的活动，也包括国家、企业、个人的金融活动，这些方面相互联系、相互制约、相互交叉、相互渗透，融合成整个社会的资金运动。

广义金融学涵盖投资学（Investment）、公司金融学（Corporate Finance）、金融工程学（Financial Engineering）、金融市场学（Financial Market）、金融经济学（Financial Economics）、货币银行学（Money, Banking and Economics）、国际金融学（International Finance）、公共财政学（Public Finance）、数理金融学（Mathematical Finance）、金融（市场）计量经济学（Financial Econometrics）等范畴。它们之间存在密切的联系，并在基本内容和涵盖范围上存在某种程度的重叠，但由于缺乏统一的理论基础和方法论指导，只能处于分离松散的状态。一个统一的金融学理论学科应当以金融经济学和货币银行学两门学科为主干，包括微观金融学（Microfinance）和宏观金融学（Macrofinance）两大主要分支，重点研究如何在不确定性的环境下通过金融市场对金融资产进行跨期最优配置。金融学分类体系的重新构建，意味着金融学科分类逻辑的通畅和完备，同时各种学科之间的固有联系变得有机、清晰，并紧密统一在一个完整的框架结构中（见图0-1）。

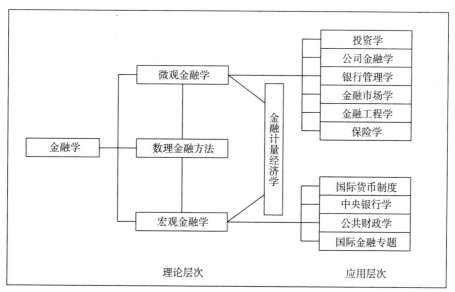

图 0-1　现代金融学学科的构成

（二）金融学分类

金融学的分支学科所考察的金融现象发生在不同层次之上，并存在某种分工。一般认为微观金融学出现在 20 世纪 50 年代中期，与微观经济学类似，是一种价格理论，目标是寻找使金融资产实现最优配置的合理价格体系。宏观金融学则是现代宏观经济学的货币版本。

1. 微观金融学

微观金融学主要探究金融现象的微观基础。如同微观经济学一样，它实质上也是一种价格理论。微观金融学以实现市场均衡和获得合理的金融产品价格体系为理论目标，从个体视角探究相关内容，包括风险、收益、定价以及影响风险、收益、定价的市场结构和制度安排。它的一个重要任务是资产定价。

微观金融学的主要研究方向是资本成本理论、企业价值评估与资产定价理论、金融风险管理理论、投资组合理论、证券分析理论、金融市场微观结构理论等。一方面在初步引入不确定性、时间等基本概念后，在个体偏好公理体系和效用函数理论的基础上考察个人如何做出投资与消费决策，以使个体终身效用最大化。另一方面便是生产者的融资行为理论，即企业如何做出它们的投资与融资决策，如何通过合理的资本结构安排，使所有者权益最大化。此外，另一跨期配置的支柱——金融中介机构在金融过程中扮演什么角色，以及它与金融市场之间的关系也是微观金融分析的重要内容。

2. 宏观金融学

宏观金融学研究在一个以货币为媒介的市场经济中，如何实现高就业、低通货膨胀、国际收支平衡和经济增长，研究和总量有关的内容，包括货币、银行、利息和利息率等。

宏观金融学是宏观经济学（包括开放条件下）的货币版本，它着重于宏观货币经济（包括开放条件下）模型的建立，并通过模型推演得出能够实现高就业、低通货膨胀、高经济增长和其他经济目标的货币政策结论和建议。

宏观金融学是由货币银行学、货币经济学发展而来的。货币银行学的核心内容是货币供给和需求、利率的决定以及由此而产生的对于宏观金融经济现象的解释和相应的政策建议。可以说，宏观金融学是主流宏观经济学的一种货币演绎。

二、微观金融学研究的发展演进

微观金融学的发展历程可以大致分为以下四个阶段：

（一）早期微观金融学

19世纪60年代前，即"旧时代金融"。这一时期主要通过会计财务报表分析来研究金融问题。早期的金融研究包括李嘉图在1821年对整体市场价格水平和相应的货币供求问题以及利率决定等问题的研究。随后，维克赛尔在1898年通过利息理论将宏观金融问题与经济增长和经济危机等问题结合起来进行综合考察。

（二）现代微观金融学

1952年，马科维茨（Markowitz）的博士论文《投资组合选择》发表，这标志着现代微观金融学的起源。现代微观金融学的核心理论包括：①均值—方差理论。该理论既是现代微观金融学的标志，也是整个现代金融理论的奠基石；②资本资产定价模型（CAPM）。该理论由夏普（Sharpe）、林特纳（Lintner）、莫辛（Mossin）等建立，是一个基于期望效用公理体系的单期一般均衡模型；③布莱克—斯科尔斯的期权定价理论，该理论进一步推动了金融理论的发展，开启了现代微观金融学发展的全新时代。

专栏0-3 哈里·马科维茨与默顿·米勒

哈里·马科维茨（Harry M. Markowitz）

1990年10月，哈里·马科维茨在现代金融经济学理论领域进行了开拓性研究，获得了诺贝尔经济学奖。马科维茨对金融经济学的主要贡献在于：他提出了有关预期收益和风险之间相互关系的资产组合选择理论，为现代证券投资理论的建立和发展奠定了基础。马科维茨的均值—方差理论为投资管理者进行金融管理指明了方向，使大多数投资管理者可以依据他所提出的均值—方差分析方法来估计证券风险、设计不同的投资管理结构。马科维茨关于证券组合选择的方法，有助于投资者选择最有利的投资，以求得最佳的资产组合，使投资报酬最高而风险最小。

默顿·米勒（Merton M. Miller）

1990年10月，米勒与马科维茨共同获得了诺贝尔经济学奖。米勒在现代公司财务领域所做的开创性工作，彻底地改变了企业制定投资决策与融资决策的模式。米勒的公司财务理论假设股票持有者可以像公司一样进入同样的资本市场，因此公司保证股东利益的最佳办法就是最大限度地增加公司财富。米勒认为，在完全竞争（别除税收的影响）条件之下，公司的资本成本及市场价值与公司的债务—资产率及分配率是相互独立的。也就是说，一定量的投资，无论是选择证券融资还是借款，对企业资产的市场价值而言并无影响；企业的分配政策对企业股票的价值也不起作用。

（三）新微观金融学

20世纪80年代，随着行为金融学理论的兴起，新微观金融学应运而生。依赖行为金融学理论、研究投资者的有限理性以及无效率市场，新微观金融学更加注重对投资者行为和心理因素的分析，并在此基础上探究这些因素对金融市场和资产价格的影响。

20 世纪 80 年代末以及 90 年代初，随着金融自由化和金融创新的兴起与发展，金融工程学开始形成并快速发展。20 世纪 90 年代以后，微观金融学所具备的动态性和开放性使该学科仍保持着较快的发展速度。

（四）新兴研究领域

大数据、人工智能、区块链等技术的不断涌现，推动微观金融学的研究方法和手段不断更新和拓展。新兴的研究领域包括：

1）金融市场微观结构。研究影响市场上交易价格与交易者交易策略的各种经济因素，如交易动机、交易机制、价格形成等。

2）资产定价。重点研究金融市场中的资产（包括金融衍生品）价格的形成过程和机制。

3）公司财务。关注企业的融资、投资和资本结构等财务决策问题。

综上所述，微观金融学的发展经历了从早期通过财务报表分析到现代以有效市场假设、资本资产定价理论和现代资产组合理论为基础的金融经济学，再到新微观金融学对投资者行为和心理因素的深入研究。随着技术的不断进步和市场的日益复杂，微观金融学的研究领域和方法也在不断拓展和创新。

三、行为金融学研究的发展演进

行为金融学的发展是一个从质疑传统金融理论到逐步构建自身理论体系的过程。

（一）早期萌芽

该时期的主要研究成果表现为经济心理学。早在 19 世纪，经济心理学的研究就已经开始，如苏格兰记者查尔斯·麦基的《大癫狂：非同寻常的大众幻想与群众性癫狂》和法国社会学家古斯塔夫·勒庞的《乌合之众：大众心理研究》等著作，这为行为金融学的前期发展奠定了基础。

这一阶段主要关注群体心理对金融市场的影响，揭示了人们在群体中的非理性行为。

（二）初步发展

该时期的主要研究成果表现为行为经济学在金融领域的应用。20 世纪中期，随着心理学与经济学结合的加深，行为经济学逐渐兴起，这为行为金融学的发展奠定了雄厚的理论基础。

这一时期的研究开始关注个体经济行为中的心理动因，如决策过程中的认知偏差、情绪影响等。

（三）正式形成

该时期的主要研究成果表现为行为金融学。

行为金融学的正式形成可以追溯到 20 世纪 70 年代末至 80 年代初，随着对传统金融理论（如有效市场假说）不断提出质疑和挑战，行为金融学逐渐成为一个独立的学科领域。

重要事件：1979 年，特沃斯基（Tversky）和卡尼曼（Kahneman）提出的前景理论为行为金融理论的形成奠定了基石。1985 年，德邦特（De Bondt）和塞勒（Thaler）合作发表的《股票市场过度反应了吗？》标志着行为金融领域的正式开端。

20世纪90年代，行为金融学进入黄金发展期，大量高质量的理论和实证文献不断涌现。

（四）理论完善

该阶段的主要研究成果体现为：

1）心理账户：塞勒（Thaler）提出了"心理账户"的概念，解释了人们如何根据不同的心理账户进行决策。

2）期望理论：特沃斯基（Tversky）和卡尼曼（Kahneman）的前景理论进一步发展为累积前景理论，更全面地描述了人们在不确定性条件下的决策行为。

3）处置效应：奥登（Odean）提出了处置效应，即投资者倾向于卖出盈利的股票而继续持有亏损的股票。

4）过度自信：丹尼尔（Daniel）、郝舒拉发（Hirshleifer）和萨博拉曼亚（Subrahmanyam）提出了过度自信理论，指出市场上大多数投资者都认为自己能打败市场。

5）羊群行为：班纳吉（Banerjee）提出了羊群行为模型，解释了人们如何受到多数人一致性思想或行动的影响。

专栏 0-4　处置效应

假设某投资者月初以50元买进股票A，月底该股票价格为40元，预期该股票未来不是上涨10元就是下跌10元。此时投资者要决定是继续持有还是卖出该股票。

Shefrin和Statman认为投资者会将此决策过程编辑成以下两个赌局的选择：一个是立即出售该股票，马上确认10元的损失；另一个是继续持有该股票，有50%的可能性再损失10元，另外50%的可能性扳回损失。根据前景理论，价值函数在损失阶段是凹函数，此时投资者是风险偏好者。如果投资者不愿意确认损失，进而尝试可能的扳回损失的机会，那么投资者会继续持有该股票。另外，如果该股票月底价格是60元，我们同样可以根据价值函数推断出投资者此时是风险规避者，更倾向于卖出股票实现盈利，类似于赌博中的"见好就收"的心理。

专栏 0-5　投资决策典型偏差

一、认知偏差

1.过度自信（Overconfidence）

表现：投资者对自己的投资预测和决策能力过度自信，往往高估自己的判断能力和私有信息的准确性。

影响：可能导致投资者过度交易、忽视风险，降低投资绩效。

2.锚定效应（Anchoring Effect）

表现：投资者在进行决策时，会过分依赖或"锚定"于某个初始值或参考点，如历史价格、专家意见等。

影响：可能导致投资者对市场的变化反应不足或反应过度，影响投资决策的合理性。

3.可得性偏差（Availability Bias）

表现：投资者倾向于根据记忆中容易获得的信息或印象来做出决策，而忽视其他重要的信息。

影响：可能导致投资者对市场的判断产生偏差，影响投资决策的准确性。

4. 代表性偏差（Representativeness Bias）

表现：投资者在判断概率时，会过分强调某个事件或结果的代表性，即与某种模式的相似程度。

影响：可能导致投资者忽视事件的随机性和不确定性，从而做出错误的决策。

5. 确认偏差（Confirmation Bias）

表现：投资者在收集和分析信息时，倾向于寻找和接受与自己已有观点一致的信息，而忽视或拒绝与自己观点不一致的信息。

影响：可能导致投资者陷入自我强化的思维误区，难以做出客观理性的决策。

6. 保守偏差（Conservatism Bias）

表现：投资者在面对新的信息时，往往过于保守，不愿意更新或改变原有的观点和决策。

影响：可能导致投资者无法及时适应市场的变化，错失投资机会或承担不必要的风险。

二、情绪偏差

1. 损失厌恶（Loss Aversion）

表现：投资者对损失的反应比对收益的反应更为强烈，即面对同样数量的损失和收益时，投资者往往更加痛苦于损失。

影响：可能导致投资者在亏损时更加不愿意卖出资产，甚至采取冒险的行为来弥补损失。

2. 后悔厌恶（Regret Aversion）

表现：投资者在做出决策后，如果结果不及预期，往往会感到后悔和自责，从而倾向于避免做出可能带来后悔的决策。

影响：可能导致投资者在决策时过于保守或犹豫不决，错失投资机会。

3. 从众行为（Herd Behavior）

表现：投资者在决策时倾向于跟随大多数人的选择或行为，即"羊群效应"。

影响：可能导致市场出现过度反应或泡沫现象，增加市场的波动性和风险。

三、其他偏差

1. 自我归因偏差（Self-Attribution Bias）

表现：投资者在成功时往往将原因归功于自己的能力或努力，在失败时则归咎于外部因素或他人。

影响：可能导致投资者对自己的能力产生错误的评估，从而影响其后续的决策行为。

2. 心理账户（Mental Accounting）

表现：投资者会根据资金的来源、用途等因素将资金划分为不同的心理账户，并对每个账户进行不同的决策和管理。

影响：可能导致投资者在决策时忽视整体的财务状况和风险承受能力，从而做出不合理的投资决策。

四、总结

行为金融学中的决策偏差涉及认知、情绪和其他多个方面，这些偏差会对投资者的决策行为产生重要影响。因此，投资者在做出决策时应尽量保持理性、客观和全面的态度，避免受到这些偏差的干扰。

（五）当前趋势

行为金融学作为涉及金融学、心理学、行为学、社会学等不同领域的交叉学科，其研究依然在不断深化，不断融合新的理论和方法。

随着大数据和人工智能技术的发展，行为金融学的实证研究更加深入和广泛，为理论创新提供了有力支持。

行为金融学的应用领域不断拓展，从金融市场扩展到企业管理、政策制定等多个领域。

综上所述，行为金融学的发展经历了从萌芽到初步发展，再到正式形成和理论完善的过程。随着跨学科融合和实证研究的深入，行为金融学将继续为金融理论的发展提供新的视角和洞见。

四、宏观金融学的发展演进

宏观金融学的发展经历了以下几个重要的阶段：

（一）古典"二分法"阶段

古典"二分法"把经济分为两个相互独立的部分：实体领域和货币领域。实体领域的因素决定相对价格和生产要素的所得，构成价值理论。货币领域的因素决定一般物价水平，构成货币理论。经济学家多用瓦尔拉斯一般均衡体系研究价值理论，用货币数量方法研究货币理论。

这一阶段的宏观金融学研究主要侧重于货币对经济的影响，但尚未将货币因素全面融入宏观经济分析框架中。

（二）凯恩斯主义阶段

凯恩斯主义的出现标志着宏观金融学研究的重大转折。凯恩斯在《就业、利息和货币通论》一书中从整个经济体系的总量分析入手，从宏观经济的角度来考察就业量、国民收入、国民生产、总供给、总需求、社会总消费和社会总投资等宏观变量。在总量分析的基础上，凯恩斯提出了"有效需求不足理论"，他认为由消费需求和投资需求构成的有效需求不足是经济衰退的主要原因。凯恩斯指出，由消费需求和投资需求构成的有效需求，其大小主要取决于消费倾向、投资边际效率和流动性偏好三大基本心理因素以及货币数量。凯恩斯主义强调政府干预经济的重要性，特别是通过货币政策和财政政策来刺激有效需求，从而实现充分就业和经济增长。

（三）货币主义与理性预期学派

货币主义强调货币供应量在宏观经济调控中的核心作用，认为货币是中性的，即货币供应量的变化主要影响物价水平而非实际产出。理性预期学派则进一步指出，人们会根据所有可得信息来形成对未来经济变量的预期，这些预期将影响他们的经济行为。因此，政府政策的有效性将受到理性预期的限制。

（四）新凯恩斯主义与新古典综合

新凯恩斯主义和新古典综合是对传统凯恩斯主义和货币主义的融合与发展。新凯恩斯主义保留了凯恩斯主义关于市场不完全竞争和价格刚性的假设，但引入了更为复杂的微观经济分析工具来解释宏观经济现象。新古典综合则试图将货币因素全面融入一般均衡分析框架中，从而可以更全面地理解宏观经济运行的规律。

（五）现代宏观金融学的多元化发展

进入 21 世纪以来，现代宏观金融学的研究呈现多元化发展的趋势。一方面，随着金融市场的不断创新和金融产品的日益丰富，宏观金融学的研究领域不断拓展，金融稳定、金融危机、金融监管等热点问题成为研究的重点；另一方面，随着计量经济学和计算机科学等技术的发展，宏观金融学研究的方法论也在不断创新和完善。例如，动态随机一般均衡（DSGE）模型等复杂经济模型的应用使宏观金融学的分析更加深入和精确。

综上所述，现代宏观金融学的发展是一个不断深化、拓展和创新的过程。从古典"二分法"到凯恩斯主义、货币主义与理性预期学派，再到新凯恩斯主义与新古典综合以及多元化发展，宏观金融学的演进始终围绕着如何更好地理解和调控宏观经济运行这一主题展开。未来，随着金融市场的不断发展和技术的不断进步，宏观金融学领域的发展将会更加深入。

五、金融科技的发展演进

世界范围内金融科技的发展可以大致划分为以下几个阶段：

（一）初步电子化阶段

这一阶段处于金融创新的萌芽与起步期（20 世纪 70 年代至 90 年代），主要依靠政府和资本维持发展。

这一阶段的核心特征是通过信息技术的初步应用实现金融业务的电子化和信息化。主要表现为通过计算机和通信技术的应用来解决金融行业数据处理的低效问题，提升金融业务处理效率和管理水平。例如，银行开始使用计算机处理业务，自动化和无纸化成为趋势。同时，金融机构设立 IT 部门，通过软硬件设施的应用，实现金融业务的电子化，显著提高业务处理效率和运作速度。代表性的技术或产品包括 POS 和 ATM 的出现，这些技术使传统金融机构的运营成本得到大幅削减。

（二）数字化金融阶段

2000~2015 年，随着移动互联网的普及，传统金融机构开始搭建在线业务平台，通过便捷的在线服务和获客渠道提升营利能力和竞争力，推动了金融市场的竞争和变革，促进了金融服务的多元化和便捷化。

互联网思维的普及以及互联网技术的渗透使传统金融渠道发生了很大变革，逐渐脱媒化。第三方支付、互联网理财、众筹等创新金融模式的出现，在很大程度上降低了金融服务的门槛，提升了金融服务的效率和质量。

（三）全面科技化阶段

2016 年至今，随着人工智能、云计算、大数据、区块链等现代技术相继被应用到金融领域，金融科技的应用和细分领域比上一阶段更加广泛，这些技术不仅能对传统金融产品和服务进行变革和创新，还能降低交易成本，提升运营效率，推动金融业态的变革和创新。新的金融产品和服务模式不断涌现。

金融和科技的深度融合虽然尚处于初期，但已经产生了许多代表性应用，如供应链金融、智能投顾等。

（四）全球金融科技发展趋势

随着技术的不断进步和应用的持续深入，金融科技将继续保持快速发展的态势。

1）数字化和智能化：数字化和智能化是金融科技最显著的发展趋势。传统金融机构正在加速数字化转型，通过大数据、云计算、人工智能等技术提高服务效率、降低成本，并为客户提供更加便捷和个性化的服务。

2）区块链技术的应用：区块链技术促使金融领域发生了革命性的变革。通过去中心化的账本，区块链技术可以有效地降低交易成本和风险，提高交易透明度和可追溯性。越来越多的金融机构开始探索将区块链技术应用于支付、结算、跨境汇款等场景。

3）人工智能风险管理：金融机构利用人工智能技术对海量数据进行深度分析和挖掘，以识别风险、预测风险发展趋势并制定相应的风险控制策略。人工智能风险管理为金融机构提供了更为准确、更加高效的信贷风险管理服务。

4）普惠金融的推广：金融科技的发展为普惠金融提供了广阔的应用前景。通过大数据风控技术和互联网渠道，金融机构可以更精准地评估弱势群体的信用状况，提供更为包容和可持续的金融服务。移动支付等创新业态的普及也为广大农村地区提供了便捷的金融服务。

5）金融行业的开放和合作：通过金融科技手段，金融机构可以更加便捷地实现信息共享和资源整合，形成更加开放和协同的金融生态体系。这将有助于提升金融行业的整体竞争力和服务效率，为实体经济提供更加有力的金融支持。

综上所述，金融科技的发展经历了从初步电子化到数字化金融，再到全面科技化的演进历程。随着技术的不断进步和应用场景的不断拓展，金融科技将继续深刻改变金融行业的格局和面貌。未来，金融科技将继续保持快速发展的态势，金融科技将更加注重数字化、智能化、区块链技术的应用以及普惠金融的推广，为金融行业带来更加广阔的发展空间和机遇。

专栏0-6　金融科技与科技金融比较

一、概念定义

金融科技（FinTech）：金融科技是指利用人工智能、区块链、云计算、大数据、移动互联等前沿科技手段，服务于金融效率提升的产业。它侧重于技术创新在金融领域的应用，通过技术手段提高金融服务的效率、降低成本、改善客户体验。

科技金融：科技金融则是指通过创新财政科技投入方式，引导和促进银行业、证券业、保险业金融机构及创业投资等各类资本创新金融产品，改进服务模式，搭建服务平台，实现科技创新链条与金融资本链条的有机结合。它侧重于金融，服务于科技创新创业，为科技企业及科技成果的发展提供融资支持和金融服务。

二、侧重点

金融科技：侧重于技术层面，通过技术手段推动金融行业的创新和发展。金融科技的落脚点在于科技，具备为金融业务提供科技服务的基础设施属性。

科技金融：侧重于金融层面，通过金融手段支持科技创新和创业。科技金融的落脚点在于金融，即为科技创新创业提供金融业态、服务、产品，是金融服务于实体经济的典型代表。

三、应用方式

金融科技：通过大数据、人工智能、区块链等技术手段，对金融业务流程进行重塑和优化。例如，利用大数据分析进行风险评估和信用评级，利用人工智能进行智能投顾和智能风控，利用区块链技术提高交易透明度和安全性等。

科技金融：通过搭建服务平台、创新金融产品、改进服务模式等方式，为科技企业及科技成果的发展和转化提供融资支持和金融服务。例如，政府建立基金或母基金引导民间资本进入科技企业，提供多样化的科技企业股权融资渠道等。

四、目标

金融科技：旨在通过技术手段提高金融服务的效率和质量，降低运营成本，改善客户体验。同时，通过技术创新推动金融行业的转型升级和可持续发展。

科技金融：旨在通过金融手段支持科技创新和创业，促进科技成果的转化和产业化。通过金融与科技的深度融合，推动国民经济的高质量发展。

金融科技与科技金融在概念、侧重点、应用方式及目标等方面存在明显区别。两者虽然都涉及金融和科技两个领域，但各自的侧重点和应用方式有所不同。金融科技更注重技术手段在金融行业的应用和创新，而科技金融则更注重金融手段对科技创新和创业的支持和服务。

思考练习题

一、名词解释

1. 金融
2. 金融创新
3. 金融抑制
4. 认知偏差

二、简答题

1. 经济决定金融的表现有哪些？
2. 简述金融创新的特征。

三、论述题

1. 概述"金融深化"论的基本思想并思考其政策含义。
2. 根据所学知识试论述我国是否存在金融抑制现象？如果存在，应该如何解决？
3. 分析金融科技在金融发展中的作用。

第一章 货币与信用

学习目标

· 熟悉货币的职能、货币制度及货币流通规律和货币层次等；
· 了解信用的定义、分类和信用工具；
· 掌握货币需求与供给的影响因素及实现货币供求均衡的条件；
· 了解古典学派、凯恩斯主义和货币学派的货币需求理论与货币供给理论。

第一节 货币概述

一、货币内涵

（一）货币起源及定义

1. 货币起源

古今中外有很多关于货币起源的学说。例如，中国古代的先王制币说、交换起源说；西方国家的创造发明说、便于交换说、保存财富说等。这些学说或认为货币是圣贤的创造，或认为货币是保存财富的手段，许多法学家甚至认为货币是法律的产物。货币是一个历史的经济范畴，是随着商品和商品交换的产生与发展而产生的。货币是市场经济发展的产物，而不是发明、人们协商或法律规定的结果，是社会劳动和私人劳动矛盾发展的结果。

货币的形式大致经历了"实物货币—金属货币—信用货币—电子货币"等多个发展阶段。一般价值形式转化为货币形式以后，存在一个漫长的实物货币形式占主导的时期。贝壳、布帛、牛羊等都在历史上充当过实物货币。金属冶炼技术的出现与发展是实物货币向金属货币转化的重要技术保证。金属货币所具有的价值稳定、易于分割、便于储藏等优点，确非实物货币所能比拟，因此在一个相当长的历史时期内金属货币替代了实物货币成为主要的货币形式。信用货币产生于金属货币流通时期。早期的商业票据、纸币、银行券都属于信用货币范畴；随着信用的发展与大额交易的出现，信用货币逐步成为社会经济生活中的主要货币形式。近年来出现的电子货币（如数字货币、移动支付等）是以信息技术飞速发展为基础的，具有安全、快捷、便利的特点。随着科技的发展和金融体系的完善，货币的形式越来越多样化、便捷化和安全化。

2. 货币定义

马克思对货币进行了理论上的定义，即货币是固定充当一般等价物的特殊商品。按照现在对货币的一般理解，货币被认为是一种由于具有普遍的可接受性而作为购买手段，并能清偿债务的支付工具。这一定义建立在现实经济基础之上，主要含义有：第一，货币用于媒介商品交换和支付债务；第二，货币发挥作用的一个基本前提是"普遍可接受性"。

（二）货币形态类型

按照形态可以把货币分为以下四类：

1. 足值货币

足值货币的形式有：实物货币、金属货币（条块式金属货币、铸币）。

足值货币的特点包括：①本身具有内在价值；②根据自身所含有的实际价值与其他商品交换；③内含否定自身的基因。

2. 表征货币

表征货币是指代表足值货币执行货币基本职能的货币形态，是纸质货币符号。表征货币的特点是可以自由兑换。

3. 信用货币

信用货币是指以信用为保证，通过信用程序发行，充当流通手段和支付手段的货币形态。信用货币的实质是信用工具，本身并无内在价值。现代信用货币以银行为发行主体，通过信用程序发行，国家赋予其无限法偿能力。具体形式有：现金货币和存款货币。

4. 电子货币

现阶段大多数电子货币以即有的实体货币（现金或存款）为基础，具备"价值尺度"和"价值保存"职能，与实体货币之间能以1∶1比率交换。作为支付手段，大多数电子货币并不能脱离现金或存款，而是用电子化方法进行传递、转移，以清偿债权债务实现结算。

（三）货币职能

由于货币属于商品，同所有商品一样具有使用价值和交换价值。因此，处于不同形式的价值运动中的货币所表现出来的作用也不尽相同。一般而言，货币具有以下五种职能：价值尺度、流通手段、支付手段、贮藏手段和世界货币。其中，价值尺度和流通手段是货币的基本职能；另外三种职能则是在前两者的基础上形成的派生职能。

1. 价值尺度

货币作为衡量和表现其他一切商品价值的尺度，使商品价值可以量化并进行相互比较。这为市场交易提供了统一的标准和依据。

2. 流通手段

流通手段是货币价值尺度职能的发展。货币的产生，使商品之间的交换由直接的物物交换转变为以货币为媒介的交换，即由"商品—商品"变成了"商品—货币—商品"。两者之间不仅存在形式上的区别，而且存在性质上的区别。

3. 贮藏手段

贮藏手段是货币退出流通领域，被人们当作独立的价值形态和社会财富的一般代表保存起来的职能。贮藏手段职能是在价值尺度和流通手段职能的基础上衍生的。货币作为价值尺度，是其他一切商品的价值代表。流通手段职能可以使货币能够购买其他一切商品。故此，货币才能作为社会财富的一般代表，从而具有贮藏的价值。

4. 支付手段

当货币不是用作交换的媒介，而是作为价值的独立运动形式进行单方面转移时，就执行着支付职能。货币的这个职能直接产生于以延期付款方式买卖商品的活动之中。货币作为支付手段时，等值的商品和货币在交换过程的两极不再同时出现，货币也不再是交换的媒介，而是作为补充交换行为的一个环节为体现交换价值而独立存在。

5. 世界货币

当商品流通越出国界，扩大到世界范围，货币的职能作用也随之扩张。货币超越国内流通领域，在国际市场上充当一般等价物的时候就执行着世界货币职能。世界货币职能具体表现为：①作为国际支付手段，用于平衡国际收支差额；②作为国际购买手段，用于购买外国商品；③作为社会财富的代表，由一个国家转移到另一个国家，如支付战争赔款、对外援助等。

专栏 1-1　货币能引起战争吗?

为什么你不知道美联储是私有的中央银行？

自 1694 年英格兰银行成立以来的 300 年间，几乎每一场世界重大变故背后，都能看到国际金融资本势力的身影。他们通过左右一国的经济命脉掌握国家的政治命运，通过煽动政治事件、诱发经济危机，控制着世界财富的流向与分配。可以说，一部世界金融史，就是一部谋求主宰人类财富的阴谋史。

随着中国金融的全面开放，国际银行家将大举深入中国的金融腹地。昨天发生在西方的故事，今天会在中国重演吗？

——引自当当网对《货币战争》一书的介绍，有删改

二、货币流通

在媒介交易的过程中，必然存在货币的流通。货币流通是指货币作为流通手段和支付手段，在流通中形成连续不断的运动，具体表现为货币不断的收支活动，既包括商品流通引起的货币收支运动，也包括非商品流通引起的货币收支运动。

（一）货币流通定义

货币流通是指由商品流通所引起的货币运动形式，它表现为在商品流通过程中，货币作为流通手段和支付手段所形成的连续不断的运动。正如马克思所言："商品流通直接赋予货币的运动形式，就是货币不断地离开起点，就是货币从一个商品所有者手里转到另一个商品所有者手里，或者说，就是货币流通。"（《马克思恩格斯全集》第 23 卷）

货币流通是由商品流通引起的，没有商品流通，就不可能有货币流通。货币流通是为商品流通服务的，商品流通是货币流通的基础，而货币流通是商品流通的表现形式。

（二）货币流通形式

货币流通存在现金流通和非现金流通两种形式。纸币与铸币的流通称为现金流通。转账结算是存款货币流通，称为非现金流通，它是指企业或个人在银行存款的基础上通过在银行存款的账户上划转款项的办法进行的货币收付活动。

以转账结算方式进行的存款货币流通，是货币流通的主要形式。而且科学技术越进步和信用制度越发达的国家，转账结算这种存款货币的流通形式在整个货币流通中所占的比重就越大。现金流通与转账结算同属于广义货币流通范围，两者之间既有联系又存在区别。

（三）货币流通过程

1）发行。中央银行或其他货币发行机构会发行一定数量的货币到经济体中，这是货币流通的起点。

2）支出。人们使用货币进行消费、支付账单、购买商品和服务等，将货币从自己手中转移给其他人或企业。这既是货币流通的重要环节，也是经济活动得以进行的基础。

3）收款。收到货币的个人或企业可以将货币用于自己的支出，或者将其中一部分储蓄起来，这进一步推动了货币的流通和经济的运转。

4）储蓄和投资。某些个体会将部分货币储蓄起来，以备将来之需，或者将其投资于股票、债券、房地产等领域，以期获取更多的财富。这同样促进了货币的流通和经济的发展。

5）银行中介。银行在货币流通中起到重要的中介作用。人们将货币存入银行，银行再将这些资金借给有需求的个人和企业，促进了资金的流通和使用。

6）国际贸易。在国际贸易中，货币也会在不同国家之间进行交换和流通，以完成跨国交易，进一步扩大了货币流通的范围和影响力。

（四）货币流通规律

按照马克思主义理论，货币流通规律是指商品流通中需要的货币量的规律。在一定时期商品流通中到底需要多少货币量，取决于三个因素：①一定时期内待实现的商品数量；②商品的价格水平；③货币流通速度。

商品流通中所需要的货币量取决于待实现的商品数量、商品价格水平和货币流通速度这一规律，是在市场经济社会中不以人的意志为转移的客观经济规律。凡是有商品货币的地方，这一规律就必然存在并发生作用。

（五）货币流通重要性

1. 促进经济增长

货币流通是经济活动的动力之一。当货币能够自由地在经济体中流通时，人们能够进行购买、销售和投资等活动，从而促进企业的发展和投资，带动经济增长并创造就业机会。

2. 方便交换和贸易

货币作为一种广泛接受的支付工具，使交换和贸易变得更加便利。它简化了物物交换的复杂性，提供了一个普遍可接受的媒介来换取商品和服务。

3. 维持价格稳定

适度的货币供应可以将通货膨胀率保持在可控范围内，避免通货膨胀或通货紧缩的出现。稳定的价格环境有助于消费者进行合理消费决策，同时为企业提供了更为确定的经营环境。

4. 促进投资和储蓄

流通的货币为投资和储蓄提供了必要的资源。人们通过购买股票、债券等金融产品将闲置的货币资金投入生产和经济活动中，从而促进了资本市场的发展和企业的扩张。此外，货币流通还鼓励个人和企业进行储蓄，为未来的投资和消费奠定了基础。

5. 促进国际贸易

货币流通在国际贸易中起着重要作用。不同国家间的货币流通使跨境支付、汇款和结算更加便捷，并促进了国际贸易的发展和国际合作的深入。

第二节 信用

一、信用的内涵

（一）信用的定义

信用是建立在授信人信任受信人偿付承诺的基础上，使受信人不用立即付款就可获得商品、服务或货币的能力。这种能力受到下述条件的约束，即受信方在其应允的时间期限内为所获得的商品、服务或货币付款或付息。这个时间期限必须得到授信方的认可，具有契约强制性。

（二）信用的作用

1. 维护市场关系的基本准则

现代经济中，信用交易优于货币交易，同时货币交易又优于实物交易，就是因为交易成本的逐渐降低。信用交易是市场经济高度发展和完善的表现。

2. 促进资金再分配，提高资金使用效率

信用是促进资金再分配最灵活的方式。信用可以把闲置的资金和社会分散的货币集中起来，转化为借贷资本，在市场规律的作用下，使资金得到充分利用。在信用活动中，价值规律的作用能得到充分发挥，那些具有发展和增长潜力的产业往往容易获得信用的支持。

通过竞争机制，信用会使资金从利润率较低的部门向利润率较高的部门转移，在促使各部门实现利润平均化的过程中，提高整个国民经济的资金运用效率。

3. 节约流通费用

利用各种信用形式能节约大量资金流通费用，增加生产资金投入。利用信用工具代替现金，可以节省与现金流通有关的费用；在发达的信用制度下，资金集中于银行和其他金融机构，可以减少整个社会的现金保管、现金出纳以及簿记登录等流通费用；信用能加速商品价值的实现，减少商品储存和保管费用的支出。各种债权债务关系利用非现金结算方式处理，可以节约资金流通费用和缩短资金流通时间，增加资金在生产领域发挥作用的时间，有利于扩大生产和增加利润。

4. 推进资本集中

信用是资本集中的有力杠杆。借助信用，可以使零星资本合并为规模庞大的资本，从而扩大资本规模。现代兼并收购活动很多都是运用信用方式来进行并完成资本集中的。资本集中与积聚有利于大工业的发展和生产社会化程度的提高，进而推动经济增长。

5. 调节经济结构

信用调节经济的功能主要表现为国家利用货币和信用制度来制定各项金融政策和金融法规，利用各种信用杠杆来改变信用的规模及其运动趋势。金融机构通过多元化的金融业务，能够有效集聚和配置货币资金，通过资金良性循环和规模持续扩大的过程，为社会生产力的发展提供重要的资金支持。国家既可以借助信用的调节功能抑制通货膨胀，又可以防止经济衰退和通货紧缩，从而刺激有效需求，促进资本市场平稳发展。国家还可以利用信用杠杆引导资金的流向，通过资金流向的变化来实现经济结构的调整，使国民经济结构更加合理，经济发展更具持续性。

（三）信用对市场经济的作用机制

信用不仅为市场提供了交易方式和支付手段，也提供了运作机制。信用可以通过影响信用风险的发生和发展过程发挥作用。信用风险的发展过程可以按照时间顺序分为三个阶

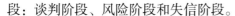

段：谈判阶段、风险阶段和失信阶段。

1）谈判阶段。信用交易发生之前，授信人与受信人进行关于交易契约的磋商阶段。

2）风险阶段。双方签订合同并由授信人向受信人提供商品和服务到最终账款回收或确认损失的阶段。

3）失信阶段。由于受信人失信，授信人最终无法全部收回欠款，形成呆坏账，风险成为现实损失的阶段。

二、信用的发展历程

（一）第一个阶段

信用是一个古老的经济范畴，随着私有制和商品经济的出现而产生和发展。信用产生的前提条件是私有制和社会分工。私有制出现以后，社会分工不断发展，大量剩余产品不断出现。私有制和社会分工使劳动者各自占有不同的劳动产品，剩余产品的出现使交换行为成为可能。随着商品生产和交换的发展，商品流通出现了矛盾，"一手交钱、一手交货"的方式因受到客观条件的限制经常面临困难。一些商品生产者出售商品时，购买者却可能因自己的商品尚未卖出而无钱购买。于是，赊销，即延期支付的方式应运而生。

（二）第二个阶段

赊销意味着卖方对买方未来付款承诺的信任，意味着商品的让渡和价值实现发生了时间上的分离。因此，买卖双方除商品交换关系之外，又形成了一种债权债务关系，即信用关系。当赊销到期、支付货款时，货币不再发挥其流通手段的职能而只充当支付手段。这种支付是价值的单方面转移。正是由于货币作为支付手段的职能，使商品能够在商品让渡之后独立地完成价值的实现，从而确保了信用的兑现。上述整个过程实质上就是一种区别于实物交易和现金交易的交易形式，即信用交易。

（三）第三个阶段

信用交易超出了商品买卖的范围，作为支付手段的货币本身加入了交易过程，出现了借贷活动。自此货币的运动和信用关系连接在一起，形成了新的范畴——金融。现代金融业正是信用关系发展的产物。在市场经济发展初期，市场行为的主体大多以延期付款的形式相互提供信用，即商业信用。

（四）第四个阶段

私有制出现以后，在市场经济较为发达的时期，随着现代银行的出现和发展，银行信用逐步取代商业信用，成为现代经济活动中最重要的信用形式。

信用交易和信用制度随着商品货币经济的不断发展而建立。信用交易的产生和信用制度的建立促进了商品交换和金融工具的发展。现代市场经济发展成为构筑在错综复杂的信用关系之上的信用经济。

三、信用分类

1. 按受信主体分类

依照受信人的身份，可以将信用分为公共信用、企业信用与私人信用：

公共信用是指社会为了帮助政府成功履行职能而授予政府的信用，主要表现形式为政府公债。

企业信用是指企业为了满足生产需要而向债权人举债组织生产，此时形成企业信用。

私人信用包括消费者信用与商业信用。消费者信用又可以细分为零售信用、现金信用与房地产信用。商业信用则可以分为商品信用和金融信用。

2. 按授信对象分类

按照授信对象分类，信用可以分为公共（政府）信用、企业（包括工商企业和银行）信用和消费者个人信用。其中，政府信用是社会信用体系的重中之重。

四、信用工具

（一）信用工具定义

信用工具，也称为金融工具，是资金供应者和需求者之间进行资金融通时，用来证明债权的各种合法凭证。

（二）信用工具类型

1. 信用贷款

信用贷款是最直接的信用产品之一。信用贷款基于个人或企业的信用状况进行贷款，无需提供实际的抵押品，包括个人信用贷款、企业信用贷款。手续较为简单，资金使用相对灵活，是最为普遍的信用产品之一。

2. 信用卡

信用卡是一种用于消费支付的信用产品，允许用户在一定的信用额度内先行消费，随后在规定的时间内偿还欠款。信用卡的额度会根据用户的信用记录和支付能力进行核定。使用方便快捷，并伴有一定的优惠活动，如折扣、积分等。持卡人可享受多种优惠服务和个性化服务，提高消费的便捷性和灵活性。

3. 商业票据

商业票据是企业发行的一种短期信用产品，是借贷金融工具的一种体现形式。当企业资金紧张时，可以通过发行商业票据进行融资，筹集资金。通过金融机构销售商业票据以填补资金缺口，资金流动效率高，风险较低，同时具有较好的灵活性和时效性，便于企业融资和管理现金流。

4. 信用保险

信用保险是一种风险保障型的信用产品，当投保人未能按照合同约定履行其义务时，保险公司将承担一定的赔偿责任。信用保险可以有效降低交易风险，保护交易双方的权益，促进交易的顺利进行。在大额交易中，采用信用保险可以有效提高风险的可控性。

5. 其他信用产品

除上述常见的信用产品外，还有一些其他类型的信用产品，如信用担保、信用证、应收账款融资、保理业务、信用衍生产品等，它们在不同领域和场景中发挥重要作用。

具体的金融工具实务将在第五章中介绍。

第三节　货币制度

一、货币制度概述

（一）货币制度的定义

货币制度，简称"币制"，是指一个国家以法律形式确定的该国货币流通的结构、体系与组织形式。它详细规定了货币的本质，职能，形态，名称，单位，价值以及货币的发行、流通、回收等各个环节的基本原则和组织方式。货币制度是国家金融制度的重要组成部分，它确保了货币在经济社会中的有序流通，维护了物价稳定，促进了经济增长，并保证了国际收支平衡。

（二）货币制度的演变

1. 银本位制

银本位制是以白银为本位货币的货币制度，存在银两本位和银币本位两种类型。银两本位是以白银重量"两"为价格标准实行银块流通。银币本位则是国家规定白银为货币金属，并要求铸成一定形状、重量和成色的银币。

2. 金银复本位制

金银复本位制是指金、银两种铸币同时作为本位币的货币制度。基本特征是金、银两种金属同时作为法定币材。黄金用于大额批发交易，白银用于小额零星交易；金、银铸币都可以自由铸造、自由输出入国境，都有无限法偿能力；金币和银币之间及它们与货币符号之间都可以自由兑换。

专栏1-2 格雷欣法则

格雷欣法则（Gresham's Law），也被称为"劣币驱逐良币"规律，是由英国经济学家托马斯·格雷欣爵士（1519~1579年）在1560年提出的经济法则。其核心内容是：在实行金银双本位制条件下，金银有一定的兑换比率。当金银的市场比价与法定比价不一致时，市场比价比法定比价高的金属货币（良币）将逐渐减少，而市场比价比法定比价低的金属货币（劣币）将逐渐增加，形成良币退藏、劣币充斥的现象。

3. 金本位制

金本位制就是以黄金为本位币的货币制度。在历史上，曾出现过三种形式的金本位制：金币本位制、金块本位制和金汇兑本位制。其中，金币本位制是最典型的形式。金币本位制的基本特征是：以一定量的黄金为货币单位铸造金币作为本位币；金币可以自由铸造，自由熔化，具有无限法偿能力，同时限制其他铸币的铸造和偿付能力；辅币和银行券可以自由兑换金币或等量黄金；黄金可以自由出入国境；以黄金为唯一准备金。

4. 不兑现的信用货币制度

不兑现的信用货币制度是以不兑现的信用货币作为流通中货币主体的货币制度，在现代经济中占据主导地位。在这种货币制度下，贵金属（金或银）不再作为本位币进行流通，货币单位也不规定含金量，流通中的货币都是信用货币。币值的确定和外汇汇率的制定与贵金属的价值无关。黄金只作为国际储备资产的构成部分用于国际清算。

随着商品经济的发展和科技的进步，货币制度也在不断地变革与发展。例如，数字货币的兴起对传统的货币制度提出了挑战，迫使各国重新审视和调整货币政策。展望未来，货币制度将朝着更加灵活、高效、安全和可持续的方向发展。

（三）货币制度的类型

第一，根据货币制度作用的范围和特性，货币制度可分为多种类型，主要包括国家货币制度和国际货币制度。

国家货币制度：针对国内货币流通和管理的制度。

国际货币制度：涉及国际间货币流通和管理的制度，包括货币的兑换与汇率制定、国际收支调节、国际结算制度、国际储备体系等。

第二，根据货币的不同特性，货币制度可分为金属货币制度和不兑现的信用货币制度两大类。

金属货币制度将金属作为本位货币。其特点是货币的发行以金属准备为基础。根据金属的不同，金属货币制度又可分为银本位制、金银复本位制和金本位制。其中，金本位制在历史上得到了广泛应用，但由于黄金产量的限制和经济发展的需要，金本位制在20世纪初逐渐被废弃。

不兑现的信用货币制度是以国家信用为基础发行货币的制度。在这种制度下，纸币成为本位货币，且不能兑换成黄金或其他贵金属。纸币的发行量由国家货币管理当局根据货币政策进行调控。这种制度虽具有较强的灵活性，但稳定性较差。

（四）货币制度的构成要素

1. 规定货币材料

货币材料简称"币材"，是指用来充当货币的物质。

确定不同的货币材料就构成不同的货币本位，确定用黄金充当货币材料就构成金本位；确定用白银充当货币材料就构成银本位。确定将哪一种物质作为币材，是一国建立货币制度的首要步骤。国家不能随心所欲地任意指定某种物品作为货币材料。目前世界各国都实行不兑现的信用货币制度，货币制度也不再对币材做出规定。

2. 规定货币单位

货币单位是指货币制度中规定的货币计量单位。货币单位的规定使货币具备了可计量性，为商品和服务的交换提供了便利。

货币单位的规定主要有两个方面：一是规定货币单位的名称，如美元、英镑、日元等；二是确定货币单位的"值"。在金属货币条件下，货币的值就是每一货币单位所包含的货币金属重量和成色。在不兑现的信用货币尚未完全脱离金属货币制度时，确定货币单位的值主要是确定货币单位的含金量；当黄金非货币化后，则主要表现为确定或维持本国货币与他国货币或世界主要货币的比价，即汇率。

3. 规定流通中的货币种类

规定流通中的货币种类，主要是指规定主币和辅币。主币就是本位币，是一个国家流通中的基本通货，一般作为该国法定的价格标准。主币的最小规格通常是1个货币单位，如1元、1英镑等，也有少数国家规定为货币单位的整倍数，如10个或100个货币单位。一个国家一般只有一种主币。在金属货币制度下，主币是指用金属货币材料按照国家规定的货币单位铸造的货币；在信用货币制度下，主币的发行权集中于中央银行或政府指定的发行银行。

辅币是本位货币单位以下的小面额货币，它是本位币的等分，其面值多为货币单位的1%、2%、5%、10%、20%、50%等几种，主要解决商品流通中不足1个货币单位的小额货币支付问题。

4. 规定货币法定支付偿还能力

在国家干预货币发行和流通的情况下，都是通过法律对货币的支付偿还能力做出规定，即规定货币是无限法偿还是有限法偿。

无限法偿是指无论支付数额多大，也无论属于何种性质的支付（买东西、还账、缴税等），对方都不能拒绝接受。中央银行发行的纸制货币具有无限法偿能力。

有限法偿是指在一次支付中，若超过规定的数额，收款人有权拒收，但在法定限额内不能拒收。有限法偿主要是针对辅币而言的，因为辅币从一开始就是不足值货币，国家为了使自己铸造或发行的辅币能够被人们接受进行流通，就以法律形式规定其在一定金额内不能被拒收，只有超过规定数额后才能被拒收。

5. 规定货币铸造、发行与流通程序

在金属货币流通条件下，货币都是由国家铸造发行。信用货币出现后，初期是分散发行的，如银行券在早期是由各个商业银行自主发行的。后来为了解决银行券分散发行引发的混乱问题，各国逐渐通过法律把银行券的发行权收归中央银行。通货的流通受到法律的保障和规范，包括货币的兑换、找零、回收等各个环节。

6. 规定货币发行保证制度

为确保货币的稳定和信誉，货币制度规定了货币发行保证制度。该制度规定了货币发行的准备金要求、发行限额以及发行机构的责任等。在金属货币流通的条件下，黄金储备是货币发行保证的重要组成部分；在纸币流通的条件下，货币发行保证依赖于中央银行的信用和货币政策。多数国家采用以资产（主要是外汇资产）做保证，也有国家将物资作为货币发行保证，还有一些国家的货币发行采取与某个国家的货币直接挂钩的方式，如盯住美元、法郎或英镑等。

（五）货币制度的作用

1. 维护货币流通秩序

制定货币发行、流通和兑换等方面的规定，有助于维护货币流通秩序，防止货币滥用或滥发。

2. 维护经济稳定

合理的货币制度有助于维护物价稳定、促进经济增长和维持国际收支平衡。

3. 便利商品交换

货币作为交易媒介和价值尺度，降低了商品交换的成本和复杂性。

4. 保障国家财政安全

通过发行和管理货币，国家可获取一定的财政收入，用于支持国家职能的履行和经济发展。

5. 促进国际贸易和投资

制定货币汇率和国际结算方式等方面的规定，有助于促进国际贸易和投资，提高国际经济合作水平。

二、国际货币制度

（一）国际货币体系定义

国际货币制度也称国际货币体系，是支配各国货币关系的规则以及国际间进行各种交易支付所依据的一套安排和惯例。国际货币制度通常是由参与的各国政府经过磋商设定。一旦商定，各参与国都应自觉遵守。

国际货币制度一般包括以下三个方面的内容：

1）国际储备资产的确定。规定使用何种货币作为国际支付货币，使用哪些资产进行国际清算和弥补国际收支逆差；规定哪些资产是维持汇率稳定时可被国际普遍接受的国际储备资产，以及一国政府应持有哪些国际储备资产用以维持和调节国际收支的需要。

2）汇率制度的安排。不同国家如何根据自身发展实际确定本国货币与他国货币的比价，在调整与维持汇率时采用何种方法，以及界定管理汇率的组织机构有哪些。这一系列的安排和规定就是汇率制度的安排。汇率制度的安排是国际货币制度的重要组成部分。

3）国际收支的调节方式。理想的国际货币制度应该能够促进国际贸易和国际经济活动的发展，保证国际货币秩序的稳定，提供足够的国际清偿能力并保持国际储备资产的信心，以及有效而稳定地调节国际收支失衡。

迄今为止，国际货币制度经历了"国际金本位制—布雷顿森林体系—牙买加体系"的演变过程。

（二）国际金本位制

金本位制是指以黄金作为本位货币，建构流通中各种货币与黄金间固定兑换关系的货币制度。根据货币与黄金的联系程度，金本位制主要有三种形式：金币本位制、金块本位制和金汇兑本位制。

国际金本位制在经历从金币本位制到金块本位制，再到金汇兑本位制的发展过程中，体现出以下发展趋势：

1）货币和黄金的联系越来越薄弱。严格的金本位制要求货币与黄金之间能够随时随地无限制地自由兑换。而金汇兑本位制框架下货币与黄金的自由兑换受到一定限制。

2）实行金块本位制，金币不再流通，货币的可兑换性受到限制，可以节约国内经济交易中所需的黄金。实行金汇兑本位制则因大量持有外汇而不仅可以节约国内经济交易所需的黄金，还可以节约国际经济交易中所需要的黄金。

（三）布雷顿森林体系

"二战"后，主要资本主义国家无一例外地都出现了严重的通货膨胀。欧洲各国为恢复和发展国内经济，大量从美国进口商品，导致美国的黄金储备迅速增长，而其余国家的黄金储备出现不足现象。国际收支的巨额逆差和黄金外汇储备的不足，导致这些国家加强了外汇管制。这种情况对美国的对外扩张是个严重障碍。为了应对这一局面，美国力图寻求有效措施推进西欧各国货币恢复自由兑换。

1944年7月，在美国新罕布什尔州的布雷顿森林镇召开由44个国家的代表参加的"联合国与联盟国家国际货币金融会议"。此次会议通过了以"怀特计划"为基础的《联合国家货币金融会议的最后决议书》《国际货币基金协定》《国际复兴开发银行协定》，总称《布雷顿森林协定》。该协定建立了以美元为中心的资本主义货币体系，即布雷顿森林体系。布雷顿森林体系的主要内容如下：

1）建立一个永久性的国际金融机构，即国际货币基金组织（International Monetary Fund，IMF）。国际货币基金组织是战后国际货币制度的核心，它的各项规定构成了国际金融领域的基本秩序。国际货币基金组织通过对成员国进行监督，以及推进成员国之间的磋商与融通资金，在一定程度上维持着国际金融形势的稳定。国际货币基金组织通过构建国家间的货币合作与多边支付体系力图消除外汇管制。

2）规定以美元作为最主要的国际储备货币，实行美元—黄金本位制。各国对1934年1月美国规定的35美元一盎司的黄金官价进行确认，每一美元的含金量为0.888671克黄金。各国政府或中央银行可按官价用美元向美国兑换黄金。

3）实行可调整的固定汇率制度。《国际货币基金协定》规定，各国货币对美元的汇率，一般只能在法定汇率上下各1%的幅度内波动。若市场汇率超过法定汇率1%的波动幅度，各国政府有义务在外汇市场上进行干预，以维持汇率的稳定。如果会员国法定汇率的变动超过10%，则必须得到国际货币基金组织的批准。

4）调节国际收支。会员国发生国际收支逆差时，可用本国货币向国际货币基金组织按规定程序购买（借贷）一定数额的外汇，并在规定时间内以购回本国货币的方式偿还借款。会员国认缴的份额越大，得到的贷款也越多。贷款仅限于会员国弥补国际收支赤字，即用于经常项目的支付。

布雷顿森林体系促进了"二战"后经济的恢复和发展，促进了多边支付体系与多边贸易体系的建立和发展，有利于外汇管制的放松和贸易的自由化，并对国际资本流动和20世纪50年代末60年代初的国际金融市场一体化起到了积极的推动作用。然而，布雷顿森林体系存在一个无法调和的矛盾。各国以美元为主要储备资产导致各国外汇储备的增加主要靠美国，如果美国国际收支持续出现逆差，会导致美元信用降低和美元外流。而当美国试图保持国际收支平衡并稳定美元时，美元的回流将引起国际清偿能力的不足。这一内在矛盾极大地损害了布雷顿森林体系的稳定性。

20世纪60年代以后，美国外汇收支逆差大量出现，黄金储备大量外流，直至20世纪60年代末出现了黄金储备不足以抵补短期外债的状况。资本主义各国从自身利益出发，纷纷宣布放弃固定汇率，转而采用浮动汇率，并且不再承担维持美元汇率的义务。1974年4月1日起，国际协定正式排除货币与黄金的固定关系，以美元为中心的布雷顿森林体系彻底瓦解，取而代之的是牙买加体系。

（四）《牙买加协议》

1976年1月，国际货币基金组织的"国际货币制度临时委员会"在牙买加举行会议，会议的最大成果就是达成了著名的《牙买加协议》。

《牙买加协议》的主要内容包括以下三个方面，即汇率制度、储备制度和资金融通：

1）在汇率制度方面，《牙买加协议》认可了浮动汇率的合法性。该协议指出，国际货币基金组织同意固定汇率和浮动汇率的暂时并存，但成员国必须接受国际货币基金组织的监督，以防止出现各国货币的竞相贬值现象。

2）在储备制度方面，该协议明确提出黄金非货币化并取消了会员国之间以及会员国与国际货币基金组织之间以黄金进行债权债务清偿的义务。会员国可以按市价在市场上买卖黄金并且确定了以特别提款权为主要储备资产，从而将美元本位改为特别提款权本位。

3）在资金融通方面，国际货币基金组织使用出售黄金所得的收益建立信托基金，以优惠条件向最贫穷的发展中国家提供贷款。

牙买加会议后，国际货币制度的发展进入了一个新时期。这体现在国际储备多元化、汇率制度多元化以及国际收支调节多样化三个方面。

1）尽管《牙买加协议》提出了用特别提款权代替美元的方案，但是由于特别提款权只是一个计账单位，现实中需要有实际存在的货币作为国际经济交往的工具，这在客观上形成了国际储备多元化的结构。

2）《牙买加协议》的核心精神是避免会员国竞争性货币贬值的出现。因此，只要各国的汇率制度是相对稳定或合理的，它就可以合法存在，这也是《牙买加协议》能够获得广泛认可的重要原因之一。

3）从国际收支调节的角度而言，在允许汇率调整的情况下，各国进行国际收支调节的政策选择得以增加。在进行国际收支调节时，各国既可以动用本国储备，也可以借入国外资金或向国际货币基金组织贷款，还可以调整汇率。在新的国际货币制度下，会员国具有较大的灵活性，强调运用国内经济政策消除国际收支不平衡。

三、区域性货币制度

区域性货币制度是指由某个区域内的有关国家（地区）通过协商形成一个货币区，由联合组建的一家中央银行来发行与管理区域内的统一货币的制度。区域货币一体化的发展增强了区域内各国（地区）之间的经济合作，改变了世界范围内的经济力量对比，进而影响到了世界经济和国际金融格局的发展变化，将会对国际金融和国际贸易产生深远的影响。从长远来看，它将是建立新的国际货币体系的基本发展方向。

20世纪60年代后，一些地域相邻的欠发达国家首先建立了货币联盟，并在联盟内成立了由参加国共同组建的中央银行，这种跨国的中央银行为成员国发行共同使用的货币并制定统一的货币金融政策。20世纪70年代末，欧洲开始了货币一体化进程。目前，实行区域性货币制度的国家主要在非洲、东加勒比海地区和欧洲。西非货币联盟制度、中非货币联盟制度、东加勒比海货币制度、欧洲货币联盟制度都属于区域性货币制度。

专栏 1-3　欧洲货币一体化进程

1957年，联邦德国、法国、比利时、荷兰、卢森堡、意大利6国签署《罗马条约》，欧洲经济共同体宪章出台。1979年3月，欧洲共同体（欧共体）国家通过决议成立欧洲货币体系（EMS）。1991年12月，欧共体的12个成员国在荷兰马斯特里赫特签署了《政治联盟条约》和《欧洲经济与货币联盟条约》，欧共体更名为欧盟。1994年成立了欧洲货币局，1995年12月，正式决定欧洲统一货币的名称为欧元（Euro）。1998年7月1日，欧洲中央银行正式成立。1999年1月1日，欧元正式启动。从2002年1月1日起，欧元钞票和硬币开始流通，欧元钞票由欧洲中央银行统一设计，各国中央银行负责印刷发行；欧元硬币的设计和发行则由各国分头完成。2002年7月1日，各国原有的货币停止流通，欧元正式成为各成员国统一的法定货币。

第四节　货币供求

货币理论分为两部分，分别是货币需求理论和货币供给理论。

一、货币需求理论

（一）货币需求概念和种类

1. 货币需求定义

自货币产生以来就存在对货币的需求，以便用于购买支付或价值保存等。在高度货币化的现代经济社会里，一切经济活动都离不开货币。

货币需求是指社会各部门（个人、企业、单位、政府）在经济活动中对货币的需要量。

2. 货币需求类型

货币需求大致可以分为消费性需求和投资性需求两大类。消费性需求是指为满足人们的消费性开支而需要持有的货币量。消费性货币需求主要用于购买消费资料，需求量的多少与社会的消费需求紧密相连。投资性货币需求是指为满足人们的投资性开支而需要持有的货币量。投资性货币需求主要用于购买各种生产资料，需求量的多少与社会的投资需求息息相关。

（二）古典学派的理论——货币数量论

1. 费雪的货币数量论

20 世纪初，美国经济学家欧文·费雪提出了交易方程式，也被称为费雪方程式：

$$MV = PY$$

其中：M 为货币的数量；V 为货币流通速度；P 为物价水平；Y 为各类商品的交易总量。

根据费雪方程式，P 的值取决于 M、V、Y 三个变量。在这三个经济变量中，M 是由模型之外的因素所决定的外生变量；V 是由制度因素决定的。因为制度因素变化缓慢，因而可视为常数；Y 与产出水平保持一定比例，也是大体稳定 $MV = PY$ 的。因此，只有 P 和 M 的关系最重要，P 的值将主要取决于 M 的变化。

当把 P 视为既定的价格水平时，则：

$$M = \frac{PY}{V}$$

上式说明，在既定的价格水平下，商品总交易量与所需要的名义货币量具有一定的比例关系，这个比例就是 $\frac{1}{V}$。换言之，要使价格保持既定水平，就必须使货币量与商品总交易量保持一定比例关系。

2. 剑桥学派的理论

在费雪发展其货币数量论观点的同时，以马歇尔和庇古为首的英国剑桥学派的经济学家也在研究同样的问题，并提出了剑桥方程式。剑桥学派在研究货币需求问题时，重视微观主体的行为，从人们保有货币的动机出发说明货币数量对货币价值的决定作用，认为货币与物价之间的关系取决于人们手中保有的货币量。剑桥方程式又称现金余额方程式，其表述如下：

$$M = KPY \text{ 或 } P = \frac{M}{KY}$$

其中：M 代表一国的货币供应总量；Y 代表实际国民收入或国民总产值即总产量；P 代表平均物价水平或货币价值的倒数；K 代表人们手中经常持有的货币量（现金余额）与以货币计算的国民收入（或国民总产值）之间的比例。

（三）凯恩斯的流动偏好理论

凯恩斯认为，作为价值尺度的货币具有两种职能：一是交换媒介或支付手段；二是价值贮藏。货币与其他资产形式相比，具有使用方便且灵活的特点。凯恩斯据此把人们持有货币的动机分为三种，即交易动机、预防动机和投机动机。凯恩斯把人们对货币的需求称为流动性偏好。流动性偏好表示人们喜欢以货币形式保持一部分财富的愿望或动机。

专栏 1-4　著名经济学家——凯恩斯

约翰·梅纳德·凯恩斯（1883~1946 年），现代西方经济学最有影响的经济学家之一。凯恩斯一生对经济学做出了极大的贡献，一度被誉为资本主义的"救星""战后繁荣之父"等。

凯恩斯出生于萨伊法则被奉为神灵的时代，认同借助于市场供求力量自动地达到充分就业的状态就能维持资本主义经济稳定运行的观点。凯恩斯经济学说的创立，被西方经济学界称为"凯恩斯革命"。毫无疑问，凯恩斯是一位伟大的经济学家，他敢于打破旧的思想的束缚，对整个宏观经济学的发展做出了杰出贡献。

1. 交易动机

交易动机是指人们为了应付日常交易的需要而持有一部分货币的动机。在任何收入水平上，无论是家庭还是厂商都需要有作为交易媒介的货币。这是因为，就个人或家庭而言，一般是定期取得收入，但支出却是不定期的，如家庭需要随时用货币购买食品、服装等，因此为了购买日常需要的生活资料，人们经常要在手边保留一定数量的货币；就厂商而言，他们也是定期取得收入（货款），而日常零星的开支（如购买原材料、支付工人工资）同样是不定期发生的，因此也需要经常保持一定量的货币。

由交易动机引起的货币需求量与人们的收入水平密切相关。当人们的收入增加时，人们的消费水平会有所提高，消费量增大，满足人们日常交易所需的货币量也会增加。由此可见，由交易动机引发的货币需求是收入的增函数，随着收入的增加而增加。

2. 预防动机

预防动机是人们为了预防意外支付而持有一部分货币的动机，即人们需要货币是为了应对不测之需，如为了支付医疗费用、应对失业和各种意外事件等。虽然个人对意外事件的看法不同会导致满足预防动机需要的货币数量存在个体差异，但是就社会整体而言，货币预防需求与收入密切相关。因此，由预防动机引发的货币需求量同样被认为是收入的增函数，与收入同方向变动。

3. 投机动机

投机动机是人们为了抓住购买生息资产（如债券等有价证券）的有利机会而持有一部分货币的动机。

一般而言，债券价格与利息率之间存在一种反方向变动的关系，即：

债券价格 = 债券固定利息收益 ÷ 市场利息率

显然，从上式可以看出，市场利息率上升，债券价格下降；市场利息率下降，债券价格上升。正是利息率与债券价格之间的这种反方向变动关系使利息率对投机性的货币需求有了决定性的影响。

凯恩斯指出，在任一时刻，人们心目中都存在某种"标准"的利息率。他认为如果市场利息率高于"标准"的利息率，市场利息率将会下降，也就是债券的价格将会升高，于是人们就会买进债券，以便日后市场利息率下降、债券价格上涨时再卖出债券换回货币。反之，如果市场利息率低于"标准"的利息率，在这种场合下他认为市场利息率将会上升，也就是债券的价格将会下降，于是他就会卖出债券换回货币，以便日后市场利息率上升、债券价格下跌时再买进债券。由此可见，出于投机动机的货币需求是利息率的减函数，较低的利息率对应着一个较大的投机货币需求量，较高的利息率则对应着一个较小的货币需求量。

在解析以上三种货币需求动机的基础上，凯恩斯得出的货币需求函数如下：

$$M = M_1 + M_2 = L_1(Y) + L_2(r)$$

其中：M_1 为交易动机和预防动机决定的货币需求，是收入 Y 的函数；M_2 为投机性货币需求，是利率 r 的函数；L 为流动性偏好函数的代号，货币具有流动性，所以流动性偏好函数也就相当于货币需求函数。

（四）货币主义的货币需求理论

货币主义是一个与凯恩斯主义和凯恩斯学派直接对立的西方经济学流派，它形成了自己的一套独具特色的理论观点和政策主张，其代表人物是美国芝加哥大学教授米尔顿·弗里德曼。

专栏 1-5　货币主义学派的代表人物——米尔顿·弗里德曼

米尔顿·弗里德曼（1912~2006 年），芝加哥大学教授，1976 年诺贝尔经济学奖获得者。弗里德曼的思想对现代货币经济理论的直接和间接影响无法估量。相比所有其他名声在外的经济学家，米尔顿·弗里德曼给人留下的最深刻的印象就是他敢于挑战像约翰·梅纳德·凯恩斯这样的绝对权威。作为西方乃至全球经济学界最具影响力的经济学家，凯恩斯深信政府在指导和刺激经济增长方面的重要作用，并由此形成了主张政府干预经济的"凯恩斯学派"。与此相反，弗里德曼提出了更为自由放任的"货币学派"，即强调政府最重要的经济职能就是调节货币供应，除此之外则不应该对经济进行任何干预。弗里德曼的一个著名论断是"通货膨胀在任何时候和任何情况下都是一个货币现象"。

——引自新华网 2006 年 11 月 18 日报道

货币主义对货币需求的分析同样以微观主体行为分析为出发点，同时吸纳了包括凯恩斯在内的其他经济学家对货币需求理论的研究成果。通过对影响货币需求量的各种因素进行深入分析，货币主义学派建立了独具特色的货币需求函数：

$$\frac{Md}{P} = f(Y, w, Rm, Rb, Re, gP, u)$$

其中：Md 为名义货币需求量；P 为物价水平；Y 为名义恒久收入；w 为非人力财富占总财富的比例；Rm 为货币的预期名义收益率；Rb 为债券的预期收益率；Re 为股票的预期收益率；gP 为物价水平的预期变动率；u 为影响货币需求的其他因素。

二、货币供给理论

（一）货币供给概念

不同历史阶段的货币供给主体有所不同。在国家垄断货币发行之前，货币供应的主体是分散的。当货币发行权集中于国家以后，特别是中央银行产生以后，货币发行（供给）即由国家授权给中央银行统一组织。

货币供给主体向社会提供何种货币，取决于货币制度。在货币本位制度下，货币供给主体向社会提供的是金属铸币（包括主币和辅币）、自由兑现或有限制兑现的银行券。在当代信用货币制度下，货币供给主体向社会提供的是信用货币，包括现金（纸币）和存款货币。

货币供给是指中央银行通过商业银行向经济社会提供的信用货币量，包括流通中的现金和银行存款等。它反映了银行系统对经济体中货币总量的控制和调节能力。货币供给不仅影响经济的运行状况，还与通货膨胀、通货紧缩等经济现象密切相关。

（二）货币供给层次

1. 划分货币供给层次的标准

货币供给的层次划分是针对流通中的各种货币形式按不同的统计口径将其划分为不同的层次。各国中央银行在划分货币供给层次时，都以流动性为依据和标准。

流动性是指金融资产能够及时转变为现实购买力，从而使持有人不蒙受损失的能力。流动性越强的金融资产，现实购买力也越强。在具体划分货币供给层次时，可以参考以下方面确定流动性标准：一是货币周转速度的快慢；二是存款变现率的高低；三是货币作为购买力的活跃程度。此外，也可以根据中央银行宏观调控的需要确定调控重点并以此划分货币供给层次。

2. 货币供给层次划分

M0：流通中的现金，即人们手持的现钞，是货币供给中流动性最强的部分；

M1：M0+ 企业活期存款 + 机关团体部队存款 + 农村存款 + 个人持有的信用卡存款；

M2：M1+ 城乡居民的储蓄存款 + 企业存款中具有定期性质的存款 + 外币存款 + 信托类存款；

M3：M2+ 金融债券 + 商业票据 + 大额可转让定期存单。

M1 是通常所说的狭义货币供应量，反映了经济的现实购买力，对经济的短期波动影响较大；M2 是广义货币供应量，反映了经济的潜在购买力，对经济的长期增长存在重要影响；M3 则是考虑到金融不断创新的现状而增设的货币供给层次。

（三）货币供给决定因素

货币供给的总量和分布受到多种因素的影响，主要包括：

1）中央银行政策。中央银行通过货币政策来调控货币供给，包括调整存款准备金率、调整再贴现率、公开市场操作等手段。

2）商业银行信贷活动。商业银行通过发放贷款和创建存款，直接参与货币的创造过程。商业银行的信贷规模、贷款政策等都会影响货币供给。

3）政府财政政策。政府的财政收支状况与税收政策等也会对货币供给产生影响。例如，政府增加支出或减少税收，都会增加经济体系中的货币流通量。

4）金融市场活动。金融市场（如债券市场、股票市场等）上的活动也会影响货币供给。金融市场的波动会改变资金在经济体系中的分配，进而影响货币供给的总量和分布。

5）外部因素。国际贸易、外汇市场和国际资本流动等外部因素也可能对一个国家的货币供给产生影响。例如，外汇储备的变动、国际贸易顺差或逆差等都会影响一国的货币供给。

（四）货币供给形成

1. 货币供给过程

货币供给主要包括两个构成部分：一是中央银行的基础性货币供给；二是商业银行的存款货币供给。

1）基础性货币供给。由中央银行通过印制和铸造通货、买卖外汇或贵金属、买卖政府债券、对商业银行办理再贴现业务或发放再贷款等方式向商业银行提供基础货币。

基础货币，又称货币基础、高能货币或中央银行货币，是中央银行发行的货币，包括流通中的现金和商业银行在中央银行的存款准备金。

基础货币是整个商业银行体系创造存款货币的基础，是整个商业银行体系存款成倍扩张的源泉。没有基础货币的供给，商业银行就无法创造存款货币。

基础货币供给是中央银行直接控制的变量，中央银行通过调整基础货币的供给量来影响整个经济体系中的货币供应量。

基础货币的增加或减少会直接影响商业银行的信贷能力和经济体系中的货币流通量。

2）存款货币供给。商业银行在获得基础货币后，通过派生存款机制，将其转化为存款货币并注入流通领域。在这个过程中，商业银行的存款负债会不断增加，进而扩大货币供给总量。

存款货币供给来源于商业银行的信贷活动，主要由商业银行的存款负债（活期存款、定期存款等）构成，数量受到基础货币供给量、法定存款准备金率、商业银行的信贷政策等多种因素的影响。

存款货币供给是基础性货币供给的延伸和扩展。商业银行通过信贷活动将基础货币转化为存款货币，并注入流通领域。存款货币供给的增加或减少可以反映出商业银行的信贷活动和经济体系中的货币需求状况。中央银行通过调整基础货币的供给量来影响商业银行的信贷能力和存款货币供给量，进而实现对整个经济体系中货币供应量的调控。

2. 原始存款和派生存款

1）原始存款。是指商业银行吸收的现金存款或中央银行对商业银行发放贷款而形成的存款。

原始存款来源于客户存款、中央银行再贷款、中央银行再贴现。原始存款有以下三种特征：

一是被动性。对于原始存款量的变化，商业银行处于被动的接受地位。原始存款的数量主要取决于客户存款的意愿和中央银行对商业银行的贷款政策。

二是基础性。原始存款是创造派生存款的基础。商业银行在获得原始存款后，通过准备金制度和转账结算制度，可以创造出数倍于原始存款的派生存款。

三是增强清偿能力。吸收原始存款可以增加商业银行的支付准备金，从而增强其清偿能力。支付准备金是商业银行为应对日常业务需求和风险而持有的流动性资产，其数量的增加有助于提升银行的稳健性和安全性。

2）派生存款。是指由商业银行以原始存款为基础发放贷款而引申出的超过最初存款部分的存款。之所以称为派生存款，就因为它是在原始存款基础上派生出来的存款。

派生存款通过商业银行的信贷活动间接形成。客户在取得贷款或投资款项后，并不立即提取现金，而是将其存入银行，从而形成新的存款。这个过程不断重复，就可以创造出

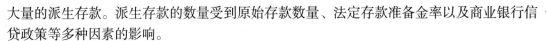

大量的派生存款。派生存款的数量受到原始存款数量、法定存款准备金率以及商业银行信贷政策等多种因素的影响。

派生存款的形成过程体现了商业银行的信用创造功能，也是中央银行通过货币政策调控货币供应量的重要途径之一。

3. 存款货币创造得以实现的两个基本条件

一是普遍实行转账结算制度。客户取得银行贷款后，通常不（或不全部）支取现金，而是转入其银行存款账户，客户可以通过签发转账支票完成支付行为。

二是实行存款的部分准备金制度。现代各国的银行一般都采用存款的部分准备金制度，即银行吸收存款后，将其中的一部分作为准备金上缴中央银行，其余的用来放款。

4. 存款货币的创造过程

假定某人将向中央银行出售政府债券所得的1000元现金（或支票）以支票存款形式存入A银行，从而使A银行的准备金资产和支票存款负债都增加1000元。假定法定存款准备金率为20%，此时A银行在缴纳了20%的法定准备金后还有800元的剩余可以用来发放贷款或购买有价证券。假定A银行发放的800元贷款被借款人用来购买产品，供货单位收到款项后以支票存款的形式存入B银行（如果A银行用这部分剩余存款购买有价证券，情形类同）。此时B银行同样可以在缴纳了20%法定准备金之后将剩余的640元用于发放贷款或购买有价证券。以此类推，这一过程一直持续下去，直到整个银行体系都没有用于发放贷款或购买有价证券的款项存在。存款货币创造的具体过程如表1-1所示。

表1-1 存款货币的创造过程   单位：元

银行	支票存款的增加额	贷款增加额	准备金增加额
A	1000	800	200
B	800	640	160
C	640	512	128
D	512	409.6	102.4
E	409.6	327.68	81.92
…	…	…	…
合计	5000	4000	1000

显然，各银行的支票存款增加额构成一个无穷递减等比数列，即1000，$1000 \times (1-20\%)$，$1000 \times (1-20\%)^2$，$1000 \times (1-20\%)^3$，…，根据等比数列求和公式可知，整个银行系统的支票存款增加额为：$1000 \times 1/20\% = 5000$。

由此可见，存款货币的扩张数额主要取决于两大因素：一是原始存款量的大小；二是法定存款准备金率的高低。原始存款量越多，创造的存款货币量越多；反之则越少。法定存款准备金率越高，存款货币量扩张的数额越小；反之则越大。

银行存款货币创造机制所决定的存款总额的最大扩张倍数称为派生倍数，即存款创造乘数。

　　一般来说，存款创造乘数是法定存款准备金率的倒数。在上例中，存款创造乘数是5。如果法定准备率降为 10%，存款创造乘数为 10，即存款可扩张 10 倍。

　　（五）存款创造乘数的推导

　　1.存款创造乘数的定义

　　存款创造乘数（Deposit Multiplier），是描述银行体系如何通过存款和贷款活动创造额外货币供给的一个重要概念。存款创造乘数受到多种因素影响，包括法定存款准备金率、现金漏损率、超额准备金率、定期存款与活期存款的比率等。

　　（1）法定存款准备金率对存款货币创造的制约

　　商业银行的法定准备金是由法律规定的必须保留的存款部分。中央银行规定法定存款准备金率的目的就是要调节商业银行创造存款货币的能力。

　　整个商业银行体系创造存款货币的数量受法定存款准备金率的制约，其倍数与法定存款准备金率是倒数关系，法定准备金率越高，银行可用于放贷的资金越少，货币创造乘数越小。

　　（2）现金漏损率对存款货币创造的制约

　　现金漏损是指银行存款中的提现现象，即总有一部分存款被客户以现金形式提取，从而流出银行系统。

　　现金漏损与活期存款总额之比被称为现金漏损率，这个比率越高，说明流出银行的现金就越多，银行系统的现金储备就会相应地减少，能够创造出来的派生存款也将相应地减少。

　　（3）超额准备金率对存款货币创造的制约

　　为了应对意外需要，银行实际拥有的存款准备金总是大于法定准备金，两者之间的差额称为超额准备金。超额准备金与活期存款总额的比率，称为超额准备金率。超额准备金率的变化对商业银行信用创造的影响，同法定存款准备金率和现金漏损率的影响相类似。如果超额准备金率高，则银行信用扩张的能力减弱；如果超额准备金率低，则银行信用扩张的能力增强。

　　（4）定期存款准备金对存款货币创造的制约

　　在商业银行的存款中，既有企业等经济行为主体持有的活期存款，也有这些主体持有的定期存款。当活期存款被转为定期存款时，银行对定期存款同样要按照一定的法定准备率提取准备金。

　　2.基本假设

　　假设存在一个或多个商业银行，它们接受公众存款并发放贷款。

　　银行体系内存在法定存款准备金率，要求银行必须持有一定比例的存款作为准备金。

　　银行可能持有超额准备金，即超过法定的准备金部分。

　　部分存款以现金形式流出银行体系，形成现金漏损，不再参与银行的存贷款过程。

　　存款分为活期存款和定期存款，两者在法定存款准备金率和流动性上存在差异。

　　3.存款创造乘数公式

　　（1）单一存款类型情况（假设仅存在活期存款）

　　1）初始存款与准备金。假设公众向银行存入一笔原始存款 D_0，银行需要按照法定存

款准备金率 r_d 持有准备金 R。

准备金：$R = D_0 \times r_d$

可用于放贷的资金：$D_0 - R = D_0 \times (1 - r_d)$

2）第一轮贷款与存款创造。银行使用可用于放贷的资金进行贷款，假设贷款全部转化为新的存款 D_1，$D_1 = D_0 \times (1 - r_d)$，这部分新存款 D_1 同样需要按照法定存款准备金率持有准备金，但此时银行体系内的总存款已增加至 $D_0 + D_1$。

3）重复贷款与存款创造。银行继续使用新增存款（D_1 减去其对应的准备金）进行贷款，再次创造新的存款 D_2。

这个过程不断重复，每一轮都会创造新的存款，但每轮新增存款的数量会逐渐减少，因为每轮都需要提取一部分作为准备金。

4）存款创造乘数的形成。经过多轮贷款和存款创造后，银行体系内的总存款 D 将远超过原始存款 D_0。

存款创造乘数 K 定义为总存款与原始存款之比，即 $K = \dfrac{D}{D_0}$。

在无现金漏损和超额准备金的情况下，得到存款创造乘数为：$K = \dfrac{1}{r_d}$，因为每一轮新增存款都是上一轮可用于放贷资金的（$1 - r_d$）倍。

（2）考虑超额准备金和现金漏损情况

不考虑定期存款的影响，银行客户会提取现金（现金漏损率 r_c），银行也会持有超额准备金（超额准备金率 r_e），这些因素会减少可用于放贷的资金，从而降低存款创造乘数。存款创造乘数表示为：

$$K = \frac{1}{r_d + r_e + r_c}$$

其中：r_e 为超额准备金率，r_c 为现金漏损率。

（3）综合考虑多种存款类型

当存在定期存款时，需要引入定期存款与活期存款的比率 T 以及定期存款准备金率 R_t。

综合考虑所有因素，存款创造乘数公式可以推导为：

$$K = \frac{1}{r_d + r_e + r_c + \dfrac{T}{R_t}}$$

这个公式仍然是一个简化的表达，因为它假设超额准备金和现金漏损对活期存款和定期存款的影响是相同的。

这个公式揭示了银行体系在吸收存款并通过贷款活动创造额外货币供给的过程中所受到的各种约束和限制。通过调整这些参数（如法定存款准备金率、超额准备金率等），中央银行可以对银行的货币创造能力和整个经济体系中的货币供应量产生影响。

在更复杂的模型中，可能会考虑超额准备金和现金漏损在不同类型存款中的差异。但为了简化推导，我们通常采用上述公式表示货币创造乘数。

专栏1-6 货币乘数和存款创造乘数的比较

1. 相同点

扩张性特点：两者都用来阐明现代信用货币具有扩张性的特点，即银行体系能够通过特定的机制创造出超过原始存款的货币供应量。

2. 不同点

（1）定义与内涵

货币乘数：指基础货币每增加或减少一个单位所引起的货币供给量增加或减少的倍数。它主要从中央银行的角度进行宏观分析，关注的是中央银行提供的基础货币与全社会货币供应量之间的倍数关系。

存款创造乘数：别名是货币扩张乘数，是商业银行体系供给货币的机制。它主要从商业银行的角度进行微观分析，揭示银行体系如何通过吸收原始存款、发放贷款和办理转账结算等信用活动创造出数倍于原始存款的存款货币。

（2）分子分母构成

货币乘数：以货币供应量为分子、以基础货币为分母的比值。基础货币包括中央银行发行的现金和商业银行在中央银行的存款准备金。

存款创造乘数：以总存款为分子、以原始存款为分母的比值。它衡量了商业银行体系内通过存款创造过程增加的货币供应量与原始存款之间的倍数关系。

（3）分析角度与着力点

货币乘数：侧重于从中央银行的角度分析货币政策的传导机制和效果，关注的是基础货币的变化如何影响全社会的货币供应量。

存款创造乘数：侧重于从商业银行的角度分析存款货币的创造过程，揭示银行体系内部如何通过信用活动创造出新的存款货币。

（4）影响因素

两者都受到法定存款准备金率、现金漏损率等因素的影响，但存款创造乘数还受到银行体系内部的其他因素（如超额准备金率、存款结构比例等）的影响。

货币乘数和存款创造乘数在描述货币供给扩张的倍数关系时具有相似的本质，但它们在定义、分析角度、分子分母构成以及影响因素等方面存在明显的差异。货币乘数侧重于从中央银行的角度进行宏观分析，而存款创造乘数着眼于从商业银行的角度进行微观分析。两者共同构成现代信用货币体系下货币供给扩张的重要机制。

三、货币供求均衡

（一）货币供求均衡的概念

货币供求均衡是指货币供应量（Ms）与货币需求量（Md）相等或基本相等，即 Ms = Md。

在现代商品经济条件下，货币不仅是商品交换的媒介，而且是国民经济发展的内在推动要素，其供求均衡状况反映了国民经济的平衡状况。

货币供求均衡是一个动态过程，在短期内可能存在波动，但在长期内应趋于稳定。它要求货币供给与货币需求在总量上相匹配，在结构上相协调，从而满足经济发展的需要。

（二）货币供求均衡的条件

货币供求的总量平衡取决于市场机制。在市场经济中达到货币供求均衡主要有两个条件：

一是存在健全的利率机制。利率作为货币市场上的"价格"，能够灵敏地反映货币供求的状况，并且随着货币供求的变化及时地自由波动，其波动幅度一般不予硬性规定。

二是存在发达的金融市场，特别是存在活跃的货币市场。市场是货币需求与货币供给实现均衡的场所。高效运行、发育完善的金融市场是货币供求均衡的机制保证。

（三）货币供求均衡的标志与特征

1. 标志

商品市场上物价稳定，无明显的通货膨胀或通货紧缩现象；

金融市场里资金供求平衡，形成均衡利率，资金流动顺畅；

国民经济稳定增长，无明显的经济过热或过冷现象。

2. 特征

货币供求均衡是货币供求作用的一种状态，使货币供给与货币需求大体一致，而非完全相等；

货币供求均衡是一个动态过程，短期内可能存在波动，但长期内应当趋于稳定；

货币供求均衡的实现依赖于多种因素的综合作用，包括中央银行的货币政策、经济体系的收入水平、市场利率水平以及微观主体的预期等。

（四）货币供求均衡的影响因素

1. 中央银行的货币政策

中央银行通过调整存款准备金率和再贴现率、公开市场操作等货币政策工具影响货币供给量，进而调控货币市场的均衡状态。

2. 经济体系的收入水平

收入水平的变化直接影响人们的消费和投资需求，从而改变货币需求量。一般来说，收入水平提高会增加货币需求。

3. 市场利率水平

市场利率是影响货币需求的重要因素之一。当市场利率上升时，人们倾向于储蓄而非消费或投资，从而减少货币需求；反之亦然。

4. 微观主体的预期

微观主体（如企业、居民等）对未来的经济预期会影响他们的消费和投资决策，进而改变货币需求。

（五）货币供求均衡与社会总供求的均衡

1. 社会总供求的涵义

社会总供求是社会总供给和社会总需求的合称。社会总供给，通常是指在一定时期内，一国生产部门按一定价格提供给市场的全部产品和劳务的价值之和，以及在市场上出售的其他金融资产总量。社会总需求指的是有现实购买力的需求，即一定时期内，全社会在市场上按一定价格购买商品和劳务所支付的货币量，以及人们为持有一定的其他金融资产所支付的货币量。

社会总需求和社会总供给的平衡是市场的总体均衡。社会总供求状况是由货币市场和商品市场的状况来决定的。社会总需求和社会总供给的平衡，也就是货币市场和商品市场的统一平衡。

2. 货币供求和社会总供求之间的关系

社会总供求决定货币的总供求，货币供求是社会总供求的一种货币表现，但反过来又对社会总供求有重大的作用。

货币供求均衡与社会总供求均衡之间的关系概括为以下两点：

1）社会总供求的均衡是货币供求均衡的基础；

2）货币供求均衡是实现社会总供求均衡的条件。

（六）货币供求均衡的实现机制

1. 利率机制

在市场经济条件下，利率是显示货币供求是否均衡的重要信号。当市场利率偏离均衡水平时，会引起货币供给和需求的相应变动，最终在新的均衡利率水平上实现货币供求均衡。

2. 中央银行调控

中央银行通过运用不同的货币政策工具来影响货币供给量，进而调控市场利率和货币市场的均衡状态。

3. 市场机制

在完全市场经济条件下，市场机制能够自发地调节货币供求关系，实现货币供求均衡。然而，在现实中，由于市场失灵和信息不对称等问题的存在，市场机制自发调节货币供求关系并实现货币供求均衡的作用可能受到限制。

（七）货币供求均衡的意义

1）货币供求均衡有利于保持物价稳定和经济平稳增长；

2）货币供求均衡有助于降低金融市场波动风险，维护金融市场的稳定；

3）货币供求均衡有利于优化资源配置，提高经济效率。

货币供求均衡是宏观经济稳定的重要标志之一，其实现依赖于多种因素的综合作用。为了保持货币供求均衡，中央银行需要灵活运用货币政策工具进行宏观经济调控，同时加强市场监管和风险防范工作。

四、通货膨胀与通货紧缩

（一）定义

1. 通货膨胀的定义

通货膨胀是指货币供应量超过经济运行所需的货币量，从而引起货币贬值和一般物价水平持续上涨的经济现象。

2. 通货紧缩的定义

通货紧缩是指市场上流通的货币量减少，导致国民货币所得减少，购买力下降，进而引发物价水平全面持续下降的经济现象。其主要特征是物价普遍下跌，货币实际购买力不断提高。与此同时，生产投资减少，失业率增加，经济增长率下降。

（二）分类

根据通货膨胀的严重程度，可以将其分为以下三类：

1）爬行的通货膨胀，也称温和的通货膨胀。通货膨胀率低且稳定。

2）加速的通货膨胀，也称奔驰的通货膨胀。通货膨胀率较高（一般在两位数以上），且仍在加剧。

3）超速通货膨胀，也称恶性通货膨胀。通货膨胀率极高且失去控制。

（三）原因

1.通货膨胀的原因

（1）直接原因

市场内可流通的货币总量大于有效经济总量，导致货币供应量过多。

（2）深层原因

深层原因包括以下方面：

市场需求拉动。当总需求超过总供给时，物价会上涨，进而引发通货膨胀。

生产成本推动。生产成本的上升会推动产品价格的上涨，特别是当这种上涨传递到整个经济体系时，产品价格的全面上升将会引发通货膨胀。

经济结构失调。经济中某些部门或领域的过度发展或衰退，可能导致资源错配和物价波动。

社会供给不足。供给不能满足需求时，物价会上涨。

预期不当。公众对未来价格变化的预期可能影响当前的经济行为，从而加剧通货膨胀。

体制不完善。市场机制与价格机制等经济运行机制存在缺陷，可能导致资源配置效率低下和物价波动。

2.通货紧缩的原因

（1）货币供给减少

政策时滞使紧缩的货币政策和财政政策未及时调整，导致投资和需求下降，进而影响社会有效供给。当实际利率较高时，消费和投资会大幅下降，导致有效需求不足，物价持续下跌。

（2）经济结构不合理

经济中存在不合理的扩张和投资，导致不合理的供给结构和过多的无效供给，这些因素的持续累积会加剧供给之间的矛盾，导致供过于求，产品价格下跌。

（3）居民消费行为变化

制度变迁和转型等体制因素导致居民消费行为发生变化，储蓄倾向上升、消费倾向下降、即期支出大量转化为远期支出，也会引起有效需求不足，导致物价下降。

（4）国际经济影响

开放度较高的国家，在国际经济不景气的情况下，国内市场也会受到很大影响。主要表现为出口下降，外资流入减少，导致国内供给增加、需求减少，产品价格下降。

（四）影响

1.通货膨胀对经济和社会的影响

价格上涨。商品和服务的价格上涨，会降低现金的购买力，影响消费者的购买能力。

收入降低。工资和收入的增加速度可能赶不上物价上涨的速度，导致实际收入降低。

利率上涨。借贷风险增加，金融机构可能提高贷款利率以确保利润。

经济停滞。通货膨胀影响收入、消费和企业盈利，可能导致经济增长减缓甚至停滞。

2.通货紧缩对经济和社会的影响

社会总投资减少。通货紧缩会使实际利率提高，社会投资的实际成本上升，导致投资下降。同时，由于预期价格下降，投资预期收益减少，也会使企业投资意愿下降。

消费支出延迟。在通货紧缩过程中，物价下跌使货币实际购买力不断提高，人们会尽可能地推迟支付，导致消费支出的延迟和消费规模的减小。

收入分配变化。通货紧缩会使政府的收入向企业和个人转移（主要通过降低所得税实现），使企业在物价下降中受到损失，工人的实际工资增加，形成有利于债权人而不利于债务人的资金再分配态势。

经济增长放缓。由于投资和消费需求的降低，经济增长率可能会下降，甚至会导致经济衰退。

（五）治理措施

1. 治理通货膨胀的措施

实施财政政策。通过减少政府支出和增加税收来抑制总需求，进而控制物价上涨。

实施货币政策。通过降低基准利率、提升存款准备金率、收紧贷款政策等措施来减少货币供应量，抑制通货膨胀。

实施汇率政策。通过汇率调整来稳定国内物价水平，抑制通货膨胀。

改善供给结构。提高社会生产率，增加供给量，进而降低物价水平。

改善投资结构。控制投资额度，改善投资结构，提高投资效率，从而抑制物价水平。

2. 治理通货紧缩的措施

（1）扩大有效需求

扩大投资需求。通过扩大政府公共支出、优化经济结构等措施来刺激投资需求。

增加消费需求。消除不利于增加消费的政策措施和制度约束，提高公众收入水平，增加购买能力；提高就业水平和增加失业补助来刺激低收入阶层的消费需求；加快社会保障制度建设等。

（2）增加货币供给

通过降低法定存款准备金率、降低再贴现率、公开市场买入有价证券等手段来增加商业银行的超额准备金、增加基础货币、扩大货币乘数，从而增加社会货币供给总量。

（3）降低利率

降低基准利率以减少商业银行借款成本并降低市场利率，从而刺激总需求。

（4）政策性引导

通过公开宣传等措施对公众进行政策性引导，调整企业和个人对未来的预期，以扩大投资需求和增加消费需求。

通货膨胀与通货紧缩是复杂的经济现象，其原因、影响及治理措施涉及经济生活的不同层面。政府需要综合考虑各种因素，采取合适的政策措施来对通货膨胀与通货紧缩进行治理。

本章小结

货币被认为是因具有普遍的可接受性而作为购买手段并能清偿债务的支付工具。按货币的形态可以把货币分为：足值货币、表征货币、信用货币和电子货币。货币的职能有：价值尺度、流通手段、贮藏手段、支付手段和世界货币。

货币制度是一个国家经济体系的重要组成部分，对于维护经济稳定、促进商品交换和保障国家经济安全等方面都具有重要作用。随着时代的发展，货币制度也将不断适应经济社会的变化进行调整和完善。

货币制度的构成要素包括：规定货币材料，规定货币单位，规定流通中的货币种类，规定货币法定支付偿还能力，规定货币铸造、发行与流通的程序以及货币发行保证制度的规定。

货币需求大致可以分为消费性需求和投资性需求两大类。货币供给的两个主要组成部分是中央银行的基础性货币供给和由商业银行的存款货币创造形成的货币供给。

货币供求均衡是指货币供给和货币需求相适应的一种状态。这种均衡只表明某一时点上相对静止的状况，是一种动态的平衡。社会总供求决定货币的总供求，而货币供求是社会总供求的一种货币表现。通货膨胀与通货紧缩是复杂的经济现象，政府需要综合考虑各种因素，采取合适的政策措施来对其进行治理。

进一步阅读

劳伦斯·H. 怀特. 货币制度理论［M］. 李扬，周素芳，姚枝仲，译. 北京：中国人民大学出版社，2004.

卡尔·E. 沃什. 货币理论与政策［M］. 周继忠，译. 上海：上海财经大学出版社，2004.

思考练习题

一、名词解释

1. 货币制度
2. 货币供给层次
3. 货币供求均衡
4. 货币乘数
5. 价值尺度

二、填空题

1. 货币需求最主要的决定因素是_____。
2. 在一般情况下，消费倾向与货币需求呈_____的变动关系。
3. 国际货币制度经历了国际金本位制、布雷顿森林体系和_____的演变过程。
4. 对一个国家的经济而言，货币流通速度与整个经济中的货币需求成_____关系。

三、判断题

1. 剑桥学派认为，货币数量的任何变动必将使一般物价水平作同方向且等比例的变动。（　　　）

2. 费雪的现金交易说特别强调人们的主观意志对货币需求的影响。（　　　）

3. 凯恩斯认为，交易动机的货币需求是收入的递增函数。（　　　）

4. 预防动机的货币需求是收入的递减函数。（　　　）

5. 如果社会对资金的需求较高，借款者也愿意支付较高的利率，则商业银行的超额准备金率也会越高。（　　　）

6. 若基础货币量为 2 亿元，狭义货币供给量为 4 亿元，则狭义的货币供给乘数为 0.5。（　　　）

7. 流动性越强的货币层次包括的货币的范围越大。（　　　）

8. 布雷顿森林体系是以美元为中心的双挂钩体系。（　　　）

四、单项选择

1. 美元与黄金挂钩，其他国家的货币与美元挂钩是（　　　）的特点。

A. 国际金本位制　　　B. 牙买加体系　　　C. 布雷顿森林体系　　　D. 国际金块本位制

2. 欧元正式成为欧元区国家唯一法定货币的时间是（　　　）。

A. 1998 年 1 月 1 日　B. 1999 年 1 月 1 日　C. 2002 年 1 月 1 日　D. 2002 年 7 月 1 日

3. 牙买加体系的特点之一是（　　　）。

A. 保持固定汇率　　　　　　　　B. 国际收支可自动调节

C. 国际储备货币多元化　　　　　D. 实行浮动汇率

4. 凯恩斯认为，债券的市场价格与市场利率（　　　）。

A. 正相关　　　　B. 负相关　　　　C. 无关　　　　D. 不一定

5. 通过影响商业银行放款能力来发挥作用的货币政策工具是（　　　）。

A. 公开市场业务　　B. 再贴现率　　C. 流动性比率　　D. 法定存款准备金率

6. 货币均衡的实现具有（　　　）的特点。

A. 绝对性　　　　B. 相对性　　　　C. 长期性　　　　D. 稳定性

7. 假定金融机构的法定准备金率为 20%，超额准备金率为 3%，现金漏损率为 4%，则存款创造乘数为（　　　）。

A. 3.70　　　　B. 5.00　　　　C. 4.17　　　　D. 20.00

8. 国际大宗商品价格上涨导致重要原材料和中间产品的价格持续上涨，由此而引起的通货膨胀属于（　　　）通货膨胀。

A. 隐蔽型　　　　B. 结构型　　　　C. 成本推进型　　　　D. 需求拉上型

9. 不属于国际货币制度的是（　　　）。

A. 国际金本位制度　　B. 金块本位制　　C. 布雷顿森林体系　　D. 牙买加体系

五、多项选择

1. 布雷顿森林体系存在的问题主要是（　　　）。

A. 各国无法通过变动汇率调节国际收支

B. 要保证美元信用就会引起国际清偿能力的不足

C. 缺乏统一稳定的货币标准

D. 以浮动汇率为主加大了外汇风险

E. 无法满足各国对国际清偿能力的需要

2. 区域货币制度的特点是（　　　）。

A. 建立统一的中央银行　　　　　　　　B. 发行统一货币

C. 不保持独立的货币收支　　　　　　　D. 实行统一的货币政策

E. 欧元是唯一的区域货币

3. 凯恩斯认为，人们持有货币的动机有（　　　）。

A. 投资动机　　　　B. 消费动机　　　　C. 交易动机　　　　D. 预防动机

E. 投机动机

4. 弗里德曼把影响货币需求量的诸因素划分为以下几组（　　　）。

A. 各种金融资产　　　　　　　　　　　B. 恒久收入与财富结构

C. 各种资产预期收益和机会成本　　　　D. 各种随机变量

E. 各种有价证券

5. 下列有关货币供求均衡描述正确的是（　　　）。

A. 货币供求均衡具有相对性　　　　　　B. 货币供求均衡是动态性概念

C. 货币供求均衡的实现主要靠利率机制　D. 货币供求均衡是社会总供求均衡的反映

E. 货币均衡指货币供给量与需求量完全相等

6. 下列货币的相关表述中，错误的是（　　　）。

A. 货币是具有价值尺度职能的商品

B. 货币的流通手段职能仅在货币保存收藏时才得以体现

C. 历史上金银充当货币时，货币是有使用价值和价值的特殊商品

D. 支付手段的出现，扩大了货币商品的流通范围，也带来了更大的风险

六、问答题

1. 请结合我国货币的发展历程，简要说明你对货币五大职能的理解。

2. 简述国际货币制度的演变过程。

3. 论述凯恩斯的流动性偏好理论的主要内容。

4. 论述存款货币创造的过程。

5. 请结合我国当前经济形势，简要回答什么是通货膨胀并论述你对其成因的理解。

七、案例分析题

1. 案例分析——战俘营里的货币

第二次世界大战期间，在纳粹的战俘集中营中流通着一种特殊的商品货币：香烟。当时的红十字会设法向战俘营提供各种人道主义物品，如食物、衣服、香烟等。由于数量有限，这些物品只能根据某种平均主义的原则在战俘之间进行分配，而无法顾及每个战俘的特定偏好。但人与人之间的偏好显然是有所不同的，有人喜欢巧克力，有人喜欢奶酪，还有人则可能更想得到一包香烟。因此，这种分配显然是缺乏效率的，战俘有进行交换的需要。

但是即便是在战俘营这样一个狭小的范围内，物物交换也显得非常不方便，因为它要求交易双方恰巧都想要对方的东西，也就是所谓的需求的双重巧合。为了使交换顺利地进行，

需要有一种充当交易媒介的商品，即货币。那么，在战俘营中，究竟哪一种物品适合作为交易媒介呢？许多战俘营都不约而同地选择香烟来扮演这一角色。战俘用香烟进行计价和交易，如一根香肠值10根香烟，一件衬衣值80根香烟，替别人洗一件衣服则可以换得2根香烟。有了这样一种记账单位和交易媒介之后，战俘之间的交换就方便多了。

分析：结合本章内容分析香烟为何会成为战俘营中流行的"货币"呢？

2. 案例分析——数字货币

近年来，全球数字货币发展速度加快，并呈现从私人数字货币向法定数字货币拓展的趋势。2008年末，中本聪发表《比特币：一种点对点的电子现金系统》一文，提出了比特币（Bitcoin）的概念，2009年1月3日比特币正式出现。比特币是一种P2P形式的虚拟加密数字货币。和法定货币相比，比特币没有一个集中的发行方，而是由网络节点的计算生成，谁都有可能参与制造比特币，而且其可以在全世界流通，可以在任意一台接入互联网的计算机上买卖，不管身处何方，任何人都可以挖掘、购买、出售或收取比特币，并且在交易过程中外人无法辨认用户身份信息。比特币这种数字货币是由计算机生成的一串串复杂代码组成，新比特币通过预设的程序制造，并具有2100万个的数量上限。2010年，美国的一名程序员使用比特币购买了披萨，标志着比特币第一次在现实中使用。2013年，世界上首台比特币自动提款机在加拿大温哥华启用，用于办理加拿大元与比特币的兑换。2017年9月4日，中国人民银行等七部委发公告称中国禁止虚拟货币交易。

作为一种在区块链技术基础上产生的数字货币，比特币具有典型的去中心化特征，加之比特币在交易中具有匿名性、账本不可篡改等特点，满足了人们对持有和交易资产的隐私保护及资产安全的诉求，从而使比特币逐步被越来越多的人所接受，比特币市场逐渐形成，交易规模不断扩大，市场机制在比特币交易和价格形成中的作用也不断增强。2017年以来，比特币价格上涨，且波动程度加大。2021年4月16日，比特币价格超过62889美元，而2019年1月2日仅为3947.98美元。

2019年6月，脸书公司（FaceBook）正式发布其加密数字货币项目天秤币（Libra）白皮书，与比特币相类似，Libra仍然具有去中心化等特征，但Libra在设计中显著改进了比特币存在的币值波动较大的问题，具体方式为一方面通过完全准备金制约束Libra发行数量，即Libra以一篮子银行存款和短期政府债券为支撑，每发行一枚Libra，将有等值的美元或其他货币作为储备支持而放入资金池；另一方面是挂钩一篮子国际货币，减轻单一货币币值过度波动对Libra本身币值的影响。在某种程度上，Libra借助法定货币提升了自身币值的稳定性。

世界上很多国家货币当局纷纷启动试点。2014年，中国人民银行启动对法定数字货币（DC/EP）的研究工作，目前我国数字人民币已进入试点阶段，在世界主要经济体中率先进入实测阶段。美联储较早意识到发行央行数字货币的重要性，并与一些机构合作研究以了解央行数字货币的潜在机遇与风险。日本、欧盟各国等已经为全球中央银行数字货币时代的来临做好充分准备。

结合案例和所学知识，分析以下问题：

（1）比特币究竟是不是货币？

（2）结合货币的职能，谈谈比特币会不会成为真正意义上的货币？

（3）结合全球货币的发展状况及数字货币的利弊，谈谈你对数字货币发展的理解。

第二章　金融调控

学习目标

· 了解货币政策在宏观调控中的作用和货币政策的目标；
· 掌握金融调控中主要的货币政策工具以及它们的优缺点；
· 掌握不同情况下货币政策的选择，以及货币政策与财政政策在金融调控中的协调运用；
· 了解金融危机以及应对金融危机的方法；
· 了解金融监管原则和内容。

第一节　金融调控概述

一、金融调控的定义

金融是社会发展到一定阶段的产物，它不仅影响微观经济活动，而且影响宏观经济运行。在市场经济条件下，仅依靠市场"看不见的手"调节市场经济的发展存在一定的缺陷，必须借助政府"看得见的手"进行弥补、修正、完善。但是，市场失灵的情况并不意味着一旦政府干预必然会使情况得到改善，政府干预必须建立在市场机制充分良好运行的基础之上，政府干预实质上就是宏观调控，而金融调控是宏观调控的重要组成部分。

金融调控是指国家综合运用经济、法律和行政手段，对金融市场进行调节和控制，保证金融体系的稳定运行，进而实现物价稳定和国际收支平衡等宏观经济目标。

在现代经济生活中，金融调控的职能主要由中央银行来履行。中央银行通过货币政策等手段，调控货币总量和结构，保持货币供求的总量平衡与结构平衡，促进社会总需求与总供给的均衡。

二、金融调控的目标

金融调控的直接目标是稳定币值，继而通过币值的稳定和金融环境的改善促进经济稳定增长。从国家宏观调控的角度看，金融调控的目标还包括充分就业、经济增长和国际收支平衡。在不同时期，金融调控的目标与侧重点可能有所差异，但总体上都是为了实现经济的平稳健康发展。

金融调控的目标与货币政策目标一致，具体见下文货币政策目标的阐述。

三、金融调控的手段

金融调控的手段主要包括货币政策、信贷政策、利率政策和外汇政策等。其中，货币政策是金融调控的核心手段，具体包括调整存款准备金率、利率、公开市场操作等。

（一）货币政策工具

存款准备金率。调整存款准备金率可以影响市场的流动性，进而调控经济。

利率政策。通过调整基准利率或运用市场化利率工具（如再贷款、再贴现率），调整贷款成本，从而影响企业和个人的投资和消费行为。

公开市场操作。中央银行在公开市场上买卖政府债券，以调控市场上的资金供应和短期利率。

（二）信贷政策

信贷政策主要关注信贷总量、信贷结构和信贷投向等方面，通过调整信贷政策来引导资金流向，支持特定领域或产业的发展。

（三）外汇政策

外汇政策主要涉及汇率管理和外汇市场调控等方面，通过调整汇率政策来影响国际收支平衡和外汇市场的稳定。

四、金融调控的作用

金融调控在宏观经济调控中发挥着重要作用，通过调节金融市场和货币供应量，实现经济的稳定增长和物价稳定。

金融调控有助于优化资源配置，提高经济效率，促进经济结构的调整和升级。

五、金融调控的趋势

随着全球经济形势的变化和国内经济结构的调整，金融调控面临着新的机遇和挑战。

1）加强金融监管。防范和化解金融风险、维护金融稳定是金融调控的重要任务。加强金融监管、提高金融机构的风险管理水平，是保障金融安全的重要举措。

2）推动金融创新。金融创新是金融发展的重要动力。在加强金融监管的同时，也要积极推动金融创新，提高金融服务的效率和质量。

3）促进金融开放。随着全球化的深入发展，金融开放已成为不可逆转的趋势。在保持金融稳定的前提下，逐步放宽外资准入限制，推动金融市场对外开放，有助于提升我国金融市场的国际竞争力。

金融调控是国家宏观经济调控的重要手段之一，通过综合运用经济、法律和行政手段，调节金融市场和货币供应量，实现经济的稳定增长和物价稳定。在当前经济形势下，加强金融监管、推动金融创新和促进金融开放是金融调控的重要任务和方向。

第二节　货币政策

一、货币政策概述

（一）货币政策定义

货币政策是中央银行为实现特定经济目标而采用的各种控制和调节货币供应量和信用

量的方针、政策和措施的总称。它是实现中央银行金融调控目标的核心所在，在国家宏观经济政策中居于十分重要的地位。

（二）货币政策制定的主体

货币政策的制定通常由国家或地区的中央银行或货币当局负责。在我国，中国人民银行是制定和执行货币政策的主体。

（三）货币政策制定的法律依据

货币政策的制定需要依据一定的法律。在我国，中国人民银行制定货币政策和进行货币管理的主要法律依据是《中华人民共和国中国人民银行法》以及相关的货币政策条例和规定。

（四）货币政策制定的基本原则

稳健性。货币政策制定需要保持稳健性态势。既要满足经济发展的需要，又要避免通货膨胀或通货紧缩等不利情况的发生。

灵活性。货币政策制定需要根据国内外经济形势的变化灵活调整，以应对各种挑战和风险。

前瞻性。货币政策制定需要具有前瞻性，要充分考虑未来可能出现的经济问题和挑战。

（五）货币政策的主要内容

货币供应量。货币政策需要确定合理的货币供应量，以满足经济发展的需要，同时避免货币超发所导致的通货膨胀。

利率政策。通过运用存贷款利率等货币政策工具，影响货币供应量和货币需求，从而实现对经济的调控。

汇率政策。汇率政策是货币政策的重要组成部分，它涉及本币与其他国家货币之间的兑换关系，对国际贸易和投资有重要影响。

储备货币管理。中央银行需要管理外汇储备，以维护本币汇率的稳定和国际收支的平衡。

（六）货币政策制定的流程

货币政策制定的流程通常包括以下五个步骤：

经济形势分析。收集和分析各种经济数据和信息，了解经济发展的变化趋势和面临的挑战。

政策目标确定。根据经济形势和政策需要，确定货币政策的调控目标和方向。

政策工具选择。根据政策目标，选择合适的货币政策工具进行调控。

政策制定与发布。制定具体的货币政策措施，并通过官方渠道进行发布。

政策执行与评估。通过操作货币政策工具，实施货币政策。监督货币政策的执行情况，评估政策效果，并根据需要进行调整和优化。

（七）货币政策制定的国际协调

在全球化背景下，货币政策的制定不仅需要考虑国内因素，还需要考虑国际因素。一国的中央银行需要与其他国家的中央银行进行沟通和协调，共同应对全球性经济问题和挑战。

专栏 2-1　货币政策制定过程中哪些环节最关键

一、经济形势的准确分析

经济形势的分析是货币政策制定的基础。通过收集和分析各种经济数据和信息，如经济增长率、物价水平、就业状况、金融市场动态等，政策制定者能够全面了解当前的经济状况和未来可能的发展趋势。

经济形势分析需要关注宏观经济的各个方面，包括但不限于经济增长的稳定性、通货膨胀的压力、就业市场的状况以及国际经济环境的变化等。

二、政策目标的明确设定

在准确分析经济形势的基础上，政策制定者需要明确货币政策的调控目标和方向。这些目标通常包括稳定物价、充分就业、经济增长和平衡国际收支等。

政策目标的设定需要综合考虑经济发展的各个方面，确保政策目标与经济发展的实际需求相契合。同时，政策目标还需要具有可操作性和可衡量性，以便后续的政策执行和效果评估。

三、政策工具的选择与运用

选择合适的货币政策工具是实现政策目标的关键。货币政策工具包括法定存款准备金率、利率政策、公开市场操作、信贷政策等，每种工具都有其特定的作用机制和效果。

政策制定者需要根据政策目标和当前的经济形势，灵活选择和运用货币政策工具。例如，在经济增长乏力时，可以通过降低存款准备金率和利率来刺激经济活动；在通货膨胀压力较大时，则可以通过提高存款准备金率和利率来抑制物价上涨。

四、政策制定与发布的及时性

货币政策的制定和发布需要具有及时性，以应对快速变化的经济形势和市场环境。及时的政策调整可以更有效地引导市场预期和行为，从而实现政策目标。

政策制定者需要密切关注经济形势的变化，及时评估政策效果，并根据需要调整政策方向和力度。同时，政策也需要通过官方渠道进行及时、准确地传达，以确保市场参与者能够充分了解政策意图和效果。

五、政策执行效果的评估

货币政策的执行效果是检验政策成功与否的关键。政策制定者需要密切关注政策执行过程中的各种情况，及时评估政策效果，并根据需要进行调整和优化。

政策执行效果的评估需要建立科学的评估体系和方法，包括设定合理的评估指标、收集和分析相关数据和信息、进行定性和定量分析等。通过评估结果，政策制定者可以了解政策实施的效果和存在的问题，从而为后续的政策调整和优化提供依据。

二、货币政策的作用

货币政策对宏观经济进行全方位的调控，货币政策的调控作用突出表现在以下几方面：

1. 通过调控货币供应总量保持社会总供给与总需求的平衡

社会总需求的大小直接与货币供给总量相联系，货币政策可以通过调控货币供应量达到对社会总需求和总供给两方面的调节，使经济达到均衡。当总需求膨胀导致供求失衡时，通过控制货币供应量达到对总需求的抑制；当总需求不足时，通过扩大货币供应量，提高社会总需求，使经济持续发展。

货币政策对社会总供给有调节作用。货币供给的增长和贷款利率的降低能够减少投资成本，刺激投资增长和生产扩大；货币供给的减少和贷款利率的提高导致投资成本上升，进而引发抑制投资和缩减生产的后果。

2. 通过调控利率和货币总量控制通货膨胀，保持物价总水平的稳定

通货膨胀表现为流通中的货币量超过社会在不变价格下所能提供的商品和劳务总量。提高利率可以推迟现有货币购买力的实现，减少即期社会需求，同时减少银行贷款需求；降低利率的作用则相反。中央银行可以通过货币政策工具的操作直接调控货币供给量，使之与客观需要量相适应。

3. 调节国民收入中消费与储蓄的比例

消费与储蓄的比例关系对经济运行和经济发展有重要的制约作用。储蓄是投资的前提，是发展的基础，没有储蓄，谈不上发展；但消费比重太低，也会影响市场销售，反过来制约经济发展。货币政策通过对利率的调节影响人们的消费倾向和储蓄倾向。低利率鼓励消费，高利率则有利于吸收储蓄。

4. 引导储蓄向投资转化并实现资源的合理配置

储蓄是投资的来源，但储蓄不能自动转化为投资，储蓄向投资的转化依赖于一定的市场条件。货币政策可以通过利率的变化影响投资的成本与投资的边际效率，提高储蓄转化的比重，并通过金融市场有效运作实现资源的合理配置。

5. 促进国际收支平衡，保持汇率相对稳定

保持国际收支平衡是保证国民经济持续稳定增长和国家安全稳定的重要条件。当本币升值时，在公开市场收购外汇；当本币贬值时，紧缩货币，提高利率，增加外资流入。

三、货币政策目标

货币政策的目标一般可概括为四项：稳定物价、充分就业、经济增长、国际收支平衡。

1. 稳定物价

保持国内物价的相对稳定，防止通货膨胀或通货紧缩。

2. 充分就业

充分就业是指凡有劳动能力并自愿参加工作的人，都能在较合理的条件下，随时找到适当的工作。充分就业通常把两种失业排除在外：一是摩擦性失业；二是自愿失业。充分就业的货币政策目标，并不是也不可能是实现零失业率，而是实现充分就业。

3. 经济增长

通过调节货币供应量和信用量，促进经济的稳定增长。

4. 国际收支平衡

保持国家对外经济活动的平衡，避免国际收支的持续过度顺差或逆差。

此外，近年来，许多国家开始将金融稳定纳入金融调控目标。金融稳定是指金融体系各组成部分内部及其相互之间的制度安排合理，风险配置、资源配置等核心功能可以有效发挥的金融运行状态。应通过适当的货币政策决策与操作，维持利率与汇率的相对稳定，防止银行倒闭，保持本国及国际的金融稳定。

四、货币政策目标的协同

1. 稳定币值与充分就业的矛盾与统一

币值稳定为劳动者的充分就业与其他生产要素的充分利用提供了良好的货币环境，充分就业同时又可以为币值的稳定奠定物质基础。但是，稳定币值与充分就业之间在短期内更多地表现为相互冲突，即当币值比较稳定，物价上涨率比较低时，失业率往往很高，而要降低失业率，就需要以牺牲一定程度的币值稳定为代价。这就是著名的菲利普斯曲线所阐释的论点。它表明稳定币值与充分就业的关系是矛盾统一关系，很难同时兼得。

2. 稳定币值与经济增长的矛盾与统一

稳定币值与经济增长是相辅相成的。币值稳定可以为经济发展提供良好的金融环境和稳定的货币尺度，从而奠定了雄厚的物质基础。因此，既可以通过稳定币值来发展经济，也可以通过发展经济来稳定币值。但是，世界各国的经济发展史表明，经济发展较快时总是伴随物价较大幅度的上涨，而过分强调币值的稳定，经济的增长与发展又会受阻。国家政策和货币管理当局在很多情况下，只能在两者之间做出调和，即在可接受的物价上涨率内发展经济，在不妨碍经济最低增长需要的前提下稳定币值。

3. 稳定币值与平衡国际收支的矛盾与统一

稳定币值主要是指稳定货币的对内价值，平衡国际收支则是为了稳定货币的对外价值。

如果国内物价不稳，国际收支便很难平衡。因为当国内商品价格高于国外价格时，必然会引起出口下降、进口骤增，从而出现贸易赤字。但国内物价稳定时，国际收支却并非一定能平衡，因为国际收支能否平衡还取决于国内的经济发展战略、资源结构、生产结构与消费结构的实际状况，国家的外贸政策、关税协定、利用外资的策略等众多因素。同时，其他国家的政策与经济发展形势等因素的影响也不容忽视。

4. 充分就业与经济增长的矛盾与统一

通常情况下，就业人数越多，经济增长速度就越快；而经济增长速度越快，为劳动者提供的就业机会也就越多。但在这种统一的背后，还存在一个社会平均劳动生产率的动态变化问题。如果就业增加带来的经济增长伴随着社会平均劳动生产率的下降，那就意味着经济增长以投入产出的比例下降为前提。这不仅意味着在本期浪费了更多的资源，还会妨碍以后的经济增长，因而是不可取的。

5. 充分就业与平衡国际收支的矛盾与统一

如果充分就业能够推动经济快速增长，那么一方面可以减少进口，另一方面还可扩大出口，这当然有利于平衡国际收支。但追求充分就业，需要更多的资金和生产资料。如果国内无法满足需求，就需要引进外资、进口设备、原材料等，这对平衡国际收支是一大不利因素。

6. 经济增长与平衡国际收支的矛盾与统一

当经济较快增长时，国家经济实力也能相应地增长，这会在扩大出口的同时减少进口，有利于国际收支的平衡。但经济的较快增长又总是对各种生产要素产生较大的需求，这往往又会增加进口，从而引起国际收支逆差的出现。当逆差很大时，国家就得限制进口，压缩国内投资，这又会反过来妨碍国内的经济增长，甚至会引起经济衰退。

专栏 2-2　各国货币政策目标选择

各国不同时期的社会经济条件、经济政策以及金融体制不同，货币政策目标的选择各有不同。

美国联邦储备银行把经济增长、充分就业、稳定物价和国际收支平衡作为货币政策目标；

日本银行把稳定物价、平衡国际收支和维持对资本设备的适当需求作为货币政策目标；

英格兰银行将充分就业、实际收入的合理增长率、低通货膨胀率和国际收支平衡作为货币政策目标；

德国、澳大利亚的货币当局更注重对币值和物价稳定的保护；

中国人民银行一贯奉行稳定币值、发展经济的货币政策目标。

五、货币政策工具

货币政策工具又称货币政策手段，是指中央银行为调控中介指标进而实现货币政策目标所采用的政策手段。货币政策工具可分为一般性货币政策工具、选择性货币政策工具和其他补充性货币政策工具三类。

（一）一般性货币政策工具

一般性货币政策工具，是指对货币供给总量或信用总量进行调节，经常使用且具有传统性质的三大货币政策工具，也称货币政策的"三大法宝"。

1. 存款准备金政策

存款准备金政策指中央银行凭借法律授权的相关规定调整商业银行缴存中央银行的存款准备金比率，从而改变货币乘数，控制商业银行信贷规模和信贷构成，间接调控社会货币供给量，最终影响一国经济的金融政策。

法定存款准备金率通常被认为是货币政策中最猛烈的工具之一，通常具有以下作用：

1）调整法定存款准备金率对货币乘数有影响。法定存款准备金率提高，货币乘数降低，银行存款创造信用的规模减少，经济收缩；反之则经济扩张。

2）调整法定存款准备金率对超额准备金有影响。法定存款准备金率提高，在存款规模既定的条件下超额准备金就会减少，引致商业银行的存款创造能力下降；反之则会使商业银行的存款创造能力提高。

2. 再贴现政策

再贴现是指商业银行或其他金融机构以贴现的方式将所持有的未到期票据转让给中央银行的行为。对中央银行而言，再贴现是买进商业银行持有的票据，这是一种信用业务；对商业银行而言，再贴现是出让已贴现的票据，解决一时的资金短缺困难。再贴现过程，实际上就是商业银行与中央银行之间的票据买卖和资金让渡过程。中央银行通过制定或调整再贴现率可以干预市场利率及市场货币供求，从而达到调节货币供应量的目的。

再贴现政策对货币供给及其结构的调控，是通过影响商业银行的融资成本实现的。再贴现一方面能够发挥货币信贷供应的宏观控制作用，另一方面也存在促进社会资源高效配置的作用。

再贴现政策具有以下作用：

1）再贴现率的升降会影响商业银行金融机构持有的准备金以及向中央银行借款的成本，进而影响它们的贷款量和货币供应量。当再贴现率上升时，商业银行收缩信用，货币供应量减少。当再贴现率下降时，商业银行扩张信用，货币供应量增加。

2）再贴现政策对调整信贷结构有一定的影响。一是可以规定并及时调整可用于贴现的票据种类，从而影响商业银行的资金投向；二是可以对再贴现的票据进行分类，针对不同的票据设定有差别的再贴现率，从而使货币供给结构与中央银行的政策意图相符合。

3）再贴现政策能够预示社会公众信用需求的未来变动。中央银行通过升降再贴现率，引导社会公众自主调节信用需求，从而影响一国经济。再贴现率上升时，预示社会公众未来将会减少对资金的需求；再贴现率下降时，则预示社会公众未来将会增加对资金的需求。

再贴现政策的优点是有利于中央银行发挥最后贷款人的作用。再贴现政策的实施，为中央银行通过调节货币供应量影响经济提供了可能，同时具有调节货币供应总量和货币供给构成的灵活性和微调性。再贴现政策的缺点则体现为其主动权在商业银行，中央银行并不能强迫或阻止商业银行的贴现行为。随着货币市场的发展，商业银行对贴现窗口的依赖性大大降低，再贴现政策只能影响实施贴现行为的银行。再贴现率如果经常变动，会引起市场利率的经常性波动，使企业或商业银行无所适从。

3. 公开市场业务

公开市场业务是指中央银行为了影响货币供应量或市场利率而在金融市场上公开买卖有价证券的政策措施。当经济萧条，金融市场上资金比较匮乏时，中央银行在公开市场上买进有价证券，其实质是向流通领域注入一笔基础货币。这会导致商业银行准备金增加，对企业放款的规模随之增加，其结果是信用规模的扩大和货币供应量的成倍增长。反之，如果金融市场上货币过多，通货膨胀呈现抬头趋势，此时中央银行可以抛售有价证券以减少商业银行的准备金，进而迫使商业银行减少或收回贷款，最终达到减少货币供应量、控制通货膨胀的目的。

公开市场业务具有以下作用：

1）中央银行公开买卖有价证券，直接影响利率水平的高低和利率结构的变化。大量买进有价证券，推动证券价格上涨，进而导致利率水平下降，对经济产生扩张影响；反之则对经济有收缩作用。中央银行根据需要同时对不同期限的有价证券进行买卖，以达到调节利率结构的目的。

2）公开市场操作可以直接增加或减少商业银行的超额准备金，从而影响金融机构的放贷能力和货币供应量。

公开市场业务政策同样存在优点与缺点。优点是中央银行具有完全的主动权，操作规模可以完全自主控制。这使该项政策具有较强的伸缩性，可以实现政策效果的微调。更进一步地，公开市场业务政策还具有较强的可逆转性，一旦发现错误可以立即逆向操作。缺点则是操作技术性强，政策意图的告示作用较弱，同时需要有发达的证券市场作铺垫。

（二）选择性货币政策工具

1. 消费者信用控制

中央银行根据经济运行状况对不动产以外的各种耐用消费品的销售融资进行控制，从而影响消费者有支付能力的货币需求。

2. 证券市场信用控制

中央银行着眼于抑制过度投机和稳定证券市场对证券交易的保证金限额进行具体规定。

3. 不动产信用控制

中央银行为抑制房地产投机，针对金融机构房地产贷款所采取的限制措施。

4. 优惠利率

中央银行着眼于产业结构和产品结构的调整，针对需要重点发展的部门、行业和产品，给予相应的生产销售企业较低的优惠利率，以达到鼓励发展的目的。

（三）其他补充性货币政策工具

1. 直接信用控制

直接信用控制是指中央银行采用行政命令或其他方式，直接对商业银行等金融机构的信用活动进行控制。其手段主要包括信用分配、流动性比率、利率最高限额、直接干预、特别存款等。

（1）信用分配

信用分配是中央银行根据国家在一定时期内的经济发展战略和方向，考虑金融发展的战略需要，分别对各个商业银行的信用规模加以分配，限制其最高数量。在多数发展中国家中，由于资金供求缺口相对较大，这种方法被广泛采用。

（2）流动性比率

流动性比率是指流动资产占存款的比重。一般说来，流动性比率与收益成反比。为保持中央银行规定的流动性比率，商业银行必须压缩长期放款，扩大短期放款，甚至必须保留一部分应付提现的现金资产。

（3）利率最高限额

美国曾于20世纪30年代中至70年代末实行过对活期存款停止支付利息、对定期存款及储蓄存款的利息率确定最高限额的措施，其目的是阻止银行存款竞争而抬高利率，阻止商业银行因支付存款高息而购买利润较丰厚但风险也较大的资产。1980年，美国宣布取消利率高限的规定。

（4）直接干预

直接干预是指中央银行直接对商业银行的信贷业务与放款范围等加以干预。例如，对业务经营不当的商业银行拒绝再贴现或采取高于一般利率的惩罚性利率，以及直接干涉商业银行对存款的吸收等。

（5）特别存款

特别存款是在通货膨胀严重时期，中央银行要求商业银行及其他金融机构存入特别存款，目的在于减弱商业银行的放款能力，强制其少放贷款，从而达到减少货币供应量的目的。英国中央银行曾采取这一措施进行直接信用控制。

2. 间接信用控制

间接信用控制主要指中央银行向商业银行提出建设性建议，如窗口指导、道义劝告或道义说服等。主要做法是通过转达政府意图，建议商业银行怎么做，规劝其改正错误的做法，从而引导商业银行的微观信用行为，使其符合中央银行货币政策的总体目标。

专栏2-3　"9·11"事件后的美联储宏观调控

"9·11"事件发生几小时后，美联储发表声明宣布，联邦储备系统继续开门营业，贴现窗口将满足银行的现金需求，并向银行系统注入临时储备金382.5亿美元。2001年9月16日又追加812.5亿美元。2001年9月17日和10月2日，美联储将联邦基金利率分别调低0.5%。从2001年初到2001年10月，联邦基金利率下调了9次，从6.5%降至2.5%，达到近40年来的最低水平。这一系列动作说明，货币政策是美国政府用来消除"9·11"事件对经济造成的消极影响、刺激经济增长的首选宏观调控手段。

专栏2-4　中国人民银行货币政策工具箱

一、数量型货币政策工具

数量型货币政策工具主要通过调节市场上的货币供应量来影响经济，包括：公开市场业务与存款准备金政策。

二、价格型货币政策工具

价格型货币政策工具主要通过调节市场上的利率水平来影响经济，包括：

贷款市场报价利率（Loan Prime Rate, LPR）：LPR是商业银行对其最优质客户执行的贷款利率，也是贷款市场的基准利率。中央银行通过调整LPR，可以影响商业银行的贷款利率水平，进而影响企业和个人的融资成本。

存款利率市场化调整机制：中央银行通过引导存款利率进行市场化调整影响商业银行的存款成本，进而使商业银行的贷款利率发生变动，最终影响整个市场的利率水平。

三、结构性货币政策工具

结构性货币政策工具是中央银行针对特定领域和行业推出的政策工具，旨在实现精准滴灌，提高政策效果。这些工具包括但不限于：

支农再贷款：用于支持农村金融机构扩大涉农信贷的投放，降低"三农"融资成本。

支小再贷款：用于支持金融机构扩大针对小微企业的信贷投放，缓解小微企业融资难、融资贵问题。

再贴现：中央银行对金融机构持有的票据进行贴现的业务，重点用于支持扩大涉农、小微和民营企业融资。

普惠小微贷款支持工具：对符合条件的普惠小微贷款提供激励资金，鼓励金融机构加大普惠小微贷款投放力度。

碳减排支持工具：用于支持清洁能源、节能环保、碳减排技术等领域的贷款，推动绿色低碳发展。

科技创新再贷款：用于支持高新技术企业、专精特新中小企业等科技创新企业的贷款，促进科技创新和产业升级。

普惠养老专项再贷款：用于支持符合标准的普惠养老机构项目，推动养老服务业发展。

交通物流专项再贷款：用于支持道路货物运输经营者和中小微物流（含快递）

企业的贷款，保障交通与物流畅通。

此外，还有抵押补充贷款、中期借贷便利等其他结构性货币政策工具，它们各自具有不同的特点和适用范围，共同构成中央银行货币政策工具箱的重要组成部分。

六、货币政策的类型

1. 扩张性货币政策

扩张性货币政策，即"松"的货币政策。当经济处于衰退或萧条时期，中央银行会采取扩张性货币政策，增加货币供应量，降低利率水平，刺激经济增长。

2. 紧缩性货币政策

紧缩性货币政策，即"紧"的货币政策。当经济过热或通货膨胀压力较大时，中央银行会采取紧缩性货币政策，减少货币供应量，提高利率水平，抑制经济过热和通货膨胀。

3. 中性货币政策

在经济增长和物价水平均处于相对稳定的时期，中央银行会采用中性货币政策，以保持货币供应量的稳定增长和利率水平的相对稳定。

专栏2-5　美国的货币政策决策机制

美国是全球金融体系最发达的国家，其货币政策决策对其他国家具有重要的借鉴作用。

一是美联储决策显示了对数据的高超把握，增强了决策的可预见性和前瞻性。美联储不仅通过对政府的统计数字和自身开发的相关数据，以及公司年报和零星的非正式数据进行深度分析，建立季度和月度的经济计量模型对货币需求进行模拟，而且对影响货币需求的一些因素进行专门探究。

二是货币决策体现了相机抉择与货币规则相结合的原则。比如，在利率政策的决策过程中，美联储采取了积极灵活的态度，利率上调和下调轮番进行，根据经济发展的状况进行及时转换。

三是决策透明度高。根据美联储独具特色的听证制度，美联储主席定期向国会作听证报告是对美联储的一项法定要求，此外，其还要定期公布货币政策决策和执行情况，如2005年，美联储开始加大市场委员会例会会议记录的公布数量，使其成为及时反映该委员会思路的指南。

四是中央银行加强与公众的交流，及时接受公众的评价和监督，也有利于增强货币政策的有效性。

七、货币政策与财政政策协调

当今社会，无论是发达国家还是发展中国家，都将货币政策和财政政策作为宏观调控的主要手段。于是，两种政策的相互协调程度不仅直接决定了宏观调控的效果，而且对一国经济的健康持续发展有重要影响。

（一）财政政策

财政政策是国家利用财政收支的制度性安排调整税收、公共支出以及转移支付，通过调节社会经济供求关系，合理配置资源并优化经济结构，进而达到实现社会公平和经济稳定等目标。增加政府支出，可以刺激总需求，从而增加国民收入；反之，则抑制总需求，减少国民收入。增加政府税收，可以抑制总需求，减少国民收入；反之，则刺激总需求，增加国民收入。

财政政策包括扩张的财政政策和紧缩的财政政策。扩张的财政政策主要是通过扩大财政支出和减少税收来增加社会需求总量。紧缩的财政政策则是通过削减财政支出和增加税收压缩社会需求总量，抑制通货膨胀。

财政政策是从社会总需求出发进行的宏观调控政策，其与货币政策之间既有共同之处，也存在显著差异，两者之间相互联系、相互交叉。在宏观经济调控中，货币政策应该与财政政策相互协调、相互配合。

（二）财政政策和货币政策的协调配合

财政政策和货币政策都是通过影响社会总需求，进而影响总产出。然而，两者之间也存在明显的差别，主要体现在以下两方面：

1）财政政策是通过收支来影响经济结构，常常用于经济结构的调整，而货币政策则是对经济总量进行调节。

2）在经济衰退或者萧条时，为了重启经济，采用财政政策往往见效较快，而货币政策见效则较慢；但是在经济过热或存在通货膨胀的时期，采用财政政策进行调控的难度较大，而货币政策见效则较快。

由于财政政策与货币政策在经济过热或衰退情况下存在不同的效能，因此两者能否有效协调配合直接关系着宏观调控的实际绩效。

财政政策和货币政策协调配合有两个层次的含义：一是两项政策存在共同目标，即实现货币供求均衡和社会总供求均衡。货币供求均衡用公式表示为 $M_s = M_d$；社会总供求均衡用公式表示为 $AD = AS$，可以进一步深化为 $C + I + G + (X - M) = GNP$。财政政策与货币政策协调配合的直接目标是货币供求均衡，而最终目标则是社会总供求均衡。二是财政政策与货币政策的互相支持与互相弥补。财政收支或信贷收支所造成的多余货币供给依然需要借助相应的财政政策与货币政策进行反向调整得以消化，进而维持社会总体物价水平的相对稳定。

财政政策与货币政策配合与协调的基础在于通过总需求来共同影响产出。社会总需求是财政政策与货币政策的"重叠域"和"结合部"，是联系财政政策与货币政策的中介和桥梁。正因为财政政策与货币政策都能影响社会总需求，才把财政政策与货币政策称为两大需求管理政策。当然，财政政策与货币政策的具体作用机制不同，财政政策是政府通过对其支出和税收进行调控进而影响总需求；货币政策是通过利率、货币供给量等工具调节总需求。

财政政策与货币政策的组合类型有四种（见图2-1）：①松的财政政策与紧的货币政策；②紧的财政政策与松的货币政策；③松的财政政策与松的货币政策；④紧的财政政策与紧的货币政策。

从现实的情况看，"一松一紧"主要是解决结构问题，经常运用于微调场景；"双松"或"双紧"政策主要为解决总量问题，一般用于经济运行的非常时期，即通货膨胀时期或通货紧缩时期。

图 2-1　货币政策与财政政策的配合

1）在总量平衡的情况下，调整经济结构和政府与公众间的投资比例，一般采取货币政策和财政政策"一松一紧"的办法。

2）在总量失衡的情况下，微量调整，一般单独使用财政政策或货币政策。货币政策在短期内见效快，但长期调整还是要依靠财政政策。

3）在总量失衡较为严重的情况下，一般同时使用财政政策和货币政策两种手段，即"双松"或"双紧"。在经济萧条后期，为刺激生产和投资，启动闲置的生产能力，一般实行"双松"政策。在社会总需求过度膨胀，物价持续上涨，经济生活极不安定的情况下，一般采取"双紧"政策。

4）在总量失衡与结构失调并存的情况下，政府一般采用先调总量、后调结构的办法，即在放松或紧缩总量的前提下调整结构，使经济在稳定中恢复均衡。

专栏 2-6　中国货币政策与财政政策协调运用

1993 年下半年至 1997 年，我国的财政政策与货币政策实行了适度从紧的搭配。这一搭配是针对当时金融秩序混乱、财政信用关系不顺、财政收入增长不适应国民经济发展需要而做出的决策。1998 年，国际国内的经济发展环境较为严峻，国内有效需求明显不足，经济增长速度下滑、货币政策作用部分失效。面对这种状况，我国转而实施积极的财政政策与稳健的货币政策。这是在特定时期下财政货币政策组合采取的一种特殊方式。与一些西方国家的扩张性财政政策不同，我国的积极财政政策是以扩大财政支出为主，而不是以减税为主。政策的着力点是扩张，可以说是多管齐下。但是，相对于以往的松动型政策而言，在此次积极财政政策的执行过程中，政府公共支出的扩张并非属于税收融资型，即在多收的基础上扩大支出，而是一种债券融资型，即靠增发国债来扩大公共支出。货币政策的松动也不单纯局限在某一方面，而是从增加贷款规模、放宽贷款投向、下调利率、降低存款准备金率等多个层面齐头并进。

（三）货币政策和财政政策协调的实际应用

1. 宏观紧缩政策

宏观紧缩政策是各国应对通货膨胀的传统政策调节手段，也是迄今为止在抑制和治理通货膨胀中运用得最多且最为有效的政策措施，其主要内容包括紧缩性货币政策和紧缩性财政政策（见表 2-1）。紧缩性货币政策和紧缩性财政政策都是通过控制社会的货币供应总量和总需求，实现抑制通货膨胀的目的。

表 2-1 治理通货膨胀的对策

财政政策	货币政策
a. 紧缩政府的支出	a. 提高存款准备金率
b. 增加租税、提高税率或降低起征点	b. 提高再贴现率
c. 减少公共投资	c. 政府出售各种有价证券
d. 减少有效需求	d. 减少货币供给量

（1）紧缩性货币政策

紧缩性货币政策又称"抽紧银根"，即中央银行通过减少流通中的货币量提高货币的购买力，减轻通货膨胀压力。紧缩性货币政策的政策工具和具体措施包括以下几个方面：

1）通过公开市场业务出售政府债券，相应减少经济体系中的货币存量。

2）提高贴现率和再贴现率，从而抬高商业银行的存贷款利率和金融市场的利率水平，进而缩小信贷规模。

3）提高法定存款准备金率，缩小货币发行扩张倍数，压缩商业银行的放款规模，减少货币流通量。

4）在政府直接控制市场利率的国家，中央银行也可以直接提高利率，或者直接减少信贷规模。

（2）紧缩性财政政策

紧缩性财政政策主要通过削减财政支出和增加税收治理通货膨胀。

1）削减财政支出主要包括削减生产性支出和非生产性支出。在财政收入一定的条件下，削减财政支出可以相应减少财政赤字，对弥补财政赤字和抑制需求拉上型通货膨胀比较有效。

2）增加税收是另一种常用的紧缩性财政政策。提高个人所得税或增开其他税种可以减少个人可支配收入，降低个人消费水平；提高企业所得税或其他税率将会降低企业的投资收益率，抑制投资支出。

2. 扩张性宏观政策

扩张性宏观政策是治理通货紧缩的重要手段。实施积极的财政政策和稳健的货币政策，可以扩大投资和消费需求，从而抑制通货紧缩。

稳健的货币政策可以采取多种方式。例如：①扩大中央银行基础货币的投放；②增加对中小金融机构的再贷款；③加大公开市场操作的力度；④适当下调利率和存款准备金率，适度增加货币供应，推进信用的进一步扩张。

积极的财政政策是指通过减税和增加财政支出等措施刺激社会总需求的一项政策。减税可以增加企业与居民的可支配收入，在财政支出规模不变的情况下扩大社会总需求；财政支出是社会总需求的直接构成因素，增加财政支出将会直接增加社会总需求（见表 2-2）。

表 2-2 治理通货紧缩的对策

财政政策	货币政策
a. 赤字财政政策	a. 降低再贴现率

续表

财政政策	货币政策
b. 增加政府支出（增加公共投资）	b. 降低存款准备金率
c. 减少租税	c. 购入有价证券
d. 社会安全制度	

专栏 2-7　开放经济条件下货币政策与财政政策的协调运用：蒙代尔－弗莱明模型

蒙代尔－弗莱明模型构建了一个开放经济条件下进行宏观分析的逻辑框架，试图以此揭示开放经济条件下财政政策与货币政策的协调运用问题。具体而言，蒙代尔—弗莱明模型对小型开放经济基于不同汇率制度（固定汇率制和浮动汇率制）的财政与货币政策选择问题进行探究。

蒙代尔—弗莱明模型的主要结论是固定汇率制度下货币政策无效；浮动汇率制度下财政政策无效。鉴于此，一国尤其是小国在选择财政政策或货币政策对宏观经济进行干预时，必须综合考虑开放经济条件下不同汇率制度的影响。

八、货币政策传导机制

货币政策传导机制是指货币政策工具如何影响经济中的实际变量，进而实现货币政策目标的过程。一般来说，货币政策的传导机制包括以下几个关键环节：

1）中央银行操作。中央银行运用货币政策工具（如调整存款准备金率、进行公开市场操作等）影响商业银行的准备金和基础货币数量。

2）商业银行行为。商业银行根据中央银行的操作和自身经营状况，调整贷款规模和贷款利率。

3）企业和居民行为。企业和居民根据商业银行的贷款条件和市场利率水平，调整自己的投资和消费行为。

4）实体经济变量。企业和居民的行为变化对实体经济中的总产出、物价水平、就业等变量产生影响。

九、货币政策趋势

随着全球经济形势的变化和国内经济结构的调整，货币政策面临着新的挑战和机遇。当前，货币政策的发展趋势主要包括以下几个方面：

1）加强逆周期调节。针对经济周期的变化，中央银行会加强逆周期调节力度，从而达到平滑经济波动的目的。

2）推动金融创新。在加强金融监管的同时，通过推动金融创新提高金融服务的效率和质量。

3）促进金融开放。在保证金融稳定的前提下，逐步放宽外资准入限制，推动金融市场的对外开放。

4）优化货币政策工具。随着金融市场的发展变化，中央银行不断优化货币政策工具的组合和使用方式以提高货币政策的有效性和针对性。

货币政策是中央银行为实现特定经济目标而采取的重要手段之一。运用多种货币政策工具和传导机制以及不断优化货币政策工具的组合和使用方式可以有效地调节货币供应量和信用量，最终实现经济增长、物价稳定、充分就业以及国际收支平衡等目标。

第三节　金融危机

一、金融危机的界定

1. 金融危机的定义

金融危机是金融学术语，指金融资产、金融机构、金融市场的危机。它是一个广泛而复杂的经济现象，通常伴随着金融指标的急剧恶化，如信用遭到破坏、银行发生挤兑、金融机构大量破产倒闭、股市暴跌、资本外逃、官方储备减少、货币大幅度贬值以及出现偿债困难等。金融危机不仅影响金融领域，还可能对实体经济产生深远影响，导致经济衰退、失业率上升等严重后果，有时甚至会引发社会动荡或政治动荡。

历史上发生过多次金融危机，如 1997 年亚洲金融危机、2008 年美国次贷危机等。这些金融危机都对全球经济产生了深远影响，促使各国政府和国际组织加强金融监管与合作，以期及时应对与防范未来可能发生的金融危机。

2. 金融危机产生的原因

1）资产泡沫。当金融资产价格严重偏离其内在价值时，就会形成资产泡沫。泡沫一旦破裂，就会导致资产价格暴跌，引发金融危机。

2）汇率风险。汇率的剧烈波动可能导致国际资本流动异常，进而引发金融危机。

3）信贷过度扩张。金融机构过度放宽信贷条件，导致信贷过度扩张，一旦借款人无法偿还债务，就会引发信贷危机，进而演变为金融危机。

4）监管不力。金融监管机构未能有效履行监管职责，导致金融机构风险敞口过大，最终引发金融危机。

专栏 2-8　2008 年美国金融危机的成因

2008 年的全球金融危机也被称为"次贷危机"或"金融风暴"，是自"大萧条"以来最严重的全球经济衰退。这场危机的根源复杂多样，但核心问题是美国房地产市场的过度膨胀以及由此引发的次级抵押贷款（简称"次级贷款"）危机。

以下是 2008 年全球金融危机的关键要素和发展过程：

1. 房地产泡沫

美国政府为了提振经济，推行了一系列鼓励居民购房的政策。

美联储降低利率，使借款成本降低，促进了房地产市场的繁荣。

银行和其他贷款机构放松了贷款标准，向信用记录较差的借款人发放次级贷款。

2. 次级贷款证券化

次级贷款被打包成复杂的金融工具，如住房抵押贷款证券化（Mortgage-Backed Security，MBS）和担保债务凭证（Collateralized Debt Obligation，CDO），并被评级机

构给予过高的信用评级。这些金融工具被全球投资者广泛购买，风险扩散到了全球金融市场。

3. 泡沫破裂

房地产市场价格开始下跌，导致许多次级贷款借款人无法偿还贷款。

大量违约事件导致银行和金融机构持有的与次级贷款相关的资产价值大幅缩水。

4. 金融市场恐慌

投资者对金融产品的信心崩溃，引发了全球范围内的信贷紧缩。

许多金融机构因持有大量不良资产而陷入困境，一些大型金融机构（如雷曼兄弟公司）破产。

5. 全球经济衰退

信贷市场的冻结影响了企业和消费者的借贷能力，导致消费和投资下降。

全球贸易减少，许多国家经历了严重的经济衰退。

6. 政府干预

美国政府采取了一系列措施来应对危机，包括向金融机构注入资金、购买不良资产等。

各国政府也推出了财政刺激计划促进经济增长。

这场金融危机对全球经济造成了深远的影响，促使各国政府和监管机构重新审视金融监管框架，以避免类似的灾难在未来重演。

二、金融危机的类型

金融危机的类型如图 2-2 所示。

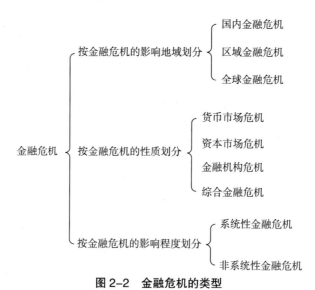

图 2-2　金融危机的类型

（一）以金融危机的影响地域来划分

1. 国内金融危机

国内金融危机往往由某些国家国内的经济金融因素引起，其影响仅局限于一国国内。

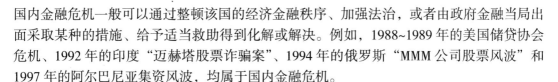

国内金融危机一般可以通过整顿该国的经济金融秩序、加强法治，或者由政府金融当局出面采取某种的措施、给予适当救助得到化解或解决。例如，1988~1989 年的美国储贷协会危机、1992 年的印度"迈赫塔股票诈骗案"、1994 年的俄罗斯"MMM 公司股票风波"和1997 年的阿尔巴尼亚集资风波，均属于国内金融危机。

2. 区域金融危机

区域金融危机往往最先爆发于特定经贸一体化组织中的某个成员国，而后由于区域内高度的经济贸易一体化而迅速传导至其他成员国。区域金融危机对于区域外国家或者世界经济金融一般没有或较少产生直接影响。这种危机的化解与解决也主要依赖区域内部有关国家经济金融当局在政策协调方面的共同努力。货币冲击或货币危机常常构成区域金融危机的标志性特征。1992~1993 年的欧洲汇率机制危机、1992~1994 年的卢布危机以及 1997年 7~8 月的东南亚金融危机就属于区域金融危机。

3. 全球金融危机

全球金融危机明显区别于上述两种危机。无论金融危机首先在发达国家爆发，还是在发展中国家爆发，其后必然通过某种途径传导到欧美主要发达国家，进而波及全球金融市场，并且在一定条件下极有可能引发全球经济危机或全球经济衰退。而世界各国特别是主要发达国家的政策协调，有关国际金融机构的资金援助，相关国家的经济金融体制与国际金融体制的变革，都构成顺利化解全球金融危机的重要制约条件。1929 年首发于美国的"大萧条"、1997~1999 年肆虐两年有余的亚洲金融危机、2008 年美国金融风暴被界定为全球金融危机。

专栏 2-9　金融危机事件举例

金融危机的实例包括：1929 年美国的"大萧条"、1961~1965 年的香港银行倒闭风潮、1988~1989 年的美国储贷协会危机、1992 年的印度"迈赫塔股票诈骗案"、1992~1993 年的欧洲汇率机制危机、1992~1994 年的卢布危机、1994 年的俄罗斯"MMM 公司股票风波"、1995 年的日本"住专"风波、1997 年的阿尔巴尼亚集资风波、1998 年的俄罗斯金融危机、1997~1999 年的亚洲金融危机。

（二）以金融危机的性质来划分

1. 货币市场危机

货币市场危机往往发生在实行固定汇率制或采用带有固定汇率制度色彩的钉住汇率制度安排的国家，因缺乏相应的汇率调整手段适应国内经济变化，导致货币的内外价值脱节。其结果要么是外汇市场上本币大幅度贬值，要么是该国金融当局为捍卫本币币值而动用大量国际储备干预市场或大幅提高国内利率。例如，1997 年的东南亚金融危机中的泰铢危机和 1998 年的俄罗斯金融危机。

专栏 2-10　1997 年的亚洲金融危机

1997 年，泰国经济疲弱，由美国知名金融炒家索罗斯主导的量子基金乘势进军泰国，从大量卖空泰铢开始，迫使泰国放弃维持已久的与美元挂钩的固定汇率转而实施汇率的自由浮动，从而在泰国金融市场上引发了一场前所未有的危机。危机很快波及

所有东南亚实行货币自由兑换的国家和地区。1998年8月，量子基金和老虎基金开始炒卖港元，首先向银行借来大量港元在市场上抛售，同时大量卖空港股期货试图通过利率急升和股市下跌在期货市场获利；同时一旦港元下跌，也可以在外汇市场获利，可谓"一石二鸟"。亚洲金融危机导致除港币之外的几乎所有东南亚主要货币在短期内急剧贬值。东南亚各国货币体系和股市的崩溃，以及由此引发的外资大量撤逃和国内通货膨胀的巨大压力，在当时给东南亚地区的经济发展蒙上了一层阴影。

2. 资本市场危机

资本市场危机是指由于国内或国外的原因，导致某些国家的资本市场（主要是股票市场）上的资产价格在短期内大幅度下降，如1987年的"黑色星期一"。资本市场危机与货币市场危机具有联动作用，资本市场危机可以导致货币市场危机，而货币市场危机同样也可以引发资本市场危机，如1997~1998年的东南亚金融危机。

3. 金融机构危机

金融机构危机又称银行业危机。这类危机指某些商业银行或者非银行金融机构出现大量不良债权或巨额亏损，导致破产倒闭或支付困难，进而引发全社会对各类金融机构的挤提风潮，严重威胁整个金融体系的稳定。例如，1961~1965年的香港银行倒闭风潮以及1995年的日本"住专"风波。

4. 综合金融危机

综合金融危机往往表现为上述几种危机的混合。现实中往往是一种危机的爆发带动其他危机的爆发，如东南亚金融危机就是首先爆发货币市场危机，随之而来的是资本市场危机、金融机构危机。危机迅速波及有关国家的整个金融市场和金融体系，形成综合金融危机。综合金融危机一方面严重损害了相关国家的经济金融利益；另一方面也在一定程度上暴露了危机发生国家中存在的深层次结构问题。

（三）以金融危机的影响程度来划分

1. 系统性金融危机

此类危机源于系统性金融风险，影响深远且带有明显的全局性特征。如果应付不当将危及一国的金融体系，甚至会影响世界金融的安全与稳定，前面提到的综合金融危机就是典型的系统性金融危机。

2. 非系统性金融危机

此类危机源于非系统性金融风险，其影响往往局限于某一特定金融机构、金融市场或金融领域。非系统性金融危机一般不会对一国的金融体系构成直接威胁，但是也不能排除非系统性金融危机由于处理不当在一定条件下转化为系统性金融危机的可能性。1990年的美国德雷塞尔投资银行破产事件、1992年的印度"迈赫塔股票诈骗案"以及1995年的英国巴林银行倒闭事件均属于典型的非系统性金融危机。

三、金融危机的传导机制

（一）金融危机的国内传导

纯粹的金融投资，是指不进入生产领域，仅依据对金融市场的未来预期以及时间偏好而进行的投资。随着金融市场的过度泡沫化，资产的账面价值大幅度提高。此种境况极易形成未来收入还将进一步提高的预期，同时会刺激人们大量举债，一旦金融资产泡沫破灭，企业资产将会大幅缩水，但是债务总量保持不变，这将导致资产负债率和企业财务杠杆比率急剧提高。金融市场过度泡沫化的外部系统风险就此演变成企业内部的财务风险，许多企业将会发生支付危机，进而引发企业的大量破产、倒闭和生产的急剧萎缩。

在金融市场过度泡沫化的初期，最先被挤出的是内源投资，因为这种投资的周期长、收效慢，且回报不确定，远不如在金融市场中投资那样立竿见影。与此同时，外源投资却有可能逐步扩大。这是因为信用和资产的膨胀、居民财富与未来收入能力的高估、企业预期营利能力的虚拟扩大，都会促使企业凭借信用扩大外源投资。随着金融市场泡沫的进一步扩大，外源投资回报的增长速度赶不上在金融市场中的投资，资金向金融市场流动，外源投资也被挤出，这将从根本上损害整个经济发展的基础。

（二）金融危机的国际传导

广义金融危机的国际传导泛指金融危机在国与国之间的传播和扩散，包括贸易金融关系密切国家间的接触性传导和贸易金融关系并不密切的国家间的非接触性传导。

接触性传导指某些经济因素的变化引起其他因素变化，最终导致经济金融的部分或整体变化，从而引发、扩大和加剧金融危机的跨国影响，这就是金融危机的溢出效应。传导大致从一国本币的大幅度贬值和股市暴跌开始。在汇率机制的作用下，通过国际贸易和国际资本流动两种渠道，造成别国货币贬值和股市暴跌，从而形成金融危机的跨国界传导。

非接触性传导首先表现为"季风效应"。金融危机在几个国家或地区相继发生并不一定都是接触性传导的结果，也可能是同一外部原因引致。换句话说，不同国家的金融危机并非从一国传导至别国，而是分别受同一因素的影响。

非接触性传导还表现为"传染效应"，也就是一国的货币危机可能诱发对别国的投机性冲击。一国的货币危机会造成人们心理预期的变化。纵使两个国家的实质经济联系比较薄弱，或者一国的货币危机没有对另一国的经济基础产生根本性的恶化影响，但是投资者依然会重新评价其他国家的基本经济状况和政府政策，从而形成对这些国家的投机性冲击。一国发生货币危机后，机构投资者会担心类似的别国也会发生货币危机，他们就会抛出这些国家的货币，全面退出这些国家的金融市场，致使这些国家同样发生货币危机。危机通过这种"传染效应"在不同国家间扩散。形成"传染效应"的关键在于投资者对国家相似性的判断。

经济基础相似性传染是指一国发生货币危机，投机商对别的经济基础相似的国家的货币发起冲击，从而导致这些国家发生货币危机。政治与经济政策相似性传染是指一国发生货币危机，投机者对别的政治经济状况相似的国家货币发起冲击，从而导致这些国家发生货币危机。文化背景相似性传染则是指一国发生货币危机，投机者对其他在政治经济上没有关系，然而却对存在共同或相似文明或者拥有类似文化背景或发展历史的国家的货币发起冲击，从而导致这些国家货币危机的发生。

四、金融危机国际援助的博弈论分析

经济实力雄厚的发达国家往往并不及时给予金融危机发生国必要的援助；已经接受国际货币基金组织援助的金融危机发生国又在援助协议的具体执行上与国际货币基金组织（IMF）争论不断，导致危机问题迟迟不能解决。不同国家之间以及 IMF 与金融危机发生国之间的博弈是金融危机不能及时有效解决的主要原因。

（一）有关国家政府之间的博弈

假设经济中除金融危机发生国之外，还存在 A 国和 B 国。它们的政府了解金融危机发生国的情况，并对危机可能蔓延至本国的后果存在基本了解，这构成博弈参与者的"共同知识"。它们可以选择"援助"或"不援助"，并且，后援助者可以根据先援助者的行动选择自己的行动（见图 2-3）。

图 2-3　A、B 两国政府间博弈

如果 A 国和 B 国都选择"不援助"，两国都会因危机的蔓延而相继受损，因此"不援助"不是它们双方的最优选择。

如果 A 国因为金融危机发生国与自己利益关系密切，先行决定施以援手，此时 B 国如果也选择"援助"，那么援助力量得以扩大，不仅可能阻止危机的继续传播，甚至可以迅速化解危机。A、B 两国均会从中受益。

如果 B 国采取观望态度，选择"不援助"，而 A 国的援助足以自行化解危机，那么 B 国就能坐享危机化解后的成果。因此，如果 A 国选择先行援助，B 国选择援助与不援助均可以使自身受益。同样的结论适用于 B 国选择先行援助的情形。正是因为两国都十分清楚这种博弈的结果，故此都不愿意先行采取援助行动，于是双方的观望使这种博弈的均衡结果成为双方均不援助。

这正是发达国家在危机爆发初期迟迟不采取援助行动的原因所在，结果是金融危机在世界范围内的传播蔓延。

（二）IMF 与相关国家的博弈

金融危机爆发后，金融危机发生国一旦接受 IMF 的援助条件，正式签署有关援助协议，IMF 便和金融危机发生国一起陷入不完全信息的动态博弈之中。

如果受援国选择"合作"，在短期内，由于改革措施出台，国内经济紧缩，失业率上涨，可能导致民怨沸腾。虽然实行经济结构调整是最终摆脱危机的必由之路，但是这种"短痛"如果超过公众的承受力，将会引发更大的危机，所以受援国难以痛快地选择"合作"；如果受援国选择"不合作"，撕毁协议可能招致国际货币基金组织终止援助，这将严重打击本来就非常脆弱的社会公众对本国经济金融的信心，增加摆脱金融危机的困难。

这种博弈的"分离均衡"是弱势国家选择"合作"，强势国家选择"不合作"，国际货币基金组织根据受援国是否选择"不合作"来推断金融危机发生国的强弱态势，然后选择是否与之谈判，并决定提供何种援助；这种博弈的"混同均衡"是弱势国家和强势国家均迫于国内政治压力选择"不合作"，此时国际货币基金组织将会形成受援国是强势国家的基本判断，因此会与受援国"讨价还价"，通过磋商形成新的援助协议，并且在新援助协议的基础上继续实施援助行动。新的援助协议无疑对受援国更为有利。

对受援国政府来说，选择"不合作"作为向基金组织发出"讨价还价"的信号时，一定要把握分寸，如果已经在谈判桌上获得若干利益，就应马上回到"合作"的轨道上；否则，援助国的不合作选择可能会使受援国处境尴尬，损失惨重。

五、金融危机的防范措施

1. 实施宏观经济政策

在金融危机中，政府通过调整宏观经济政策（货币政策与财政政策等）维持金融运行稳定，并且使经济重回增长轨道。

2. 加强金融监管

建立健全金融监管体系，加强对金融机构、资金流动、汇率变动、信贷活动的监管力度，防范金融风险。

加强对外资的监管。无论在哪个国家，外资历来都被认为是发展本国经济的重要动力。在吸收外资的同时，不能对外资这把"双刃剑"掉以轻心，如果不对蜂拥而来的外资采取行之有效的措施进行监管，一旦外资流入失控就会埋下未来发生金融危机的隐患。

谨慎推进资本项目自由化。资本项目自由化并非单纯地向国际金融市场开放。其根本目的是推动国内金融市场的繁荣，促进国内经济发展，增加社会福利。由于商品、要素以及金融市场的调整速度不同，金融稳定与改革政策方案的设计应该首先是着眼于消除国内商品市场和资本市场的扭曲，其次才是开放资本账户。

选择合适的汇率制度。僵化的汇率制度已经不再适应资本自由流动的世界。固守某一汇率会给经济发展带来巨大危害，因此应当采取灵活的汇率制度。

控制外国短期贷款的比例。短期贷款的一个明显缺陷是偿还期短。如果使用短期贷款进行进口支付，一旦金融系统运转不灵，极易引起金融市场动荡。更为重要的是，应当严格控制外国短期贷款流入证券市场等利润高、风险大的行业。

建立金融资产价格监测系统。投资者的信心随资产价格的波动而波动，一旦资产价格波动较强，投资者的信心就会遭受严重打击，甚至做出诸如挤兑等非理性选择。投资者的信心是金融体系安全运行的基础。如果投资者信心大幅降低，金融体系有可能趋于崩溃。故此需要密切关注金融资产（特别是证券资产）的价格，避免价格过度剧烈波动。所以，建立金融资产价格监测系统是维持金融市场稳定、预防金融危机的必然选择。

构建金融风险防范体系。通过建立完备的金融风险防范体系能在最大程度上避免金融危机发生，减少其对经济的危害。金融风险防范体系应当包括金融风险事前预警机制、金融风险事中控制机制以及金融风险事后处理机制。

专栏2-11 金融风险防范体系的基本内容

金融风险事前预警是对金融市场中潜在的金融风险或潜伏的金融危机的事前预测，即通过监测特定经济金融指标预测金融危机发生的可能性。所选定的经济金融指标应当全面而灵活，既要包括宏观层面与微观层面的经济金融指标，又要随经济发展进行及时动态更新。金融风险事前预警机制涵盖的指标有：①国内宏观经济金融指标，包括 GDP 增长率、货币供给增长率、进出口增长率、外债增长率和国际储备等；②国内微观经济金融指标，如银行坏账率、不良资产增长率和银行同业拆借增长率等；③国际宏观环境指标，如国际贸易变动趋势、国家政策变化和国际政策变化等；④国际微观经济金融指标，包括国际资金流入（流出量）、国际资本的地区分布以及外汇市场的货币掉期量等。

金融风险事中控制是在发展激化阶段对金融风险进行化解与控制，主要体现为根据金融风险的不同属类进行有针对性化解。针对系统风险（资本项目风险、通货膨胀风险和外债风险等），通过建立并完善监管体系以及实施有效的货币政策和财政政策等宏观手段加以处理；针对非系统风险（流动风险、市场风险及信贷风险等），则可以通过金融机构的内部控制，以及采用科学的风险管理方法（如 VaR 法、模型法等）进行具体控制。

金融风险事后处理就是金融危机的治理和救援，其目的是在最大程度上降低金融危机的危害，防止金融危机的传播，控制金融危机爆发的范围。众所周知，金融危机的核心特征是资金的流动性严重不足（甚至完全丧失流动性）。因此，金融危机治理与救援的关键就是采取一系列措施弥补金融机构的流动性不足，恢复资金的正常流动。具体措施则包括：①财政援助；②中央银行援助；③同业互助；④国际援助。

3. 加强国际合作

加强各国政府和国际组织之间的合作与协调，共同应对金融危机的挑战。金融危机是一种复杂且危害严重的经济现象，需要各国政府和各类国际组织共同努力来防范和应对。加强国际合作可以有效应对金融危机的挑战，维护全球经济的稳定和发展。

第四节　金融监管

一、金融监管概述

（一）金融监管的定义

金融监管是指政府或相关监管机构通过制定一系列规则和实施一系列政策措施，对金融机构、金融市场和金融活动进行监督、管理和调控的过程。

金融监管本质上是具有特定内涵和特征的政府规制行为，旨在维护金融市场稳定、保护投资者利益、促进金融业的健康发展。

（二）金融监管的目标

金融监管的目标可分为一般目标和具体目标。

金融监管的一般目标通常包括：

1）维护金融业的稳定与安全。通过监管，防范和化解金融风险，确保金融体系的稳健运行。

2）保护公众利益。保护金融活动各参与方的合法权益，特别是存款人和其他债权人的利益。

3）维持金融业的运作秩序和公平竞争。通过监管规范金融机构的行为，促进金融机构之间的公平竞争。

金融监管的具体目标则包括经营的安全性、竞争的公平性和政策的一致性等方面。例如，保护存款人和其他债权人的合法权益，规范金融机构的行为，提高信贷资产质量；通过监管创设平等合作、有序竞争的金融环境，从而保证金融机构之间的适度竞争；以及使金融机构的经营行为与中央银行的货币政策目标保持一致等。

（三）金融监管体系的构成

1. 金融监管机构

中央银行。中央银行通常在一个国家或地区的金融监管组织机构中居于核心位置，如中国的中国人民银行。中央银行负责制定和执行货币政策，同时也承担金融监管的重要职责。

其他金融监管机构。金融监管体系里除中央银行以外，还存在其他专门的金融监管机构，如中国的国家金融监督管理总局、中国证券监督管理委员会等。这些机构负责各自领域的金融监管工作。

自律性监管机构。以证券交易所和证券业协会为代表的自律性监管机构通过制定行业规范、加强行业自律等方式来辅助政府监管机构进行金融监管。

2. 金融监管法律

金融监管体系依赖于完善的法律体系来保障其有效运行。这些法律包括《中华人民共和国中国人民银行法》《中华人民共和国商业银行法》《中华人民共和国证券法》等，共同为金融监管提供了法律依据和保障。

（四）金融监管的重要性

1）纠正金融市场失灵。金融市场失灵可能导致资源配置无效率、垄断或寡头垄断等问题，金融监管可以有效纠正这些问题。

2）降低道德风险。在市场经济体制下，存款人可能认为政府会确保金融机构安全，从而忽略银行的道德风险。金融监管可以降低这种道德风险，提高公众对金融的信心。

3）促进金融创新和竞争。在保障金融稳定的前提下，金融监管可以促进金融创新和竞争，推动金融业的发展。

4）保护投资者利益。通过监管金融机构的行为和信息披露要求，可以保护投资者的合法权益免受侵害。

（五）金融监管的趋势

1）强化监管力度。面对日益复杂的金融风险和挑战，各国监管机构普遍加强了监管力度，并且提高了监管标准。

2）推动监管创新。利用科技手段提高监管效率和质量成为新趋势。例如，利用大数据、人工智能等技术手段进行风险监测和预警。

3）加强国际合作。随着金融体系的全球化发展，各国监管机构之间的合作日益加强。通过共同制定监管标准、分享监管信息等方式来提高全球金融体系的稳定性和安全性。

二、金融监管的原则

1. 依法原则

金融监管必须依法依规进行。监管的主体、职责权限、监管措施等均需由金融监管法律法规和相关行政法规规定。

2. 公开、公正原则

监管活动应当最大限度地提高透明度，公正执法并且平等对待所有金融市场参与者。

3. 效率原则

金融监管应当提高金融体系的整体效率，不得压制金融创新与金融竞争，同时应当合理配置和利用监管资源以降低成本。

4. 独立性原则

监管机构在履行职责时不受其他政府部门、社会团体和个人的干涉。

5. 协调性原则

监管主体之间应当职责分明、分工合理、相互配合，从而提高监管效率。

三、金融监管体系的类型

（一）按监管机构组织体系划分

1. 统一监管体制

特点：只设一个统一的金融监管机构，对金融机构、金融市场以及金融业务进行全面监管。

代表国家：英国（1997年后）、日本（1998年后）、韩国等。

优点：金融管理集中，监管政策与标准具有一致性，有利于金融机构之间的公平竞争；有助于防止多头监管体制下不同机构之间相互推卸责任或重复监管，有利于提高监管效率；有助于降低监管成本。

缺点：监管机构权力巨大且过于集中，缺乏权力的制衡和监督。在执行监管时容易使监管部门滋生官僚化作风，对已经出现的问题反应迟缓，甚至可能导致权力腐败现象的发生。

2. 分业监管体制

特点：由多家金融监管机构共同承担监管责任。一般银行业由中央银行负责监管；证券业由证券监督管理委员会负责监管；保险业由保险监督管理委员会负责监管，各监管机构既分工负责又协调配合。

代表国家：中国（改革前）、美国（针对特定领域如金融控股公司）、德国（在部分特定历史时期）等。

优点：各监管机构可以集中精力对各自负责的对象进行监管，从而导致监管效率和监管水平的提高。

缺点：各监管机构之间可能因自成系统而引发事权分割现象。监管工作中可能缺乏相互配合，致使监管领域出现真空。

3. 不完全集中监管体制

分类：包括"牵头式"和"双峰式"两类监管体制。

牵头式：在分业监管机构之上设置一个牵头监管机构，负责不同监管机构之间的协调工作。例如，巴西的金融监管体制就是典型的"牵头式"监管体制。

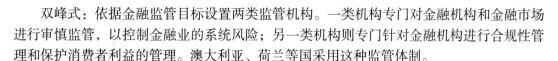

双峰式：依据金融监管目标设置两类监管机构。一类机构专门对金融机构和金融市场进行审慎监管，以控制金融业的系统风险；另一类机构则专门针对金融机构进行合规性管理和保护消费者利益的管理。澳大利亚、荷兰等国采用这种监管体制。

（二）按监管主体数量划分

1.一元多头式金融监管体制

特点：全国的金融监管权集中于中央，地方没有独立的权力，在中央一级由两家或两家以上监管机构共同负责。

代表国家：德国、法国、日本（1998年以前）。

优点：有利于金融体系的集中统一和监管效率的提高。

缺点：可能面临机构重叠、重复监管的问题。

2.二元多头式金融监管体制

特点：中央和地方都对金融机构或金融业务拥有监管权。不同金融机构或金融业务由不同的监管机关实施监管。

代表国家：美国、加拿大等联邦制国家。

优点：能较好地提高金融监管的效率；防止金融权力过分集中；有利于金融监管的专业化。

缺点：管理机构交叉重叠，容易造成重复检查和监督；金融法规不统一，可能加剧金融领域的矛盾和混乱。

（三）其他划分方式

除上述两种主要划分方式外，金融监管体系还可以根据其他标准进行划分。例如，按照监管机构的组成可以划分为由中央银行独家行使金融监管职责的单一监管体制以及由中央银行和其他金融监管机构共同承担监管职责的多元监管体制。

（四）中国的金融监管体系

目前，中国的金融监管体系基本属于分业监管模式。国家金融监督管理总局（负责除证券业之外的金融业监管）、中国证券监督管理委员会和中国国家外汇管理局等金融监管机构各司其职、分工合作，共同承担金融业的监管责任。这种模式在一定程度上适应了我国金融业的发展需要，但也存在监管空白和重复监管等问题。随着金融市场的不断发展和金融创新的不断涌现，我国金融监管体系也在不断发展完善。

四、金融监管的内容

1）市场准入监管。对金融机构的设立、变更和终止进行审批和管理，确保金融机构具备必要的资质和条件。

2）业务运营监管。对金融机构的业务经营行为进行监督和管理，包括合规性检查、风险监测和评估等，确保金融机构稳健运营。

3）市场退出监管。对经营不善或存在严重违法违规行为的金融机构进行市场退出管理，包括停业整顿、重组兼并和破产清算等。

综上所述，金融监管是维护金融市场稳定、保护投资者利益、促进金融业发展的重要手段。随着金融体系的发展和金融风险的演化，金融监管同样应当不断创新和完善以适应新形势的需要。

本章小结

金融调控是国家宏观经济调控的重要手段之一。金融调控通过综合运用经济、法律和行政手段，调节金融市场和货币供应量，实现经济的稳定增长和物价稳定。在当前经济形势下，加强金融监管、推动金融创新和促进金融开放是金融调控的重要任务和发展方向。

货币政策是指政府通过控制和调节货币供应量维持社会总供给和社会总需求平衡的经济政策；如何合理选择货币政策和财政政策进行金融调控，是实现金融调控目的的重中之重。

金融危机是指一个国家或几个国家和地区的全部或大部分金融指标（如短期利率、货币资产的价格、证券价格、房地产价格、土地价格、商业破产数和金融机构倒闭数）的急剧、短暂以及超周期的恶化。金融危机具有很强的破坏性，应当注重防范。

金融监管是维护金融市场稳定、保护投资者利益、促进金融业发展的重要手段。随着金融体系的发展和金融风险的演化，金融监管同样应当不断创新和完善以适应新形势的需要。

进一步阅读

崔建军.金融调控论［M］.西安：西安交通大学出版社，2006.
中国人民银行.金融调控与经济发展［M］.北京：中国金融出版社，2006.

思考练习题

一、名词解释
1.金融调控
2.货币政策
3.接触性传导
4.公开市场业务

二、填空题
1.社会总需求的大小直接与＿＿＿＿＿＿＿相联系，货币政策可通过调控货币供应量达到对＿＿＿＿＿＿＿两方面的调节，使经济达到均衡。

2.当代各国的货币政策目标一般可概括为五项：＿＿＿＿、＿＿＿＿、＿＿＿＿、＿＿＿＿和＿＿＿＿。

3.货币政策工具可分为＿＿＿＿、＿＿＿＿、＿＿＿＿三类。

4.选择性货币政策包括＿＿＿＿、＿＿＿＿、＿＿＿＿、＿＿＿＿。

5.直接信用控制的手段主要包括＿＿＿＿、＿＿＿＿、＿＿＿＿、＿＿＿＿和＿＿＿＿。

6.货币政策分为＿＿＿＿和＿＿＿＿；财政政策包括＿＿＿＿和＿＿＿＿。

7. 货币均衡用公式表示为_____；社会总供求的均衡用公式表示为_____；具体地讲则是 $C+I+G+(X-M)=GNP$。

8. _____是财政政策与货币政策的"重叠域"和"结合部"，是联系财政政策与货币政策的_____。

9. 财政政策与货币政策的搭配方式包括_____、_____、_____和_____。

10. 金融危机按性质和内容可以划分为_____、_____、_____和_____。

三、判断题

中央银行降息主要是为了平抑市场的过热需求。（　　　）

四、选择题

1. 金融调控的核心是（　　　）。

A. 财政政策　　　　　B. 货币政策　　　　　C. 经济政策　　　　　D. 利率政策

2. 货币政策（　　　）。

A. 是实现中央银行金融调控目标的核心　　　B. 在国家宏观经济政策中居于重要地位

C. 对宏观经济进行全方位的调控　　　D. 不同国家的目标存在差异

3. 当代各国的货币政策目标一般包括（　　　）。

A. 稳定物价　　　　　B. 充分就业

C. 经济增长　　　　　D. 国际收支平衡和金融稳定

4. 一般性的货币政策工具包括（　　　）。

A. 存款准备金政策　　B. 利率高限　　　　C. 再贴现政策　　　　D. 公开市场业务

5. 直接信用控制手段主要包括（　　　）。

A. 信用分配　　　　　B. 流动性比率

C. 利率高限　　　　　D. 直接干预和特别存款等

6. 财政政策与货币政策的搭配方式有（　　　）。

A. "双松"　　　　　B. "双紧"

C. 松的财政政策与松的货币政策　　　D. 紧的财政政策与紧的货币政策

7. 在总量平衡的情况下，调整经济结构一般采取（　　　）。

A. "双松"　　　　　B. "双紧"

C. 货币政策和财政政策"一松一紧"　　　D. 单独使用财政政策或货币政策

8. 在总量失衡较为严重的情况下，经常采用的政策类型是（　　　）。

A. 财政政策和货币政策同时使用　　　B. 货币政策和财政政策一松一紧

C. 单独使用财政政策或货币政策　　　D. "双松"或"双紧"

9. 在总量失衡的情况下进行微量调整（　　　）。

A. 单独使用财政或货币政策　　　B. 财政政策和货币政策同时使用

C. 希望在短期内见效快使用货币政策　　　D. 长期调整使用财政政策

10. 治理通货紧缩的货币政策通常包括（　　　）。

A. 减少货币供应量　　　　　B. 降低再贴现率

C. 降低存款准备金率　　　　　D. 购入有价证券

11. 治理通货膨胀的财政政策一般包括（　　　）。

A. 紧缩政府的支出　　　　　　　　B. 增加租税、提高税率、降低起征点

C. 减少公共投资　　　　　　　　　D. 减少有效需求

12. 按金融危机的影响地域划分，金融危机可以分为（　　　）。

A. 国内金融危机　　B. 综合金融危机　　C. 区域金融危机　　D. 全球金融危机

五、问答题

1. 简述货币政策的作用。

2. 一般性货币政策工具有哪些？

3. 简述治理通货膨胀和通货紧缩的对策。

4. 金融危机有哪些类型？

5. 如何对金融危机进行防范？

六、案例分析题

1. 案例分析——泰国金融危机

1997 年 7 月 2 日，泰国政府宣布提高泰铢对美元的汇率，将其维持了 13 年的泰铢对美元的比价由 7 月 1 日的 24.4 提高为 34.3，同时将汇率制度由固定汇率转向有管理的浮动汇率。正如其他货币危机一样，泰铢的被动贬值迅速引发了市场投机者更为强烈的反应。几乎所有市场参与者在政府宣布贬值后对泰铢更加丧失信心，并且预期泰铢还将继续贬值，于是他们更大幅度地抛售泰铢。与此同时，外资纷纷流出。由货币危机引发的全面性经济危机爆发，各种固有的经济矛盾和问题在这场危机中集中凸显。

请分析为什么泰国会发生货币危机？

2. 案例分析——央行降准

中国人民银行决定于 2023 年 9 月 15 日下调金融机构存款准备金率 0.25 个百分点（不含已执行 5% 存款准备金率的金融机构）。本次下调后，金融机构加权平均存款准备金率约为 7.4%。

请结合所学知识，回答以下问题：

（1）请简单阐述此次降准的背景。

（2）请简要分析此次降准后可能带来的影响。

（3）请简要论述在此背景下，中国人民银行还可能动用哪些货币金融政策工具进行宏观调控。

第三章　金融市场

学习目标

· 熟悉金融市场的定义、功能、要素和分类；
· 熟知货币市场、资本市场和衍生市场，了解外汇市场和黄金市场的构成；
· 掌握债券市场、股票市场和基金市场的发行和流通过程；
· 了解衍生金融市场的基本知识。

第一节　金融市场概述

一、金融市场的定义

从国民经济运行的角度来看，市场可以划分为商品市场和金融市场，其中商品市场又可以进一步划分为要素市场和产品市场。要素市场是分配土地、劳动和资本等生产要素的市场；产品市场是商品和服务的交易场所。在经济系统中引导资金的流向，推动资金由盈余部门向短缺部门转移的市场则是金融市场。

金融市场是指以金融资产为交易对象，以金融资产的供给方和需求方为交易主体而形成的交易机制及其关系的总和。它不仅是实现货币借贷和资金融通的重要场所，也是办理各种票据和有价证券交易活动的关键平台。该定义包括如下三层含义：一是金融市场指金融资产进行交易的有形和无形的场所；二是金融市场反映了金融资产的供应者和需求者之间所形成的供求关系；三是金融市场包含了金融资产交易过程中所产生的运行机制，其中最主要的是价格（包括利率、汇率及各种证券的价格）的形成与决定机制。

金融市场在现代化经济体系中具有举足轻重的地位，不仅关系国家经济的稳定和发展，也直接影响企业和个人的财务状况和投资决策，各国政府都高度重视金融市场的建设和管理，努力维护金融市场的持续稳定和健康发展。

二、金融市场的功能

（一）资金融通功能

金融市场的基本功能是资金融通，即满足社会再生产过程中的投融资需求。资金盈余者可以通过金融市场将资金提供给资金短缺者，实现资金的合理配置和有效流动。这一功能对于促进经济增长和社会发展具有重要意义。

（二）价格发现功能

金融市场上通过交易形成的金融资产价格能够反映市场供求关系，为投资者提供决策依据。这些价格信息对于评估资产价值、预测市场趋势以及制定投资策略都具有重要作用。

（三）风险管理功能

金融市场提供了多种风险管理工具，如期货、期权、保险等衍生品，用于帮助投资者管理和对冲风险。这些工具使投资者能够在不确定的市场环境中降低风险敞口，保护资产安全。

（四）信息传递功能

金融市场是信息交流的场所，各类信息在此汇聚。通过金融市场的交易和价格变动，投资者可以获取关于宏观经济、行业趋势、企业业绩等多方面的信息，从而做出更加明智的投资决策。

（五）资源配置功能

金融市场通过价格机制和资金流动实现资源的优化配置。在金融市场上，资金会流向那些收益更高、风险更低的项目或企业，从而促进金融资源的有效利用。

（六）宏观调控功能

金融市场是政府进行宏观调控的重要工具。政府可以通过货币政策、财政政策等手段影响金融市场的运行，进而实现宏观经济调控目标。例如，通过调整利率及存款准备金率等货币政策工具，可以影响货币供应量和信贷规模，进而对经济增长、通货膨胀等宏观经济指标产生影响。

三、金融市场的构成要素

金融市场的构成要素包括金融市场主体、金融市场客体、金融市场媒体和金融市场价格。

（一）金融市场主体

金融市场主体，即参与金融市场活动的各种经济单位或组织，既可以是自然人，也可以是法人。

金融市场的主体主要包括投资者（投机者）、筹资者、套期保值者、套利者、调控和监管者五大类。

与实际部门的投资者不同，金融市场的投资者是指为了赚取差价收入、股息或利息收入而购买各种金融工具的主体，它是金融市场的资金供应者。按交易动机划分，广义的投资者又可以分为投资者和投机者两大类。筹资者则是金融市场上的资金需求者。套期保值者是指利用金融市场转嫁风险的主体。套利者则是利用市场定价的低效率赚取无风险利润的主体。调控和监管者是指对金融市场实施宏观调控和监管的中央银行和其他金融监管机构。这五类主体包括政府部门、工商企业、居民个人、金融机构、中央银行等不同主体。

（二）金融市场客体

金融市场的客体是指金融市场中的交易对象，即通常所说的金融工具。金融工具可以划分为基础性金融工具与衍生性金融工具两大类。前者主要包括债务性资产（如债券）和权益性资产（如股票）；后者主要包括远期、期货、期权和互换等。各种金融资产都具有

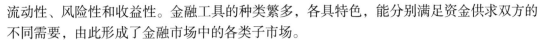

流动性、风险性和收益性。金融工具的种类繁多，各具特色，能分别满足资金供求双方的不同需要，由此形成了金融市场中的各类子市场。

（三）金融市场媒体

金融市场媒体是指在金融市场上以交易媒介的身份从事交易以及促成交易顺利完成的组织、机构和个人。金融市场媒体可以划分为两类：一类是金融市场商人，如货币经纪人、证券经纪人、外汇经纪人；另一类是机构或组织，如商业银行及其他非银行金融机构、证券公司等。金融媒体的出现克服了金融商品数量种类以及投资者众多的困难，有利于市场交易和管理，极大地提高了金融市场的运作效率，是金融市场不可缺少的参与者。

（四）金融市场价格

金融市场价格是由资金供求关系决定的金融工具或金融产品交易的基准，包括利率、汇率、证券价格、黄金价格和期权价格等。这些金融市场价格本质上都是资产的价格，其中最主要的是利率。各种金融市场均有自身的市场利率，如贴现市场利率、国库券市场利率、银行同业拆借市场利率等。市场利率是不受官方控制的利率，但这并不排除中央银行的货币操作会对市场利率产生的影响。

四、金融市场的类型

（一）按交易工具划分

按交易工具划分是金融市场最传统的分类，即将金融市场分为货币市场、资本市场、外汇市场、黄金市场（前四种为原生市场）和衍生市场五类，在下文的第二节到第五节将据此分类对金融市场进行详尽描述。

（二）按金融资产到期期限划分

货币市场。主要交易短期金融工具，如国库券、商业票据、银行承兑汇票、可转让大额定期存单、回购协议等。这些金融工具的期限通常在一年以内，流动性较强，风险相对较低。

资本市场。主要交易长期金融工具，如股票、债券、基金等。这些金融工具的期限较长，通常在一年以上，为投资者提供了获取长期收益的机会，但同时也伴随着较高的风险。

（三）按地域范围划分

1. 国内金融市场

国内金融市场是指金融交易的作用范围仅限于一国之内的市场。金融商品交易发生在本国居民之间，不涉及其他国家居民，交易的标的物也以本国货币标价，交易活动遵守本国法规。国内金融市场交易的结果只改变本国居民的收入分配，不直接引起资金的跨国流动，不直接影响本国的国际收支。国内金融市场按作用的范围不同，又可以分为全国性金融市场、区域性金融市场以及地方性金融市场。

2. 国际金融市场

国际金融市场是指国际间居民与非居民以及非居民与非居民进行金融活动的场所和关系的总和，又可以分为外国金融市场和境外金融市场。前者也称为传统的国际金融市场或"在岸市场"，是指某一国的筹资者在本国之外的另一个国家发行以该国货币为面值的金融资产并以其为交易工具的市场。该市场上的交易活动要受到本国法律法规的制约；后者也

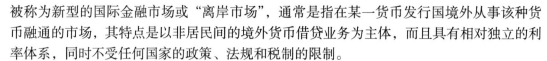

被称为新型的国际金融市场或"离岸市场"，通常是指在某一货币发行国境外从事该种货币融通的市场，其特点是以非居民间的境外货币借贷业务为主体，而且具有相对独立的利率体系，同时不受任何国家的政策、法规和税制的限制。

（四）按金融资产发行和流通的层次划分

1. 初级市场

初级市场，也称为一级市场或发行市场，是指资金需求者将金融资产首次出售给公众时所形成的交易市场。金融资产的发行主要有两种方式：一是私募发行，即将金融资产销售给特定的机构；二是公募发行，即将金融资产广泛地发售给社会公众。私募又分为包销和代销两种类型。包销是指金融资产的发行人与银行等金融机构协商，由银行等承销机构按照商定的条件把全部证券承接下来负责对公众销售。包销期满后，无论证券是否已经推销出去，包销机构都要如数付给发行人应得的资金。代销则是发行人自己承担全部发行风险，只将公开销售事务委托投资银行等机构办理。代销商销多少算多少，只收取手续费等费用，不承担任何风险。此外，还有一种自办发行（自销）的方式，一般通过私下协商的方式将有价证券直接销售给为数不多的个人及团体投资者。

2. 二级市场

二级市场，也称为流通市场或次级市场，是进行各种证券流通和买卖交易的市场。二级市场又可分为两种类型：一种是场内交易市场即证券交易所；另一种是场外交易市场，又称柜台交易或店头交易市场。证券交易所是依照国家有关法律规定，经由政府主管机关批准设立的证券集中竞价有形场所。场外交易市场是在证券交易所之外进行证券买卖的市场。原则上在场外交易的证券以未上市的证券为主。然而，以政府债券、地方债券和公司债券为代表的众多可以在场内交易场所交易的证券也纷纷涌入场外交易市场进行交易。

3. 第三市场与第四市场

在发达的市场经济国家中存在第三市场和第四市场。第三市场与第四市场实际上都是场外市场的有机构成部分。

第三市场是原来在交易所上市的证券转移到场外进行交易所形成的市场。第三市场的交易相对于交易所交易来说，具有限制更少且成本更低的优点。

第四市场是投资者和证券的出卖者直接交易形成的市场。该市场的形成原因主要是机构投资者在证券交易中所占的比例越来越大，它们之间的买卖数额很大，因此希望避开经纪人直接交易，从而降低成本。

（五）按交割方式划分

1. 现货市场

现货市场是最为普遍的金融工具交易市场，实际上就是指即期交易市场。在该市场上，交易达成后须在若干个交易日内办理交割。现货交易包括现金交易、固定方式交易及保证金交易。现金交易是指成交日和结算日在同一天的证券买卖。固定方式交易则是指成交日和结算日间隔较短的交易，该间隔一般在七天以内。保证金交易也称垫头交易，发生于投资者希望在资金不足时获得较多投资收益的情形。在此情形中，投资者买进证券时只需交付一定比例的现金，其余资金则由经纪人贷款垫付。目前，现货市场上的大部分交易均为固定方式交易。

2. 衍生市场

衍生市场是各种衍生金融工具进行交易的市场。它通常表现为合约，合约的价值由其交易的金融资产的价格决定。衍生金融工具包括远期合约、期货合约、期权合约、互换协议等。

（六）按有无固定场所划分

1. 有形市场

有形市场是指拥有固定的空间或场地，可以集中进行有组织交易的市场。有形市场的典型形式是证券交易所。

2. 无形市场

无形市场是指没有固定的空间或场地，交易通过电信、电脑网络等现代化通信设备实现的市场。金融市场的绝大部分交易都是在无形市场中进行的。

（七）按中介特征划分

1. 直接金融市场

直接金融市场是指资金供求双方分别作为最后贷款者和最后借款者直接进行融资，并由此形成直接债权债务关系的市场。在直接金融市场上，筹资者发行债务凭证或所有权凭证，投资者出资购买这些凭证，资金就从投资者手中直接转到筹资者手中，而不需要经由信用中介机构。需要注意的是，直接金融市场上虽然不存在资金中介，但是存在信息中介和服务中介。

2. 间接金融市场

间接金融市场是指以银行等金融机构作为信用中介进行融资而形成的市场。在间接金融市场上，资金供给者首先把资金以存款等形式借给银行等金融机构，两者之间形成债权债务关系；再由银行等机构把资金提供给需求者，此时间接金融市场上的银行等机构又与需求者形成债权债务关系，通过信用中介的传递，将资金供给者的资金间接地转移到需求者手里。

（八）按成交与定价的方式划分

1. 公开市场

公开市场是指由众多市场主体以拍卖形式定价的市场，这类市场一般是有组织且存在固定场所的有形市场，如股票交易所。

2. 议价市场

议价市场是指没有固定场所的市场，交易双方通过直接谈判自行议价成交。中小企业的未上市股票的交易一般在议价市场上进行。

五、金融市场的发展趋势

（一）资产证券化

金融资产证券化是指商业银行或投资银行将流动性较差的资产（如金融机构的一些长期固定利率放款或者企业的应收账款等）进行集中与重新组合，并以此为抵押来发行证券。资产证券化实现了相关债权的流动化。当前，在金融资产的交易过程中，传统的不可交易的金融资产的份额相对减少，越来越多的金融资产转化为可交易的证券。资产证券化呈现规模不断扩大的趋势。

（二）全球化与区域化并存

随着全球化的深入发展，金融市场越来越不受地理范围的限制，全球化趋势明显。在全球任何地方，都可以进行金融交易，伦敦、纽约、东京和新加坡等国际金融中心组成的市场可以实现 24 小时不间断的金融交易，世界上任何一个局部市场的波动都可能马上传递到世界范围内的其他市场上。金融机构的跨国运营方兴未艾，金融资产的国际流动更加频繁。同时，区域化趋势也在加强。不同地区的金融市场在不断强化自己的特色和优势。

（三）金融自由化

金融自由化的趋势是指 20 世纪 70 年代中期以来，在西方国家，特别是发达国家里出现的一种逐渐放松甚至取消金融活动管制的过程。从历史上看，金融业一直是受到政府最严格管制的行业之一。20 世纪 70 年代中期以来，无论是过去管制较严的国家，抑或过去管制相对宽松的国家，都出现了放松管制的趋势。其主要表现是：国与国之间相互开放金融市场，给予外国金融机构国民待遇；放松或解除外汇管制；允许金融机构之间的业务适当交叉；放宽或取消对银行的利率管制。除上述内容的管制措施放宽或解除之外，西方各国对金融创新活动的鼓励、对新金融工具交易的支持与放任，实际上也是金融自由化蓬勃发展的重要表现。

（四）金融科技化

科技与金融的融合更加紧密。大数据、云计算、人工智能等技术的应用正在改变金融服务的方式。智能银行和数字化服务兴起，风控系统的智能化和自动化在提高金融服务效率的同时降低了金融服务的成本。科技与金融的融合有助于扩大金融服务的覆盖范围，丰富金融产品品类，改善金融服务体验。

（五）绿色金融

随着全球对环境保护和可持续发展的重视，绿色金融成为未来金融市场的重要发展方向。绿色金融和 ESG（环境、社会、治理）标准受到越来越多的关注。投资者更加关注环保企业和绿色项目，这必然会推动绿色债券、绿色基金等绿色金融产品的发展。同时，金融机构也开始关注可持续性和社会责任，重视其经营活动对环境和社会的影响。

第二节　货币市场

一、货币市场概述

（一）货币市场的定义

货币市场，也被称为短期资金市场，是进行短期信用工具交易的市场。这些工具的期限通常不超过一年，主要包括国库券、商业票据、银行承兑汇票、可转让定期存单、回购协议等。货币市场是金融体系的重要组成部分，对于维护经济稳定和促进经济发展具有重要作用。

（二）货币市场的特点

1）交易期限短。这是由金融工具的特点决定的，货币市场上交易的主要是短期金融工具。

2）流动性强。交易期限短决定了货币市场中金融工具转换成现金的速度较快，这导致货币市场具有较高的流动性。

3）安全性高。在货币市场里筹集短期资金的企业或机构必须具有较高的资信等级，因此货币市场是一个相对安全的市场。

4）交易额大。由于机构投资者的广泛参与，货币市场上的交易额通常较大，个人投资者难以直接参与在货币市场上进行交易。

（三）货币市场的功能

1）融通短期资金。货币市场的主要功能是提供短期资金，满足企业与机构的流动性需求。

2）调节市场经济。货币市场可以通过中央银行的政策操作对经济活动进行调节和管理，从而达到对经济进行调节的目的。

3）提供投资机会。投资者可以通过购买货币市场上的金融工具获得短期投资收益。

4）反映经济动态。货币市场的交易活动可以反映经济的动态变化，如利率、通货膨胀率等指标的变化。

5）助力货币政策传导。货币市场是中央银行实施货币政策的重要渠道，因此可以为货币政策的传导提供助力。

6）分散投资风险。投资者可以通过在货币市场上购买不同类型的金融工具来分散投资风险。

（四）货币市场参与者

1）资金需求者。主要包括为了应对短期资金不足或日常经营过程中的资金缺口需要筹措更多短期资金的企业和机构。

2）资金供给者。主要包括拥有多余闲置资金并希望通过货币市场出借这部分资金以获得一定收益的主体，如商业银行、保险公司、养老基金等。

（五）货币市场的发展趋势

随着金融市场的不断发展和创新，货币市场也在不断变化和演进。在未来，货币市场可能会更加注重金融科技的应用，并且着力提高交易效率和透明度；同时，随着全球经济一体化程度的加深，货币市场的国际化程度也将进一步提高。此外，随着绿色金融理念的普及和可持续发展目标的提出，绿色货币市场也有望成为未来发展的重要方向。

二、短期信贷市场

短期信贷市场是指银行间同业资金拆借以及银行为工商企业提供一年以下短期信贷资金的市场。它源于银行间或银行与企业间的资金余额调剂，该资金余额基于中央银行规定的存款准备金而形成。

（一）同业拆借市场

1.同业拆借市场的定义

同业拆借市场，也可以称为同业拆放市场，是指具有准入资格的金融机构之间进行临时性资金融通的市场，主要满足金融机构之间在日常经营活动中经常发生的头寸余缺调剂需要，资金不足者向资金多余者借入款项称为资金拆入，资金多余者向资金不足者借出款项称为资金拆出。同业拆借对商业银行的经营管理和中央银行的宏观调控存在重要影响。

2. 同业拆借市场的类型

按拆借主体的不同可以将同业拆借市场划分为银行同业拆借市场和通知放款市场两种类型。前者是银行间短期资金的拆借市场，后者则是商业银行与非银行金融机构（如证券商）间的短期资金拆借市场。通知放款市场的重要特点是利率波动很大。

按拆借期限的长短可以将同业拆借市场划分为半日期拆借、1日期拆借和指定日拆借市场等。半日期拆借是同业拆借中时间最短的交易，必须在成交当天进行资金的结算与偿还。半日期拆借又可以进一步分为晨半拆和午后半拆两种。1日期拆借是在头天资金清算时拆入，次日资金清算前偿还，故又称为隔夜拆借。这类拆借通常无须担保品，属于信用放款，手续简便，因而是同业拆借的主要形式。指定日拆借的期限通常为2~30天。当然也存在30天以上的拆借行为。

按是否附有担保品可以将同业拆借市场划分为有担保同业拆借市场和无担保同业拆借市场。有担保同业拆借指在进行资金交易时提供担保品。能充当资金拆借担保品的主要是各种资信状况优良的有价证券，如国债券、金融债券、商业票据等。具体的担保方式有两种：一种是由拆入银行将担保品交与拆出银行，拆入银行偿还资金后，拆出银行偿还担保品；另一种是通过签订回购协议进行交易。具体的流程是：拆入银行向拆出银行出售政府债券并于当天取得资金，在清偿日按拆入日的出售价格加上约定利息买回同样数量的证券，实现偿还所借资金的目的。无担保同业拆借指以金融机构的信用状况为基础而无须附有担保品的拆借活动。这类拆借在实际运行过程中应用更为普遍，特别是对于半日拆借和1日拆借等短期交易而言，这种拆借方式得到广泛采用。

按交易方式可以将同业拆借市场划分为间接拆借市场和直接拆借市场。间接拆借是通过中介机构进行的拆借。资金拆借双方将拆借意向和相关信息传递给中介机构，由中介机构根据市场价格依照双方的指令撮合交易。拆借双方不通过中介机构的交易就是直接拆借。直接拆借不通过经纪机构，而是直接以电话或其他通信设备进行联系并洽谈成交的拆借方式。直接拆借在联系较为密切的金融机构之间得到更为普遍的应用。

按市场的组织形式可以将同业拆借市场划分为有形拆借市场和无形拆借市场。有形拆借市场是有固定场所的同业拆借市场。无形拆借市场不需要固定的地点与场所，拆借双方通过电话等通信方式进行联系与交易。

3. 同业拆借市场的特点

同业拆借市场的特点包括：对融资主体资格的限制，限于在有资格金融机构之间进行交易；资金流动量大；融资期限短（拆借期限一般为一到两天或不超过1个星期。个别情况下期限稍长，如30天、3个月等）；利率按日计算且由交易双方商定，通常低于中央银行的再贴现率或短期借贷利率；短期拆借一般是信用贷款，没有抵押或担保；参与拆借的机构在中央银行开立有存款账户，用于拆借交易的资金主要是金融机构存放在该账户上的多余资金。

4. 拆借市场利率

同业拆借利率指的是银行同业之间的短期资金借贷利率。同业拆借利率包括拆进利率与拆出利率。拆进利率是银行愿意借款的利率；拆出利率是银行愿意贷款的利率。一家银行的拆进（借款）实际上也是另一家银行的拆出（贷款）。同一家银行的拆进利率永远小于拆出利率，其差额就是该银行的收益。

国际上的同业拆借利息率一般以伦敦同业拆放利率 LIBOR（London Inter Bank Offered Rate）为基准，该利率在每个营业日都会对外公布。金融业贷款协议中议定的 LIBOR 通常是几家指定银行在规定时间（一般是伦敦时间上午 11:00）报出利率的平均值。目前，全球普遍采用的是 3 个月和 6 个月的 LIBOR。另外，还有新加坡同业拆借利率（SIBOR）、纽约同业拆借利率（NIBOR）、香港同业拆借利率（HIBOR）等。

（二）银行对工商企业的短期信贷市场

短期信贷市场，又称短期拆借市场，主要是指商业银行等金融机构为其客户办理短期信贷业务资金拆借的市场。银行对工商企业的短期贷款主要解决企业季节性、临时性的短期流动资金缺口，因此，银行在提供短期信贷时，比较注意资金的安全。为了保证贷款能按时收回，商业银行在发放贷款前特别注重了解客户的资信、财务状况（包括债务状况）以及款项用途，并且依据这些状况对贷款数量和贷款利率进行控制。

三、短期证券市场

短期证券市场指期限不到一年的证券发行和流通市场。

（一）短期政府债券市场

1. 短期政府债券市场的定义

短期政府债券市场，又称国库券市场，是指由政府对外发行且期限在 1 年以内的债务凭证的发行、转让和流通的场所。该市场具有风险小、流动性强、存在和税收优惠的特征，是各国最重要的货币市场。

2. 短期政府债券的特点

短期政府债券是政府部门以债务人身份承担到期偿付本息责任的期限在 1 年以内的债务凭证。从广义上看，政府债券不仅包括国家财政部门所发行的债券，还包括了地方政府及政府代理机构所发行的证券，其期限一般在 1 年以内，具体又分为 3 个月、6 个月、9 个月和 1 年期等不同种类。政府发行短期债券的目的一般有两个：一是满足政府部门短期资金周转的需要；二是为中央银行的公开市场业务提供可操作的政策工具。短期政府债券的特点如表 3-1 所示。

表 3-1　短期政府债券的特点

特点	详细说明
高度的流动性	可以在二级市场流通，且本身到期时间短
风险最低	由政府发行，且一般以税收和财政收入作为保证
可以增值	由于一些西方国家对活期存款不付利息，故此短期政府债券实现了高度流动性和营利性的统一

3. 短期政府债券的收益率

政府短期债券的发行一般采用贴现方式，投资者的收益是证券的购买价与证券面额之间的差额。假设 P 为短期国库券的发行价格，d 为年贴现率，D 为国库券的期限，d' 为真实收益率。如果短期政府债券的面额为 100 元，则 d 和 d' 分别为：

$$d = \frac{100-P}{100} \times \frac{360}{D}, \quad d' = \frac{100-P}{P} \times \frac{365}{D}$$

（二）商业票据市场

1. 商业票据的定义

商业票据一般指以大型工商企业为出票人，到期按票面金额向持票人付现而贴现发行的无抵押担保的远期本票。与以商品销售为依据的商业汇票以及商业抵押票据等广义商业票据不同，商业票据的发行者一般为金融公司、非金融公司（如大企业、公用事业单位等）及银行控股公司。只有资力雄厚、信誉卓著、评级卓异的企业才能经常大量发行商业票据筹集资金。商业票据的主要投资者是大型商业银行、非金融公司、保险公司等。

2. 商业票据的发行要素

发行商业票据，通常并不存在可供遵循的法定准则和程序，仅需依据发行需要和商业惯例进行操作即可（见表3-2）。

表3-2 商业票据发行要素

发行要素	详细说明
发行成本	对各种借款方式进行成本比较，确定是否采取发行商业票据筹资
发行数量	发行数量主要取决于资金需要量和市场供给量
发行方式	主要分为直接发行和交易商发行；只有资信卓著的大公司才能直接发行商业票据；交易商发行是通过商业票据交易商的发行，对发行来说较简便，但需支付高额费用；选择何种发行方式，通常由公司本身的资信及经营需要决定
发行时机	发行商业票据往往与资金使用计划相互衔接。如果发行过早，筹集到的资金不能立即使用，会增加利息负担；发行过晚则会导致需要资金时无从获取，从而影响生产周转
发行承销机构	直接发行由大公司附设的金融公司发行，交易商发行则需选择承销机构。通常应当选择那些资力雄厚、社会信誉高，又与发行公司有密切合作关系的交易商作为代理发行人
发行条件	主要包括贴现率、发行价格、发行期限、兑付和手续费。贴现率主要根据发行人的资信等级、市场资金供求情况、发行期限等因素确定，通常应参考当时的中央银行再贴现率、国库券及大额可转让存单的利率、商业银行优惠放款利率、同业拆借利率等。发行期限视筹资需要及发行方式确定。直接发行的商业票据期限可由投资者指定票据期限
到期偿付能力测算	通常涵盖评级机构评估和自身测算。与测算中长期偿债能力不同，商业票据的偿付通常从流转资金中偿付，因此需要进行精确的计算
评级	虽然作为短期票据，法律并未规定必须通过评级程序，但是未经评级的商业票据发行较为困难。评级由发行人或委托代理发行的交易商向信用评级机构申请，同时提供必要的财务数据

3. 商业票据的发行成本

商业票据的发行成本主要由以下几个方面构成：

发行成本 = 按规定利率所支付的利息 + 承销费 + 签证费 + 保证费 + 评级费

其中，承销费主要根据金额大小及时间长短计付；签证费是为证明商业票据所记载事项正确，通常由权威中介机构提供，收费标准随发行公司资信状况而有所差别；保证费是金融机构为发行商业票据者提供信用保证所收取的费用，对于发行量大且资信良好的公司可以酌情减免；评级费是评级公司收取的费用。

4.商业票据的发行利率

商业票据市场仅存在初级市场，没有二级市场。其原因在于：第一，大多数商业票据的偿还期很短。第二，大多数商业票据的发行人均有在偿还期之前买回商业票据的意愿。

商业票据利率一般比政府发行的短期国库券的利率高，这是由风险、流通程度和税收原因决定的。商业票据的风险大于政府国库券的风险，故此其利率要高于国库券的利率。商业票据不存在二级市场，而国库券存在二级市场，这表明国库券相较于商业票据而言可流通性更强，所以商业票据利率比国库券的利率高。国库券的收益一般属于免税收入，因此导致商业票据的利率高。

商业票据利率和银行优惠利率存在重要关系。优惠利率是商业银行向与其关系最密切的企业贷款索取的利率。商业票据利率和银行优惠利率存在互相竞争关系。如果银行优惠利率高于商业票据利率，一些大企业就会通过发行商业票据筹措资金；反之，若优惠利率低于商业票据利率，企业将转向银行借款融资。

商业票据的发行为贴现发行，商业票据的利率就是贴现率。商业票据的利率主要取决于发行成本、发行人的资信等级、有无担保及担保人的资信等级、税收、流动程度等。

（三）银行承兑汇票市场

在商品交易活动中，售货人为了向购货人索取货款而签发汇票。该汇票经付款人在票面上签署承诺到期付款的"承兑"字样后，就成为承兑汇票。由购货人承兑的汇票是商业承兑汇票，由银行承兑的汇票即为银行承兑汇票。由于银行承兑汇票是由银行承诺履行最终付款义务，究其本质是银行将自身信用出借给企业，因此企业必须向银行缴纳一定的手续费。

这里，银行是第一责任人，而出票人是第二责任人。以银行承兑汇票作为交易对象的市场即为银行银兑汇票市场。经由银行承兑的汇票风险更小、信用更高，具有更强的流动性。

（四）大额可转让定期存单市场

大额可转让定期存单（CDs）是商业银行发行的记载一定存款的金额、期限、利率，并且可以转让流通的定期存款凭证。大额可转让定期存单较之普通的存单具有鲜明的特点，两者存在显著区别。

表3-3　普通存单和大额可转让定期存单的比较

普通存单	大额可转让定期存单
记名，甚至采用储蓄实名制	通常不记名
一般不能流通转让，提前支取提现会造成利息损失	不能提前支取，可以转让流通
票面金额不固定，可大可小、可整可零	面额固定，且起点较高
期限多以长期为主，一般在1年以上	期限通常为短期，最短期为14天，以3个月、6个月期为多，最长不超过1年
利率大多固定	利率可固定，可浮动

（五）货币市场共同基金市场

共同基金是将众多的小额投资者的资金集合起来，由专门的经理人进行市场运作，赚取收益后按一定的期限及持有的份额进行分配的一种金融组织形式。主要在货币市场上进行运作的共同基金，被称为货币市场共同基金。

货币市场共同基金首先是一种基金，同时它又专门投资于货币市场工具。与一般的基金相比，除具有一般基金的专家理财、分散投资等共同特点外，货币市场共同基金还具有如下特殊投资特征：货币市场基金投资于货币市场中的高质量证券组合；可以提供有限制的存款账户；所受到的法规限制相对较少。

（六）回购市场

1. 回购市场的定义

回购市场是证券持有者在出售证券时，与购买者签订回购协议，保证自己在约定时间可以按规定价格回购原证券的金融市场。回购实际上是一种以原证券为担保品的融资方式。在回购市场中，利率是不统一的，利率的确定取决于多种因素，主要包括用于回购的证券的品质、回购期限的长短、交割的条件、其他类型货币市场的利率水平等。

2. 回购协议

回购协议是约定由卖方将一定数额证券临时性地售予买方，并承诺在日后将该证券如数买回；同时买方相应地承诺在日后将买入的证券如数回售给卖方的一种合约。回购协议可分为两种：正回购，即同一资产先卖出再买进的合约；逆回购，即同一资产先买进再卖出的合约。

回购价格可以内含利息，从而导致买回价大于出售价，其差额就是回购利息；也可以与售价相等，但需另外付息。由于卖方存在违约可能，为了保护买方，卖方卖出证券时通常需要向买方缴存保证金。此时，卖方出售证券实际获得的资金是证券回购价格减除保证金的差额。尽管回购协议涉及证券的买卖，但从本质上说，它相当于一笔以证券为抵押品的抵押贷款。

四、贴现市场

（一）贴现市场的定义

贴现市场是指为了向客户提供短期资金融通，从而对未到期票据进行贴现的市场。贴现市场是商业票据市场的重要组成部分。

（二）贴现市场的参与者

1）票据持有人（或贴现申请人）。作为贴现市场的资金需求方，他们持有未到期的商业票据、银行承兑汇票或短期债券等，并希望将这些票据转换为即期资金。票据持有人可能是企业、个人或其他金融机构。

2）商业银行。商业银行是贴现市场的重要参与者之一。它们为票据持有人提供贴现服务，按照票面金额扣除贴现利息，将剩余金额支付给票据持有人。商业银行通过贴现业务获取收益，同时增加资金来源。

3）中央银行。中央银行在贴现市场中扮演着特殊角色。虽然中央银行不直接对一般企业或个人提供贴现服务，但它会向商业银行、承兑公司和贴现公司等金融机构提供再贴现服务。当这些金融机构持有的票据需要贴现时，它们可以向中央银行申请再贴现，从而获得资金。中央银行通过调整再贴现率来影响商业银行的信贷规模和货币供应量，进而实现宏观调控目标。

4）承兑公司和贴现公司。这些公司是专门从事贴现业务的金融机构。它们为票据持有人提供贴现服务，并从中获取收益。承兑公司通常会对票据进行承兑，以提高票据的信用度；而贴现公司则主要侧重票据的贴现业务。

5）其他金融机构。除上述主要参与者外，还有一些其他金融机构也可能参与贴现市场。例如，证券公司、保险公司等金融机构可能会持有一定数量的票据，并寻求通过贴现市场将其转换为即期资金。

（三）可贴现的票据类型

可贴现的票据主要包括商业本票、商业承兑汇票、银行承兑汇票、政府债券和金融债券等。这些票据通常具有一定的信用保证，可以在贴现市场上进行贴现融资。

贴现公司的收益主要来源于为票据持有人提供贴现服务时所收取的贴现利息。

1. 贴现利息计算公式

贴现利息的计算公式为：

贴现利息 = 票据到期价值 × 贴现率 × 贴现期

= 票据到期价值 × 贴现率 ×（贴现天数 /360）

其中，票据到期价值是指票据到期时持票人可以从票据发行人或承兑人处获得的金额，也就是票据的面值；贴现期是指从贴现日起至票据到期日之间的时间长度，通常以天数表示；贴现率则是贴现公司根据市场情况和自身风险承受能力而设定的利率。

2. 贴现所得的计算

贴现公司向票据持有人支付的实际金额（即贴现所得）是票据到期价值减去贴现利息后的余额。计算公式为：

贴现所得 = 票据到期价值 – 贴现利息

3. 贴现公司的收益

贴现公司的收益主要来自贴现利息与贴现所得之间的差额。当贴现公司向票据持有人支付贴现所得时，它实际上是为票据持有人提供了一笔短期贷款，而贴现利息可以视为这笔贷款的利息收入。

专栏 3-2　票据到期价值计算

1. 计算票据到期价值

计算票据到期价值通常需要基于不同类型的票据进行：

（1）带息票据

带息票据的到期价值不仅包括票据面值，还包括按照票面利率计算的利息。其计算公式为：

票据到期价值 = 票据面值 + 票面面值 × 票面利率 × 票据期限

或者简化为：

票据到期价值 = 票据面值 ×（1 + 票面利率 × 票据期限）

其中，票面利率和票据期限可能需要根据具体情况进行年化或日化处理。例如，如果票面利率是年利率，而票据期限以天数表示，那么需要将票面利率除以 360（或

根据实际天数计算）得出日利率，再乘以票据期限的天数。

（2）不带息票据

不带息票据的到期价值直接等于票据面值。因为这类票据在持有期间不产生利息。

2. 示例

假设有一张期限为 6 个月、面值为 10000 元、票面利率为 5% 的商业汇票。根据带息票据的到期价值计算公式，可以得到：

票据到期价值 $= 10000 + 10000 \times 5\% \times 6 \div 12 = 10250$（元）

这表示在票据到期时，持票人将获得 10250 元。

（四）贴现市场的业务类型

1. 票据贴现

票据贴现是指远期票据的持有人将未到期的票据转让给银行或其他金融机构以提前取得现金的一种短期资金融通方式。票据贴现从形式上看是票据买卖，是银行买入未到期的票据或持票人将未到期的票据卖给银行，但从实质上而言却是债权转移，作为银行的一种放款业务，本质是一项涉及短期资金融通的信用活动。通过票据贴现，持票人的票据债权提前转化为货币资金，从而有利于资金的快速流转。

2. 再贴现

再贴现是指商业银行或其他金融机构将其贴现收进的未到期票据向中央银行再次进行贴现的票据转让行为。在一般情况下，再贴现就是最终贴现。再贴现完成后，票据即退出流通转让过程。中央银行进行再贴现时，同样需要首先计算得出贴现日到票据到期日应计收的利息，将票面金额扣除利息后的金额付给贴现银行。为了保证商业银行办理贴现业务存在一定利润，中央银行的再贴现率一般低于商业银行的贴现率。

3. 转贴现

转贴现是指商业银行将贴现收进的未到期票据向其他商业银行或贴现机构进行贴现的融资行为。票据可以被多次转贴现。

（五）贴现市场的功能

1. 资金融通

贴现市场为资金需求者提供了一种快速获取资金的方式，有助于缓解短期资金压力。

2. 价格发现

通过贴现市场的交易，可以形成票据的市场价格，反映市场供求关系。

3. 风险管理

贴现业务有助于降低票据持有人的风险。这是因为他们可以提前将票据转让给银行或贴现公司，获得即期资金。

4. 宏观调控

贴现市场也是中央银行进行宏观调控的重要工具之一。中央银行可以通过调整再贴现率等手段来影响商业银行的信贷规模和货币供应量。

（六）贴现市场的运作机制

在贴现市场中，票据持有人将未到期的票据转让给银行或贴现公司，银行或贴现公司按照一定的贴现率扣除利息后，将票据余额支付给持票人。这种方式使持票人能够提前获得资金，与此同时，银行或贴现公司也可以通过提供贴现业务获取收益。

（七）贴现市场的特点

1. 流动性强

贴现市场中的票据通常具有较高的流动性，因为它们可以在市场上快速转让和贴现。

2. 信用度高

可贴现的票据通常具有较高的信用度。这是因为它们往往由信誉良好的企业或个人签发，并由银行或承兑公司进行承兑或提供相应保证。

3. 利率市场化

贴现市场的利率通常是在考虑市场供求关系和票据信用程度等因素的基础上进行确定，具有较高的市场化程度。

第三节　资本市场

一、资本市场概述

（一）资本市场的定义

资本市场，也被称为长期资金市场，是金融市场的重要组成部分。与货币市场相对应，资本市场是指证券融资和经营一年以上中长期资金借贷的金融市场。资本市场包括中长期信贷市场和证券市场。一般而言，在提及资本市场时更加具有证券市场的意味。

同货币市场相比，资本市场的主要特点包括：融资期限长（一年以上）、资金流动性弱、风险大但收益高。资本市场的主要功能是将储蓄和部分消费转化为投资，为企业或政府筹措所需要的中长期资金。从这个意义上讲，资本市场是否健全将直接影响到一国的投资水平、投资结构、资源配置效率与利用程度以及国民经济整体的稳定和发展。

（二）资本市场的特点

1）融资期限长。资本市场的融资期限通常在一年以上，甚至可以长达几十年。一种极端的情形是无到期日，如股票等。

2）流动性相对较差。由于资本市场上的资金多用于解决中长期融资需求，因此流动性和变现性相对较弱。

3）风险大但收益高。资本市场上价格容易波动，投资者必须承受较大风险，但相应地，资本市场会带来较高的收益。

4）资金借贷量大。资本市场上的交易往往涉及大额资金的借贷活动。

5）价格波动幅度大。由于融资期限长、价格决定涉及的因素多，故此市场价格容易出现较大波动。

（三）资本市场的功能

1）配置资源。通过金融交易手段，将成本相对低廉的资金引向切实需要的企业，实现金融资源的最优配置。

2）分散风险。帮助投资者进行风险配置，通过多元化投资减少风险对投资者的影响。

3）信息传递。作为金融信息传递的主要渠道，资本市场能够实时准确地反映经济形势和资金供求关系的变化。

4）价值变现。实体企业可以通过资本市场体现自身价值。在资本市场上，持股股东或投资者可以根据企业的未来价值通过股票流通进行价值变现。

5）长期融资。资本市场提供无担保的长期融资渠道，满足企业长期资本积累和新企业的融资需要。

6）提供监管。作为自我监管系统，资本市场会及时反映市场价格的变动，保护投资者利益，调节并稳定市场。

（四）资本市场的参与者

1）筹资者。主要包括企业、社会团体、政府机构等。他们通过资本市场筹集资金满足中长期发展的资金需求。

2）投资者。主要包括储蓄银行、保险公司、信托投资公司、各种基金以及个人投资者等。他们提供资金以获取相应的投资回报。

3）中介机构。主要包括证券公司、投资银行、会计师事务所、律师事务所等，为资本市场上的交易提供中介服务。

4）管理机构。主要包括证券监管机构、交易所等，负责监管资本市场运行，维护市场秩序。

二、银行中长期信贷市场

银行中长期信贷市场是银行提供中长期信贷资金的场所。与短期信贷市场相比，银行中长期信贷市场上借贷时间长，相对风险较大，故有时需要抵押品，信用评级也显得更加重要。其基本原理与短期信贷市场相同，故不再赘述。

三、证券市场

证券市场主要由股票市场、债券市场和投资基金市场三个子市场构成。

（一）股票市场

1. 概述

（1）股票的定义

股票是股份公司发给股东作为入股凭证，股东借此取得股息收益的一种有价证券。它体现的是证券持有人与股份公司之间的所有权关系，而非债权债务关系，这是股票与债券的根本区别。

（2）股票的特征

股票的特征如表3-4所示。

表3-4 股票的特征

特征	详细说明
收益性	股票收益来源于股份公司的股利分配以及股票流通产生的价格差
无期性	股票没有还本期限。股票一经购买，股东便不能要求公司返还购买出资
参与性	股票是代表股份资本所有权的证书。股票的持有者享有相应的公司决策参与权

续表

特征	详细说明
流动性	股票可以在不同的投资者之间自由买卖和转让
风险性	股票持有者能否获取收益，主要取决于公司的经营效益和股票的价格波动，因此存在风险

（3）股票的分类

根据股东权利的不同，一般可以将股票划分为普通股和优先股两大类。普通股是最普遍的股票形式，是构成公司资本的基础。普通股股东主要享有下述三方面权利：一是股份公司的经营决策权；二是股份公司利润和资产的分配权；三是在公司增发普通股股票时，有新股优先认购权。普通股又可分成蓝筹股、成长股、收入股、周期股、防守股、概念股、投机股等。优先股是公司在筹集资本时，给予投资者某些特定优惠特权的股票。优先股一般在公司利润分配以及公司解散或破产清算时剩余财产的分配方面要优先于普通股。优先股的特点主要体现在四个方面：股息率固定、股息分派优先、剩余资产分配优先和一般无表决权。

如果从投资主体角度进行划分，股票则可以分为国有股，法人股、社会公众股和外资股。国有股指代表国家投资的部门或机构以国有资产向公司投资形成的股份，包括以公司现有国有资产折算成的股份。法人股指企业法人以其依法可支配的资产投入公司形成的股份，或具有法人资格的事业单位和社会团体以经过国家允许可以用于经营的资产向公司投资形成的股份。社会公众股，也被称为个人股，指社会个人或本公司内部职工以个人合法财产投入公司所形成的股份。外资股是指股份公司向外国或我国香港、澳门、台湾地区投资者发行的股票。外资股按上市地域可以分为境内上市外资股和境外上市外资股。

按是否记载股东姓名可以将股票分为记名股票和不记名股票。记名股票是指在股票票面和股份公司的股东名册上记载股东姓名的股票。不记名股票则是指在股票票面和股份公司股东名册上均不记载股东姓名的股票。

按是否存在票面金额可以将股票分为有面额股票和无面额股票。有面额股票指在股票票面上记载特定金额的股票。《中华人民共和国公司法》规定，股票发行价格可以按票面金额，也可以超过票面金额，但不得低于票面金额。无面额股票指在股票票面上不记载金额的股票。无面额股票也称为比例股票或份额股票。这种股票不在票面上标明固定的金额，仅记载其为几股或股本总额的若干分之几。

按照发行公司的市场地位、公众形象以及风险特征可以将股票分为以下几种类型：蓝筹股[①]，指在行业中占有重要支配性地位，业绩优良，成交活跃，红利优厚的大公司股票。绩优股，业绩优良公司的股票，通常衡量绩优股的主要指标是每股税后利润和净资产收益率。一般而言，每股税后利润在全体上市公司中处于中上地位，公司上市后净资产收益率连续三年显著超过 10% 的股票当属绩优股之列。成长股，指那些营业额和收益额持续增长并且其增长速度高于国民经济整体及其所在行业增长水平的公司所发行的股票。收入型

---

① 与蓝筹股相对应还存在红筹股。红筹股概念诞生于20世纪90年代初期的香港股票市场。中华人民共和国在国际上有时被称为红色中国，故此，中国香港地区的投资者和国际投资者把在境外注册、中国香港上市的那些带有中国大陆概念的股票称为红筹股。

股票，即能够稳定支付较优厚红利的公司股票。周期性股票，指经营和收益状况极易受到商业周期影响的公司发行的股票。例如，化工、建材、机器制造行业类别的股票都属周期性股票。防守型股票，指不受或很少受到商业周期波动影响的公司发行的股票。例如，公用事业、制药、基本食品行业类别股票。投机型股票，指那些从事较大风险的业务且资本及经营实力较弱的公司发行的股票。中国二板市场上市的股票大部分属于投机型股票。垃圾股，是指经营陷入严重亏损困境并且濒临破产的公司发行的股票。

专栏 3-3　股票知识介绍

目前在中国股票市场上存在 A 股、B 股、H 股、N 股和 S 股的说法。A 股的正式名称是人民币普通股票，它是由我国境内的公司发行，供境内机构、组织或个人（不含中国台湾、香港、澳门地区投资者）以人民币认购和交易的普通股股票。B 股的正式名称是人民币特种股票，它是以人民币标明面值，以外币认购和买卖，在境内（上海、深圳）证券交易所上市交易的。H 股是指注册地在中国内地、上市地在中国香港的外资股。依此类推，纽约和新加坡上市的股票就分别叫作 N 股和 S 股。

（4）股票价格

股票的票面价值，即股票票面上标明的金额，不能完全代表公司的实际资产价值，也不代表股票的实际价值。账面价值又称股票的资本净值，指每股股票所代表的公司实际资产的金额。发行价格是新股票发售时的实际价格。发行价格可以等于股票的票面金额（平价发行），也可以高于股票的票面金额（溢价发行），或低于股票的票面金额（折价发行）。市场价格，是指由股票市场上的供求关系所决定的价格。股票的内在价值也称为股票的理论价值，它是股票未来收益的现值，由股票收入和市场收益率决定。

（5）股价指数

股价指数，又称股票价格指数，是用来反映不同时期股价总体变动情况的相对指标。将某一时期的股价平均值转化为以另一时期股价平均数为基准的百分数，并且以指数形式表示就形成了股价指数。股价指数通常由一些专门从事股价变动分析的机构采样、计算和公布。股价指数不仅是衡量股票市场总体价格水平及其变动趋势的尺度，也是反映一国经济发展状态的"晴雨表"。

根据股价指数反映的价格走势所涵盖的范围，可以将股价指数划分为反映整个市场走势的综合性指数和反映某一行业或某一类股票价格走势的分类指数。计算股价指数，要考虑三个因素：一是抽样，即在众多股票中选取少数具有代表性的成份股；二是加权，按单价或总值加权平均，或者不进行加权平均；三是计算程序，通过算术平均数、几何平均数，或兼顾价格与总值进行计算。目前，主要国际股票市场的价格指数如表 3-5 所示。

表 3-5　主要国际股票市场的价格指数

所在市场	价格指数名称	详细说明
美国	道琼斯指数	是世界上最早、最享盛誉和最具影响力的股票价格指数。由美国道琼斯公司计算并在《华尔街日报》上公布，是以 65 家公司股票（工业股 30 家、运输股 20 家、公用事业股 15 家）为编制对象的股价综合平均数。以 1928 年 10 月 1 日为基期，基期指数为 100 点

续表

所在市场	价格指数名称	详细说明
美国	纳斯达克综合指数（NASDAQ）	指基于纳斯达克证券市场的股票价格编制的股份综合指数
	标准普尔500指数（S&P 500）	S&P 500指数是美国最大的证券研究机构即标准·普尔公司编制的股票价格指数。该公司于1923年开始编制发表股票价格指数。从1976年7月1日开始，改为400种工业股票、20种运输业股票、40种公用事业股票和40种金融业股票。几十年来，虽然存在股票更迭，但始终保持为500种
	纽约证券交易所股票价格指数	是由纽约证券交易所编制的股票价格指数。纽约证券交易所股票价格指数以1965年12月31日确定的50点为基数，采用的是综合指数形式。纽约证券交易所每半个小时公布一次指数的变动情况。虽然纽约证券交易所编制股票价格指数的时间不长，但它可以全面、及时地反映股票市场活动的综合状况，所以较受投资者的欢迎
英国	金融时报股票指数	金融时报指数是英国最具权威性的股价指数，由《金融时报》编制和发布。它是将1962年4月10日作为基期，基期指数为100，同时精选伦敦股票市场上的700多种股票作为样本而编制的综合股票指数
日本	日经225指数	日经225指数是由《日本经济新闻社》编制公布，用以反映日本股票市场价格变动的股价指数。它是以1950年平均股价176.21元为基数，以东京交易所上市的225种股票为样本股（150家制造业、15家金融业、14家运输业、46家其他行业）构建的股价平均数
中国香港	恒生指数	香港恒生银行于1969年11月24日起编制公布恒生指数。恒生指数是系统反映中国香港股票市场行情变动的最具代表性和影响力的指数。它以1984年1月13日为基期，以975.47点为基数，挑选了33种有代表性的上市股票（金融业4家、公用事业6家、地产业9家、其他商业14家）为成份股，用加权平均法计算
中国	综合性指数 — 上证综指	上证综合指数由上海证券交易所编制。它以上海证券交易所挂牌上市的全部股票为计算范围，以发行量为权数的加权综合股价指数。该指数自1991年7月15日起开始实时发布，基准日定为1990年12月19日，基日指数定为100点，其中新上市的股票在挂牌的第二天纳入该指数的计算范围
	综合性指数 — 深证成指	由深圳证券交易所编制的股票指数。该指数将1991年4月3日设定为基期。计算方法基本与上证指数相同，采用成份股指数，权数为股票的总股本
	综合性指数 — 其他	上证180、深证100、沪深300
	分类指数	上证和深证的A股指数、工业类指数、商业类指数、房地产类指数、公用事业类指数和综合业类指数等

2. 股票发行市场

股票市场也称权益市场，包括股票发行市场和流通市场。发行市场是流通市场的前提和基础；流通市场是发行市场生存和壮大的必要条件。

股票发行市场是指公司直接或通过中介机构向投资者出售新发行股票的市场。新发行的股票包括初次发行和再发行，前者是公司第一次向投资者出售的原始股，后者是在原始股的基础上增加的新份额。公司发行的股票想要上市交易，首先必须符合法定的上市条件，并且达到上市标准，方可挂牌上市。

发行市场的整个运作过程通常由咨询与管理以及认购与销售两个阶段构成。

（1）咨询与管理

咨询与管理是股票发行的前期准备阶段，发行人（公司）须听取投资银行的咨询意见并对一些主要问题做出抉择。主要流程如下：

股票发行方式选择，即公募或者私募方式的选择。公募面向市场上大量非特定的投资者公开发行股票；私募只向少数特定的投资者发行股票，其对象主要有个人投资者和机构投资者两类，前者包括使用发行公司产品的用户或本公司的职工，后者包括大型金融机构或与发行者有密切业务往来关系的公司。对于再发行的股票还可以采取优先认股权方式，也称配股，它给予现有股东按照低于市场价的价格优先购买一部分新发行股票的权利。

选定作为承销商的投资银行。公开发行股票一般都通过投资银行来进行，投资银行担任承销商的角色。当发行数量很大时，常由多家投资银行组成承销辛迪加或承销银团来应对整个发行过程，其中可以有一家投资银行作为牵头承销商发挥主导作用。针对私募发行，发行条件通常由发行公司和投资者直接商定，从而省略了承销环节。

准备招股说明书。招股说明书是公司公开发行股票计划的书面说明，并且是投资者进行购买的依据。招股说明书必须包括财务信息和公司经营历史的陈述，高级管理人员的状况，筹资目的和使用计划，公司内部悬而未决的问题，如诉讼等。在私募的情况下，注册豁免并不意味着发行公司不必向潜在的投资者披露信息，发行公司通常会雇用一家投资银行代理起草一份类似于招股说明书的文件——招股备忘录。与招股说明书不同的是，招股备忘录不包括证券管理机构认为的"实质性"的信息，也不需要送交证券管理机构审查。

股票的发行定价是一级市场的关键环节。如果定价过高，会使股票的发行数量减少，发行公司可能无法筹措到所需资金，股票承销商也会因此遭受损失；如果定价过低，股票承销商的工作变得相对容易，但发行公司却会蒙受损失，对于再发行的股票而言，定价过低还会使原有老股东受损。发行定价主要有平价、溢价和折价三种。平价发行就是以股票票面所标明的价格发行；溢价发行就是按照超过票面金额的价格发行；折价发行就是按照低于票面金额的价格发行。其中，溢价发行又可分为时价发行和中间价发行，时价发行即参照发行时的市场供求状况决定发行价格，中间价发行是指发行价格介于时价和平价之间。

（2）认购与销售

发行公司着手完成准备工作之后即可按照预定的方案发售股票。对于承销商来说，就是执行承销合同批发认购股票，然后出售给投资者，具体方式通常有包销、代销和自销三种。包销是指承销商以低于发行定价的价格把公司发行的股票全部买进，再转卖给投资者，此时承销商就承担了在销售过程中股票价格下跌的全部风险。承销商所得到的买卖差价是对承销商所提供的咨询服务以及所承担的包销风险的报偿。包销是目前最主要的承销方式，又包括余额包销和全额包销。代销是指承销商许诺尽可能多地销售股票，但不保证能够完成预订销售额，任何没有出售的股票将退给发行公司，承销商不承担风险。自销是指发行股票的公司不经过承销商自行销售证券。自销方式在实践中较少采用。

专栏 3-4　上市公司再筹资方式：配股和增发新股

配股：配股是指上市公司在筹资时由原有股东按各自的持股比例自愿认购的一种新股发行方式。上市公司为了吸引股东积极认购新股，一般将新股认购价（即配股价）定在低于当时市场价的水平。很多人误将配股和送红股混为一谈，实际上，配股是上市公司的筹资行为，是要股东向公司追加投资，而送红股是上市公司的一种分红方式，是对股东的回报。

增发新股：上市公司在需要进一步筹集资金时，以低于当时市场价的价格公开向社会发行新股，由社会公众自愿认购，并不仅限于向原有股东发行的新股发行方式。

3. 股票流通市场

股票流通市场是投资者之间买卖已发行股票的场所，通常可分为有组织的证券交易所（在我国有上海证券交易所、深圳证券交易所以及北京证券交易所）和场外交易市场，当前也出现了具有混合特性的第三市场和第四市场。

证券交易所是由证券管理部门批准的，为证券的集中交易提供固定场所和有关设施，并制定各项规则以形成公正合理的价格和有条不紊秩序的正式组织。场外交易与证券交易所交易相对应，凡是在证券交易所之外的股票交易活动都可称作场外交易。由于这种交易最初主要是在各证券商的柜台上进行的，因而也称为柜台交易（OTC）。

场外交易市场与证券交易所相比而言，没有固定的、集中的场所。交易场所分散于各地，规模有大有小，由自营商来组织交易，他们自己投入资金买入证券然后随时将自己的证券存货卖给客户，以维持市场的流动性和连续性。自营商因而也被称作"做市商"（Market-Maker），买卖差价可以看作自营商提供以上服务的价格。场外交易市场无法实行公开竞价，其价格是通过商议达成的。

第三市场是指原来在证券交易所上市的股票转移到场外进行交易而形成的市场，换言之，第三市场交易是既在证交所上市又在场外市场交易，第三市场的产生可以降低买卖大宗上市股票的交易费用。

第四市场是指买者和卖者绕开通常的经纪人，彼此之间利用电子通信网络直接进行的证券交易。这些网络允许会员直接将买卖委托挂在网上，并与其他投资者的委托自动配对成交。由于不涉及中介环节，其交易费用非常便宜。

4. 股票投资的收益和风险

（1）收益

股票投资的收益包括股息、资本损益和资本增值收益三个部分。

1）股息指股东定期从公司取得的部分利润。利润分配的标准以股票的票面资本为依据。优先股股东按固定的股息率先于普通股股东取得股息，并且不受公司经营状况的影响。普通股股东通常不获取股息，而是获得股利。由于公司首先要支付优先股股息，所以普通股的股利是不确定的，如果公司经营状况不佳甚至出现亏损，普通股股东很可能根本分不到股利。

2）资本损益是由于上市的股票其市场价格经常处在波动中，当投资者以高于买入价格将股票卖出时，他/她获得买卖差价收益，称为资本收益；当卖出价格低于买入价格时，则出现资本损失。

3）资本增值收益的形式是送股，但这种送股的资金不应来自当年可分配利润而是来自公司历年提取的公积金。

股票投资收益率的一般计算公式（不考虑送股）是：

$$r = \frac{(P_1 - P_0 - C) + D}{P_0}$$

其中：r 为收益率，P_0 为初始价格，P_1 为期末价格，D 为股利，C 为股票买卖交易费用。

（2）风险

1）系统性风险。政治、经济等宏观因素通常会对股票市场产生整体性的影响，即几乎所有股票都会受到一定程度的影响，因而是与市场整体运动相关联。系统性风险主要包括：

政策风险。如国家的对外政策、财政税收政策、货币政策等。

市场风险。由于投资者情绪的变化和资金的流动等造成买卖双方力量的变化而引起的市场行情的频繁波动，有可能给投资者造成实际的或者账面上的资本损失。

购买力风险，即通货膨胀风险。通货膨胀造成货币购买力的下降，进而导致股票投资收益的购买力下降。在通货膨胀的情况下，对投资者有意义的是剔除通货膨胀因素后的实际收益。

利率风险。货币市场利率的改变影响到资金的借贷成本，从而也影响到投资者对股票投资收益的心理预期，最终影响到股票市场价格的升降。

2）非系统性风险。指的是那些只对个别股票产生影响的因素，一般来自上市公司自身。非系统性风险主要包括：

经营风险。来自公司内部的经营风险因素指企业决策者在经营管理中出现决策失误而导致企业经营状况变坏甚至濒临破产等因素；而来自外部的经营风险因素则指公司主要供应商或客户不景气给公司的经营造成不利影响以及竞争对手变化而形成的风险。

财务风险。指公司财务结构不合理所形成的风险。主要包括：资本负债比率过高；资产与负债的期限结构不匹配；债务结构不合理等。

（3）收益和风险呈正向关系

在一个有效率的市场上，证券的收益与风险大体上是呈正比例关系的。即收益越大，风险也就相对越高；反之，收益越低的证券，其风险也就越低。收益与风险相互联系，收益是风险的抵偿。

专栏3-5 股票市场常用术语

牛市：前景乐观，股票价格普遍持续上涨的行情。

熊市：前途黯淡，股票价格普遍持续下跌的行情。

利多：对多头有利，能刺激股价上涨的各种因素和消息，如银行利率降低、公司经营状况好转等。

利空：对空头有利，能促使股价下跌的因素和信息，如银根抽紧、利率上升、经济衰退、公司经营状况恶化等。

多头：投资人预期未来价格上涨，以目前价格买入一定数量的股票等价格上涨后高价卖出，从而赚取差额利润的交易行为，特点为先买后卖的交易行为。

空头：投资人预期未来价格下跌，将手中股票按目前价格卖出，待行情下跌后再行买进，从而获得差额利润。其特点为先卖后买的交易行为。

斩仓（割肉）：买入股票后，股价下跌，投资者为避免损失扩大而低价（赔本）卖出股票的行为。

套牢：预期股价上涨而买入股票，结果股价却下跌，又不甘心将股票卖出，被动等待获利时机出现的行为。

送红股：上市公司将本年的利润留在公司里，并且通过发放股票替代分红，从而将利润转化为股本。送红股后公司的总股本增大，每股净资产降低。红股来自公司的年度税后利润，只有在公司有盈余的情况下，才能向股东送红股。

分红：指上市公司以现金方式发放股利，这种分配方式需缴纳所得税。目前，送股和红利所得均可自动进入股东账户。

转增股本：指公司将资本公积转化为股本。转增股本并未改变股东的权益，但却增加了股本的规模，因而其客观结果与送红股相似。转增股本来自资本公积，因此可以不受公司本年度可分配利润的多少及时间的限制。

开盘价：指每天成交中最先一笔的成交价格。

收盘价：指每天成交中最后一笔的成交价格。

成交数量：指当天成交的数量。

最高价：指当天成交的不同价格中最高的成交价格。

最低价：指当天成交的不同价格中最低的成交价格。

内盘：以买入价成交的交易，买入成交数量统计加入内盘。

外盘：以卖出价成交的交易，卖出量统计加入外盘。内盘和外盘这两个数据大体可以用来判断买卖力量的强弱。若外盘数量大于内盘，则说明买方力量较强；若内盘数量大于外盘，则说明卖方力量较强。

换手率：也称"周转率"，指在一定时间内市场中股票转手买卖的频率，是反映股票流通性强弱的指标之一。换手率太低，说明成交不活跃，如果是庄股，则说明筹码已基本集中到主力手中，浮筹不多。计算公式：换手率 = 当天的成交股数 / 流通股总数。

市盈率：又称股份收益比率或本益比，是市价与每股收益的比值，市盈率是衡量股价高低和企业营利能力的重要指标。计算公式为：市盈率 = 当前每股市场价格 / 每股税后利润。

专栏 3-6　股票投资分析

第一，基础面，是指影响股票市场走势的一些基础性因素的状况。通过分析基础面，可以把握决定股价变动的基本因素。基础面分析是投资分析的基础。基础面因素主要包括以下五个方面：

1）宏观经济状况。从长期和根本上看，市场的走势和变化是由一国经济发展水平和经济景气状况所决定的，市场价格波动也在很大程度是宏观经济状况变化的反映。

2）利率水平。在影响市场走势的诸多因素中，利率是一个比较敏感的因素。一般来说，利率上升，可能会将一部分资金吸引到银行储蓄系统，从而减少了市场的资金量，因此会对股价造成一定的影响。同时，由于利率上升，企业经营成本增加，利润减少，也相应地会使股价有所下跌。

3）通货膨胀。该因素对市场走势既存在正面影响，也存在负面影响，但总的来看是负面影响大于正面影响。通货膨胀会推动股市泡沫成分加大。在通货膨胀初期，由于货币供给增加会刺激生产和消费，增加企业的盈利，从而促使股票价格上涨。但通货膨胀达到了一定程度之后，将会推动利率上扬，致使股价下跌。

4）企业素质。对于具体的个股而言，影响价格高低的主要因素在于企业本身的内在素质，包括财务状况、管理水平、技术能力、市场大小、行业特点、发展潜力等一系列因素。

5）政治因素。指对市场发生直接或间接影响的政治方面的力量。例如，国际国内的政治形势与政治事件，国家之间的关系以及重要的政治领导人的更换等。这些都会对股价产生剧烈冲击，也是基础面中应该考虑的一个重要方面。

第二，政策面，是指对股市可能产生影响的有关政策方面的因素。主要可以分为三个方面：

1）宏观导向。如政府的长远发展战略以及体制改革和国企改革的有关思路与措施。

2）经济政策。包括政府在财政政策、税收政策、产业政策、货币政策、外贸政策等方面的演变。

3）证券市场政策。根据证券市场的发展要求而出台的新政策法规，如涨跌停板、投资基金管理办法等。

第三，技术面，指的是用来观察和预测市场走势和内在规律的一些指标和方法。主要包括以下三个方面：

1）交易量。它是一项重要的市场指标，对市场走势存在较大影响。交易量的突然放大和缩小往往预示着市场走势即将发生转折，或是由上涨转为下跌，或是由下跌转为上涨。

2）股价的新高点或新低点。指市场上出现了过去从未有过的高点或低点。从创出新高点和形成新低点的数量对比中可以判断股票走势的强弱。一般而言，新高点多于新低点时，股票走势趋于上升；反之，将会趋于下跌。

3）技术图形。根据K线理论、形态理论、波浪理论等技术分析方法，通过具体的图形、指标和计算方法，对当前和未来走势进行研判和预测。

（二）债券市场

1.债券概述

（1）债券的概念

债券是债务人为筹集资金，依照法律手续发行，向债权人承诺按照约定利率和日期支付利息，并在特定日期偿还本金，进而明确债权债务关系的有价证券。它反映了筹资者和投资者之间的债权债务关系。和股票一样，债券也是有价证券的重要组成部分。

债券的构成要素主要包括发行额度、券面金额、票面利率（名义利率）、偿还期限、偿还方式（到期偿还、期中偿还、展期偿还）以及发行价格。

（2）债券的特征

关于债券特征的总结如表3-6所示。

表3-6 债券的特征

特征	详细说明
赎回性	债券发行人在发行债券的合约中约定在未来特定时间内，发行人可以按照特定价格或条件赎回债券
清偿次序上的优越性	在企业破产时，债券在受偿次序上先于普通股和优先股
转换性	债券作为标准化的投融资工具，通常可以自由转让
税前付息	债券利息作为发行债券的企业的经营成本可在税前开支，这不同于股票红利需要在税后利润中开支

（3）债券分类

按发行的主体不同可以分为政府债券、公司债券和金融债券。政府债券是指中央政府、政府机构和地方政府发行的债券，它以政府的信誉作保证，因而通常无须抵押品，其风险在各种投资工具中是最小的。公司债券是公司为筹措营运资本而发行的债券，债券合约要求不管公司业绩如何都应优先偿还固定收益，否则将在相应破产法的裁决下寻求解决，因而债券的风险小于股票的风险。金融债券是银行等金融机构为筹集信贷资金而发行的债券。在西方国家，由于金融机构大多属于股份公司，故金融债券也可以纳入公司债券范畴。

按不同的利率状况可以划分为固定利率债券、浮动利率债券、指数债券和零息债券。固定利率债券是指事先确定利率，每半年或一年付息一次，或一次还本付息的公司债券。这种公司债券最为常见。浮动利率债券是在某一基础利率（如同期限的政府债券收益率、优惠利率、LIBOR等）之上增加一个固定的溢价，如100个基点即1%，以防止未来市场利率变动可能造成的价值损失。指数债券是通过将利率与通货膨胀率挂钩来保证债权人不会因物价上涨而遭受损失的公司债券。有时，用来计算利息的指数并不与通胀率相联系，而与某一特定的商品价格（油价、金价等）挂钩，这种债券又称为商品相关债券。零息债券是以低于面值的贴现方式发行，到期按面值兑现，不再另付利息的债券，它与短期国库券相似，可以省去利息再投资的麻烦，但该债券的价格对利率变动极为敏感。

按是否存在抵押或担保可以划分为信用债券和抵押债券。信用债券是凭借发债者的信用能力而发行的债券，它不提供任何特定的财产作为发债抵押。政府发行的债券大多是信用债券，其偿还以政府的信用为基础。公司债券中也有不少属于信用债券性质。抵押债券，是指以特定财产为抵押而发行的债券。在发债人不能按期偿还本金和利息的情况下，抵押债券持有者对抵押资产有留置权，即拥有出售抵押财产来对未偿债务进行清偿的法定权利。

按照是否记名可以划分为记名债券和无记名债券。记名债券是指在债券上记有债权人姓名的债券。这种债券在转让时，一般要进行背书和重新登记。记名债券通常可以挂失，安全性好，但流动性差。无记名债券是指债券上不记载债权人姓名的债券。由于转让时无需登记，所以此类债券的流动性较强。

2. 债券发行市场

发行市场是指债券发行的网络和体系。债券发行包括直接发行和间接发行两种方式：直接发行是筹资者自行发售债券，发行成本低，适合中小企业以及数量不大的债券发行；间接发行是借助于承销商（一家或多家）来发售债券。此外，债券发行也可以分为公募和私募两种方式。

债券发行的程序如图 3-1 所示。

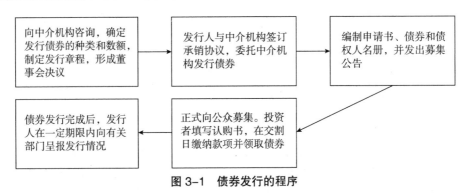

图 3-1　债券发行的程序

确定发行利率及发行价格，是债券发行市场的重要环节。债券的发行利率一般指债券的票面利率。确定债券的发行利率，主要依据以下六个方面：

1）债券的期限。一般而言，期限越长，利率越高。

2）债券的信用等级。信用等级越高，利率越低。

3）有无可靠的抵押或担保。有抵押或担保，利率低。

4）当前市场银根的松紧程度、市场利率水平及变动趋势、同类证券及其他金融工具的利率水平等。

5）债券的利息和贴现计息的票面利率。

6）金融管理当局对利率的管理制度。

专栏 3-7　债券的信用评级

债券信用评级是指按一定的指标体系对即将发行的债券的还本付息可靠程度做出客观公正的评定。进行债券信用评级的最主要原因是为广大投资者提供投资决策的重要参考。由于受时间、知识和信息的限制，投资者尤其是中小投资者无法针对众多债券进行分析和选择，因此专业信用评级机构所做出的公开权威的资信评级就成了投资者衡量投资风险和评估投资价值的最主要依据。目前，国际上公认的最具权威性的信用评级机构主要有美国的标准普尔公司和穆迪投资服务公司。

标准普尔公司的信用等级标准从高到低可划分为：AAA 级、AA 级、A 级、BBB 级、BB 级、B 级、CCC 级 CC 级、C 级和 D 级。AA 级至 CCC 级可加上"+""-"号，用以区分同一分档中的相对强度。

	标准普尔公司的信用评级等级
AAA	偿还债务能力极强，是标准普尔授予的最高评级
AA	偿还债务能力很强，与最高评级差别很小
A	偿还债务能力较强，但相对于较高评级的债务／发债人，其偿债能力较易受外在环境及经济状况变动的不利因素影响
BBB	目前有足够偿债能力，但若在恶劣经济条件或外在环境下，其偿债能力可能较脆弱
BB	相对于其他投机级评级，违约的风险更低。但持续的重大不稳定情况或恶劣的商业、金融、经济条件可能使发债人没有足够能力偿还债务
B	违约可能性较"BB"级高，发债人目前仍有能力偿还债务，但恶劣的商业、金融或经济情况可能削弱发债人偿还债务的能力和意愿
CCC	目前有可能违约，发债人须倚赖良好的商业、金融或经济条件才有能力偿还债务。如果商业、金融、经济条件恶化，发债人可能会违约
CC	目前违约的可能性较高
C	违约可能性极高
D	当债务到期而发债人未能按期偿还债务时，纵使宽限期未满，标准普尔公司也会给"D"评级。

　　穆迪投资服务公司信用等级标准从高到低可划分为：Aaa 级、Aa 级、A 级、Baa 级、Ba 级、B 级、Caa 级、Ca 级和 C 级。两家机构的信用等级划分标准大同小异。

　　3. 债券流通市场

　　流通市场是指已发行债券进行交易的网络和体系。债券的二级市场与股票类似，也可分为场内交易市场（交易所）、场外交易市场以及第三市场和第四市场。证券交易所是债券二级市场的重要组成部分，在证券交易所申请上市的债券主要是公司债券，而国债一般不用申请即可上市，享有上市豁免权。上市债券与非上市债券相比，它们在债券总量中所占比重很小，大多数债券的交易在场外市场进行，场外交易市场是债券二级市场的主要形态。

专栏 3-8　债券收益率

　　1）对处于最后付息周期的附息债券（包括固定利率债券和浮动利率债券）、贴现债券和剩余流通期限在一年以内（含一年）的到期一次还本付息债券，到期收益采取单利计算。

　　计算公式为：

$$Y = \frac{FV - PV}{PV} \div \frac{D}{365}$$

　　其中：Y 为到期收益率；PV 为债券全价（包括净价和应计利息，下同）；D 为债券交割日至债券兑付日的实际天数；FV 为到期本息和。

　　贴现债券 $FV=100$，到期一次还本付息债券的 $FV = M + N \times C$，附息债券的

$FV = M + C/F$。其中，M 为债券面值；N 为债券偿还期限（年）；C 为债券票面年利息；F 为债券每年的利息支付频率。

2）剩余流通期限在一年以上的到期一次还本付息债券的到期收益率采取复利计算。

计算公式为：

$$Y = \sqrt[L]{\frac{M + N \times C}{PV}} - 1$$

其中：Y 为到期收益率；PV 为债券全价；C 为债券票面年利息；N 为债券偿还期限（年）；M 为债券面值；L 为债券的剩余流通期限（年），等于债券交割日至到期兑付日的实际天数除以 365。

3）不处于最后付息周期的固定利率附息债券和浮动利率债券的到期收益率采取复利计算。计算公式为：

$$PV = \frac{C/F}{(1 + Y/F)^{\omega}} + \frac{C/F}{(1 + Y/F)^{(\omega+1)}} + \frac{C/F}{(1 + Y/F)^{(\omega+2)}} + \cdots + \frac{C/F + M}{(1 + Y/F)^{[\omega+(n-1)]}}$$

其中：Y 为到期收益率；PV 为债券全价；M 为债券面值；F 为债券每年的利息支付频率；$\omega = d / (365 / F)$；d 为债券交割日距下一次付息日的实际天数；n 为剩余的付息次数；$n-1$ 为剩余的付息周期数；C 为当期债券票面年利息，在计算浮动利率债券时，每期需要根据参数 C 的变化对公式进行调整。

（三）投资基金市场

1. 投资基金市场的定义

投资基金市场是公众将筹集资金交由专业的基金管理公司进行投资运作，以实现资金增值的市场。基金市场为投资者提供了多样化的投资选择，包括股票型基金、债券型基金、混合型基金、指数基金、货币市场基金等。这些基金产品具有不同的风险与收益特征，可以满足不同投资者的风险偏好和投资需求。

2. 投资基金的特征

（1）集合理财，专业管理

集合理财：投资基金通过向广大投资者发行基金份额，将众多投资者的资金集中起来，形成规模庞大的资金池。这种集合理财的方式有利于发挥资金的规模优势，降低投资成本。

专业管理：基金管理机构通常由专业的投资团队组成，他们具备丰富的投资经验和专业知识，能够深入分析市场，制定科学的投资策略，为投资者提供专业的投资管理服务。

（2）组合投资，分散风险

组合投资：为降低投资风险，基金通常会采用组合投资的方式，将资金分散投资于多种不同的资产或证券中。这种投资方式可以有效降低单一资产或证券带来的风险，实现风险的分散或降低。

分散风险：通过组合投资，基金能够在不同市场、不同行业、不同资产类别之间进行灵活配置，从而有效分散投资风险，提高投资组合的整体稳定性。

（3）利益共享，风险共担

利益共享：基金投资收益在扣除相关费用后，将按照投资者所持有的基金份额比例进行分配。这意味着投资者将共享基金投资所带来的收益。

风险共担：基金投资所产生的风险也将由投资者共同承担。这种风险共担的机制有助于增强投资者的风险意识，促进市场的稳定发展。

（4）严格监管，信息透明

严格监管：为了保障投资者的利益，各国政府通常会对基金市场进行严格的监管。监管机构会制定相关法律法规，对基金的投资运作、信息披露等方面进行规范，确保基金市场的公平、公正和透明。

信息透明：基金管理人需要定期向投资者披露基金的投资组合、财务状况、业绩表现等信息，以便投资者了解基金的投资情况和风险状况，进而做出明智的投资决策。

（5）独立托管，保障安全

独立托管：基金财产通常由独立的托管机构进行保管，与基金管理人的投资运作相分离。独立托管机制有助于保障基金财产的安全和完整，防止基金管理人滥用职权或者进行违法违规操作。

保障安全：通过独立托管和严格监管，基金市场能够为投资者提供安全、可靠的投资环境，保障投资者的合法权益。

（6）变现能力强，费用较低

变现能力强：对于开放式基金而言，投资者通常可以在交易日随时申购或赎回基金份额，具有较高的变现能力。这使投资者可以根据市场情况和自身需求灵活调整投资组合。

费用较低：相对于直接投资股票、债券等资产而言，投资基金通常具有较低的管理费。基金管理人通过规模经济效应和专业化管理降低了投资成本，这使投资者面临较低的成本。

（7）品种众多，投资灵活

品种众多：投资基金市场提供了多种不同类型的基金产品供投资者选择，包括股票型基金、债券型基金、混合型基金、货币市场基金等。这些基金产品具有不同的风险收益特征和投资策略，能够满足不同投资者的需求。

投资灵活：投资者可以根据自己的风险偏好、投资目标和市场环境等因素灵活选择适合自己的基金产品进行投资。同时，投资者还可以通过基金转换等方式在不同基金产品之间进行灵活调整。

3.投资基金的类型

（1）根据基金单位能否增加或赎回分类

根据基金单位能否增加或赎回可以将基金划分为开放式基金和封闭式基金。开放式基金是指基金设立后，投资者可以随时申购或赎回基金单位，所以基金规模不固定的投资基金；封闭式基金是指基金规模在发行前已经确定的基金。

（2）根据组织形态分类

根据组织形态的不同可以将基金划分为公司型投资基金和契约型投资基金。公司型投资基金是指拥有共同投资目标的投资者组成以营利为目的的股份制投资公司，同时将资产投资于特定对象的投资基金；契约型投资基金也称为信托型投资基金，是指基金发起人依

据其与基金管理人、基金托管人订立的基金契约，发行基金单位而组建的投资基金。

（3）根据投资目标分类

根据投资目标的不同可以将基金划分为收入型基金、成长型基金和平衡型基金。收入型基金是以获取最大的当期收入为目标的投资基金，其特点是损失本金的风险小，但长期成长的潜力也相应较小，适合较保守的投资者。成长型基金是以追求资本的长期增值为目标的投资基金，其特点是风险较大，因此可能获取的收益也较大，适合能承受高风险的投资者。平衡型基金是以净资产的稳定、可观的收入以及适度的成长为目标的投资基金，其特点是具有双重投资目标，谋求收入和成长的平衡，风险适中，但成长潜力不是很大。

（4）根据地域分类

根据地域不同可以将基金划分为国内基金、国家基金、区域基金和国际基金。国内基金是基金仅投资于国内有价证券，且投资者多为本国公民的一种投资基金。国家基金是指在境外发行基金份额筹集资金，然后投资于某一特定国家或地区资本市场的投资基金。区域基金是把资金分散投资于某一地区各个不同国家资本市场的投资基金。国际基金也称全球基金，它不限定国家和地区，将资金分散投资于全世界各主要资本市场上，从而能最大限度地分散风险。

（5）根据投资对象分类

根据投资对象的不同可以将基金划分为股票基金、债券基金、货币市场基金、期货基金、期权基金、指数基金。

股票基金是指以股票为投资对象的投资基金，这是所有基金品种中最普遍的一种。与投资者直接投资于股票市场相比，股票基金具有流动性强、风险分散等特点。虽然股票价格会在短时间内上下波动，但其提供的长线回报会比现金存款或债券投资高。因此，从长期来看，股票基金收益可观，但风险也比债券基金或货币基金高。

债券基金是指将基金资产投资于债券，通过对债券进行组合投资，寻求稳定收益的基金。由于债券收益稳定，风险也较小，因而债券基金的风险性较低，适合不愿过度冒险的稳健型投资者。债券基金的价格也受到市场利率、汇率、债券本身等因素影响。当然，其波动程度比股票基金低。

货币市场基金是以全球货币市场为投资对象的一种基金。通常投资于银行短期存款、大额可转让存单、政府公债、公司债券、商业票据等。由于货币市场一般仅供大额投资者参与，所以货币基金的出现为小额投资者进入货币市场提供了机会。货币基金具有投资成本低、流动性强、风险小等特点。投资者常常在股票基金业绩表现不佳时，将股票基金转换为货币基金，以避开"风浪"。因此，货币市场基金也被称为"停泊"基金。

期货基金是一种以期货为主要投资对象的投资基金。期货既可以套期保值，也能够以小博大。如果预测准确，短期能够获得很高的投资回报；如果预测不准，遭受的损失也可能很大，具有高风险、高收益的特点。因此，期货基金是一种高风险的基金。期权基金是以期权为主要投资对象的投资基金。期权基金的风险有限，适合于收入稳定的投资者，其投资目的是获取最大的当期收入。

指数基金是指采用被动方式投资，选取某个指数作为锚定对象，按照该指数构成的标准，购买该指数包含的全部或部分的证券，目的在于获得与该指数相同的收益水平。投资指数基金最大的好处在于成本较低。由于指数基金经理用不着积极选股，所以指数基金的管理费用相对较低。同时，因为指数基金采取了购买并持有的策略，不用经常换股，所以基金买卖证券时发生的佣金等交易费用也远低于积极管理的基金。

（6）按照投资策略分类

按照投资策略的不同可以将基金划分为主动管理型基金和被动管理型基金（如指数基金）。

随着证券市场的不断发展，各种新类型、新概念的基金也在不断创立。市场经济条件下，基金品种的发展过程是一个不断填补市场空白的过程。

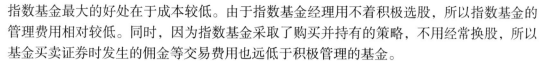

专栏 3-9　主动管理型基金与被动管理型基金的比较

一、定义与投资策略

主动管理型基金：又称为主动型基金，是指基金管理人在投资过程中，通过积极的选股择时等操作，力求获得超越市场基准收益的基金。这类基金的投资策略较为灵活，基金经理会根据市场变化、宏观经济环境、行业发展趋势等因素，主动调整投资组合，以期实现超额收益。

被动管理型基金：又称为被动型基金或指数基金，其投资策略的理论基础是市场有效性理论，即市场是有效的，市场价格反映了所有可用信息。因此，被动型基金并不主动寻求超越市场的表现，而是试图复制特定市场指数的表现。这类基金的投资组合通常与所锚定的指数高度一致，基金经理的决策空间相对较小。

二、管理方式与灵活性

主动管理型基金：由专业的基金经理负责投资决策，他们可以根据自己的专业知识和经验，灵活调整投资组合，以应对市场变化。这种管理方式要求基金经理具备较强的市场分析能力和投资决策能力。

被动管理型基金：管理方式相对简单，主要是根据所追踪的指数成份股和权重，构建相应的投资组合。基金经理的决策空间较小，主要工作是确保投资组合与指数的一致性，并定期调整投资组合以反映指数的变化。

三、费用结构

主动管理型基金：由于需要基金经理进行积极的投资管理和决策，因此管理费用通常较高。这些费用主要包括基金管理费、托管费、销售服务费等。

被动管理型基金：管理费用相对较低，因为它们的投资策略相对简单，不需要进行大量的市场分析和研究。此外，由于被动型基金通常具有较大的规模经济效应，因此其单位管理成本同样相对较低。

四、风险与收益

主动管理型基金：由于基金经理可以主动调整投资组合，因此其风险水平可能因市场变化、基金经理的投资策略等因素而有所不同。同时，如果基金经理的投资策略成功，也可能获得较高的超额收益。

被动管理型基金：风险水平相对较低，因为它们的投资组合与所追踪的指数高度一致，且指数本身具有分散投资的特点。然而，由于被动型基金的目标是复制指数表现，因此其获得超额收益的概率也相对较低。

4. 投资基金市场的主要参与者

（1）基金当事人

基金当事人是基金市场中最核心的参与者，他们依据基金合同设立并管理基金。具体来说，基金当事人包括：

基金份额持有人：即基金的投资者，他们通过购买基金份额成为基金的投资人，享有基金财产的收益权、重大决策参与权以及基金合同约定的其他权利。

基金管理人：通常是专业的基金管理公司。他们负责基金的投资运作和日常管理，涵盖基金的募集、投资、管理和退出等全过程。他们需要具备专业的投资知识和技能，以确保基金的投资回报。

基金托管人：通常由符合条件的金融机构担任，负责保管基金财产，监督基金管理人的投资运作，确保基金财产的安全和完整。

（2）基金市场服务机构

基金市场服务机构为基金市场提供各类专业服务，确保基金市场的正常运作。这些机构包括：

基金销售机构：负责基金的销售和客户服务工作，为投资者提供基金产品的购买、赎回等服务。

销售支付机构：为基金销售提供支付结算服务，确保投资者的资金能够安全、及时地到达基金账户。

份额注册登记机构：负责基金份额的注册登记工作，记录投资者的基金份额持有情况。

估值核算机构：对基金资产进行估值核算，为投资者提供准确的基金净值信息。

投资顾问机构：为投资者提供专业的投资咨询服务，帮助他们选择合适的基金产品。

评价机构：对基金进行评级和评价，为投资者提供基金业绩的参考依据。

信息技术系统服务：为基金市场提供信息技术支持，确保各类信息的及时传递和处理。

此外，律师事务所、会计师事务所等中介机构也为基金市场提供法律咨询、财务审计等服务，确保基金运作的合规性和透明度。

（3）基金监管机构和自律组织

基金监管机构和自律组织负责监管基金市场的运作，维护市场秩序并保护投资者利益。基金监管机构和自律组织具体包括：

基金监管机构：中国的基金监管机构是中国证券监督管理委员会，它负责对基金市场进行监管，制定相关法规和政策，确保基金市场的健康稳定发展。

基金自律组织：作为基金行业的自律组织，中国证券投资基金业协会负责基金行业的自律管理、培训教育、交流合作等工作，推动基金行业的健康发展。

5. 证券投资基金的发行和交易

证券投资基金的发行也称为基金的募集，是基金发起人依法向投资者推销基金单位、募集资金的行为。发行方式就是通过向投资者发售基金份额募集资金。在我国，发行方式有两种：线上发行和线下发行。交易方法同样有两种：封闭式基金和开放式基金。其中，封闭式基金可以在证券交易所挂牌上市交易；开放式基金则通过指定的销售网点进行申购或赎回。

目前，中国产生了一种新型的投资基金——上市开放式基金（LOF）。与一般开放式基金不同的是，投资者既可以通过基金公司直销机构，或由代销银行和券商进行基金申购、赎回 LOF，即场外交易；也可通过交易所像买卖股票一样交易 LOF 份额，即场内交易。

6. 投资基金市场的投资策略

长期投资：通过长期持有基金份额，获取基金长期增值带来的收益。

定期定额投资：定期定额地投入一定金额的资金购买基金份额，以分散市场波动带来的风险。

资产配置：根据自身的风险承受能力和投资目标，合理配置不同类型的基金产品，实现资产的保值增值。

第四节　外汇市场与黄金市场

一、外汇市场

（一）外汇市场概述

1. 外汇市场的定义

外汇市场（Foreign Exchange Market，FX），也称为国际汇兑市场，是在国际间从事外汇买卖，调剂外汇供求的场所。外汇市场是全球最大的金融市场之一，它的主要职能是经营货币商品，即不同国家的货币。外汇市场的存在源于国际间因贸易、投资、旅游等经济往来而产生的货币收支关系。

2. 外汇市场分类

外汇市场分为无形外汇市场和有形外汇市场。

无形外汇市场没有固定的交易场所，主要通过电信手段进行交易；有形外汇市场则存在交易场所，如纽约、伦敦、东京等外汇市场。

外汇市场有狭义和广义之分。从业务上看，狭义的外汇市场指的是银行间的外汇交易，包括同一市场上各银行间的交易、中央银行与外汇银行间以及各国中央银行之间的外汇交易活动，通常被称为批发外汇市场。广义的外汇市场是指由各国中央银行、外汇银行、外汇经纪人及客户组成的外汇买卖与经营活动的总和，包括上述的批发市场以及银行同企业以及个人之间外汇买卖的零售市场。

3. 外汇市场的功能

外汇市场的主要功能是提供外汇交易场所、调节外汇供求、形成外汇价格，并为企业和个人提供外汇风险管理工具。

4. 外汇市场的特点

1）全球性。外汇市场是全球最大的金融市场，参与者遍布世界各地，交易 24 小时不间断进行，从周一早上开始，一直到周五晚上结束。这种全天候的交易机制使外汇市场成为全球最为活跃和流动性最强的金融市场之一。不同的交易时段，市场的活跃度和波动性也会有所不同，投资者可以根据自己的交易策略选择合适的交易时段。

2）高流动性。外汇市场的交易量巨大，资金流动非常迅速，这使外汇市场具有极高的流动性，意味着交易者几乎可以在任意时间买入或卖出货币，而不必担心价格大幅波动。

3）高风险性。外汇市场的汇率波动受多种因素影响，包括政治局势、经济形势、央行政策等。更进一步地，外汇交易通常会使用杠杆，此时交易者可以用较小的资本控制较大的交易金额，因此具有高风险性。

4）无中央交易场所。外汇市场是一个无形的市场，没有统一的交易场所，交易主要通过电话、计算机等通信工具进行。

5）参与者多样化。外汇市场的参与者包括中央银行、商业银行、零售投资者、对冲基金、跨国公司等。

5. 外汇的市场参与者

1）中央银行。作为国家的货币管理机构，中央银行经常通过参与外汇市场交易，执行外汇政策或调节汇率。

2）商业银行。商业银行是外汇市场的主要参与者之一，它们为客户提供外汇买卖服务，并管理自己的外汇头寸。

3）外汇经纪人。外汇经纪人专门从事外汇买卖的中介服务，为市场提供流动性。

4）进出口商。进出口商在国际贸易中需要进行货币兑换，因此也是外汇市场的重要参与者。

5）投资者和投机者。投资者和投机者通过买卖外汇来获取利润或对冲风险。

6. 交易方式

外汇市场的交易方式主要有即期交易、远期交易、掉期交易和期权交易等。具体的交易方式阐述参见本书第八章的相关内容。

7. 交易机制

1）报价与成交。外汇市场的交易价格是通过买卖双方的报价和成交来确定的。市场参与者会根据自己的交易策略和市场预期，报出买入或卖出的外汇价格和数量。交易系统会根据价格优先和时间优先的原则，自动撮合成交。

2）清算与交割。外汇市场的交易通常采用"T+1"或"T+2"的清算交割模式，即交易双方在成交后的第一个或第二个工作日进行资金的清算和交割。清算交割的过程通过专门的清算机构进行，确保交易的真实性和合法性。

3）杠杆制度。外汇市场采用杠杆交易制度，投资者只需缴纳一定比例的保证金即可

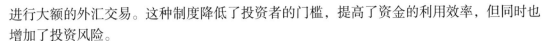

进行大额的外汇交易。这种制度降低了投资者的门槛,提高了资金的利用效率,但同时也增加了投资风险。

8. 监管机制

外汇市场受到各国金融监管机构的严格监管。监管机构负责制定和执行外汇市场的相关法规和政策,维护市场的稳定和公平。同时,监管机构还会对市场参与者的行为进行监督和检查,以确保市场的合规性和透明度。

9. 外汇市场的影响因素

1)政治局势。政治稳定与否直接影响到投资者对一国货币的信心和汇率的走势。

2)经济形势。经济增长、通货膨胀率、利率水平等经济指标都会影响汇率的变动。

3)政府政策。政府的货币政策、财政政策以及外汇政策等都会对汇率产生影响。

4)市场预期。市场参与者对未来经济走势和汇率变动的预期也会影响当前汇率水平。

(二)世界主要的外汇市场

世界主要的外汇市场包括伦敦、纽约、东京、新加坡、中国香港、苏黎世、法兰克福、巴黎等地的外汇市场。

目前,外汇市场呈现出一体化的趋势,主要表现为:现代化的交易技术使全球外汇市场成为 24 小时连续运作的市场。银行机构国际化与资金流动自由化导致在同一时间内各外汇市场的汇率报价趋于一致,地点套汇的机会不复存在。在外汇市场的干预方面,各国中央银行往往会协调管理并且联合干预。

专栏 3-10　外汇市场交易时间

外汇市场是一个 24 小时不间断的市场,但不同地区的交易时间有所不同。以下是国际主要外汇市场的交易时间(北京时间):

新西兰惠灵顿外汇市场:04:00–12:00

澳大利亚外汇市场:06:00–14:00

日本东京外汇市场:08:00–14:30

新加坡外汇市场:09:00–16:00

英国伦敦外汇市场:15:30–00:30

德国法兰克福外汇市场:15:30–00:30

美国纽约外汇市场:21:00–04:00

专栏 3-11　伦敦外汇交易市场

一、市场概述

历史背景:伦敦外汇市场是建立最早的世界性市场,其历史可以追溯到 14 世纪伦巴第商人对货币的兑换。工业革命之后,伦敦外汇市场作为主要金融支柱,在英国的经济和金融发展进程中起到了重要作用。

市场地位:伦敦外汇市场是全球最大的外汇批发市场,没有固定的交易场所,通过先进的现代化电子通信网络完成交易。它不仅是全球最大的外汇市场之一,也是全球金融的重要组成部分。

二、市场特点

交易量大：伦敦外汇市场的交易量巨大，日均成交名义金额中，非居民成交占比约为 70%，反映出高度国际化的重要特征。日平均交易量占全球交易量的 1/3 以上，是全球外汇市场的核心之一。

交易币种丰富：伦敦外汇市场交易的货币种类众多，一般有 30 多种，有时甚至多达 80 种，其中交易规模最大的为英镑兑美元的交易，其次是英镑兑欧元、瑞士法郎和日元的交易等。

无形市场：伦敦外汇市场是一个典型的无形市场，没有固定的交易场所，交易主要通过电话和电子通信网络进行。这种交易方式使市场更加灵活和高效。

24 小时不间断交易：伦敦外汇市场正好桥接北美和亚太市场，具有独特的时区优势。这种连续作业的特点为投资者提供了没有时空障碍的理想投资场所。

高度自由化：伦敦外汇市场基本上是完全自由的市场，外汇交易量不断增长，并以交易效率高、交易种类多而著名。市场参与者众多，包括本国的清算银行、商人银行、其他商业银行、贴现公司和外国银行等。

三、市场功能

提供交易场所：伦敦外汇市场为外汇交易提供了重要场所和平台，使外汇交易得以顺利进行。

调节外汇供求：通过持续的市场交易，伦敦外汇市场能够调节外汇的供求状况，保持外汇市场的稳定。

风险管理：伦敦外汇市场的市场参与者可以通过外汇交易来管理汇率风险，以此降低因汇率波动而带来的损失。

四、市场影响

伦敦外汇市场的走势对全球外汇市场有着重要的影响。由于具有交易量大、交易币种丰富和时区优势等特点，伦敦外汇市场的波动往往会引发全球外汇市场的连锁反应。

伦敦外汇市场是全球离岸人民币市场的重要组成部分，对人民币的国际化进程起到了积极的推动作用。

二、黄金市场

（一）黄金市场概述

1. 黄金市场的定义

黄金市场是指集中进行黄金买卖和金币兑换的交易市场。

2. 黄金市场的分类

黄金市场可以分为国内黄金市场与国际黄金市场。

国内黄金市场只允许本国居民参与，不允许非本国居民参与，且禁止黄金的输出/输入。

国际黄金市场既允许非本国居民参与，也允许本国居民与非本国居民共同参与，对黄金的输出/输入不加限制或少有限制，是国际金融市场的重要组成部分。

国际黄金市场一般都位于各个国际金融中心。伦敦、苏黎世、纽约、芝加哥、中国香港是世界五大黄金市场，其他还包括新加坡、东京、巴黎、法兰克福、卢森堡、悉尼、贝鲁特黄金市场等。

3.黄金市场的特点

1）保值功能。黄金具有很好的保值、增值功能，是投资者规避风险的重要金融工具。在经济不确定性增加或通货膨胀压力增大时，投资者往往会转而将黄金作为避险资产。

2）高流动性。黄金市场可以在全球范围内进行交易，市场参与者包括中央银行、投资机构、零售投资者等。这种高流动性使黄金市场能够迅速对全球经济和政治事件做出响应。

3）相对稳定的价格波动。与股票和加密货币等其他高风险资产相较而言，黄金的价格波动通常更为平缓，这使黄金成为寻求稳定回报的投资者的理想选择。

4）供需因素影响。黄金的供给主要来自矿产开采，而其需求则涵盖了珠宝制造、工业应用以及投资需求等多个领域。供需关系的变化会对黄金价格产生重要影响。

5）国际化程度高。伦敦、纽约和苏黎世等城市是全球黄金交易的主要中心，这些市场的交易活动对全球黄金价格具有决定性影响。

（二）黄金市场交易的特性

1.交易性质

国际黄金市场上的黄金交易具有两种性质：一是作为商品进行买卖，即国际贸易性质；二是作为世界货币进行买卖，用于国际支付结算，即国际金融性质。

2.市场参与者

黄金市场的参与者包括世界各国的公司、银行和个人以及各国官方机构。具体来说，有金商、银行、对冲基金等金融机构、各个法人机构、私人投资者以及在黄金期货交易中发挥重要作用的经纪公司。

3.交易机制

保证金交易制，如现货黄金交易，投资者只需缴纳一定数额的保证金即可进行交易，这种机制提高了资金利用效率。

"T+0"交易机制，即投资者在交易时间内买入的单子可以随时平仓，这种机制使投资者能够灵活地应对市场变化。

24小时交易机制，现货黄金市场是24小时开放的，投资者可以在任何时间进行交易，为其提供了较大的便利。

（三）黄金市场历史发展

1.早期历史

在金本位制出现前，由于黄金的稀缺性，它在交易中并不占据主导地位，而是由白银和其他金属扮演着主要支付手段的角色。

直到19世纪，随着金矿资源不断被探知，加之黄金生产率迅速提升，黄金供给量大大增加，金本位制逐渐建立，黄金市场才开始得到发展。

2.黄金市场演变

20世纪初期，黄金市场经历了从金本位制到布雷顿森林体系的转变。布雷顿森林体系崩溃后，黄金市场进入了非货币化阶段，黄金的买卖更加自由化，现代黄金市场真正开始迅速发展。

（四）黄金价格的影响因素

1. 供求关系

黄金的供给和需求是影响黄金价格的重要因素。产量的大幅增加会导致金价回落，而需求增加则会推高金价。

2. 美元汇率

由于国际市场上的黄金价格大多以美元标价，美元的汇率波动对黄金价格有直接影响。美元贬值通常会导致金价上涨，反之则会使金价下跌。

3. 通货膨胀

通货膨胀对黄金价格的影响机理较为复杂。适度的通货膨胀可能会推高金价，但过高的通货膨胀可能迫使政府采取紧缩货币政策，引发金价不升反降的局面。

4. 地缘政治经济风险

政治或经济危机等不确定因素可能引发市场恐慌，推高避险情绪，导致投资者转向大量购买黄金等避险资产，从而推高金价。

专栏 3-12　伦敦黄金市场上的黄金定价机制

1919 年，伦敦黄金市场开始实行日定价制度，每日发布两次黄金价格，该价格是世界上最重要的黄金价格，许多国家和地区的黄金市场价格均以伦敦金价为基准。

伦敦的黄金定价是在"黄金屋"（Gold Room）——位于英国伦敦市中心的洛希尔公司总部的一间办公室里进行的。自 1919 年 9 月 12 日，伦敦五大金行——洛希尔（Roth-schild & Sond）、莫卡塔（Mocatta & Goldsmid）、夏普斯皮克斯力（Sharps Pixley）、塞缪尔蒙塔古（Samuel Montagu & Co.）和梅斯威斯派克（Mase Westpac）公司的代表首次在"黄金屋"聚首，开始制定伦敦黄金市场每天的黄金价格，这种制度一直延续到了今天。五大金行每天制定两次金价，分别为上午 10 时 30 分和下午 3 时。洛希尔公司是定价主持人。市场交易通常会在确定定价时稍作停顿。此时各金商先暂停报价，由洛希尔公司的首席代表根据伦敦市场前一晚收盘之后的纽约黄金市场价格以及当天早上的中国香港黄金市场价格定出一个适当的开盘价。分坐于"黄金屋"四周的其余四家公司代表立即将这一开盘价格报给各自公司的交易室，各个公司的交易室则马上按照这个价格进行交易，把最新的黄金价格用电话或电传转告给其客户，并通过路透社把价格呈现于各自交易室的电脑系统终端。各个代表在收到订单业务时，会将所有的交易单加在一起，做出买多还是卖多，抑或买卖相抵的判断。随后将这些数据信息以简单的行话告知洛希尔公司的首席代表，让其对刚才设定的开盘价格进行调整，如果开盘价过高，市场上没有出现买方，首席代表将会降低该价格；而如果开盘价过低，则会调高该价格，直至卖家出现。定价就是以这样的机制为基础做出的。同时，在"黄金屋"中，每家公司代表的桌上都有一面小旗，这些小旗一开始都是竖着的。在定价过程中，只要还有一家公司将小旗竖在桌子上，就意味着市场上还有新的黄金交易订单，洛希尔公司的首席代表就不能结束定价过程。只有等到"黄金屋"内的五面小旗全部放倒，这才表示市场上已经没有了新的买方出价和卖方出价。此时，洛希尔公司的代表就会宣布交易结束，此时的价格就是最终的开盘价格。定价的时间长短要看市场的供求情况，短到 1 分钟，长达 1 小时左右。随后，新价格很快就会传递给世界各地的交易者。

目前，伦敦黄金市场上的五大定价金行分别为：洛希尔国际投资银行（N M Rothschild & Sons Limited）；加拿大丰业银行（Bank of Nova Scotia-Scotia Mocatta）；瑞士信贷第一波士顿银行（Credit Suisse First Bosto）；德意志银行（Deutsche Bank）；美国汇丰银行（HSBC USx）。

（五）黄金市场风险与投资策略

1. 市场风险

黄金市场上存在价格波动风险、货币风险、市场风险和流动性风险等。投资者需要充分了解这些风险才能制定相应的投资策略予以应对。

2. 投资策略

投资者可以采取分散投资、长期投资、即时关注市场动态和设定止损位等策略来降低风险并获取收益，也可以在黄金交易中运用趋势跟踪、反转、均线和波动等交易策略。

近年来，随着全球经济不确定性的增加和通货膨胀压力的上升，黄金市场的表现尤为抢眼。投资者对黄金的避险需求不断增加，推动着黄金价格的不断上涨。未来，随着全球经济形势的不断演变和地缘政治经济局势的深刻变化，黄金仍有望继续保持其独特的地位和吸引力。

第五节　衍生市场

一、衍生市场概述

（一）衍生市场的定义

衍生市场，也称为衍生品市场，是各种衍生金融工具在其中进行交易的市场，它允许投资者通过买卖衍生金融工具来对冲风险、投机或进行套利活动。这些衍生金融工具是在基础资产（如股票、债券、商品或指数）上派生出来的，其价格和价值通常与基础资产的价格和价值紧密相关，包括但不限于远期合约、期货合约、期权合约以及互换（Swap）协议等。

（二）衍生市场发展历程（以金融衍生市场为例）

20 世纪 70 年代以来，伴随着布雷顿森林体系的崩溃，石油危机、通货膨胀、经济衰退、汇率波动频繁和利率上涨等问题纷至沓来。同时，金融自由化与金融领域的技术革新方兴未艾，正是在这种背景下，金融衍生市场得以迅速发展。从货币期货等第一代衍生工具到互换第二代衍生工具的顺次出现，表明衍生市场具有非常广阔的发展空间。

（三）衍生市场的功能

1. 对冲风险

衍生品市场为市场参与者提供了对冲风险的工具，使他们能够在不确定的市场环境中管理风险。

2. 投机与投资

衍生品市场吸引了大量投机者和投资者，他们利用衍生品市场的杠杆效应和价格波动性进行投机或投资活动。

3. 提高市场流动性

衍生品市场的交易活动增加了市场的交易量，提高了资产的流动性，降低了交易成本。

4. 促进价格发现

衍生品市场的交易价格能够反映市场对未来价格走势的预期，有助于推动价格的快速发现。

（四）衍生市场的特点

跨期交易性。交易在未来的某个时间点上履行。

杠杆性。投资者只需缴纳少量保证金或权利金就可签订大额合约，以小博大，但风险也随之成倍增加。

高风险性。价格变动机理相对复杂且受多种因素影响，且杠杆效应加大风险程度。

可复制性（在一定程度上）。可以根据基础资产和定价原理开发多种类似的衍生产品。

虚拟性。衍生品的价格运动过程脱离了现实资本的运动，但又有一定的价值表现。

（五）衍生市场的类型

1）按衍生交易品种进行分类，可以分为远期合约、期货合约、期权合约、互换协议等。

2）按衍生交易市场进行分类，可以分为场内交易市场和场外交易市场。

场内交易市场（Exchange-Traded Markets，ETDs）。在受监管的交易所内（如期货交易所等）交易标准化的衍生产品（如期货和部分期权合约）被称为场内交易，由此形成的市场就是场内交易市场。该市场通常具有更高的透明度。

场外交易市场（Over-the-Counter，OTC）。在交易所之外进行非标准化合约（如大多数远期合约和互换合约）交易则成为场外交易，由此而形成的市场就是场外交易市场。场外交易市场上的交易更加灵活多样，合约条款可以根据交易双方的需求进行定制且规模庞大。

3）按基础资产类型进行分类，可以分为商品衍生市场（以农产品、金属等商品为基础）和金融衍生市场（以货币、股票、债券等金融资产为基础）。

（六）衍生市场的交易机制

1. 交易主体

1）套期保值者。利用衍生工具来降低自身面临市场风险的市场参与者。如生产商、贸易商、金融机构等。

2）投机者。通过预测市场价格变动方向来获取利润并能承担较高风险的市场参与者。

3）套利者。利用市场定价的不合理或价格差异在不同市场、不同品种间进行套利操作，促进价格合理回归的市场参与者。

4）经纪人。作为交易中介促成交易并收取佣金的市场参与者。

2. 交易方式

衍生品市场的交易方式包括场内交易和场外交易两种。场内交易在交易所内进行，具有标准化的合约和严格的监管机制；场外交易则更加灵活，可以根据市场参与者的需求进行定制化交易。

3. 清算与交割

衍生品市场的交易通常采用保证金制度，投资者只需缴纳一定比例的保证金即可进行交易。在合约到期时，双方根据合约规定进行清算和交割。

（七）衍生市场的风险类型

尽管衍生市场为投资者提供了许多便利和机会，但其交易风险也相对较高。

市场风险。因基础金融工具价格变化而引发损失的风险。

信用风险。交易对手违约的风险。

流动性风险。包括缺少交易对手而无法变现或平仓的风险，以及交易者因为资金不足而无法履约的风险。

操作风险。公司或企业因内部管理不善或人为操作错误等原因给市场带来的风险。

法律风险。法规不明确或交易不受法律保障而使合约无法履行产生损失的风险。

投资者需要充分了解市场情况和自身风险承受能力，谨慎进行交易。监管机构需要加强对衍生市场的监管力度，防范系统性风险的发生。

（八）衍生市场的作用

1. 宏观经济层面

1）衍生市场所提供的分散与转移价格风险的工具，有助于稳定国民经济。

2）为政府制定宏观经济政策提供参考依据（如从期货市场价格发现的功能等角度）。

3）促进本国经济的国际化。跨国金融衍生工具交易能够促进国际资本流动和国际贸易。

4）通过允许投资者进行套利和投机活动，衍生市场有助于促进市场资源的优化配置和提高市场效率，推进市场经济体系不断趋于完善。

2. 微观经济层面

1）对企业而言，可以利用衍生工具锁定生产成本，实现预期利润；利用期货及衍生品价格信号，组织安排现货生产；期货及衍生品市场还拓展了现货的销售和采购渠道。

2）风险管理。衍生市场为投资者提供了对冲风险的工具，帮助投资者降低投资组合的波动性并保护资产价值。

3）价格发现。衍生市场的交易活动有助于揭示市场对未来价格走势的预期，为投资者提供重要的价格参考信息。

4）投机。为投资者提供利用价格变动获利的机会，即使他们并不持有基础资产。

（九）发展衍生市场的必要条件（以金融衍生证券市场为例）

1）技术条件。电子通信等技术的高速发展为各种金融衍生品的不断创新奠定了技术基础，这包括交易和清算系统等硬件软件设施的发展。

2）法律环境。完善的法律法规为金融衍生工具交易提供法律依据和规范，保障市场健康发展。

衍生市场是金融市场的重要组成部分，它为投资者提供了丰富的交易工具和风险管理手段。然而，投资者在参与衍生市场交易时需要充分了解市场情况和自身风险承受能力，并谨慎做出决策。

（十）衍生品市场的未来发展

1）产品创新。随着市场需求的不断变化，衍生品市场将不断推出新的交易产品和交易方式，以满足投资者的多样化需求。

2）技术应用。科技的发展将推动衍生品市场的技术创新和交易效率提升。例如，区块链技术、人工智能等新技术在衍生品市场中的广泛应用。

3）监管加强。随着衍生品市场的不断发展，监管部门将继续加强监管力度，确保市场的公平、透明和稳定。同时，各国之间的监管合作也将进一步加强，以应对跨国衍生品交易带来的挑战。

二、金融远期市场

（一）金融远期市场概述

1. 金融远期市场的定义

金融远期市场，作为金融市场的一个重要组成部分，是专门进行金融远期合约交易的市场。金融远期市场为市场参与者提供了一个进行远期交易、规避风险和投机的平台。

金融远期合约是交易双方约定在未来的某一确定时间，按确定的价格买卖一定数量的某种金融工具的合约。

2. 金融远期市场的特点

1）协议非标准化。与期货合约不同，远期合约的条款和条件通常不是标准化的，而是根据交易双方的具体需求进行定制，因此具有较高的灵活性。

2）场外交易。远期合约的交易通常在场外市场进行，而不是在交易所内集中交易。

3）灵活性不强。虽然远期合约可以根据交易双方的需求进行定制，但一旦合约签订，其条款和条件在交割日之前通常无法更改，因此灵活性相对较弱。

4）无保证金要求。与期货交易不同，远期交易通常不需要缴纳保证金。这意味着交易双方需要自行承担交易对手的信用风险。

5）实物交割。远期合约在交割日通常以实物交割的方式履行，即买方支付价款并获得标的金融资产，卖方则交付标的金融资产并获得相应款项。

3. 金融远期市场的功能

1）风险管理。通过远期合约的交易，市场参与者可以锁定未来的交易价格，从而降低因市场价格波动带来的风险。

2）价格发现。远期市场的交易价格反映了市场参与者对远期合约未来市场走势的预期，有助于形成有效的市场价格。

3）提供流动性。远期市场的交易活动增加了市场的交易量，提高了金融工具的流动性。

4. 金融远期市场的参与者

金融远期市场的参与者包括金融机构、企业、个人投资者等。这些参与者根据自身需求和风险偏好选择合适的远期合约进行交易，从而实现风险管理和金融投资的目标。

1）避险者。主要目的是通过远期合约来锁定未来的成本或收益，规避市场波动风险。

2）套利者。利用不同市场或不同合约之间的价格差异进行套利操作，获取无风险利润。

3）投机者。预测市场未来的走势并据此进行买卖操作，获取价差收益。

（二）金融远期合约类型

金融远期合约主要包括远期利率协议、远期外汇合约和远期股票合约等。

1. 远期利率协议（Forward Rate Agreement）

定义：远期利率协议是买卖双方同意在未来一定时间点（清算日），以商定的名义本金和期限为基础，由一方将协定利率与参照利率之间差额的贴现额度付给另一方的协议。

用途：这种合约主要用于管理固定收益资产的价格风险，因此对金融机构和投资者均适用。

2. 远期外汇合约（Forward Foreign Exchange Contract）

定义：远期外汇合约是指双方约定在将来某一时间按约定的远期汇率买卖一定金额某种外汇的合约。

用途：通常用于锁定未来某一时间点的汇率风险，或者进行两种货币之间的套利操作，适用于企业和个人在参与国际贸易和国际投资时进行风险管理。

3. 远期股票合约（Forward Stock Contract）

定义：远期股票合约是指在将来某一特定日期按特定价格交付一定数量单只股票或一揽子股票组合的协议。

用途：股票远期合约通常用于有效管理股票价格风险，以及进行投机或套利。

4. 商品远期合约（Commodity Forward Contract）

定义：商品远期合约是在未来特定时期交易一定数量的原材料或者商品的合约。

用途：通常用于锁定未来的价格风险或寻求套利机会，因此对生产者和消费者、贸易商、金融机构和投资者均适用。

5. 其他类型的金融远期合约

除上述主要类型外，金融远期合约还可以根据基础资产的不同进行更细致的划分，如债券远期合约、股票价格指数远期合约等。这些合约都是基于特定金融资产或金融变量，在未来某一特定日期进行交易的协议。

金融远期合约的类型多种多样，涵盖利率、外汇、股票、商品等多个领域。这些合约通过锁定未来交易价格和日期，为市场参与者提供了有效风险管理工具，同时也促进了市场流动性的提升和价格发现机制的完善。在实际应用中，投资者和金融机构可以根据自身需求和风险偏好选择合适的金融远期合约进行交易。

三、期货市场

（一）期货市场概述

1. 期货市场的定义

期货是指协议双方约定在将来某一特定时间按约定的价格、交割地点、交割方式等条件，买入或卖出一定标准数量的某种特定金融工具的标准化协议。

期货市场是进行期货交易的场所，是市场经济的重要组成部分。期货市场通过公开、公平、公正的竞争方式，让买卖双方根据各自的需求和意愿，以未来某一时刻的价格为标准对商品或金融工具进行买卖成交。

2. 期货市场的参与者

1）生产商。他们通过期货市场锁定未来的价格，以便更好地进行生产销售规划。

2）经销商。他们使用期货市场来锁定将来的价格，以便更好地管理库存和价格波动风险。

3）投资者。他们利用期货市场的杠杆作用和高度流动性来进行投机和对冲。

4）金融机构。金融机构为期货市场提供资金和市场流动性。

5）期货交易所。作为买卖期货合约的场所，是期货市场的核心。

6）场内经纪人。接受客户委托，代理客户进行交易或者经过允许从事双重交易的主体。

7）套期保值者。在现货市场中持有或即将持有现货的个人和公司，它们通过期货交易规避现货市场的价格风险。

8）投机者。他们拥有交易所的会员资格，但仅代表自己或自己的公司进行交易，并且偏好进行小价差、大数量的短线买卖。

（二）期货市场的特征

1）可预期性。期货交易是一种远期交易，买卖双方在签订合约时只能预先约定商品的价格，而不能预知商品的实际交割价格。

2）杠杆作用。期货交易具有杠杆作用，即投资者只需要支付一部分保证金，就可以进行数倍于保证金的交易。这种杠杆作用使期货市场的交易具有高风险、高收益的核心特点。

3）标准化合约。期货市场的交易是通过签订标准化合约来进行的。标准化合约中规定了商品的数量、质量、交割地点、交割时间等条款，使买卖双方可以更加便捷地进行交易。

4）对冲机制。期货市场采用对冲机制，即买卖双方可以通过反向对冲操作来轧平多空头寸，以避免实物交割的风险。这种对冲机制使期货市场的交易更加灵活方便。

5）集中交易。期货市场是集中交易的市场，所有的交易均在一个公开透明的平台上进行。交易双方不发生直接接触，而是各自与交易所或专设的清算公司进行清算，这有助于减少信息不对称风险和防止市场操纵。

6）保证金制度。期货交易采用保证金制度。即投资者只需缴纳合约价值的一定比例（通常为合约价值的5%~15%）作为保证金，就可以进行交易。这种制度使投资者能够利用杠杆效应进行大额交易，但同时也放大了交易过程中的潜在风险。

7）双向交易。期货市场是双向交易的市场，投资者既可以买入期货合约作为多头，也可以卖出期货合约成为空头。这种机制使投资者能够根据市场趋势和自己的判断灵活选择交易方向。

8）"T+0"交易。期货交易采用"T+0"交易制度。即投资者可以在当天买入合约后立即卖出，或者在卖出合约后立即买入。这种制度使投资者能够及时应对市场变化，提高资金的使用效率。

9）到期交割。期货合约都有到期日，且到期时必须进行实物交割或现金结算。实物交割是指交易双方按照合约规定，通过期货交易所进行商品的实物转移；现金结算则是指按照合约规定的价格和数量进行现金支付。投资者需要根据自己的交易目的和市场情况，在合约到期前选择合适的交割方式。

（三）期货合约盈亏分布

由于期货合约是零和游戏，买者的盈亏和卖者的盈亏刚好相反，故期货合约买方和卖方的盈亏分布如图3-2所示。

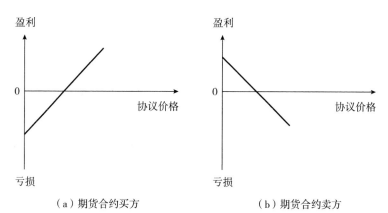

（a）期货合约买方　　　　　　　　（b）期货合约卖方

图 3-2　期货合约买卖双方盈亏分布

（四）期货种类

1. 商品期货

（1）农产品期货

期货发展初期主要是为农产品避险提供实现手段。因此，农产品可以说是最古老的期货商品。以谷物（小麦、玉米、燕麦）为主要代表，还涉及畜产品以及其他软性产品，如咖啡、可可、蔗糖等经济作物。

（2）金属期货

金属期货又可分为贵金属期货（如黄金、白银等），以及一般金属期货（如铜、铝等）。

（3）能源期货

能源期货是指以石油及其附属产品（如原油、燃油、汽油等）为标的的期货。

2. 金融期货

（1）股价指数期货

股价指数期货是根据部分或全部上市股票的价格，经过选样组合或加权而设计出来的、反映股票市场发展趋势的重要指标。例如，S&P 500 指数、NYSE 综合股价指数、日本 Nikkei 225 等指数。以股价指数为标的的期货就称为股价指数期货。

（2）利率期货

利率期货是指以不同期间的报价利率，如长短期政府公债、欧洲美元以及其他付息资产的利率为标的的期货。

（3）外汇期货

外汇期货是指在契约到期日，依照当日汇率交付固定数量指定外币的期货合约。主要涉及英镑、美元、日元、德国马克及瑞士法郎等，但 2002 年 7 月 1 日以后，欧元期货替代了欧盟主要国家的外汇期货。

世界主要的金融期货市场如表 3-7 所示。

表 3-7　世界主要的金融期货市场

芝加哥商品交易所（CME）	伦敦国际金融期货交易所（LIFFE）
纽约商品交易所（NYMEX）	新加坡国际货币期货交易所（SIMEX）
香港期货交易所（HKFE）	东京商品交易所（TOCOM）

四、期权市场

（一）期权市场概述

1. 期权市场的定义

期权市场是进行期权合约买卖的市场，期权合约赋予持有者在未来某一特定日期或该日之前的任何时间里以固定价格购进或售出特定资产的权利。

2. 期权市场的功能

风险管理。期权市场为投资者提供了管理市场风险以及价格波动风险的有效工具。

价格发现。期权市场的交易价格反映了市场参与者对未来市场走势的预期，有助于形成合理有效的市场价格。

增加市场流动性。期权市场的交易活动有效促进了相关资产市场的流动性。

3. 期权市场的参与者

期权市场的参与者主要包括买方、卖方和交易所。

买方。购买期权合约的投资者，通过支付期权费获得在未来特定时间内购进或卖出资产的权利。

卖方。出售期权合约的投资者，在买方行使权利时负有履约义务。

交易所。提供期权交易的平台和规则，确保市场的公平、透明和稳定。

4. 期权市场的特点

1）交易对象是权利。期权交易的核心是买卖在未来特定时间内购买或出售资产的权利。

2）权利与义务不对等。买方有权行使权利但无义务，卖方承担在买方行使权利时履约的义务。

3）收益与风险不对等。买方的最大损失为期权费，潜在收益巨大；卖方的最大收益为期权费，但潜在损失可能很大。

4）交易具有时间性。期权合约只能在规定的有效时间内履行，超过期限则意味放弃行使权利。

5）双向交易且策略多样。期权交易支持双向操作，投资者可以根据市场走势选择适宜的交易策略。

6）杠杆功能。期权交易具有较高的杠杆效应，既可以放大收益，也可能放大亏损。

7）交易成本相对较低。相较于其他金融产品而言，期权交易的成本相对较低。

专栏 3-13　期权市场与期货市场的区别

（1）交易对象不同

期权市场。交易的对象是买卖标的资产的权利，即期权合约赋予持有者在未来某一特定时间以特定价格买入或卖出标的资产的权利，而非针对证券或合约本身的买卖。

期货市场。交易的对象是期货合约，期货交易需要在未来某一特定时间以特定价格买入或卖出标的资产。

（2）交易方式不同

期权市场。期权交易是现金合约，成交时需全额交付期权费，不涉及标的资产

的实际交割，除非期权被行使。

期货市场。期货交易实行保证金交易制度，交易者只需缴纳一定比例的保证金即可进行交易，而无需全额支付合约价值。保证金制度使期货交易具有杠杆效应，风险和收益均被放大。

（3）履约方式不同

期权市场。期权交易的履约方式较为灵活。买方可以选择在期权到期日或之前行使期权，此时需要以约定价格买入或卖出标的资产；也可以选择不行使期权，让期权自然过期，此时仅损失期权费。卖方则需要在买方行使期权时，按照约定价格买入或卖出标的资产。

期货市场。期货交易的履约方式主要是通过对冲或平仓的方式结束合约，实物交割比例较低。投资者可以通过买入相同数量但方向相反的期货合约来平仓，从而结束交易。在合约到期日，如果投资者未进行平仓操作，则需要进行实物交割或现金结算。

（4）保障责任制度不同

期权市场。在期权交易中，只有期权卖出者（即期权合约的卖方）需要缴纳保证金，以确保其能够履行合约义务，而期权购买者（即期权合约的买方）则无需缴纳保证金，仅需支付期权费即可获得期权合约赋予的权利。

期货市场。期货交易中，交易双方都需要按规定缴纳保证金。保证金水平会根据市场波动情况进行调整，从而确保交易者能够承担潜在的风险。如果交易者的保证金水平低于规定标准，期货公司会要求其追加保证金；如果其未能在规定时间内追加保证金，则有可能面临被强制平仓的风险。

（5）双方的权利与义务关系不同

期权市场。期权交易中，买方拥有在未来某一特定时间以特定价格买入或卖出标的资产的权利，但不承担必须买入或卖出的义务；卖方则承担在买方行使期权时按照约定价格买入或卖出标的资产的义务。

期货市场。在期货交易中，买卖双方的权利和义务是对等的。买方有义务在合约到期日或到期之前买入或卖出标的资产；卖方则有义务在买方要求时按照约定价格卖出或买入标的资产。

（6）风险与收益不同

期权市场。期权交易中，买方的风险是有限的（仅限于期权费），而潜在收益可能是无限的；卖方的风险则可能是无限的（如果市场走势与预期相反），但潜在收益仅限于所收取的期权费。

期货市场。期货交易中，买卖双方的风险和收益都是对等的。如果市场走势与预期相符，双方都可以获得收益；如果市场走势与预期相反，则均需面临亏损。由于期货交易具有杠杆效应，因此潜在的风险和收益都会被放大。

（7）合约标准化不同

期货市场的合约是标准化的，包括交割时间、交割品种、交割地点、交割数量、报价单位等都是在合约中明确约定的。而期权市场的合约相对灵活，可以根据投资者的需要定制合约的标的资产、到期时间和行权价格等。

（8）杠杆效应不同

期货市场采用杠杆交易方式，而期权市场没有杠杆效应，购买期权合约时只需支付期权费用，故此风险较为可控。

（二）期权合约的盈亏分布

期权合约是零和游戏，买者的盈亏和卖者的盈亏刚好相反。由于多头的亏损最多是期权费，故多头可以锁定风险。期权合约多头的盈亏分布如图3-3所示。同样，看涨期权空头和看跌期权空头的盈亏分布图与多头恰好相反。

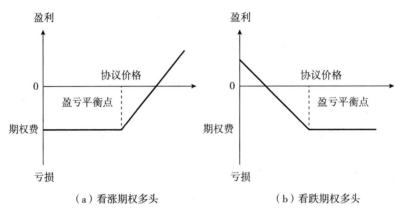

（a）看涨期权多头　　　　　　　　（b）看跌期权多头

图3-3　期权的多头盈亏分布

（三）期权市场的主要交易品种

1. 金融期权

股票期权。以单只股票或一揽子股票组合为标的的期权合约，允许买方在未来某一特定日期或之前以约定价格买入或卖出标的股票。

指数期权。以股票指数（如沪深300指数、上证50指数等）为标的的期权合约，其价值与标的指数的变动趋势相关。

外汇期权。以外汇汇率为标的的期权合约，允许买方在未来某一特定日期或之前以约定汇率买入或卖出某种外汇。

利率期权。以利率为标的的期权合约，包括国债期权、利率互换期权等，用于管理利率风险。

信用期权。以信用违约事件为标的的期权合约，如信用违约互换（CDS）等，用于管理信用风险。

2. 商品期权

农产品期权。以农产品（如大豆、玉米、小麦等）为标的的期权合约，用于管理农产品价格波动风险。

金属期权。以金属（如铜、铝、黄金、白银等）为标的的期权合约，用于管理金属价格波动风险。

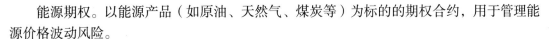

能源期权。以能源产品（如原油、天然气、煤炭等）为标的的期权合约，用于管理能源价格波动风险。

3. 特殊类型的期权

除金融期权和商品期权外，还有一些特殊类型的期权，如奇异期权（Exotic Options），它们具有比标准期权更复杂的执行条件或收益结构，如亚式期权、回望期权、障碍期权等。这些特殊期权通常用于满足投资者基于特定风险或收益结构偏好而形成的需求。

（四）期权类型

1. 以期权购买者的权利划分

期权最基本的划分方法是以期权购买者的权利为标准，将期权划分为看涨期权和看跌期权。

1）看涨期权，又称买入期权，指期权的买方拥有在约定期限内按协定价格买入一定数量金融资产的权利。如果投资者预期金融资产的价格近期将会上涨，按协议价买入该项资产并以市价卖出，可以赚取市价与协议价之间的差额；当然，如果判断失误则需要损失期权费。

2）看跌期权，又称卖出期权，指期权的买方拥有在约定期限内按协议价卖出一定数量金融资产的权利。如果投资者预期金融资产的价格近期会下跌，则可以用较低的市价买入该项资产再按协议价卖出，赚取协议价与市价之间的差额；同样地，判断失误则损失期权费。

2. 按履约时间划分

期权可以按履约时间的不同划分为美式期权与欧式期权。美式期权是指买方可以在期权的有效期内的任何时间行使权利的期权。欧式期权则是只能在到期日执行的期权。

3. 按标的资产划分

按照标的资产的不同，期权可划分为外汇期权、利率期权、股票期权、股票价格指数期权等。

（五）期权交易的基本方式

买入看涨期权（Call Buying）。当投资者预期某资产的价格即将上涨时，可以购买看涨期权。如果预测正确，资产价格上涨，投资者可以通过行使期权权利以低于市场价格的成本购买资产，然后按照市场价格卖出，从中获利。

卖出看涨期权（Call Selling）。当投资者认为某资产的价格将要下跌，或者想要通过出售期权来收取权利金时，可以卖出看涨期权。如果资产价格下跌，期权不会被行使，投资者可以保留收到的权利金作为收益。但如果资产价格上涨，如果投资者需要以约定价格购买资产，则可能蒙受较大损失。

买入看跌期权（Put Buying）。当投资者预期某资产的价格即将下跌时，可以购买看跌期权。如果资产价格下跌，投资者可以通过行使期权权利以高于市场价格的成本卖出资产，从而获利。

卖出看跌期权（Put Selling）。当投资者认为某资产的价格将要上涨，或者想要通过出售期权来收取权利金时，可以卖出看跌期权。如果资产价格上涨，期权不会被行使，投资者可以保留收到的权利金作为收益。但如果资产价格下跌，此时投资者同样面临以约定价格购买资产的情形，这同样可能面临较大损失。

五、互换市场

（一）金融互换概述

1. 互换市场的定义

互换市场是金融衍生品市场的一个重要组成部分，通过合约买卖的方式进行交易，合约允许交易双方在未来某个时间点交换现金流或资产。

金融互换建构在下述基础之上：①双方对对方的资产或负债均有需求；②双方在两种资产或负债上存在比较优势。

在互换市场中，投资者可以通过交换不同类型的资产，实现风险的转移和利益的获取。这种交换通常涉及利率、货币、股票等资产的交换，旨在满足不同投资者的特定需求和风险偏好。

2. 互换市场的特点

1）风险转移。互换市场为投资者提供了风险管理工具，可以通过交换不同类型的资产来转移风险。

2）利益获取。投资者在互换市场中可以利用各自优势（如筹资优势、利率优势等）降低融资成本或获取更高的投资收益。

3）灵活性。互换市场的交易条款和条件可以根据交易双方的需求进行定制，具有较高的灵活性。

3. 互换市场的起源与应用场景

1）历史起源。互换市场起源于 20 世纪 80 年代。1981 年国际商业机器公司（IBM）与世界银行之间签署的利率互换协议被认为是世界上第一份利率互换协议。

2）应用场景。互换市场在全球范围内得到广泛应用，为投资者提供了多样化的投资机会和风险管理工具。银行、企业、政府机构等都可以利用互换市场来降低融资成本、管理风险或进行跨境融资。

4. 互换市场作用

（1）风险管理与套期保值

1）规避利率和汇率风险。通过金融互换，投资者可以将难以管理或不愿意承担的风险转嫁给愿意承担风险并希望以此获取高额利润的行为主体。例如，在利率互换中，企业可以规避利率变动风险并确保债务成本的可预测性；而在货币互换中，跨国企业可以规避汇率风险，并确保海外投融资的稳定性。

2）降低信用风险。信用互换（如信用违约互换 CDS）允许投资者通过支付一定的费用来转移信用风险，从而降低因对方违约而遭受损失的风险。

（2）降低融资成本

互换市场为交易双方提供了利用各自比较优势降低融资成本的机会。例如，在货币互换中，一家拥有低利率货币债务的公司可以与另一家拥有高利率货币资产的公司进行互换，以较低的利率获得所需的资金，进而降低融资成本。

（3）加强资产负债管理

1）优化资产与负债结构。互换市场允许企业根据市场条件和自身需求调整资产与负债的计价货币、期限和利率结构，以实现资产与负债的最佳匹配。

2）提高资金使用效率。通过互换交易，企业可以更有效地对资金流动性和资本结构进行管理，从而提高资金使用效率。

（4）促进资本流动与国际合作

互换市场作为国际金融市场的一部分，有助于推动资本的跨国流动和国际金融合作。通过互换合同，企业和金融机构可以在不同国家之间融通资金，这必然会促进国际经济合作与交流，加深不同国家之间的金融联系。

（5）提高市场流动性和效率

互换市场的存在和发展提高了金融市场的流动性和效率。互换工具的流动性越高，市场的流动性越高。随着更多的投资者和交易对手方进入市场使用这些互换工具，交易规模和市场深度必然会随之增加，这有助于促进市场的发展和成熟，同时也为投资者提供更多的交易机会和选择。

（6）提供多样化的投资工具

互换市场为投资者提供了多样化的投资工具，如利率互换、货币互换、股票互换和信用互换等。这些工具可以满足不同投资者的风险偏好和投资需求，为投资者提供更多的投资机会和风险管理手段。

当然，互换市场同样面临着一系列挑战，如信用风险、流动性风险等。在金融危机期间，信用互换市场的流动性大幅下降，导致市场出现恶性循环，加剧了金融危机的严重程度。

（二）金融互换的分类

1. 利率互换

利率互换是指交易双方在未来一定期限内，根据约定条件交换利息支付的金融合约。这种互换主要用于管理利率风险。

利率互换主要有三种形式：同种货币的固定利率与浮动利率互换；以某种利率为参考的浮动利率与以另一种利率为参考的浮动利率互换；某种货币固定利率与另一种货币浮动利率的互换。互换的期限通常在2年以上，有时甚至在15年以上。

2. 货币互换

货币互换指交易双方按照约定的汇率和利率条件，在未来一定期限内交换不同货币的本金和利息。货币互换常用于跨国投融资活动中，用以规避汇率风险和降低融资成本。

3. 商品互换

商品互换则是指交易双方在未来一定期限内，根据约定条件针对某种商品的价格或数量进行交换。商品互换主要用于管理商品价格风险。

4. 其他互换

交叉货币利率互换，是利率互换和货币互换的结合，是以一种货币的固定利率交换另一种货币的浮动汇率。

增长型互换、减少型互换和滑道型互换。在标准的互换中，名义本金是不变的，而在这三种互换中，名义本金则是可以改变的。其中增长型互换的名义本金在开始时较小，且随着时间的推移逐渐增大。减少型互换则正好相反，其名义本金随时间的推移逐渐变小。近年来，互换市场又出现了一种特殊的减少型互换，即指数化本金互换，其名义本金的减少幅度取决于特定利率水平，利率水平越低，名义本金减少的幅度越大。滑道型互换的名义本金则在互换期内时而增大，时而变小。

基点互换。在普通的利率互换中，互换一方是固定利率，另一方则是浮动利率。而在基点互换中，双方都是浮动利率，只是两种浮动利率的参照利率不同，如一方为 LIBOR，而另一方则是基准利率。

可延长互换和可赎回互换。在标准的互换中，期限是固定的。而可延长互换的一方有权在一定限度内延长互换期限。在可赎回互换中，一方有权提前中止互换。

零息互换。零息互换是指固定利息的多次支付流量被一次性的支付所取代，该一次性支付可以在互换期初进行也可以在互换期末进行。

后期确定互换。一般而言，在涉及浮动利率的互换中，浮动利率均是在计息期开始前确定，而后期确定互换的浮动利率则是在每次计息期结束之后确定。

差额互换。差额互换是针对两种货币的浮动利率引致的现金流量进行交换，两种利息的现金流量均按同种货币的相同名义本金计算。例如，互换一方按 6 月期美元的 LIBOR 对 1000 美元的名义本金支付利息，另一方则按 6 月期德国马克的 LIBOR 减去 1.90% 的浮动利率对 1000 美元的名义本金支付以美元表示的利息。

远期互换。远期互换是指互换生效日是在未来某一时期的互换。

互换期权。互换期权从本质上属于期权而不是互换，该期权的标的物为互换。例如，利率互换期权本质上是把固定利率交换为浮动利率，或把浮动利率交换为固定利率的权利。但许多机构在统计时都把互换期权列入互换的范围。

股票互换。股票互换是以股票指数产生的红利和资本利得与固定利率或浮动利率交换。投资组合管理者可以用股票互换把债券投资转换成股票投资，也可以运用债券互换把股票投资转换成债券投资。

专栏 3-14　信用违约互换

信用违约互换（Credit Default Swap，CDS）是一类特殊的信用期权，本质是一种债券或贷款组合的买入期权。

风险的出售方向购买方支付一定的费用，约定在互换期限内若特定信用事件发生，则风险的购买方将向出售方支付全部或部分的违约损失；若约定的信用事件未发生，则互换自动失效（见图 3-4）。

图 3-4　信用违约互换

假设某投资者证券组合中有 20 种 Baa 级债券，每种债券每年应付利息 1000 元，投资者购买信用违约互换 20 元，则可在 3~20 种债券违约的情况下获得依照信用违约互换条款约定的相应补偿。

信用违约互换的关键是对信用风险的范围进行了限定。在上例中，由于运用了信用违约互换，投资者仅需要承担 1~2 个债券违约的风险，从而避免了更大程度的损失。

六、其他衍生工具市场

（一）交易型开放式指数证券投资基金

交易型开放式指数证券投资基金，即 ETF（Exchange Traded Funds）。市场指数是衡量某一特定市场涨跌趋势的重要指标。通常而言，如果投资人想要拥有与市场指数变动及获利相同的投资组合，就必须去购买与指数组成成分相同的股票。这种操作的成本可能相当高，但 ETF 的出现有效地解决了这一问题。它是将某一特定市场指数的股票组合证券化，投资人可以通过购买 ETF 实现追求与指数相同报酬率的目标。ETF 的投资单位较低，因此有利于投资人进行投资。总而言之，ETF 就是一种可以在证券交易所进行买卖的、采取被动式管理的同时为投资人提供参与跟踪指数表现机会的基金。

交易型开放式指数证券投资基金是以某个市场指数为目标指数，采用完全复制或统计抽样等方法跟踪该目标指数，以期获得与目标指数相近的投资收益率。交易型开放式指数证券投资基金的发行和赎回均只面向机构投资者进行批发，而不面向个人投资者进行零售；投资者申购和赎回交易型开放式指数证券投资基金时，使用的通常不是现金，而是一揽子证券组合；对于个人投资者来说，他们可以像买卖股票、封闭式基金那样在二级市场随时购买或出售交易型开放式指数证券投资基金；二级市场上交易型开放式指数证券投资基金的交易价格与其单位净值非常接近，一般不会出现大的折价或溢价现象。ETF 的被动式管理与股票投资的主动式管理的区别如表 3-8 所示。

表 3-8　ETF 的被动式管理与股票投资的主动式管理的区别

比较维度	被动式管理	主动式管理
目标	与指数表现一致	可能击败指数
成本	管理费低、交易成本低	管理费高且因周转率较高，因此交易成本较高
透明度	高，投资人容易了解	低，投资人较难得知投资明细
分散投资的程度	高	低
资产配置的控制程度	明确且清楚	容易受管理者人事变动的影响

（二）存托凭证

存托凭证（Depository Receipts，DR）是指在一国证券市场上流通的代表外国公司有价证券的可转让凭证，属于公司融资业务范畴的金融衍生工具。

美国存托凭证（ADR）是面向美国投资者发行并在美国证券市场交易的存托凭证。新加坡存托凭证（SDR）是面向新加坡投资者发行并在新加坡证券市场交易的存托凭证。如果发行范围不止一个国家，则称为全球存托凭证（GDR）。从本质上讲 GDR 和 ADR 区别不大，两者都以美元标价，都以同样标准进行交易和交割，两者股息都以美元支付，而且存托银行提供的服务及有关协议的条款与保证都是一样的。两者的区别仅体现在地域范围的差异上。

（三）认股权证

认股权证是指由股份有限公司发行的，可以按照特定价格在特定时间内购买或出卖一定数量该公司普通股票的选择权凭证，其实质是一种普通股票的期权，包括认购权证和认沽权证。

本章小结

金融市场在现代化经济体系中具有举足轻重的地位。它不仅关系到国家经济的稳定和发展，也直接影响到企业和个人的财务状况和投资决策。因此，各国政府都高度重视金融市场的建设和管理，努力维护金融市场的稳定和健康发展。

本章较为全面和系统地介绍了有关金融市场的基础知识，内容涵盖货币市场、资本市场、外汇市场、黄金市场、衍生市场的基本原理和运作方式，同时描述了金融市场总体的发展轮廓。

金融市场是指资金供求双方实现货币借贷以及运用各种金融工具进行融资的场所。金融市场的功能主要包括聚合功能、配置功能、调节功能和反映功能；金融市场的构成要素包括金融市场主体、金融市场客体、金融市场媒体和金融市场价格；金融市场的发展趋势包括资产证券化、金融全球化、金融自由化以及金融科技化。

进一步阅读

郑振龙，张亦春.金融市场学［M］.北京：高等教育出版社，2004.

周业安.金融市场的制度与结构［M］.北京：中国人民大学出版社，2005.

张亦春.现代金融市场学［M］.北京：中国金融出版社，2004.

思考练习题

一、名词解释

1. 第四市场
2. 资本市场
3. 期权交易
4. 股票价格指数
5. 金融市场

二、填空题

1. 按交易对象进行划分，金融市场可以被分为_____、_____、_____、_____和_____。

2. 按照区域的不同，金融市场可以分为_____和_____。

3. 根据股东的权利不同，股票可以被分为_____和_____。

4. 一般而言，票据贴现可以分为_____、_____和_____。

5. 资本市场主要包括_____、_____和_____。

三、判断题

1. 一般情况下，同业拆借市场的拆借利率应该高于中央银行的再贴现率。（   ）

2. 同普通股票相比，优先股票具有风险小、收益相对稳定的特点。（　　　）

3. 转贴现和再贴现同为一种经济行为，因而，两者的性质是相同的。（　　　）

4. 股票价格是反映经济动向的"晴雨表"。（　　　）

5. 成长型基金与收入型基金的不同之处是成长型基金不如收入型基金注重收益。（　　　）

6. 资本市场是指进行短期融资的市场。（　　　）

四、选择题

1. 金融市场的主体是（　　　）。

A. 金融工具　　　　B. 金融中介机构　　　C. 金融市场的交易者　D. 金融市场价格

2. 专门融通一年以内短期资金的场所被称为（　　　）。

A. 货币市场　　　　B. 资本市场　　　　C. 现货市场　　　　D. 期货市场

3. 证券流通的市场称为（　　　）。

A. 初级市场　　　　B. 次级市场　　　　C. 公开市场　　　　D. 议价市场

4. 在金融市场上，买卖双方按成交协议签订合同，允许买卖双方在交付一定保险费后，即取得在特定的时间内按协议价格买入或卖出一定数量证券的权利，被称为（　　　）。

A. 现货交易　　　　B. 期货交易　　　　C. 期权交易　　　　D. 信用交易

5. 没有任何抵押品作担保，仅凭借筹资者的信用而发行的债券是（　　　）。

A. 担保债券　　　　B. 信用债券　　　　C. 政府债券　　　　D. 金融债券

6. 以非特定的广大投资者为对象而广泛发行的债券被称为（　　　）。

A. 定息债券　　　　B. 贴现债券　　　　C. 公募债券　　　　D. 私募债券

7. 政府债券同公司债券的区别是（　　　）。

A. 利率不同　　　　B. 目的不同　　　　C. 风险不同　　　　D. 发行者不同

8. 股票的无期性是指（　　　）。

A. 股票一经发行，便不可返还　　　　　　B. 公司破产，可以清算

C. 股东对公司有永久的所有权　　　　　　D. 股票不退股还本，但随时可以转让流通

9. 优先股是指（　　　）。

A. 拥有优先表决权和选举权的股票

B. 拥有优先认股权和新股转让权的股票

C. 能获得高额股利的股票

D. 在领取股息和取得资产方面享有优先权利的股票

10. 蓝筹股是指（　　　）。

A. 拥有大量固定资产和闲置房地产的公司发行的股票

B. 规模庞大、经营良好、收益丰厚的大公司发行的股票

C. 一些前景良好的中小型公司发行的股票

D. 以往业绩表现良好的股票

11. 同业拆借市场是指（　　　）。

A. 企业之间的资金调剂市场　　　　　　　B. 银行与企业之间资金调剂的市场

C. 金融机构之间资金调剂的市场　　　　　D. 中央银行与商业银行之间资金调剂的市场

12. 商业银行或其他金融机构，以其持有的未到期汇票，向中央银行进行的票据转让行为，被称为（　　　）。

A. 贴现　　　　　　B. 承兑　　　　　　C. 转贴现　　　　　　D. 再贴现

13. 面向少数特定投资者的证券发行可以称为（　　　　）。

A. 私募发行　　　　B. 公募发行　　　　C. 直接发行　　　　D. 间接发行

14. 在下述金融商品中，属于金融衍生品的有（　　　　）。（多选）

A. 股票　　　　　　B. 金融互换　　　　C. 金融期货　　　　D. 国家债券

E. 金融远期

15. 以低于票面金额发行的债券被称为（　　　　）。

A. 平价发行　　　　B. 溢价发行　　　　C. 折价发行

16. 股票发行市场与流通市场的关系是（　　　　）。（多选）

A. 发行市场是基础，是前提　　　　　　B. 流行市场是基础，是前提

C. 没有发行市场就没有流通市场　　　　D. 没有流通市场就没有发行市场

E. 流通市场可以促进发行市场的良性发展

17. 下列关于国债的说法中错误的是（　　　　）。

A. 国债只能在货币市场交易　　　　　　B. 国债是风险最低的债券

C. 国债利率一般低于相同期限的其他债券的利率

D. 国债可以作为中央银行的公开市场操作工具

18. 下列不属于货币市场基金标的资产的是（　　　　）。

A. 股票　　　　　　B. 商业汇票　　　　C. CDs　　　　　　D. 银行同业存款

19. 企业发行债券，如果名义利率相同，则对其最有利的复利计息期是（　　　　）。

A. 1 年　　　　　　B. 半年　　　　　　C. 1 季度　　　　　　D. 1 个月

20. 同业拆借市场是指（　　　　）之间进行短期资金融通的场所。

A. 企业　　　　　　B. 居民　　　　　　C. 金融机构　　　　　　D. 投资者

五、问答题

1. 简述金融市场的未来发展趋势。

2. 股票与债券的联系和区别有哪些？

3. 简述同业拆借市场的特点。

4. 开放型基金与封闭型基金的主要区别是什么？

5. 债券发行利率的决定因素有哪些？

6. 请结合全球金融形势，谈谈我国多层次资本市场的改革发展情况。

六、综合题

1. 金融市场有哪些主要功能？

2. 效益好的企业可以向银行申请贷款，为什么还要发行债券筹资？

3. 近几年，国家提出金融服务实体经济的定位，资本市场也在不断地进行改革，更好地服务经济生活各领域。科创板、北京证券交易所的设立，更好地打造了金融服务科技创新和服务实体经济的主阵地。

请结合所学知识，回答以下问题：

（1）论述我国目前的多层次资本市场有哪些？

（2）简要阐述我国资本市场改革发展对推进实体经济良性发展的重要意义和作用。

第四章　金融机构

学习目标

· 了解金融机构的形成和类型；
· 掌握中央银行和专业银行的职能、性质和业务；
· 熟悉商业银行的职能、业务及管理流程；
· 了解其他非银行金融机构的概念和作用。

第一节　金融机构概述

一、金融机构的定义及功能

（一）金融体系的定义

金融体系由金融机构体系、金融运行体系和金融监管体系三部分构成，其中金融机构是作为金融体系的骨骼和载体而存在的。它不仅是金融运行和金融监管的组织保证，还是金融体系的核心部分。

在金融市场里，参与者可以简单地概括为政府机构、金融机构、非金融机构和个体；其中，金融机构是金融市场的主要参与者。

金融机构是指从事金融服务业的相关金融中介机构。狭义的金融机构仅指那些通过参与或服务金融市场交易而获取收益的金融企业；而广义的金融机构不仅包括所有从事金融活动的组织，还包括金融市场的监管者（如中央银行等）以及国际金融机构。本书采用的是广义的金融机构概念。

（二）金融机构的功能

1. 信用中介

金融机构作为资金借贷双方的中间人，通过负债业务（如吸收存款）和资产业务（如贷款、证券投资等）实现资金的通融和转移。

2. 信用创造

金融机构在信用中介和支付中介的基础上，通过贷款和投资等活动，创造出新的信用工具（如货币、债券等）并由此扩大信用规模。

3. 支付中介

金融机构通过提供账户管理、支付结算等服务，帮助客户完成资金收付和转移，降低

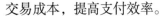

交易成本，提高支付效率。

4. 风险管理

金融机构在资金融通过程中，通过风险识别、评估、控制等手段，帮助企业和个人管理风险，降低它们所面临的不确定性。

5. 中介服务

作为中介机构，金融机构通过收集、整理、分析经济金融信息，运用自身拥有的金融资源，为投资者提供各类金融服务，主要涵盖以下内容：

1）为其他市场参与者提供投资建议，进行资产组合管理，这两项服务属于咨询和信托功能。金融机构可以向市场参与者提供投融资建议和策略，帮助市场参与者管理金融资产或指导市场参与者进行重组并购或发行上市等。

2）代理业务。代理客户进行金融资产交易。这涉及金融机构的经纪与交易功能。代理业务也就是经常提及的代客理财业务，金融机构通过提供这种服务获取相关的手续费用或服务费。

3）资产转换与金融产品研发。金融机构将各种能够从市场上获得的金融资产转换成为更受欢迎的资产类型，这构成金融机构的负债；还可以运用金融工程的理念设计出新的金融产品供投资者购买。

4）协助客户开发金融资产，并将其销售给金融市场中的其他参与者。这项服务被称为承销功能，提供承销服务的金融机构一般也提供其他相关服务。例如，证券公司可以承销上市公司的部分或全部股票的发行与买卖，并收取相应的管理费和交易费。

（三）金融机构面临的挑战与机遇

1. 挑战

随着金融科技的快速发展和金融市场的不断开放，金融机构面临着市场竞争加剧、风险防控压力增大等挑战。同时，金融科技的应用也对传统金融机构的业务模式和服务方式产生了深刻影响。

2. 机遇

金融科技的发展为金融机构带来了创新发展的机遇。通过运用大数据、云计算、人工智能等先进技术，金融机构可以优化业务流程、提升服务效率、降低运营成本，为客户提供更加便捷高效和更为个性化的金融服务。

金融机构在金融体系中扮演着至关重要的角色，它们通过资金融通、风险管理、支付中介和信息服务等功能的实现，为经济发展提供强有力的支持。同时，面对金融科技的发展和市场环境的变化，金融机构也需要不断创新发展，以满足新的市场需求、应对新的挑战。

二、金融机构的类型

按照不同的标准，金融机构可以被划分为不同类型。

1）按照在金融体系中的职能作用和业务性质的不同，金融机构有中央银行与一般金融机构之分。中央银行处于一国金融机构体系的中心和主导环节，承担宏观金融调控和实施金融监管的重任，并且不以营利为目的；一般金融机构则采用商业化经营模式，通过向社会提供各种金融产品和服务获得收入，如商业银行、专业银行和其他金融机构等。

2）按照主营业务特征及创造货币、创造交换媒介和支付手段的能力划分，金融机构可以分为银行金融机构和非银行金融机构。银行金融机构一般以存款放款、汇兑结算等传统银行业务为经营核心，如商业银行、一些专业银行、农村村镇银行。非银行金融机构是一个庞杂的体系，它包括保险公司、证券公司、信托公司、租赁公司、投资公司、基金公司、金融租赁公司、资产管理公司、投资银行等。投资银行虽然也被冠以银行的名字，但是一般并不经营存放汇业务（吸收存款、发放贷款、资金汇兑），而是专注于证券以及资本市场的并购重组等业务，属于典型的非银行金融机构范畴。

3）按照能否接受公众存款可以将金融机构划分为存款性金融结构与非存款性金融机构。存款性金融机构主要通过吸纳存款向公众举债获得资金，如商业银行、储蓄贷款协会、合作储蓄银行、信用合作社等；非存款性金融机构则不得吸收公众的储蓄存款。小额贷款公司就被划入非存款性金融机构范畴。

4）按照是否承担国家政策性融资业务，可以将金融机构划分为政策性金融机构和非政策性金融机构。政策性金融机构是指由政府投资创办并且按照政府意图与计划从事金融活动的机构；非政策性金融机构不承担国家的政策性投融资任务。

5）按照经营活动的领域角度，金融机构有间接金融机构和直接金融机构之分。两者之间最明显的区别是：间接金融机构通过发行以自己为债务人的融资工具来筹集资金，继而以各种资产业务分配这些资金；直接金融机构在融资过程中，一般不发行以自己为债务人的融资工具，只是协助筹资者将发行的融资工具销售给投资者。商业银行是最典型的间接金融机构。

三、金融机构体系构成

世界各国均会根据自身的实际政治、经济、金融、社会特征构建有特色的金融机构体系。在西方发达国家，金融机构体系大多采用以中央银行为核心、商业银行为主体、多种金融机构并存的形式。

中国的金融机构体系是一个以中央银行为核心、金融监管机构为监管主体、商业银行为主体、政策性银行和非银行金融机构并存、外资金融机构积极参与的多元化和多层次的金融机构体系。这一体系在促进经济发展、维护金融稳定等方面发挥着重要作用。

（一）中央银行

中央银行是商品信用经济发展到一定阶段的产物。中央银行也被称为货币当局，它是由政府组建的，负责控制国家货币供给、信贷条件，监管金融体系的机构。其特殊地位在于它是发行货币的银行、政府的银行和银行的银行。中央银行对内代表国家对整个金融体系实行领导和管理，维护金融体系的安全运行，实施宏观金融调控，是统领全国货币金融的最高机构；对外则是一国货币主权的象征。

1. 中央银行产生的客观经济基础

18 世纪后半期至 19 世纪前半期，伴随着资本主义工商业的快速发展，原有银行体系所出现的一系列问题直接催生了中央银行的产生。

1）为了保证各银行所发行的银行券能够及时兑现，要求有一家实力雄厚的、具有权威的银行来发行一种能在全国范围内流通的货币。

2）随着银行业务的扩大，不同银行之间的清算存在困难，需要一个统一权威的票据交换和债权债务清算中心。

3）当银行遭遇经营危机，面临挤兑风险时需要一家权威机构适当集中各家银行的准备金，充当"最后贷款人"的角色。

4）为了保证金融业的有序竞争，保证金融市场的健康稳定，减少金融运行的风险，需要一个由政府指定或组织的专门机构对金融业以及金融活动加以监管。

5）设立或指定一家银行作为中央银行，可以方便政府融资。

以上一揽子问题直接导致了中央银行的应运而生。

2. 中央银行的产生途径

中央银行的产生途径有两种：一是从既有的商业银行中逐步演变而成，如英国的英格兰银行。二是目的明确地直接创设，如美国联邦储备体系的设立。

3. 中央银行的发展及制度类型

中央银行的发展经历了初创时期、逐步完善时期、作用逐步增强时期等不同发展阶段。

1）初创时期。17世纪中叶至1843年，中央银行尚未完全垄断货币发行权，职能尚不完备，多属于私人股份银行或私人与政府合股的银行。

2）逐步完善时期。中央银行逐步确立了发行的银行以及银行的地位。尤其是1920年的布鲁塞尔国际金融会议决定，尚未建立中央银行的国家都应尽快成立中央银行，由此掀起了设立中央银行的高潮，中央银行制度得到发展与完善。

3）作用逐步增强时期。第二次世界大战以后，国家对经济的干预开始加强，中央银行成为政府干预经济的重要力量。中央银行的发展步入了作用逐步增强的时期。

由于不同国家的社会制度、经济发展水平以及金融业发展程度不同，因此各国的中央银行制度存在较大差异。总的来说，中央银行存在以下四种类型：

1）单一的中央银行制度。即在一国范围内单独设立一家统一的中央银行，通过总分行制，集中行使金融管理权，多数西方国家采用这一制度。

2）二元的中央银行制度。即在一国范围内建立中央和地方两级相对独立的中央银行机构，分别行使金融管理权，如美国、德国实行这一制度。

3）跨国中央银行制度。几个国家共同组成一个货币联盟，各成员国不单独设立本国的中央银行，而由货币联盟执行中央银行职能，如西非货币联盟和欧盟的中央银行。

4）准中央银行制度。即一个国家或地区只设置类似中央银行的机构，或由政府授权某个或某几个商业银行行使部分中央银行职能，如新加坡、中国香港就是采用这一制度。

4. 中央银行的性质

中央银行是一个国家内制定并组织执行货币政策、实施金融监管的专门机构。作为一个国家金融体系的中心和主导环节，它具有如下性质：

1）地位的特殊性。尽管各国中央银行的名称不尽一致，但就其地位来说，中央银行都居于一国经济金融体系的中心地位。

2）业务的特殊性。中央银行不经营一般商业银行的业务，不以营利为目的。中央银行的存贷、结算业务不是为了谋求利润，而是为了维护货币流通和金融制度的稳定。中央银行制定并组织执行货币政策、实施金融监管的出发点是为了维护社会公众利益和经济发展。

3）管理的特殊性。中央银行虽然经过一国的政府授权，享有各种金融管辖权，但又

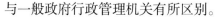

与一般政府行政管理机关有所区别。

5. 中央银行的职能

鉴于不同的社会历史状况、政治经济制度和金融环境等，各国中央银行行使其职能的程度也有所差异。一般而言，从业务活动的特征出发，中央银行具有发行的银行、银行的银行、政府的银行、调控宏观经济的银行四大职能。

1）中央银行是发行的银行。即指国家赋予中央银行集中与垄断货币发行的权力，并因此成为国家唯一的货币发行机构。货币发行成为中央银行最本质的特征。中央银行正是因为垄断了货币发行权才相应地拥有了其他的一些职能。

2）中央银行是银行的银行。是指中央银行服务于商业银行和整个金融机构体系，履行维持金融稳定、促进金融业发展的职责。中央银行集中保管商业银行的存款准备金并充当最后贷款人的角色，同时，中央银行是全国资金划拨与清算中心。

3）中央银行是政府的银行。是指中央银行对一国政府提供金融服务，同时中央银行代表国家从事金融活动，实施金融监管。中央银行代理国库收支，担负为政府融资的职能，同时为政府保管国家外汇黄金储备。

4）中央银行是调控宏观经济的银行。中央银行以国家货币政策制定者和执行者的身份，通过金融手段，对全国的货币流通和信用活动进行有目的、有目标的调节和控制，进而影响国家宏观经济，促进整个国民经济健康发展，实现它预期的货币政策目标。

专栏 4-1 　中国人民银行的历史沿革

中国人民银行是中华人民共和国的中央银行，是在国务院领导下制定和实施货币政策、对金融业实施监督管理的宏观调控部门。

1931 年，当时的中华苏维埃共和国政府在江西瑞金成立了"中共苏维埃共和国国家银行"，这是中国人民银行的前身之一。1948 年 12 月 1 日，以华北银行为基础，合并北海银行、西北农民银行，在河北石家庄组建了中国人民银行，并开始发行人民币。从 1953 年开始，随着社会主义改造的加快，中国人民银行逐步建成了高度集中的金融体制。中国人民银行既是管理金融的国家机关，又是全面经营银行业务的国家银行。

1983 年 9 月 17 日，中华人民共和国国务院决定由中国人民银行专门行使中央银行职能，不再兼办工商信贷和储蓄业务，并具体规定了人民银行的 10 项职责。1984 年 1 月 1 日，中国人民银行正式开始专门行使中央银行职能，标志着我国的中央银行体制发生了根本性转变。

1995 年 3 月 18 日，中华人民共和国第八届全国人民代表大会第三次会议审议通过了《中华人民共和国中国人民银行法》，首次以法律形式确立了中国人民银行的中央银行地位，标志着中央银行体制进入了法制化、规范化的发展阶段。随后，中国人民银行不断完善职能，强化中央银行制度，积极适应市场经济发展和国际金融环境的变化。

中国人民银行的历史沿革是一个从革命战争时期的银行机构逐步发展为现代中央银行的过程。在这个过程中，中国人民银行始终肩负着稳定国家金融、支持经济发展的重要使命，为中国的经济繁荣和社会进步做出了巨大贡献。

（二）商业银行

商业银行又称作存款货币银行或存款银行、普通银行。西欧各国习惯上称其为信贷银行，日本则称其为存款银行，国际货币基金组织将其称为存款货币银行。商业银行是以经营个人和工商企业存放款为主要业务，为客户提供汇兑结算等多种服务，以追求最大利润为经营目标的信用机构或特殊企业。商业银行通过办理转账结算来实现国民经济中的绝大部分货币周转，同时承担创造存款货币的任务。商业银行以其机构数量多、业务渗透面广以及资产总额比重巨大而成为金融机构体系中的骨干和主体，这是其他金融机构所不能代替的。

1. 商业银行的产生

当货币兑换从支付中介成为信用中介，银行就开始萌芽。从历史渊源上来看，商业银行的发展基本遵循英国的融通短期资金模式和德国的综合银行两种模式。1694年成立的英格兰银行是最早出现的股份银行，它的出现标志着现代银行制度的建立。目前，商业银行的业务已经渗透到社会生活的各个方面，成为国民经济不可缺少的金融机构。

2. 商业银行的形成途径

从高利贷银行转变而来。随着资本主义生产关系的建立，高利贷银行面临贷款需求锐减的困境，甚至面临破产。为了自身利益，它们顺势而动，降低利率，转变为商业银行。

以股份制公司形式组建形成。最早建立的股份制商业银行是英格兰银行，它的建立标志着新兴的资本主义现代银行制度开始形成，也意味着高利贷银行在信用领域的垄断地位已被动摇。到18世纪末19世纪初，各资本主义国家都纷纷建立规模巨大的股份制商业银行，商业银行开始在世界范围内逐步普及。

3. 商业银行的发展趋势

在信息技术飞速发展和金融自由化国际浪潮的推动下，商业银行正朝着打造以金融品牌为主导、以全面服务为内涵、以互联网为依托、以物理网络为基础的综合化、全球化、科技化、集团化、虚拟化的全能服务机构的方向发展。商业银行面临着现代信息技术、客户需求多样化、金融风险控制、管理效率、人力资源等诸多方面的挑战，商业银行之间的同业竞争趋势同样不容忽视。

专栏4-2　商业银行的发展趋势

1. 技术创新与数字化转型

金融科技应用：人工智能、大数据、区块链等技术的发展推动银行业数字化转型。商业银行正积极采用新技术来提升服务效率和客户体验，持续变革管理、业务和商业模式。

移动金融：移动支付、手机银行等移动金融服务日益普及，成为社会公众日常生活中不可或缺的一部分。

云计算和大数据：利用云计算资源和大数据分析能力来优化内部流程和服务产品，增强风险管理和市场营销能力。

2. 业务模式调整

混业经营：商业银行探索与其他金融领域的融合以提供更全面的服务。例如，投资银行、保险等业态的出现。

业务综合化：增加中间业务比例，如投资银行业务、资金交易、金融衍生品等，以此减少对传统信贷业务的依赖。

理财业务兴起：随着客户对资产管理需求的增长，商业银行将提供更多样化的理财产品和服务。

3. 国际化发展

全球化战略：商业银行致力于推进国际化进程，拓展海外业务，提升在全球金融市场中的地位。

跨境合作：与国际金融机构的合作加深，参与跨国项目融资等活动。

4. 风险管理

强化风险控制：建立更加完善的风险管理体系，确保银行的稳健运营。

不良贷款管理：采取措施降低不良贷款率，提高拨备覆盖率，增强风险抵抗能力。

5. 客户服务个性化

服务个性化：提供定制化的金融服务方案，满足不同客户的特定需求。

6. 可持续金融

绿色金融：发展绿色信贷、绿色债券等绿色金融产品，支持可持续发展项目。

普惠金融：继续加大对普惠金融的投入力度，支持乡村振兴、小微企业等领域的发展。通过科技赋能提升普惠金融服务的覆盖面和可得性。

7. 合规要求

合规经营：面对严格的监管环境，银行需确保所有业务活动符合法律法规要求。

8. 金融市场参与

资本市场参与：积极参与资本市场运作，提供证券承销、资产管理等服务。

9. 社会责任

社会责任：增强商业银行的社会责任感，提升品牌形象。

4. 商业银行的性质

商业银行是以追求最大利润为目标，以多种金融负债筹集资金，以多种金融资产为经营对象，利用负债进行信用创造，并向客户提供多功能、综合性服务的金融企业。商业银行是金融体系的重要组成部分。它是追求盈利的经营企业，以吸收存款为主要的资金来源。

商业银行的性质具体概括如下：

1）商业银行是企业，具有一般企业追求利润最大化的行为特征。

2）商业银行的业务较之于其他一般企业具有特殊性，对整个社会经济的影响以及受到社会经济的影响均远大于一般企业。

3）商业银行是特殊的银行。在经营性质和经营目标上，商业银行与中央银行和政策性金融机构不同。商业银行以营利为目的，在经营过程中讲求营利性、安全性和流动性原则，不受政府行政干预。商业银行与各类专业银行和非银行金融机构也不同。商业银行的业务范围广泛，功能齐全、综合性更强。

5. 商业银行的职能

（1）信用中介职能

信用中介职能是商业银行最基本也是最能反映其经营活动特征的职能。这一职能的实质是通过负债业务，把社会上的各种闲散资金集中到商业银行，再通过商业银行的资产业务，投向社会经济各部门。商业银行作为货币资本的贷出者和借入者实现货币资本的融通。

（2）支付中介职能

支付中介职能是指商业银行利用活期存款账户，为客户办理各种货币结算、货币收付、货币兑换和转业存款等货币经营业务的职能。

（3）信用创造职能

信用创造是指商业银行利用能够吸纳各类活期存款的有利条件，通过发放贷款，实现派生存款转化，进而扩大社会货币供应量。商业银行的信用创造职能是在信用中介与支付中介职能的基础上产生的，它是商业银行的特殊职能。当然，此时的货币不是现金货币，而是存款货币，仅是一种账面上的流通工具和支付手段。

（4）金融服务职能

商业银行可以利用其在国民经济活动中的特殊地位，以及在提供信用中介和支付中介业务过程中所获得的大量信息，运用电子计算机等先进手段和工具，为客户提供多种金融服务。

（5）其他职能

除上述主要职能外，商业银行还承担着其他一些重要职能：

风险管理职能。商业银行通过风险评估、风险控制和风险补偿等手段，确保资金的安全和稳健运营。

经济调节职能。商业银行通过信贷政策、利率政策等手段，调剂社会各部门的资金余缺，同时在中央银行货币政策的指引下，为宏观经济调控提供助力，促进经济的平稳发展。商业银行同时通过在国际市场上的融资活动来调节本国的国际收支变化。

信息中介职能。商业银行通过规模经济和信息优势，能够有效解决经济金融生活中由于信息不对称导致的逆向选择和道德风险问题。

社会责任职能。商业银行在追求经济效益的同时，也承担着一定的社会责任，如支持公益事业、促进环境保护等。

（三）专业银行

专业银行是指在专门范围内进行业务经营和提供专门性金融服务的银行。它是指那些由政府创立、参股或提供保证，且不以营利为目的，而是为了专门贯彻配合政府的社会经济政策或意图，在特定的业务领域内直接或间接从事政策性融资活动的机构。

专业银行是金融运行体系重要的组成部分。专业银行一般都有特定的客户群体，业务活动方式有别于或部分有别于商业银行的存放汇业务活动方式，具有专门性、政策性、行政性等特征。

1. 专业银行的性质

专业银行与商业银行之间存在一定的共性特征，如偿还性等。但与商业银行相比，专业银行还具有如下鲜明特征：①专业银行的资金一般来源于政府；②不以营利为目的；

③具有特定的服务领域；④一般不设立分支机构。

2. 专业银行的职能

专业银行和商业银行一样，具有中介职能。专业银行的中介职能表现为通过负债业务吸收资金，进而通过资产业务把资金投放于特定项目。但是，专业银行一般不接受社会的活期存款，资金来源多为政府资金或在金融市场上筹集的资金。但是专业银行又具有其他金融机构所不具有的特殊职能，如专业银行的贷款具有明显的政策导向性。

3. 专业银行的类型

（1）农业银行

农业银行并不是一个通用的专门名称，它是泛指向农业领域提供信贷的一类银行。农业受自然因素影响大，对资金的需求有强烈的季节性；农村的地域广阔、农户分散、资本数额需求小且时间长；融资者的利息负担能力低；抵押品大多无法集中，管理困难，有不少贷款只能凭借个人信誉。因此，商业银行和其他金融机构都不愿意做这方面的业务。为此，国家专设了以支持农业发展为主要职责的专业银行。这些银行的资金有的完全由政府拨款，有的则靠发行各种债券或股票筹措，也有以吸收客户的存款和储蓄来筹集资金的。近年来，不少农业银行的业务范围逐渐超出了单纯农业信贷业务的界限。

（2）储蓄银行

储蓄银行是办理居民储蓄并以吸收储蓄存款为主要资金来源的银行。与西方国家不同的是，中国大多数银行都经营储蓄业务；而西方国家的储蓄银行则大多是专门设立、相对独立的，并且存在专门的管理法规。储蓄银行的名称在各个国家均有所差异。储蓄银行汇集起来的储蓄存款余额较为稳定，主要用于长期投资，如发放不动产抵押贷款等。

（3）进出口银行

进出口银行是指专门为对外贸易提供结算、信贷等国际金融服务，为本国对外贸易发展提供支持的专业银行。这类银行一般来说都是官方的或半官方的金融机构。另外，创建进出口银行的宗旨是促进本国进出口贸易，特别是大型机电设备的出口贸易。这类银行在经营原则、贷款利率等方面都具有较浓的政策色彩。

（4）开发银行

开发银行是指专门为社会经济发展中的开发性投资提供中长期贷款的银行。开发性投资具有投资量大、见效慢、周期长、风险大等特点，因此一般商业银行不愿意承担此类业务。由于开发银行多为政府主办，不以营利为目的，所以往往由开发银行承担开发型投资项目。

（5）住房信贷银行

住房信贷银行是指专门为居民购买住房提供金融服务的金融机构。美国称之为住房信贷体系，日本称之为住宅金融库，英国称之为住房协会，其资金来源主要是协会会员缴纳的股金和吸收的存款。

（6）投资银行

投资银行就是投资性金融中介，是专门为工商企业提供证券投融资服务和办理长期信贷业务的银行。资金来源主要是依靠发行自己的股票或债券而非吸收存款，虽然有的国家允许投资银行接受大额定期存款。除传统的证券承销和融资业务以外，现代的投资银行业务涵盖了证券经纪、证券交易、投资管理、收购兼并、财务顾问、金融创新、衍生工具、

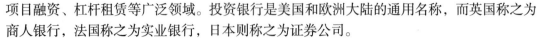

项目融资、杠杆租赁等广泛领域。投资银行是美国和欧洲大陆的通用名称，而英国称之为商人银行，法国称之为实业银行，日本则称之为证券公司。

（7）不动产抵押银行

不动产抵押银行是专门经营以土地、房屋及其他不动产作抵押的长期贷款的专业银行，其资金主要不是通过吸收存款筹措，而是靠发行不动产抵押证券来筹集。贷款业务大体可分为两类：一类是以土地为抵押的长期贷款；另一类是以城市不动产为抵押的长期贷款。

专栏 4-3　日本政策性金融机构的作用

首先，政策性银行快速有力地推动了国家的基础产业建设。1955年以后，以民间设备投资为驱动，出现了持续的经济高速增长。与此同时，由于没有对公路、港口、铁路等运输设施和用水、用地等产业基础设施进行相应的扩充，社会基础设施的不足成为当时日本经济增长的障碍。通过政策性金融机构对这些行业的贷款支持，产业基础设施得到改善，从而为经济各部门的发展创造了良好条件，保证了日本经济持续20年之久的高速增长。

其次，发挥了对民间金融机构的引导和协调作用。民间金融机构的贷款一般倾向于投放至经营状况良好、风险较小的企业。而对于一些基础产业、重点产业和发展前景尚不明朗的新兴产业而言，民间金融机构在进行投资决策时，往往会犹豫不决，不敢贸然行事。政策性金融机构对这些部门的投资，体现了政府对这些部门的扶植意向，同时也反映了经济计划的长远目标。因此，一般为政策性金融机构所重视的产业，民间金融机构也会表现出很大的热情。当民间金融机构对某些产业的投资达到一定规模时，政策性金融机构就会及时地减少其贷款额，转而扶植其他行业。这样就起到了引导民间金融机构贷款方向，稳定民间金融机构短期融资的作用。

最后，积极配合产业政策的实施推动产业结构转换。第二次世界大战结束以后至20世纪70年代初，日本产业政策的目标是赶超欧美发达国家，实现产业结构的重化学工业化。为此，政策性金融机构积极配合产业政策，引导民间金融机构和企业大力开展以重化工业为主的产业投资，实现了产业结构的顺利转换。

（四）非银行金融机构

非银行金融机构是金融体系的重要组成部分，为经济体系提供多元化的金融服务。随着金融市场的不断发展和金融科技的广泛应用，非银行金融机构将继续发挥重要的作用并迎来更多的发展机遇。

1. 证券类机构

证券类机构主要包括证券交易所、证券公司、证券服务机构、期货公司和基金管理公司等。这些机构主要从事证券的发行、交易、投资、咨询等业务，为投资者提供多元化的投资渠道和风险管理工具。

2. 保险类机构

保险类机构主要包括保险公司和保险中介机构。保险公司通过销售保险产品来筹集资金，为投保人提供风险保障；保险中介机构则提供保险咨询、代理销售等服务，促进保险市场的健康发展。

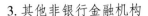

3. 其他非银行金融机构

其他非银行金融机构主要包括金融资产管理公司、信托公司、企业集团财务公司、金融租赁公司、消费金融公司、汽车金融公司、金融资产投资公司、货币经纪公司等。这些机构在各自的领域内提供专业化的金融服务，如资产管理、信托服务、融资租赁、消费信贷等。

四、国际性金融机构

（一）国际货币基金组织

国际货币基金组织是根据 1944 年 7 月联合国国际货币金融会议通过的《国际货币基金协议》建立的政府间的国际金融机构。该组织于 1945 年 12 月正式成立，1947 年 11 月成为联合国的专门机构。

国际货币基金组织有以下宗旨：

1）就国际货币问题进行磋商与协作，促进国际货币领域的合作。

2）促进国际贸易的扩大和平衡发展，从而有助于提高实际收入和保持高水平的就业以及推进各成员国生产性资源的开发，并以此作为经济政策的首要目标。

3）促进汇率的稳定，保持成员国之间有秩序的汇率安排，避免竞争性通货贬值。

4）协助在成员国之间建立经常性交易的多边支付体系，取消阻碍国际贸易发展的外汇限制。

5）在具有充分保障的前提下，向成员国提供暂时性普通资金，以增强其信心，使其能有机会在无须采取有损本国和国际繁荣的措施的情况下，纠正国际收支平衡。

6）根据上述宗旨，缩短成员国国际收支失衡的时间，减轻失衡的程度。

（二）世界银行集团

1944 年 7 月，联合国货币金融会议通过了《国际复兴开发银行协定》，1945 年 12 月，28 个国家政府的代表签署了这一协定，并宣布国际复兴开发银行正式成立，简称世界银行。后来陆续建立了国际开发协会、国际金融公司、多边投资担保机构和国际投资争端解决中心等附属机构。

世界银行有以下宗旨：

1）对用于生产目的的投资提供便利，以协助会员国的复兴与开发；鼓励较不发达国家生产与资源的开发。

2）利用担保或参加私人贷款及其他私人投资的方式，促进会员国的外国私人投资。当外国私人投资无法获得时，在条件合适时，运用本身资本或筹集的资金及其他资金，为会员国生产提供资金，以补充外国私人投资的不足，促进会员国外国私人投资的增加。

3）用鼓励国际投资以开发会员国生产资源的方法，促进国际贸易的长期平衡发展，并维持国际收支的平衡。

4）在贷款、担保或组织其他渠道的资金中，保证重要项目或在时间上紧迫的项目能优先安排。

5）在业务中适当照顾各会员国国内工商业，使其免受国际投资的影响。

（三）国际清算银行

国际清算银行（Bank for International Settlements，BIS）是一家办理中央银行业务的国

际性金融机构，成立于 1930 年 2 月，并于同年 5 月正式开业。国际清算银行由美国摩根、纽约和芝加哥花旗银行组成的银团，与英国、法国、意大利、德国、比利时、日本 6 国的中央银行共同投资设立，行址在瑞士巴塞尔。

国际清算银行的宗旨是促进各国中央银行之间的合作；为国际金融活动提供更多的便利；在国际金融清算中充当受托人或代理人。国际清算银行是各国"中央银行的银行"，面向各国中央银行并通过中央银行向整个国际金融体系提供一系列高度专业化的服务，办理多种国际清算业务。

（四）区域性金融机构

1. 亚洲开发银行

亚洲开发银行（Asian Development Bank，ADB）是面向亚太地区的区域性政府间金融开发机构，成立于 1966 年，总部设在菲律宾首都马尼拉。亚洲开发银行的宗旨是向其会员国或地区成员提供贷款和技术援助，帮助协调会员国或地区成员在经济、贸易和发展方面的政策，同联合国及其专门机构进行合作，以促进亚太地区的经济发展。

2. 加勒比开发银行

1969 年 10 月 18 日，16 个加勒比国家和 2 个非本地区成员在牙买加金斯敦签署协议，成立加勒比开发银行（Caribbean Development Bank，CDB），总部设在巴巴多斯的首都布里奇顿。加勒比开发银行的宗旨是促进加勒比地区成员国经济的协调增长和发展，推进经济合作及本地区的经济一体化，为本地区发展中国家提供贷款援助。

3. 泛美开发银行

泛美开发银行（Inter-American Development Bank，IDB）是以美国和拉美国家为主，联合一些西方国家和南斯拉夫建成的区域性国际金融机构，成立于 1959 年。其宗旨是动员美洲内外资金，为拉美成员国经济和社会发展提供项目贷款和技术援助，以促进拉美经济的发展和泛美体系的实现。

4. 非洲开发银行

1964 年，非洲开发银行（African Development Bank，AFDB）正式成立，总部设在科特迪瓦首都阿比让。其宗旨是通过提供投资和贷款以及利用非洲大陆的人才和资源，促进成员国经济发展和进步；优先向有利于地区经济合作和扩大成员国间贸易的项目提供资金和技术援助；帮助研究、制订、协调和执行非洲各国的经济发展计划，以便达成非洲经济一体化。

5. 欧洲复兴开发银行

欧洲复兴开发银行（European Bank for Reconstruction and Development，EBRD）于 1991 年 4 月 14 日正式开业，总部设在伦敦。该银行由 69 个国家、欧洲联盟以及欧洲投资银行共同参与，其中包括大多数发达国家和发展中国家。欧洲复兴开发银行致力于支持中欧、东欧、中亚、南地中海地区以及东南欧的经济发展。

（1）主要职能

1）提供融资。向成员国提供贷款、股权投资和担保等金融服务，支持私营部门、基础设施、能源、环境等领域的项目。

2）政策对话。与成员国政府、私营部门和其他利益相关者进行政策对话，推动经济改革和市场化进程。

3）技术援助。提供技术援助和咨询服务，帮助成员国改善商业环境、提高治理水平和促进可持续发展。

（2）业务领域

私营部门发展。支持中小企业成长、促进创新和创业精神的形成与发展。

基础设施。投资于交通、能源、水和废物管理等关键领域的基础设施项目。

能源转型。支持可再生能源项目、提高能源效率和减少温室气体排放。

绿色经济。推动绿色技术和环保产业发展，促进经济的可持续增长。

6. 亚洲基础设施投资银行

亚洲基础设施投资银行（Asian Infrastructure Investment Bank，AIIB），以下简称亚投行，于 2015 年 12 月 25 日正式成立，总部设在中国北京。截至 2024 年 7 月 30 日，亚投行拥有 109 个成员国，包括 95 个正式成员和 14 个意向成员。亚投行是一个亚洲区域的政府间多边开发机构，旨在推进亚洲区域的互联互通化和经济一体化进程，并加强中国及其他亚洲国家和地区的合作。亚投行重点支持基础设施建设，包括交通、能源、电信、农业和城市发展等领域。

7. 金砖国家新开发银行

金砖国家新开发银行（New Development Bank，NDB），也称新开发银行，是由中国、巴西、俄罗斯、印度、南非这五个金砖国家于 2014 年共同出资创办的国际性开发金融机构，总部设在中国上海。宗旨是为金砖国家以及其他发展中国家提供相关服务，促进全球基础设施建设和可持续发展，同时也致力于"去美元化"，打破西方对全球经济的霸权和垄断。主要业务是通过贷款、担保、股权参与和其他金融工具的运用为公共和私营部门项目提供支持和技术援助。资助领域集中在清洁能源、城市发展、环境效益、交通设施、灌溉水、资源管理、卫生、社会基础设施、数字基础设施等多个领域。自开业以来，已获得惠誉和标准普尔的"AA+ 国际信用"评级，高于任何一个创始成员国的主权信用评级；除5 个创始成员国外，还吸引了包括埃及、阿联酋、乌拉圭、孟加拉国等国加入；已经批准了多个贷款项目，为成员国和其他发展中国家的基础设施建设提供了重要支持。

第二节　中央银行

中央银行的主要业务包括负债业务、资产业务、清算业务和金融统计业务，它们是中央银行职能的具体体现。

一、中央银行的负债业务

中央银行的负债是指政府、金融机构、社会公众等持有的对中央银行的债权，主要包括货币发行业务、准备金存款业务、其他存款业务和其他负债业务。

1. 货币发行业务

货币发行是中央银行作为国家政府的代表向社会提供流通手段和支付手段，是中央银行对货币持有者的一种负债，构成中央银行最重要的负债业务。

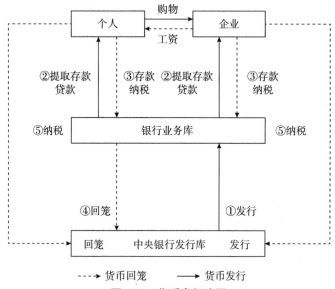

图 4-1　货币发行流通

注：现金发行包括工资、提取存款、采购农产品、企业管理支出；现金回笼包括商品销售收入、服务收入、税收、存款。

2. 准备金存款业务

准备金存款业务是中央银行存款业务中最主要的业务，也是中央银行资金的重要来源。准备金存款由两部分组成：一部分是法定准备金存款，即商业银行按照法律规定将吸收存款的一定比率缴存至中央银行；另一部分为超额准备金存款，即商业银行在中央银行的存款中超过法定准备金的部分。

通过存款准备金率的调整可以调节和控制金融机构的信用创造能力和贷款规模，控制货币供应量，从而达到宏观调控所需要的效果。当宏观经济过热或者流动性过剩，社会的闲散资金比较多时，可以利用准备金存款业务的开展来收缩货币供应量，促使资金回笼，从而使整个经济冷却下来，缓解流动性过剩，避免经济泡沫的产生。

存款准备金可以防止由于个别银行的支付能力削弱而导致的存款人集中、大量挤提存款直至造成整个金融行业出现系统风险，保证整个金融业的稳定。

3. 其他存款业务

除准备金存款业务外，其他存款业务还包括政府存款、其他金融机构存款、外国存款、特定机构和私人部门存款、特种存款。其中，中央政府存款是政府存款中最重要的部分。有的国家还可能包括各级地方政府的存款以及政府部门的存款。

4. 其他负债业务

中央银行的其他负债业务包括发行中央银行债券、对外负债和资本业务等。

发行中央银行债券是中央银行的主动负债业务，具有可控性、抗干扰性和预防性。当金融机构的超额准备金过多，而中央银行又不便于采用其他货币政策工具进行调节时，就可以通过向金融机构发行中央银行债券回笼资金，减少流通中的货币。在公开市场规模有限、难以大量吞吐货币的国家，发行央行债券可以作为公开市场业务操作的工具。

货币供应量（M_s）等于基础货币（B）与货币乘数（k）之积，即 $M_s = Bk$。

西方关于基础货币 B 的定义是现金 C 以及成员银行在中央银行的储备存款 R，即 $B = C + R$。而 R 又包括活期存款准备金 R_r，定期存款准备金 R_t，以及超额准备金 R_e。所以全部基础货币方程式表示为：$B = C + R_r + R_t + R_e$

经典的货币乘数公式：$k = \dfrac{R_c + 1}{R_d + R_c + R_e}$。

其中，R_d、R_e、R_c 分别表示法定存款准备金率、超额存款准备金率和现金占存款的比率。

货币学派著名的费雪交易方程式是：$MV = PY$

其中，M 为货币供给量；V 为货币流通速度；P 为价格水平；Y 为总产品。

二、中央银行的资产业务

中央银行的资产业务是中央银行运用货币资金的业务，是调控信用规模和货币供应量的主要手段。它主要包括贷款、再贴现、公开市场业务和国际储备。

1. 贷款业务

中央银行贷款业务主要包括两项：

（1）对商业银行的贷款

这种贷款被称为再贷款，是中央银行贷款的最主要渠道。它是中央银行为了解决商业银行在信贷业务中发生临时性资金周转困难而发放的贷款，是中央银行作为"银行的银行"职能的具体表现。在国外，再贷款多是有政府债券或商业票据进行担保的抵押放款。中央银行通常会定期公布贷款利率。在商业银行提出申请后，由中央银行对数量、期限、用途以及申请者资信进行审查。一般来说，中央银行贷款都是短期的，采取的形式大多是以政府债券或商业票据为担保的抵押贷款。

（2）对政府的贷款

这种贷款是在政府财政收支出现失衡时，中央银行为其提供贷款支持的应急措施，多为短期的信用放款，可以通过直接提供贷款和买入政府债券两种渠道进行。

2. 再贴现业务

中央银行的再贴现业务是指商业银行以未到期的商业票据向中央银行申请贴现取得融资的业务。中央银行运用再贴现业务执行最后贷款人的职能。其业务流程如下：①确定再贴现对象，因为很多国家只对在中央银行开设账户的商业银行进行贴现。②中央银行在收到申请后审查票据的合法性和申请者资金运作情况，确定是否符合条件。③按照再贴现率计算再贴现金额。④中央银行支付再贴现金额。⑤中央银行通过票据交换收回再贴现款项。

3. 公开市场业务

通过公开市场买卖证券是中央银行重要的资产业务。中央银行买卖证券的目的不是为了盈利，而是为了调节和控制社会货币供应量，以对整体宏观经济产生影响。当市场需要扩张时，中央银行即在公开市场买入证券，以增加社会的货币供应量，刺激生产；反之则

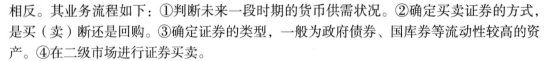

相反。其业务流程如下：①判断未来一段时期的货币供需状况。②确定买卖证券的方式，是买（卖）断还是回购。③确定证券的类型，一般为政府债券、国库券等流动性较高的资产。④在二级市场进行证券买卖。

4. 经营国际储备资产

国际储备是指各国政府委托本国中央银行持有的被国际间广泛接受的各种形式资产的总称。目前，国际储备主要由外汇、黄金组成，其中外汇储备是最重要的部分。中央银行经营国际储备是中央银行作为政府的银行这一功能的又一体现，能起到弥补国际收支逆差、干预外汇市场、维持汇率稳定、增强国际信誉度以及增强本国货币的国际信誉的作用。

三、中央银行的清算业务和金融统计业务

中央银行的清算业务又称中间业务，即中央银行对各金融机构之间因经营活动而发生的资金往来和债权债务进行清算。它主要包括以下内容：

1. 组织票据交换

工商企业、事业单位及消费者用票据进行债权债务清偿和支付时，要通过开户银行的转账结算系统实现资金收付。当各银行收到客户提交的票据后，通过票据交换的方式对代收的票据进行交付。

票据交换指同一城市各银行间将收付的票据进行当日交换的行为。参加交换的各银行每日在规定时间内，在交换场所将当日收进的以其他银行为付款行的票据进行交换，这种票据交换的清算一般由中央银行组织管理，集中办理交换业务，结出各机构收付相抵后的差额，其差额通过各商业银行在中央银行的存款账户进行划转清算。

2. 办理异地资金汇划

异地资金汇划是指办理不同区域、不同城市、不同银行之间的资金转移的行为。这种跨地区的资金汇划，必须由中央银行统一办理。一般采用两种方式：一是先由各金融机构内部组成联行系统，由各金融机构的清算中心通过中央银行办理转账结算；二是将异地票据统一集中传至中央银行总行办理轧差头寸的划转。通过中央银行的异地资金汇划，减少了各行运送现款的麻烦，加速了资金周转。同时，中央银行还能通过此业务了解各金融机构的资金营运情况，从而有利于中央银行对金融机构进行及时有效监管。

3. 跨国清算

跨国清算是指借助一定的结算工具和支付系统对由于国际贸易、国际投资及其他因素所引起的国际间债权债务进行清算并实现资金跨国转移的行为。跨国清算通常是通过各国的指定银行分别向本国的中央银行办理。由两国的中央银行集中两国之间的债权债务直接加以抵销，完成清算工作。

专栏 4-5 环球同业银行金融电讯协会

环球同业银行金融电讯协会（Society for Worldwide Interbank Financial Telecommunications，SWIFT）成立于 1973 年 5 月，由来自美国、加拿大等 15 个国家的 239 家银行共同发起，是一个向全球开放的提供成员机构间安全快速电子通信服务的国际合作组织，总部设在比利时的布鲁塞尔。

1. 成立背景与目的

SWIFT 的成立初衷是为了运用先进的计算机网络技术实现银行和银行之间的数字化通信，从而解决世界各地银行之间来往款项的快速安全方便结算问题。SWIFT 致力于成为国际间金融信息数据交换的标准语言，统一了银行间的通信格式，消除了理解上的歧义。

2. 组织架构与会员

组织架构：SWIFT 是一个非营利性质的私营股份公司，受 G10（十国集团）中央银行的监督管理。其董事会由 25 位独立董事组成，负责管理公司并监督公司的日常运营。

会员构成：SWIFT 的会员单位已经从银行扩展到其他金融机构、金融交易所以及大型企业集团等，覆盖全球 200 多个国家和地区，会员单位超过 1.1 万家。中国银行于 1983 年加入 SWIFT，成为其第 1034 家会员。

3. 主要服务

信息传递服务：SWIFT 基于标准化的报文体系，以报文为单位进行成员机构间的信息传输。这些报文包含了将要发送的完整数据信息，如借记和贷记账户、币种及相应金额等。

跨境支付与清算：虽然 SWIFT 本身不直接处理资金转移，但它通过传递报文信息帮助成员机构了解交易详情，并据此通过各自的支付结算体系完成资金划转。例如，美元的支付结算信息需要通过 CHIPS 系统（纽约清算所银行同业支付系统）进行传递，而人民币则需要通过 CIPS 系统（人民币跨境支付系统）进行传递。

SWIFT 不断推出新的增值服务，以满足成员机构日益增长的新需求。

4. 全球布局与技术支持

全球布局：SWIFT 在荷兰阿姆斯特丹（主要覆盖欧洲与非洲）、美国纽约（主要覆盖美洲）、中国香港（主要覆盖亚太地区）分别设立信息（电信）交换中心，形成覆盖全球的、24 小时连续运行的金融电信网络体系。

技术支持：SWIFT 提供 24 小时技术支持，并设有多个支持中心和办事处，以确保服务的连续性和稳定性。

专栏 4-6　人民币跨境支付系统

人民币跨境支付系统（Cross-border Interbank Payment System，CIPS），是由中国人民银行组织开发的独立支付系统，旨在进一步整合现有人民币跨境支付结算渠道和资源，提高跨境清算效率，满足各主要时区的人民币业务发展需要，提高交易的安全性，并构建公平的市场竞争环境。

一、系统概述

CIPS 是我国重要的金融市场基础设施，为境内外金融机构人民币跨境和离岸业务提供资金清算与结算服务。该系统自 2012 年开始建设，并于 2015 年 10 月 8 日正式启动。随着系统的不断发展和完善，CIPS 已经实现了对全球各时区金融市场的全覆盖，能够为全球的支付与金融市场业务提供支持，满足全球用户的人民币业务需求。

二、系统特点

高效性：CIPS采用实时全额结算和定时净额结算相结合的混合结算模式，提高了跨境人民币交易的清算效率。各直接参与者一点接入、集中清算，缩短了清算路径，进一步提升了清算效率。

安全性：CIPS系统采用了先进的加密技术和安全措施，确保交易数据的机密性、完整性和可用性。系统建立了完善的故障处理和突发事件应急处置机制，确保业务连续处理和资金安全。

国际化：CIPS系统与国际清算系统（如SWIFT）实现对接，支持人民币与其他货币之间的直接清算。这有助于提升人民币在国际金融市场上的地位和影响力，推动人民币国际化进程。

兼容性：CIPS报文设计充分考虑了与现行SWIFT报文的转换要求，便于跨境业务直通处理并支持未来业务发展需求。同时，系统采用国际通用的ISO 20022报文标准，支持中英文传输，在名称、地址、收费等栏位设置上更有利于人民币业务的自动处理。

三、系统参与者

CIPS的参与者分为直接参与者和间接参与者两类。直接参与者是在CIPS开立账户的机构，而间接参与者需要在直接参与者处开立同业账户。CIPS系统拥有众多参与者，覆盖全球多个国家和地区。参与者的广泛分布进一步增强了CIPS的全球影响力和竞争力。

四、系统发展

CIPS系统自启动以来，经历了多个阶段的发展和完善。从一期到二期，系统在功能特点上进行了改进和完善，如运行时间延长、引入定时净额结算机制、支持多种金融市场业务的资金结算等。这些改进和完善使CIPS系统更能适应市场需求和业务发展需要。

五、系统意义

CIPS的建成和运行对人民币国际化具有重要意义。它不仅提高了跨境人民币交易的清算效率和安全性，还降低了交易成本和时间成本，为境内外金融机构和企业提供了更加便捷且高效的跨境金融服务。随着CIPS系统的不断发展和完善，其全球影响力和竞争力也将不断提升，为人民币成为国际主要支付货币和储备货币奠定了坚实基础。

人民币跨境支付系统（CIPS）作为一个功能强大、高效安全、国际化程度较高的金融基础设施，在推动人民币国际化进程、提升中国金融市场的国际竞争力等方面发挥着重要作用。

4. 金融统计业务

金融统计是指按照规定的统计制度、根据统计的一般原理、运用科学的统计方法，对金融活动和现象的数量信息进行收集、整理、分析并给出结论，从而为经济和金融决策提供依据及建议的过程。金融统计的对象具体包括金融机构、金融业务、金融市场。

第三节 商业银行

一、商业银行的业务

虽然世界各国的商业银行的组织形式、名称、经营业务和经营内容均有所差异，但其主要业务大致可以分为负债业务、资产业务、中间业务三大类。伴随着银行业的全球化与国际化进程，商业银行也开展国际业务。

（一）商业银行的负债业务

负债业务主要指商业银行获取资金来源的业务，是商业银行业务的基础。商业银行广义的负债业务主要包括自有资本和吸收外来资金两大部分。

1. 自有资本

自有资本是指归商业银行长期使用，无须偿还的资金来源，包括股本金、盈余、债务资本、其他资金来源等。由于银行的组成方式不同，自有资本可能是国家投资，也可能是个人资本、合伙资本，或者是从发行股票中筹集的资本。拥有自有资本金是银行开业的前提条件之一，银行在动员别人的资金之前，必须先筹足自有的资金。自有资本金还包括银行在开业以后提取的公积金以及未分配的利润。

专栏4-7 商业银行的设立条件和程序

1. 设立条件

1）发起人符合法定人数。即应当有5人以上为发起人，其中须有过半数的发起人在中国境内有住所。

2）发起人认缴和社会公开募集的股本达到法定资本金的最低限额。股份有限公司注册资本的最低限额为1000万元人民币，股份商业银行的资本金最低限额必须符合公司法规定的这一标准。以募集设立方式设立的股份商业银行，发起人认购的股份不得少于银行股份总额的35%，其余股份应当向社会公开募集。发起人向社会公开募集股份时，必须向相关证券管理部门递交募股申请，并报送如下文件：批准设立文件，商业银行章程；经营估算书；发起人姓名或名称，发起人认购的股份数、出资种类及验资证明；招股说明书；代收股款银行名称及地址，承销机构名称及有关协议。

3）股份发行、筹办事项符合法律规定。

4）发起人制定银行章程，并经创立大会通过。发行股份的股款缴足后，发起人应当在30日内主持召开创立大会，创立大会由认股人组成。创立大会须有代表股份总数1/2以上的认股人出席。创立大会行使下列职权：审议发起人关于商业银行筹办的报告、通过银行章程、选举董事会和监事会成员、审核银行的设立费用、审核发起人抵作股权的资产的作价、做出不设立银行的决议。

5）有商业银行的名称并建立符合股份有限公司要求的组织机构，如董事会、监事会等。

6）有固定的经营场所和经营条件。

---

2. 一般程序

1）申请登记。填写《申请登记书》，并递交申请。

2）招募股份。按照《中华人民共和国公司法》的规定发行股票招募股份。

3）验资开业。向有关部门报送《验资证明书》，达到要求后获得营业执照。

2. 存款业务

存款业务是商业银行最主要的负债业务，包括活期存款、定期存款和储蓄存款等。存款是银行资金的主要来源，也是银行进行贷款和投资等资产业务的基础。

（1）活期存款

活期存款是无需预先通知即可随时提取或支付的存款。活期存款构成商业银行的重要资金来源，也是商业银行创造信用的重要条件。商业银行只向客户免费或低费提供服务，一般不支付或较少支付利息。持有活期存款账户的存款者可以用各种方式提取存款，如开支票、本票、汇票、电话转账等。其中，最传统的是支票取款，因此，活期存款也可以被称为支票存款。

（2）定期存款

定期存款是相对于活期存款而言的，由存户预先约定期限的存款。定期存款占银行存款的比重较高。因为定期存款期限固定且相对较长，从而为商业银行提供了稳定的资金来源，对商业银行长期放款与投资具有重要意义。

（3）储蓄存款

储蓄存款是个人为积蓄货币和取得利息收入而开立的存款账户，储蓄存款又可分为活期和定期。储蓄存款的活期存款，或称为活期储蓄存款，存取无一定期限，只凭存折便可提现。存折一般不能转让流通，存户不能透支款项。

（4）可转让定期存单

可转让定期存单存款是定期存款的一种主要形式，但与前述定期存款又存在差别。可转让存单存款的显著特点是：存单面额固定，不记姓名，利率有固定也有浮动，存期为3个月、6个月、9个月和12个月不等。存单能够流通转让，从而可以满足流动性和营利性的双重要求。

（5）可转让支付命令存款账户

可转让支付命令存款账户实际上是一种不使用支票的支票账户。它以支付命令书取代支票。商业银行可以通过此账户提供支付上的便利和支付利息，从而提高对储户的吸引力，扩大存款。开立这种存款账户的主体可以随时开出支付命令书，或直接提现，或直接向第三者支付，其存款余额可取得利息收入，由此在满足支付上的便利要求的同时也满足了收益上的要求。

（6）自动转账服务存款账户

自动转账服务存款账户与可转让支付命令存款账户类似，由电话转账服务发展而来。需要自动转账服务的主体可以同时在银行开立两个账户：储蓄账户和活期存款账户。银行收到存户所开出的支票需要付款时，可随即将支付款项从储蓄账户上转到活期存款账户上，自动转账并即时支付支票上的款项。

（7）掉期存款

掉期存款业务主要是利用不同货币之间的利差进行套利，从而赚取较高的存款收益。通过外汇掉期可以获得高于一般存款利率的收益，而且没有任何的汇率风险和本金损失风险。顾客在存款时把手上的本币兑换成他所选择的外币，然后作为外币定期存款存入银行。到期满时顾客先将外币存款连本带息兑回本币后才提取。掉期存款的期限由1个月至1年不等。

3. 借款

银行为了保持资金的流动性，会从其他银行、金融机构或金融市场借入资金。

1）同业拆借。即是银行间的短期放款，主要用于临时性调剂头寸，用于日常资金周转。这种借款一般为期1天，故有"今日货币"之称。同业拆借利率低，融资对象、数额和时间均较灵活。

2）转抵押借款。即商业银行在临时性资金周转困难之际，向银行同业申请的抵押贷款。由于抵押物多为银行客户向其举借抵押贷款提交的抵押品，故此种借款有"转抵押"之名。

3）转贴现借款。类似于转抵押借款，只不过以银行对客户办理贴现业务而收到的未到期票据转售给银行同业来代替提供抵押品。由于金融当局对转抵押借款与转贴现借款实行较为严格的管制，同时银行的股东、客户以及社会公众容易通过这两类借款的增加形成银行经营恶化的预期，因此银行较少进行转抵押借款与转贴现借款。

4）向中央银行融资。商业银行向中央银行借款的主要途径是再贴现，只有在商业银行信用不足时才使用此种借款。

5）回购协议。是指商业银行通过出售政府或政府机构债券等金融资产取得短期资金，并约定在未来某个日期按预定价格回购此项金融资产的业务。这是一种有担保品的短期资金融通方式。

6）境外借款。除在本国货币市场上取得借款之外，商业银行还可以从国际金融市场上筹措资金来补充银行资金的不足，这就产生了境外借款。

7）金融债券。商业银行为筹集中长期资金而向社会公开发行的一种债务凭证。债券持有者享有到期收回本金和利息的权利。

（二）商业银行的资产业务

商业银行的资产业务指商业银行资金运用的业务，是商业银行形成利润和收益的基础，主要包括以下三个方面：

1. 贷款业务

贷款业务是商业银行最主要的资产业务，银行通过发放贷款来获取利息收入。贷款种类多样，满足不同客户的资金需求。

（1）信用放款

信用放款即是指单凭借款人的信誉，而不需提供任何抵押品的放款。一笔贷款从客户提出申请到贷款发放并回收一般需要经历以下环节：客户申请—受理申请—贷前调查—项目评估—风险审查—贷款审议与审批—报送备案—合同审查—用款条件审查—贷款合同签订—客户用款—贷后检查—贷款回收（见图4-2）。

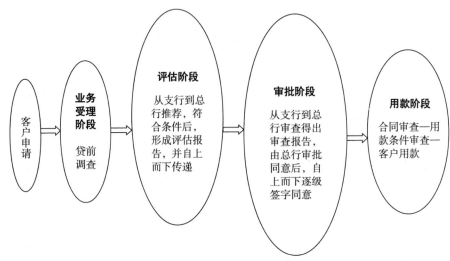

图 4-2 国有商业银行的贷款业务阶段流程

（2）担保贷款

担保贷款包括保证贷款、抵押放款和质押贷款。保证贷款，指以第三人承诺在借款人不能偿还贷款时，按照约定承担一般保证责任或者连带责任后发放的贷款。抵押贷款，指以借款人或第三人的财产作为抵押物发放的贷款。质押贷款，指以借款人或第三人的动产或权利作为质押物而发放的贷款。

（3）票据贴现

票据贴现是指贷款人以购买借款人未到期商业票据的方式发放的贷款。借款人以未到期的票据向银行融通资金，申请贴现；银行扣除一定的费用后发放相应的贷款；银行在票据到期时向票据付款人收取票面金额的款项。未到期票据贴现付款额的计算公式是：

$$贴现付款额 = 票据面额 \times [1- 年贴现率 \times (未到期天数 \div 360)]$$

2. 投资业务

商业银行的投资业务是指银行购买有价证券的活动。投资是商业银行一项重要的资产业务，是银行收入的来源之一。按照对象的不同，商业银行的投资业务可以分为国内证券投资和国际证券投资。商业银行购买的证券包括国债、金融债券、企业债券等。

3. 现金资产业务

现金资产类业务是维护商业银行支付能力的第一道防线，也称为一级储备。商业银行的现金资产包括准备金、同业存款以及托收未达款项。

（三）商业银行的中间业务

中间业务是商业银行不直接承担或形成债权债务关系，不动用自己的资金替客户办理支付，仅从其他委托事宜的办理中获取手续费的业务。主要包括：

1）结算业务。银行为客户办理各种款项的收付、汇兑等业务，如转账结算、现金结算等。

2）代理业务。银行代理客户办理一些业务，如代理发行证券、代理兑付债券、代理收付款项等。

3）咨询业务。银行利用自身的专业知识和信息优势，为客户提供各种咨询服务，如财务咨询、投资咨询等。

保管业务：银行为客户提供保管箱服务，保管客户的贵重物品或重要文件等。

（四）商业银行的表外业务

表外业务是指资产负债表以外的业务，即由商业银行从事的不列入资产负债表内，并且不影响银行资产与负债总额的经营活动。在银行表外业务中，银行对客户做出某种承诺使客户获得对银行的或有债权，而当约定的或有事件发生时，银行承担提供贷款或支付款项的法律责任，银行会因此而收取手续费。

目前，表外业务大致分为担保类、承诺类和金融衍生交易类等不同类型。

1. 担保类业务

担保类业务指商业银行接受客户的委托对第三方承担责任的业务，包括担保（保函）、备用信用证、跟单信用证、银行承兑汇票等。

2. 承诺类业务

承诺类业务指商业银行承诺在未来某一日期按照事先约定的条件向客户提供约定信用服务的业务，包括贷款承诺、票据发行便利等。

3. 金融衍生交易类业务

金融衍生交易类业务指商业银行为满足客户实现资产保值或自身头寸管理等需要而进行的有关货币和利率的远期、掉期、期权等衍生交易业务。

专栏 4-8　商业银行表外业务和中间业务的比较

1. 定义与范围

中间业务：是指商业银行在资产业务和负债业务的基础上，不运用或较少运用自身资金，以中间人或代理人的身份为客户办理代理、委托、担保和信息咨询等业务。这类业务不形成商业银行的资产和负债，因此不进入商业银行的资产负债表，但会产生非利息收入。

表外业务：是指商业银行从事的，按通行的会计准则不列入资产负债表内的经营活动，该活动不影响银行的资产负债总额，但会影响银行当期损益，而且会改变银行的资产报酬率。表外业务有狭义和广义之分，狭义的表外业务主要指那些未列入资产负债表，但同表内资产业务和负债业务关系密切，而且会在一定条件下转为表内资产业务和负债业务的经营活动；而广义的表外业务则包括结算、代理、咨询等无风险的经营活动，即商业银行所从事的所有不在资产负债表内反映的业务。

2. 规模与包含关系

表外业务只是中间业务的一部分，不能反映所有中间业务的特点。具体来说，除信用证、承兑等事务存在一定交叉外，表外业务主要包含许诺类表外业务（如贷款许诺、循环保证融资等）、担保类表外业务（如担保信用证或备用信用证、履约担保、投标担保、还款担保等）以及与市场价格波动有关的表外业务（如金融期货、金融期权、利率交换、货币交换等）。而中间业务还包含结算、信托、租赁、银行卡、代客交易、代收代付、代客理财、代客保管和信息咨询等业务。

3. 会计处理与反映

从会计处理角度来看，所有的表外业务都属于中间业务，表外业务不在资产负债表内反映；而中间业务虽然大部分属于表外业务，但也有少部分（如信用证、租赁业务等）是在表内反映的。

4. 业务开展过程中银行的角色

在办理传统的中间业务（如信用证、信托、代理、咨询等）时，银行一般充当中介人的角色；而在办理衍生金融工具交易等表外业务时，银行既可以充当经纪人，又可以充当自营商，即作为交易的直接当事者从事相关业务。

5. 风险承担

传统的中间业务一般不会发生由表外业务向表内业务的转化，所以承担的风险相对较小；而许多创新的表外业务，如票据发行便利、衍生金融工具交易等业务，都构成了银行的或有负债。在一定条件下（如银行履约贷款承诺，或在衍生工具交易对手违约时），相应的表外业务就会向表内业务转化，成为银行的现实负债。因此，银行在办理这类具有或有负债性质的表外业务时，承担的风险就会比较大。

（五）商业银行的国际业务

商业银行的国际业务是指所有涉及外币或外国客户的活动，包括银行在国外的业务活动以及在国内所从事的相关国际业务。主要包括国际资产业务、国际负债业务和国际中间业务。

国际资产业务是指商业银行外汇资产的运用业务，主要包括三项内容：外汇贷款、国际投资和外汇投机。国际负债业务是指商业银行外汇资金的来源业务，主要包括两项内容：外汇存款和境外借款。国际中间业务主要是指商业银行的国际结算业务，还包括外汇信托存放款和投资业务、国际融资租赁业务、代理客户外汇买卖业务、外汇咨询业务、担保和信用卡业务等。

（六）商业银行的联行往来业务

社会资金往来运动最终要体现在银行间的资金划拨上。当资金结算业务发生时，必然要通过两个或多个银行机构的往来才能完成，如果往来双方同属一个银行系统，此时的资金账务往来就被称其为联行往来。

专栏 4-9　中国商业银行的联行往来业务

全国联行往来。全国联行往来适用于总行与所属各级分支行之间以及位于不同省、自治区、直辖市的各分支机构之间的资金账务往来。全国联行往来账务由总行负责监督管理。

分行辖内往来。分行辖内往来适用于省、自治区、直辖市分行与所辖各分支机构之间以及同一省、自治区、直辖市辖内的各银行机构之间的资金账务往来。分行辖内联行往来业务由分行负责监督管理。

支行辖内往来。支行辖内往来适用于县（市）支行与所属各机构之间以及同一县（市）的支行内各机构之间的资金账务往来，其所涉及的账务往来业务由县（市）支行管理监督。

专栏4-10　商业银行的业务创新方向

一、数字化转型

1）大数据与人工智能：利用大数据技术进行客户行为分析、精准营销和风险评估。引入人工智能技术，如自然语言处理、机器学习等，提升客户服务质量和效率。例如，开发智能客服机器人，提供24小时在线咨询服务，提高客户满意度并节约人力资源等。构建智能风控体系，通过大数据和机器学习技术提高风险管理的准确性和效率，减少对传统风险控制模式的依赖。

2）云计算：利用云存储和云计算能力，高效处理和分析大数据，提升业务效率和决策能力。云安全技术保护银行系统和客户信息的安全，提高数据的安全性和可靠性。

二、场景化金融服务

1）移动支付：通过手机银行应用等渠道，提供便捷的转账、支付、理财等服务，满足用户随时随地的金融需求。

2）场景融入：将金融服务融入用户的生活场景中，如购物、出行、医疗等，通过场景化服务提升用户体验和黏性。

三、个性化金融产品

1）定制化服务：根据客户的风险承受能力、理财需求等个性化因素，推出不同类型的理财产品和服务，满足客户的多样化需求。

2）智能投顾：利用人工智能技术为客户提供个性化的投资建议和资产配置方案，提升客户的投资体验和收益。

四、开放银行模式

1）打破封闭关系：通过开放银行模式的构建，打破银行与客户之间的封闭关系，允许客户通过第三方平台获取金融服务。

2）数据聚合与产品创新：通过数据聚合和产品创新，与合作伙伴共同打造创新业务和提升客户体验。

五、绿色金融与普惠金融

1）绿色金融：积极响应国家绿色发展战略，加大对环保、节能、清洁能源等绿色产业的金融支持，推动经济可持续发展。

2）普惠金融：加大对小微企业、农村地区等薄弱环节的金融支持力度，实现金融服务的广覆盖和深渗透，促进社会公平和共同富裕。

六、金融科技合作

1）与金融科技公司合作：通过与金融科技公司合作，共同推进业务创新和技术应用，提升银行的竞争力和创新能力。

2）开放式创新：通过开放式创新模式，获取更多的创新资源和合作机会，加快业务创新步伐。

商业银行业务的创新方向包括数字化转型、场景化金融服务、个性化金融产品、开放银行模式、绿色金融与普惠金融以及金融科技合作等方面。这些创新方向旨在提升银行的竞争力、服务质量和客户体验，满足不断变化的市场需求和客户需求。

二、商业银行的经营管理

（一）商业银行的经营原则

商业银行作为一个特殊的金融企业，具有一般企业的特征，即追求利润的最大化。尽管银行有其特殊性，但在业务经营上，各国商业银行通常都遵循营利性、流动性和安全性原则，简称"三性"原则。

营利性。追求利润最大化是商业银行的经营目标。

流动性。流动性是指商业银行应当具有随时满足客户提取存款等要求的能力。

安全性。安全性是指商业银行在经营中要避免经营风险，保证资金的安全。

（二）商业银行的资产负债管理

商业银行资产负债管理自 20 世纪 70 年代逐步兴起。基本思想是根据经济环境和银行业务状况的变化，综合管理资产和负债的期限结构、利率结构、规模与风险结构；在分析成本等因素的基础上，策略地确定负债方或资产方的调整项目。

商业银行的资产负债管理经历了一个管理重心由资产转向负债，又由负债转向全面综合管理的变化过程。资产管理强调的是使资产保持流动性，在负债一定的情况下，通过调整资产结构来满足流动性要求。而负债管理强调的是通过扩大负债去获得银行的流动性。但是资产管理过于偏重安全性和流动性，不利于实现营利性目标；而负债管理过于偏重资产扩张和追求盈利，导致流动性过分依赖于外部环境，因此存在较大风险。

20 世纪 70 年代以后，在金融市场利率大幅度上升且波动加剧，同时银行倒闭现象增加的背景下，商业银行的资产负债综合管理被提上了日程。它的核心思想是：银行没有必要经常保持大量的高流动性资产，可以在必要时通过对外举债来解决流动性问题。银行的经营重点是追求利润的最优化，只要有良好的贷款项目和投资目标，就应该积极地扩展资产规模，利用发行大额可转让定期存单、同业拆借等主动负债方式筹集资金，而不是仅依靠吸收存款这种被动负债方式。

1. 资产管理

资产管理是商业银行的传统管理办法，其中资产流动性的管理占有特别重要的地位。它主要包括资金总库法、资金分配法与线性规划法。

资金总库法又称资金归集法或资金集中法。指通过活期存款、储蓄存款、定期存款、借入资金以及股本形成商业银行的资金来源，构成一个可供使用的资金池。资金池里的资金的运用顺序应当首先保证一级储备，其次保证二级储备，再次保证各类贷款，最后用于长期证券。

资金分配法产生于 20 世纪 40 年代。它以资产管理理论思想为基础，提出商业银行应如何安排资金组合的运作策略。其主要内容是：商业银行在把现有资金分配到各类资产上时，应使各种资金来源的流通速度或周转率与相应的资产期限相匹配，即银行资产与负债的偿还期应保持高度的对称关系，所以也称期限对称方法。

资金总库法与资金分配法都是从战略角度解决银行的资产管理问题。在商业银行经营管理实践中，经常要运用线性规划方法解决商业银行资产管理中的具体问题。线性规划法的核心思想是存在变量约束的条件下如何实现最优化的问题。商业银行在追求资产管理最优化时必然面临一定的约束，因此线性规划方法成为商业银行资产管理中经常采用的管理技术。线性规划方法在商业银行经营管理中的运用主要包括四个步骤：建立模型函数目标—选择模型中的变量—确定约束条件—进行线性规划模型的求解。

2. 负债管理

20 世纪 60 年代，西方商业银行资产负债管理的重心由以资产管理为主转向以负债管理为主。负债管理的基本内容是：将商业银行管理的重点由资产转向负债，主张以借入资金的办法来保持银行流动性，从而增加资产业务，进而增加银行收益。负债管理开创了保持银行流动性的新途径。负债管理方法主要包括两种：储备头寸管理方法和贷款头寸负债管理方法。这一理论的不足容易导致银行负债结构中的短期资金来源比重过大，增加了经营风险，提高了银行的融资成本。

储备头寸管理方法是用增加短期负债的方式向银行有计划地提供流动性资金的管理方式，也就是通过购入资金补充银行的流动性资金需要。例如，在美国，储备头寸负债管理的主要工具是购买期限为一天的联储资金或使用回购协议。如果由于存款人提款增加或有收益的资产投放过多而导致银行的储备暂时不足时，可以购买联储资金来补充；而当储备有暂时盈余时，就售出联储资金。就这一点而言，这种负债管理方法既提高了资金的运用效率，也减缓了银行体系由于储备的突然减少所带来的震动性影响。但切不可把这种短期借入作为长期资金来源，因为一旦这些银行在管理上出现问题并被公众知晓时，它们就不可能再在美联储资金市场上借到资金，破产风险加大。

贷款头寸负债管理方法首先是通过按照不同利率购入资金，扩大银行贷款；其次是通过增加银行负债的平均期限，减少存款的可变性，从而降低银行负债的不确定性。银行发行大额可转让定期存单就是这种管理方法的实际应用。贷款头寸负债管理由两部分组成：一是计划部分，此部分是银行有计划的经营安排，即增加负债、扩大贷款、获取利润；二是灵活反应的部分，这部分是银行经理人员用以抵御外部干扰对资产负债所造成的不良影响而采用的平衡性安排。

3. 资产负债综合管理

资产负债综合管理是在 20 世纪 70~80 年代伴随着金融自由化浪潮而产生的。资产负债综合管理的基本思想是：在资金配置、运用和资产负债管理的整个过程中，根据金融市场的利率、汇率以及银根松紧的变动状况，对资产和负债两个方面进行协调和配置。通过调整资产和负债的双方差异，实现合理搭配的目的。现代商业银行资产负债管理方法中经常使用的是缺口管理法。

缺口管理法是根据期限或利率等指标将资产和负债分成不同类型，然后对同一类型的资产和负债之间的差额，即缺口（GAP）进行分析和管理。GAP 用于衡量银行净利息收入对市场利率的敏感程度。以利率指标为例，商业银行的资产和负债都可以分为固定利率和浮动利率两种类型。根据这两种类型的资产和负债的不同组合，可以形成三种不同的缺口管理战略，即零缺口战略、正缺口战略和负缺口战略。

资金缺口（GAP）＝利率敏感资产（IRSA）－利率敏感负债（IRSL）

银行管理者应根据自己对利率波动方向的判断选择三种不同的战略。当利率变动时，利率敏感性缺口的状况会直接影响净利息收入的变动。变动关系如表 4-1 所示。

表 4-1　利率敏感性缺口、利率变动与净利率收入变动三者之间的关系

缺口值	利率变动	净利率收入变动
正	上升	上升
正	下降	下降
负	上升	上升
负	下降	下降
零	上升	上升
零	下降	下降

4. 资产负债的表内表外统一管理

资产负债的表内表外统一管理产生于 20 世纪 80 年代末。为了对商业银行的经营风险进行控制和监管，同时对不同国家的银行运作进行规范，1987 年 12 月巴塞尔委员会通过了《统一资本计量与资本标准的国际协议》，即著名的《巴塞尔协议》。《巴塞尔协议》的目的包括：一是通过协调统一各国对银行资本、风险评估及资本充足率标准的界定，促使世界金融稳定；二是将银行的资本要求同其活动的风险，包括表外业务的风险系统地联系起来。《巴塞尔协议》的通过是西方商业银行资产负债管理理论和风险管理理论完善与统一的标志。

专栏 4-11　《巴塞尔协议》

《巴塞尔协议》是国际清算银行巴塞尔银行监管委员会自 1975 年至今所制定发布的一系列原则、协议、标准和建议的统称，是国际清算银行成员国中央银行进行统一监管的文件体系，故此也被称为巴塞尔文件体系（Basle Framework）。《巴塞尔协议》同时也是国际金融界的规则，对所有从事国际业务的银行机构均有重大影响，其实质是为了完善与补充单个国家对商业银行监管体制的不足，减轻银行倒闭的风险与代价，是对成员国商业银行联合监管的最主要形式，并且具有很强的约束力。巴塞尔协议的价值得到国际金融街的广泛认同，在 20 世纪 90 年代成为世界性标准，有超过 100 个国家将巴塞尔协议的框架运用于本国的银行系统。

1974 年 9 月由国际清算银行发起，美国、英国、法国、德国、意大利、日本、荷兰、加拿大、比利时、瑞典以及十国集团的中央银行监督官员在巴塞尔开会，讨论跨国银行的国际监督与管理问题，自此形成了一系列的文件。主要有：

《1975 年协议》。该协议对海外银行的监管责任进行了明确分工。监管的重点是现金流量与偿付能力。

《1983 年协议》，即《对银行国外机构监管的原则》。该协议的两个基本思想是：一是任何海外银行都不能逃避监管；二是任何监管都应恰如其分。

《1988 年资本协议》，即《关于统一国际银行资本衡量和资本标准的协议》。该协议对衡量标准和资本水平作了具体规定。

《1992 年 7 月声明》，即《国际银行集团及其跨境机构监管的最低标准》。声明设立了针对国际银行的最低监管标准，各国银行监管机关可以遵循这些标准来完成市

场准入、风险监管、信息取得的要求。

1997 年 9 月巴塞尔监管委员会发布的《有效银行监管的核心原则》提出了银行风险监管的最低资本金要求、外部监管、市场约束三大原则，反映了国际银行业的变化与监管的新趋势。

2004 年 6 月十国集团的央行行长通过了《关于统一国际银行资本衡量和资本标准的协议：修订框架》，即《新巴塞尔资本协议》的最终稿。

第四节　其他金融机构

一、保险公司

（一）保险公司的定义

保险公司是采用公司组织形式并经营保险业务的保险人。它们享有收取保险费、建立保险费基金的权利，并在保险事故发生时，有义务赔偿被保险人的经济损失。

（二）保险公司的种类

1. 按业务范围分类

1）人寿保险公司。主要提供寿险产品，旨在为被保险人的家庭提供经济保障，以应对意外事故或被保险人去世后的经济困难。产品包括定期寿险、终身寿险、健康保险、养老保险等。

2）财产保险公司。主要提供财产保险产品，包括汽车保险、房屋保险、商业保险等。这些保险产品旨在保护被保险人的财产免受损失。

3）健康保险公司。提供各种健康保险产品，如医疗保险、重疾保险、意外保险等。旨在为被保险人提供医疗费用的保障，以应对意外伤害或疾病的风险。

4）车险公司。专门提供汽车保险产品，如车辆损失险、第三者责任险、车上人员责任险等。旨在为车主提供车辆损失和责任风险的保障。

5）再保险公司。为其他保险公司提供再保险服务，承接其他保险公司的再保险业务，以分散和降低原保险公司的风险。

2. 按组织形式分类

1）股份保险公司。由发起人设立，具有与一般的产业股份有限公司相类似的营利目的。股东通过购买公司股份成为公司的所有者，享有公司利润分配等权益。

2）相互保险公司。没有股东，被保险人同时也是保险人。公司由保险单持有人选举产生的董事会进行管理，一般出售参与分红的人寿保险单。

3）专属保险公司。由工商企业自主设立，旨在为本企业、本企业的附属企业以及其他企业提供风险保险再保险的公司。

3. 其他分类方式

1）养老保险公司。专门提供养老保险服务的保险公司，产品主要包括养老年金险、养老护理险等。

2）外资保险公司。包括中外合资和外商独资的保险公司，它们在中国市场上提供多元化的保险产品和服务。

3）互联网保险公司。利用互联网和移动通信技术开展保险业务的保险公司，如众安保险等。它们通过线上渠道为客户提供便捷的保险购买和理赔服务。

（三）保险公司的业务

1. 财产保险

财产保险业务是以财产或与财产相关的其他利益为保险对象的业务，又称损害保险或非寿险。保险公司范畴中提及的财产除包括一切动产、不动产、固定的和流动的财产以及在制的或制成的有形财产外，还包括运费、预期利润、责任和信用等无形财产。财产保险的分类如下：

1）从危险发生的地域角度划分，财产保险可以分为海上保险和陆上保险。陆上保险又称非水险，其中以火灾保险为主。

2）从保险价值的确定方式角度划分，财产保险可以分为定值保险和不定值保险。定值保险除在保单上列明保险金额外，还有被保险人同保险人共同商定的保险价值，这种保险价值对双方都有约束力；不定值保险在保单上不列明保险标的价值，而只列明保险金额作为赔偿的最高限额。

3）从承保的危险种类角度划分，财产保险可以分为火灾险、地震险、战争险、盗窃险等。

4）从保险标的角度划分，财产保险可以分为运输工具保险、企业或家庭财产保险等。

2. 人身保险

人身保险是以人的身体本身、人的健康、人的生命为保险对象的保险业务。主要包括以下三类：

1）人寿保险。以被保险人的寿命为保险标的，以被保险人的生存或死亡为给付保险金条件的人身保险。具体可以分为定期寿险、终身寿险、两全保险、年金保险等。

2）健康保险。又称疾病保险，是以被保险人的身体为保险标的，使被保险人的因疾病或意外事故发生的费用或损失获得补偿的一种保险。健康保险主要包括医疗保险、疾病保险、失能收入损失保险、护理保险以及医疗意外保险等。

3）意外伤害保险。以被保险人的身体作为保险标的，以被保险人因遭受意外伤害而造成的死亡、残疾、医疗费用支出或暂时丧失劳动能力为给付保险金条件的保险。意外伤害保险通常具有保费低、保额高、保障内容灵活等特点。

3. 投资业务

保险投资是指保险公司为扩充保险补偿能力并参与社会平均利润分配而利用所筹集的保险资金在各国资本市场上进行的有偿营运。保险投资业务遵循收益性、流动性、安全性三原则。一般包括银行存款、股票、债券、证券投资基金、不动产投资、贷款六个方面。

（四）保险公司的运作流程

无论是财产保险公司还是人身保险公司，其保险经营活动通常包括展业、投保、承保、防灾、理赔及资金运用等环节。

1）展业。保险展业是指保险业务员宣传保险业务或推销保险单，也是保险业务的起点。

2）投保。在此阶段，保险公司有义务为投保人提供良好的投保指导服务，使投保人在投保时能真正享受到合理选择保险的权利；投保人也有责任自觉增强保险意识，从自身利益出发做出明智的选择。

3）承保。是指签订保险合同的过程。投保人和保险人双方通过协商就保险合同的内容取得一致意见。

4）防灾。指保险人与被保险人对所承保的保险标的采取措施减少或消除风险发生的可能，防止或减少灾害事故所造成的损失，从而降低保险成本并增加经济效益的活动。

5）理赔。是指保险人在保险标的发生风险事故之后，对被保险人提出的索赔请求进行处理的行为。

6）资金运用。保险公司必然需要通过对所收取的保险费进行资金运用而取得收益。这是因为收益是抵偿理赔和投保者收益的前提。通过资金运用，保险公司也可能在抵偿理赔和投保者收益之后获得额外盈利。

专栏4-12 如何选择合适的保险产品

一、明确自身需求

评估风险：首先，要评估自己面临的主要风险，包括健康风险、财务风险、意外风险等。

确定保障指向：根据风险评估结果确定自己需要哪些方面的保障，如医疗保障、寿险保障、意外伤害保障、财产保障等。

考虑个人和家庭情况：充分考虑自己的年龄、职业、收入、家庭结构状况以及诸如子女教育、退休生活等未来规划。

二、了解保险产品

产品类型：了解市场上常见的保险产品类型，如健康保险、寿险、意外伤害保险、财产保险等。

保障内容：仔细阅读保险产品的条款和细则，了解保险产品的保障范围、免赔额、等待期、赔付比例等关键信息。

保险费用：了解保险产品的保费支付方式、费率表及可能的费率调整情况。

三、进行产品比较

保险金额与保费：比较不同产品的保险金额和保费，选择性价比高的产品。

保障范围：对比不同产品的保障范围，判断哪个产品更能满足自己的需求。

理赔服务：了解保险公司的理赔流程、理赔速度和服务。

四、选择可信赖的保险公司

公司信誉：选择有良好声誉、经营稳定、财务状况良好的保险公司。

客户评价：查看其他客户对保险公司的评价和反馈，了解保险公司的服务质量和客户满意度。

监管信息：关注保险监管机构的公告和评级信息，了解保险公司的合规情况和风险状况。

五、咨询专业人士

保险代理人：咨询专业的保险代理人，了解不同产品的优缺点和适用场景。

财务顾问：如果条件允许，可以咨询财务顾问或理财规划师，获取更全面的财务规划和保险配置建议。

六、注意事项

避免盲目跟风：不要盲目跟从他人购买保险产品，要根据自己的实际情况和需求进行选择。

仔细阅读合同：在购买保险产品前，务必仔细阅读保险合同和条款，确保自己了解产品的所有细节和规定。

定期审察和调整：随着个人和家庭情况的变化，定期审察和调整自己的保险计划，确保保险所能提供的保障始终符合自己的需求。

二、证券公司

（一）证券公司概述

1. 证券公司的定义

证券公司是指专门从事有价证券买卖的法人企业，是帮助政府和公司筹集资金的重要金融中介机构。证券公司实际上和投资银行所从事的业务相差很小，投资银行在日本其实就叫证券公司。证券公司分为证券经营公司和证券登记公司。狭义的证券公司是指证券经营公司，是经主管机关批准并在工商行政管理部门领取营业执照之后专门经营证券业务的机构。证券公司具有证券交易所的会员资格，可以承销发行、自营买卖或自营兼代理买卖证券。普通投资人的证券投资均需通过证券商进行。

证券公司是资本市场的重要中介机构，在促进资本形成、优化资源配置、推动产业发展和维护金融稳定等方面发挥着重要作用。

2. 证券公司的类型

从证券公司的功能角度划分，可以将证券公司分为证券经纪商、证券自营商和证券承销商。

1）证券经纪商。代理买卖证券的证券机构，接受投资人委托、代为买卖证券，并收取一定手续费即佣金。这类公司通常不直接参与证券的买卖，而是作为中间人，为投资者的交易提供服务。

2）证券自营商。除拥有证券经纪公司的权限外，还可以自行买卖证券的证券机构，通常被称为综合型证券公司。这类公司资金实力雄厚，可以直接进入交易所为自己买卖股票。由于它们也参与证券的买卖，因此可以在一定程度上被视为投资者。

3）证券承销商。以包销或代销形式帮助发行人发售证券的机构。它们的主要职责是协助企业完成证券的发行工作，确保证券能够顺利进入市场。在证券发行过程中，承销商会与发行人签订承销协议，明确双方的权利和义务。

（二）证券公司的主要业务

1. 证券公司的一般业务

（1）证券承销与保荐业务

证券承销与保荐业务是证券公司协助企业完成证券的发行工作，确保证券能够顺利进入市场的业务。承销业务包括代销和包销两种方式；保荐业务是指证券公司为企业上市提

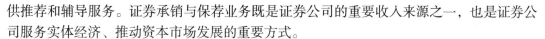

供推荐和辅导服务。证券承销与保荐业务既是证券公司的重要收入来源之一，也是证券公司服务实体经济、推动资本市场发展的重要方式。

（2）证券经纪业务

证券经纪业务是证券公司通过其设立的证券营业部，接受客户委托，按照客户要求，代理客户买卖证券的业务。这是证券公司最传统也是最基础的业务，主要收入来源是佣金。证券公司代理客户买卖证券，但不承担证券买卖的盈亏风险。

（3）证券自营业务

证券自营业务是指具备证券自营商资格的证券公司为本机构买卖上市证券或证券监督管理部门认定的其他非上市证券的行为。证券自营业务是证券公司的一种主动投资行为，其收益和风险均由证券公司自行承担。近年来，随着市场的发展和证券公司的实力增强，自营业务在证券公司的业务构成中占据了越来越重要的地位。

许多证券公司实际上是兼营这三种业务的。这样的综合性证券公司能够提供更全面的服务，从而更能满足投资者多样化的需求。

2. 证券公司的新业务

（1）证券私募

证券私募是指在私募市场上为发行人和潜在投资者设计新的证券并为之定价，再努力将证券销售出去的行为。发行对象主要是：共同基金、保险公司、各类养老金、社保基金、投资公司等。

（2）资产证券化

资产证券化是指以基础资产在未来所产生的现金流为偿付手段，通过结构化设计进行信用增级，并发行有资产支持的证券（Asset-backed Securities，ABS）的过程。

资产证券化是一种重要的金融手段，通过将缺乏流动性的资产转换为可以在市场上自由买卖的证券，提高了资产的流动性并优化了金融机构的资产负债结构。然而，在享受这些好处的同时也需要关注其潜在的风险并因之而采取相应的风险管理措施。

国内资产证券化业务主要分为：①企业资产证券化业务（企业ABS），由证券公司及基金管理公司发起的资产支持专项计划；②信贷资产证券化业务（信贷ABS），主要涉及银行等金融机构的信贷资产证券化；③保险资产证券化业务，针对保险行业的特定资产进行证券化；④资产支持票据业务（ABN），由银行间市场交易商协会监管的资产支持票据业务。

专栏4-13　资产证券化运作流程

资产证券化业务的运作流程通常包括以下六个主要步骤：

1）确定需要证券化的资产，并组成资产池。企业根据自身融资需求，选择适合证券化的资产，并组成资产池。

2）组建特设机构（SPV）。设立一个独立的实体（SPV）用以接收并管理资产池中的资产，并实现与原始权益人的风险隔离。

3）完善交易结构，进行预先评级。与银行、券商等达成一系列协议与合同，完善交易结构，并请信用评级机构对交易结构进行预先评级。

4）信用增级和发行评级。通过内部或外部信用增级手段提升证券的信用等级，然后聘请专业信用评级机构进行正式的发行评级。

5）发行证券。将证券交由专门的证券承销商进行发行，并在金融市场上出售给投资者。

6）资产池管理和证券偿付。在证券存续期内，对资产池进行管理，使之能产生稳定的现金流，并按照约定向投资者支付本息。

（3）兼并和收购

合并是指两家或两家以上企业合成一家新的企业，特点是伴有产权关系的转移，多个法人变成一个新的法人，原合并方各法人地位都消失，用公式表示就是A+B=C。兼并即A公司兼并B公司，A公司存续，B公司解散，并丧失法人地位，用公式表示就是A+B=A。收购是指A公司通过主动购买目标公司B的股权或资产，以获得对目标公司B的控制权，通常并不取消被收购方的法人地位，收购后两家企业仍为两个法人，只发生控制权的转移。

（4）项目融资

项目融资是针对特定项目的一揽子融资安排。借款者仅依赖项目的现金流量和所获收益作为还款来源，而且以该项目的资产作为借款担保。

（5）财务顾问与投资咨询

财务顾问业务的主要服务对象是融资者，通常既可以是公司、企业，也可以是政府机构。投资咨询基本上是一种纯粹的中介服务，与主要面向融资者服务的财务顾问业务不同，投资咨询所要面对的对象是投资者，既可以是机构投资者，也可以是个人投资者。投资咨询业务包括普通的证券投资咨询和面向特定客户的专项投资咨询。

（6）其他业务

除上述主要业务外，证券公司还可开展融资融券、做市交易、证券衍生品投资、代销金融产品等多种业务。

本章小结

金融机构在金融体系中扮演着至关重要的角色，它们通过资金融通、风险管理、支付中介和信息服务等功能，为经济发展提供有力支持。同时，面对金融科技的发展和市场环境的变化，金融机构在不断创新发展，以适应新的市场需求和挑战。

中国的金融机构体系是一个以中央银行为核心、金融监管机构为监管主体、商业银行为主体、政策性银行和非银行金融机构并存、外资金融机构积极参与的多元化和多层次的金融机构体系。这一体系在促进经济发展、维护金融稳定等方面发挥着重要作用。

中央银行是商品信用经济发展到一定阶段的产物，是商业银行发展的必然结果，它的产生经历了漫长的历史时期；中央银行的负债业务主要包括货币发行、存款、经理国库；中央银行的资产业务包括贷款、再贴现、公开市场业务和国际储备。专业银行是指在专门范围内进行业务经营和提供专门性金融服务的银行；它具有专门性、政策性、行政性的基本特征。

商业银行是市场经济发展的产物，它是为适应市场经济发展和社会化大生产而形成的一种金融组织；世界各国的商业银行的经营原则是安全性、营利性、流动性。商业银行的负债业务是其资金的来源业务；资产业务则是商业银行经营收益的主要来源；提供良好的表外业务服务是当前商业银行展示自己真正竞争实力的有效手段。

进一步阅读

安东尼·桑德斯.现代金融机构管理［M］.李秉祥，主译.大连：东北大学出版社，2002.

弗兰克·J.法伯兹，等.金融市场与机构通论［M］.康卫华，译.大连：东北财经大学出版社，2000.

思考练习题

一、名词解释

1. 中央银行
2. 掉期存款
3. 联行往来
4. 资产证券化
5. 投资基金
6. 票据交换
7. 跨国清算

二、填空题

1. 按能否接受公众存款，可以将金融机构划分为_____和_____。

2. 在金融机构体系中，专业银行主要包括_____、_____、_____、_____、_____、_____、_____。

3. 中央银行的资产业务包括_____、_____、_____、_____。

4. 各国的商业银行通常都遵循_____、_____和_____，简称"三性"原则。

5. 保险公司的主要业务包括_____、_____、_____。

6. 从证券公司的功能角度划分，可以将证券公司分为_____、_____和_____。

7. 证券公司的新业务有_____、_____、_____、_____、_____、_____。

三、判断题

1. 直接金融机构发行以自己为债务人的融资工具来筹集资金，然后又以各种资产业务分配这些资金；而间接金融机构在融资过程中，一般不发行以自己为债务人的融资工具，

只是协助筹资者将发行的融资工具销售给投资者，完成投资目标。（　　　）

2. 从中央银行业务活动的特征角度分析，中央银行具有发行的银行、银行的银行、政府的银行、调控宏观经济的银行四大职能。（　　　）

3. 商业银行以其机构数量多、业务渗透面广和资产总额比重大而成为金融机构体系中的骨干和主体，这是其他金融机构所不能代替的。（　　　）

4. 政策性银行和商业银行不一样，不具有中介职能。（　　　）

5. 保险公司所筹集的资金，必须保留全部资金以应付赔偿所需外，而不能将其投向稳定收入的政府债券、企业债券和股票，或发放不动产抵押贷款、保单贷款等。（　　　）

6. 跨国清算通常指通过各国的指定银行把两国之间的债权债务直接加以抵销而完成清算工作。（　　　）

7. 商业银行作为一个特殊的金融企业，它不具有一般企业的特征，即不追求利润的最大化。（　　　）

8. 我国的中央银行是中国人民银行。（　　　）

四、选择题

1. 金融机构主要分为（　　　）两大类。

A. 银行与非银行金融机构　　　　　　　B. 银行与证券机构

C. 银行与保险机构　　　　　　　　　　D. 中国银行与商业银行

2. 中国人民银行成立于（　　　）。

A. 1948 年 10 月 1 日　　　　　　　　B. 1949 年 10 月 1 日

C. 1950 年 9 月 1 日　　　　　　　　　D. 1948 年 12 月 1 日

3. 美国所采取的中央银行的制度是（　　　）。

A. 单一的中央银行制度　　　　　　　　B. 二元的中央银行制度

C. 跨国中央银行制度　　　　　　　　　D. 准中央银行制度

4. 中央银行的再贴现和再贷款业务属于（　　　）。

A. 资产业务　　　　B. 负债业务　　　　C. 表外业务　　　　D. 中间业务

5. 商业银行等金融机构因开展业务而必须向中央银行缴纳的存款被称为（　　　）。

A. 法定准备金　　　B. 超额准备金　　　C. 支付准备金　　　D. 特别存款

6. 政策性银行是由（　　　）直接出资或以担保形式创立，为贯彻国家产业政策或区域发展政策且不以营利为目的的金融机构。

A. 政府　　　　　　B. 社会公众　　　　C. 中央银行　　　　D. 企业

7. 下面属于非银行金融机构的是（　　　）。

A. 证券公司　　　　B. 信托投资公司　　C. 保险公司　　　　D. 信用合作社

E. 政策性银行

8. 现代保险业务的框架由（　　　）四大部分组成。

A. 财产保险　　　　B. 人身保险　　　　C. 责任保险　　　　D. 再保险

9. 我国的三家政策性银行分别是（　　　）。

A. 中国人民银行、国家开发银行、中国进出口银行

B. 中国农业发展银行、中国进出口银行、国家开发银行

C. 国家开发银行、中国邮政储蓄银行、中国进出口银行

D. 中国农业发展银行、国家开发银行、中国邮政储蓄银行

10. 根据保险标的的不同，保险可以被划分为（　　　）。

A. 原保险和再保险　　　　　　　　B. 财产保险和人身保险

C. 责任保险和非责任保险　　　　　D. 财产保险和人寿保险

11. 目前，我国银行尚不能代理的业务是（　　　）。

A. 交电话费　　　　B. 买卖股票　　　　C. 代收保险费　　　　D. 代为保管贵重物品

12. 中央银行的三大职能是（　　　）。

A. 发行的银行、政府的银行、机构的银行

B. 国家的银行、社会的银行、个人的银行

C. 发行的银行、银行的银行、国家的银行

D. 政府的银行、国家的银行、银行的银行

13. 下列中央银行货币政策工具中不属于传统"三大法宝"的是（　　　）。

A. 再贴现政策　　　B. 公开市场操作　　　C. 窗口指导　　　D. 存款准备金政策

14. 下列不属于商业银行负债业务的是（　　　）。

A. 贷款业务　　　　　　　　　　　B. 自有资本

C. 吸收的存款　　　　　　　　　　D. 向中央银行融资的再贷款和再贴现业务

15. 存款性金融机构是吸收个人或机构存款，并发放贷款的金融机构。下列属于存款性金融机构的是（　　　）。

A. 保险基金　　　　B. 投资银行　　　　C. 中国进出口银行　　　D. 信用合作社

16. 下列业务中，不属于商业银行中间业务的是（　　　）。

A. 银行卡业务　　　B. 支付结算　　　　C. 存放同业　　　D. 咨询顾问

17. 下列关于中央银行产生的客观必要性的错误表达是（　　　）。

A. 货币发行的需要　　　　　　　　B. 最后贷款者的需要

C. 进行跨国融资的需要　　　　　　D. 票据交换和债务清算的需要

五、问答题

1. 金融机构的分类大致可以采用哪几种方法？

2. 国际货币基金组织的宗旨是什么？

3. 试述中央银行的性质与职能。

4. 试述商业银行负债业务的组成。

5. 保险公司的主要业务都有哪些？

6. 试述证券公司的类型和主要业务。

7. 请结合当前全球银行业的发展趋势，简要回答商业银行的职能。

8. 请结合现实经济生活情况，简要回答商业银行的职能及可能面临的现实挑战。

9. 简要论述互联网金融对商业银行三大核心业务可能产生的挑战或影响。

六、综合题

1. 中央银行是一国金融机构体系的核心，是管理全国货币金融活动的最高权力机构，

它可以根据全国经济发展的状况制定和执行货币政策，控制和调节货币供应量，对经济生活进行干预和控制，而中央银行对经济生活的干预和调控，体现在其各项业务活动之中。中国人民银行自 1996 年两次降低利息后，1997 年 5 月宣布取消存款保值补贴，1997 年 10 月 23 日又两次大幅下调银行的存贷款利率，1998 年连续三次降低存贷款利率。2007 年上半年中国人民银行连续几次加息。

中央银行为什么出台这些政策？中央银行都有哪些措施可做？

2. 材料一：1998 年，我国南方发生了特大洪水，中国人民银行发出通知，要求人民银行各有关分行要密切配合地方政府的抗洪救灾工作，督促协调各金融机构做好支持当地抗洪救灾和灾后恢复生产的各项工作。

材料二：中国人民银行在稳定币值、加强金融监管、建设现代化支付清算系统、保证现金供应、精心管理国家金库和外汇储备、及时公布准确的金融统计数据等方面做了大量工作，促进了我国金融业和国民经济的稳定发展。阅读材料并回答：

（1）中国人民银行的性质是什么？

（2）结合材料一说明中国人民银行在我国的地位。

（3）结合材料一和材料二说明中国人民银行的主要职能。

3. 在 2006 年和 2007 年的上半年，中国股票市场红红火火上涨，而中国人民银行作为中国的中央银行相继出台了什么样的措施来试图影响股市？为什么要试图影响或干预股市的发展？股票交易印花税率的上调为什么会对股市产生巨大影响？

第五章　金融工具

第一节　金融工具概述

一、金融工具的内涵

1. 金融工具的定义

金融工具，亦称"信用工具""金融产品""金融商品"，是指资金短缺者向资金剩余者借入资金时出具的具有法律效力的票据或证券，是一种能够证明金融交易的金额、期限、价格的书面文件。在金融市场中，要顺利实现资金从盈余者向短缺者的转移就必须恰当地使用金融工具。

金融工具体现着一种当事人之间的债权债务关系，当事人双方所承担的义务与享有的权利均有法律约束的意义。存款单、商业票据、股票、债券等都是金融工具。金融工具对持有者而言就是金融资产。拥有金融资产的多寡，就意味着个人或企业拥有财富的多少。当然，货币也是金融资产。然而，此处的金融资产仅是作为金融工具的金融资产，它不仅表征一定的收益权，而且在某种条件下还表征一定的控制权，如股票。

2. 金融工具的作用

1）促进资金融通。金融工具为资金供求双方提供了交易和转让的平台，促进了资金的流动和资源的优化配置。

2）实现财富增值。投资者通过持有金融工具可以获得收益，从而实现财富增值。

3）风险管理。金融工具是投资者进行风险管理的重要工具。运用合理的投资组合和风险管理策略，投资者可以降低投资风险并获取稳定收益。

4）反映市场信息。金融工具的价格波动反映了市场供求关系、经济走势等信息，为投资者提供重要的市场参考。

金融工具作为金融市场的基石和投资者的利器，在促进资金融通、实现财富增值、风险管理和反映市场信息等方面发挥着重要作用。随着金融市场的不断发展和创新，金融工具的种类和功能也在不断丰富和完善，为投资者提供了更为多元化和更加便捷的投资选择。

二、金融工具的特征

金融工具一般具有期限性、流动性、风险性和收益性等特征。

（一）期限性

期限性是指从借款人获得借款开始，到借款全部清偿为止所经历的时间。各种金融工具在发行时一般都具有不同的偿还期。

例如，一张标明6个月后支付的汇票，偿还期是6个月。但对当事人来说，更有现实意义的是从持有金融工具日起到该金融工具到期日止所经历的时间，这被称为相对偿还期。无限期和零是金融工具偿还期限的两个极端情形。例如，借款人同意无限期支付利息，但始终不偿还本金，这就是无偿还期限。而银行活期存款因为随时都可以兑现，所以偿还期实际为零。

（二）流动性

流动性是指金融工具在金融市场上进行转让和流通的难易程度。

金融工具流动性包括两个方面含义：一是它能否方便快捷地自由变现；二是变现过程中价值损失的程度。对金融工具的所有者来说，为了转移投资方向或避免因市场价格波动而蒙受损失，必然希望手中的金融工具可以随时变现。除此之外，流动性和变现性也是金融工具本身的要求。一切信用活动的根本目的在于融通资金，如果为信用活动提供服务的工具缺乏应有的流动性和变现性，那么就起不到融资的作用。金融工具也就失去了存在的前提和必要性。

除货币以外，各种金融资产都存在不同程度的不完全流动性。其他金融资产在没有到期之前想要转换成货币的话，需要进行折扣，或者支付一定的交易费用。金融工具如果具备下述两个特点，就可能具有较高的流动性：第一，发行金融资产的债务人信誉高，在以往的债务偿还中能及时地履行全部义务；第二，债务期限短，债务期限短的金融工具受市场利率的影响很小，故变现时蒙受亏损的可能性同样较低。不同金融工具往往分别被列入不同的货币层次，成为中央银行的监控目标。

（三）风险性

风险性是指投资于金融工具的本金是否会遭受损失的风险。

金融工具的风险主要包括信用风险、市场风险、流动性风险等。不同金融工具的风险水平各异，投资者需根据自身的风险承受能力进行选择。

专栏5-1　金融工具的风险等级评估

一、明确评估目标指向

需要明确评估金融工具风险等级的具体目标指向，包括了解金融工具的基本特性、潜在风险点以及风险对投资者或金融机构的影响程度。

二、收集相关信息

收集与金融工具相关的各类信息，包括但不限于：

发行机构或借款人的财务状况、历史信用记录、行业地位等。

金融工具的市场表现、历史价格波动、交易量等市场数据。

宏观经济环境、政策变动、市场情绪等外部因素。

金融工具的合同条款、投资范围、投资策略等内部因素。

三、识别主要风险类型

金融工具的风险通常可以划分为以下几类：

信用风险：评估债务人或发行机构无法按时偿还债务的风险。需要考虑其财务状况、还款记录、行业地位等因素。

市场风险：包括利率风险、汇率风险、股票价格风险等，源于市场条件的变化。需要分析宏观经济趋势、政策变动以及市场情绪等因素。

流动性风险：评估在需要时难以快速买卖金融工具的风险。需要考虑市场的深度、广度和交易活跃程度。

操作风险：涉及内部流程、人员、系统或外部事件导致的损失风险。需要评估金融机构的内部控制和风险管理体系。

法律和合规风险：涉及法律变更、监管要求或合同纠纷等方面的风险。需要关注相关法律法规的变化，并确保金融工具的合法性和合规性。

四、量化风险水平

使用定量分析工具如 VaR（Value at Risk）和敏感性分析等，对金融工具的风险进行量化评估。这些方法可以帮助投资者了解金融工具在不同市场条件下的潜在损失范围。

五、综合评估与分级

在收集信息、识别风险类型和量化风险水平的基础上，进行综合评估，并根据评估结果对金融工具进行风险等级划分。一般来说，风险等级可以划分为低风险、中低风险、中风险、中高风险和高风险五个等级。每个等级对应不同的风险水平和投资者的风险承受能力。

六、持续监控与调整

金融工具的风险等级并非一成不变的，随着市场环境、政策变动以及金融工具本身特性的变化，其风险水平也会发生变化。因此，需要对金融工具的风险等级进行持续监控，并根据实际情况进行调整。

七、注意事项

在评估过程中，应确保信息的准确性和时效性，避免使用过时或不准确的数据。

综合考虑多种风险因素，避免片面强调某一方面的风险而忽略其他重要因素。

评估结果应作为投资决策的参考之一，而非唯一依据。投资者还需结合自身的风险承受能力、投资目标和市场情况等因素进行综合考量。

（四）收益性

收益性是指为金融工具持有者带来收益的能力。金融工具收益性的大小，是通过收益率来衡量的。收益率是投资金融工具的收益与所投入本金的比率。

收益率有三种计算方法：名义收益率、即期收益率和平均收益率。名义收益率是指金融工具的票面收益与票面金额之间的比率。即期收益率是指年收益额对金融工具当期市场价格的比率。而平均收益率则是将即期收益率和资金损益结合在一起进行综合考量而设定的收益率。与前两种收益率相比较而言，平均收益率能更准确地反映投资者的收益情况，因而是投资者的首要参数选择。

第二节　金融工具的类型

在金融市场上进行交易的金融工具种类繁多，而且同样随着经济的发展和金融环境的变化在不断推陈出新。按照不同的标准，金融工具可以进行如下分类：

一、按照期限进行分类

按照信用关系存续时间的长短划分，可以将金融工具分为短期金融工具、长期金融工具和不定期金融工具。

（一）短期金融工具

短期金融工具也称货币市场金融工具，一般是指提供有效期限在一年或一年以内的信用的相关凭证。短期金融工具有较强的流动性和变现性，可以像货币那样作为流通手段和支付手段在市场上流通。它既是体现债权债务关系的信用凭证，又是以信用为基础的货币符号（可视为准货币）。短期金融工具包括：商业票据、银行票据、支票以及近些年发展起来的信用证、旅行支票和信用卡等。此外，国库券（期限在一年以内的）、大额可转让存单、回购协议等也属于短期金融工具。

（二）长期金融工具

长期金融工具，也称资本市场金融工具，是指信用期限在一年以上的各种有价证券，包括：股票、公司债券和金融债券等。其中，股票因为没有偿还期，也不能退股或撤回资金，所以实际上是一种永久性的金融工具。长期金融工具期限长、风险性大、流动性弱，但投资获利的可能性相对较大，因此是企业和个人重要的投资对象。

（三）不定期金融工具

不定期金融工具，是指没有规定信用关系存续期限且可以长期循环使用的信用凭证，主要是指银行券。所谓银行券是由银行发行的用以代替商业票据的银行票据。在金本位制下，持票人可以随时用银行券向发券银行兑换黄金，因此在流通中以金币代表者的身份出现，是一种比较稳定的信用货币。但是，20世纪30年代世界经济大危机后，各国相继放弃了金本位制，银行券也被停止兑换黄金。银行券既失去黄金保证，又失去信用保证，结果造成银行券贬值和物价上涨。这时，银行券同纸币已无本质上的区别，即银行券完全纸币化了。如果把纸币纳入广义的银行券范畴中，那么纸币也属于一种不定期的金融工具。

二、按照融资形式进行分类

按照不同融资形式进行划分，金融工具可分为直接金融工具和间接金融工具。

1. 直接金融工具

直接金融工具是指非金融机构，包括政府、工商企业和个人等所发行或签署的国库券、公债券、商业票据、股票、公司债券、抵押契约等。这类金融工具在金融市场上可以直接进行借贷或交易。

2. 间接金融工具

间接金融工具是指银行或其他金融中介机构所发行或签发的银行券、存单、金融债券、银行票据和支票等。这类金融工具是由间接融资方式引致产生，因此不能用来证明企业或个人之间的直接借贷关系。

三、按照权利与义务进行分类

按权利和义务划分，金融工具可分为债权债务类金融工具和所有权类金融工具。

1. 债权债务类金融工具

债权债务类金融工具反映的是债权债务关系，如债券。债券的持有人是债权人，有权获得债务人定期支付的利息和到期偿还的本金。

2. 所有权类金融工具

所有权类金融工具反映的是所有权关系，如股票。股票的持有人是股东，拥有公司的所有权，并有权获得公司的利润分配。

四、按照是否与信用活动直接相关进行分类

按照金融工具是否与信用活动直接相关进行划分，金融工具可以被分为基础金融工具和衍生金融工具。

（一）基础金融工具

基础金融工具，也称原生金融工具，是在商品经济发展的基础上产生并直接为商品生产和流通服务的金融工具。基本特征为：

基础金融工具的产生和取得通常伴随着资产的流入和流出。例如，企业将现金存入银行就会获得银行存款，而如果支付现金，则获得债券或股票；从银行取得贷款就会产生银行借款；赊销赊购商品则会导致应收账款和应付账款的产生。这是基本金融工具区别于衍生金融工具的基本特征。

价值由标的物本身价值决定。基础金融工具合约的价值由标的物本身的价值决定，这是基础金融工具区别于衍生金融工具的另一项重要特征。

基础金融工具包括：货币（本外币）、银行存款、票据、可转让存单和信用证；各类股票和债券；应收应付款项、应收应付票据、抵押证券、抵押贷款和可转让债券等。

（二）衍生金融工具

衍生金融工具，又称派生金融工具，是在基本金融工具的基础上通过特定技术设计形成的新型融资工具，如远期合约、互换、掉期、有资产支持的证券等。衍生金融工具的价值取决于衍生标的资产（如股票、债券、商品、利率、指数等）的价格。

1998 年，美国财务会计准则委员会（FASB）所发布的第 133 号会计准则——《衍生工具与避险业务会计准则》总结了衍生金融工具合约的三种特征：

1）合约有一个或者多个标的物，同时该合约拥有一个或多个名义金额或者支付条款，甚至同时拥有名义金额和支付条款。这决定了合约的结算条款，在某些情况下也决定了是否需要进行结算。

2）合约不要求初始净投资，或者所要求的初始净投资比市场上具有相同预期的其他类型合约少。

3）合约的条款要求或允许净额结算并且极易借助合约之外的方式进行净值结算；如果合约要求交付资产，那么从资产收受者的角度来看，本质上同样是净值结算。

衍生金融工具种类繁多，交易方式各异，操作手法复杂，从大的类别看，主要分为期货（Futures）、远期（Forward）、期权（Option）和互换（Swap）四大类，其他类型的合约大多由这四类工具组合派生形成。例如：

1）期货类衍生金融工具：商品期货、货币期货、利率期货、股票期货、债券期货、股指期货等；

2）远期类衍生金融工具：商品远期、利率远期、货币远期等；

3）期权类衍生金融工具：货币期权、利率上下限、股票期权等；

4）互换类衍生金融工具：货币互换、利率互换、商品互换等。

通过各种衍生工具的交叉组合，可以构建出用于发挥特定作用的金融工具，如期货期权、价差交易、时间性差额交易以及多种外来期权等。衍生金融工具存在交易所场内交易工具和场外交易（柜台交易）工具之分。一般而言，期货合约以及标准化的合约采用场内交易方式，而场外交易则可按照交易双方的需要自行制定交易条款。场外交易衍生金融工具比场内交易体现出更多的灵活性，但是潜在的违约风险和流动性风险也相应更大。

专栏5-2　结构型金融工具

看涨期权、看跌期权、期货（或是有资产支持的股票、市场指数（如S&P500）、汇率或是利率）的组合能够引致各种收益结构，它们的通用名词叫作合成型头寸（Synthetic Position）或是合成型证券（Synthetic Securities）。这类具备组合收益的金融工具被称为结构型金融工具。

如果持有一个股票组合，那么股指期权可以为股票价格的下跌提供保险，但同时也可以从股票价格的潜在上涨中获利。同时，指数期权的组合还可以用来复制一个无风险头寸。

第三节　主要金融工具介绍

按金融工具产生的基础或依存关系来划分，金融工具可分为基础金融工具和衍生金融工具。基础金融工具主要包括票据、股票、债券等；衍生金融工具主要包括期货、远期、期权和互换四大类。本节将对常见的基础金融工具和衍生金融工具进行介绍。

一、基础金融工具

（一）票据

1. 票据的定义

票据是指具有一定格式，明确载明金额和期限，到期由付款人向持票人或指定人支付一定款项的书面债务凭证。

2. 票据的类型

票据主要包括汇票、本票和支票三种。

1）汇票。汇票是一种命令付款凭证。它既可以由债权人签发给债务人，也可以由债务人自身签发。汇票包括银行汇票和商业汇票，由银行签发的汇票称为银行汇票，由企业签发的汇票称为商业汇票。银行汇票不需承兑，见票即付；而商业汇票需经承兑才能付款，按承兑人不同，商业汇票又分为商业承兑汇票和银行承兑汇票。

2）本票。本票是一种承诺付款凭证，由债务人签发给债权人。本票包括银行本票和商业本票。由银行开出的本票称为银行本票，由企业开出的本票称为商业本票。

3）支票。支票是由银行的存款人签发，通知银行从其账户上付款给指定收款人的票据，分为现金支票和转账支票两种。

3. 票据的特点

票据以书面形式标明债务人在指定日期向债权人（或其指定人及持票人）无条件地支付一定金额的义务。对于债权人来说，票据是其债权的一种保证。一般情况下，票据具有以下特点：

1）流动性。按照国际上通行的做法，凡记名票据，必须经背书才能交付转让；凡无记名票据，则可直接交付转让。《中华人民共和国票据法》规定票据均为记名票据，所以必须通过背书的方式进行转让。

票据可以不经债务人的同意，通过背书或票据交割等简易程序进行转让和再转让，发挥支付手段和流通手段的作用。但诸如押金收据、借据等债权凭证是不可能也不允许流通的。

2）要式性。对票据上必须记载的事项，以及票据的出票、转让、承兑、保证、付款、追索等行为的方式和程序，各国都通过专门制定的票据法加以规范，并要求严格遵守。这就使票据本身的合法性和有效性变得更加容易鉴别，而且保证了票据在使用时有法可依。

3）支付强制性。票据必须无条件支付。换句话说，无论出票人自付还是委托他人进行支付，不得附有支付的任何前提或条件。凡符合法定要式的票据到期时，除非法律另有特别规定，否则在票据持有人向付款人出具票据后，付款人必须无条件支付。如果付款人拒绝付款，票据持有人有权诉诸法院强制执行。

4）无因性。持票人只要向票据债务人出示票据就可行使票据权利，而无论票据取得的原因是否无效或有瑕疵。票据的无因性是指票据的流通与产生票据权利义务关系的原因是相互分离的，即持票人的权利不受设立票据或转让票据的原因的影响。这就是说，票据一旦设立，就具备了独立的权利义务关系，不能因为票据设立或转让过程中存在的某种瑕疵，而影响到票据当事人之间根据票据记载所产生的权利义务关系。

5）集团债务性。一般而言，债务契约都是单一债务，即单个债权人对单个债务人，至多增加个别债务保证人。但是票据却存在多个债权人和债务人。例如，经过背书转让的票据，除出票人是收款人的债务人外，背书人也是被背书人的债务人。如果票据到期不能付款，持票人可以向该票据的全体债务人或其中的数人进行追索，票据的出票人、承兑人及全体背书人均要对债务的清偿负连带责任。集团债务的优点是基于多偿债主体而引致的低偿债风险。

4. 票据的作用

票据形式简明、流通自由且受法律保护，因此在经济交易中得到广泛使用，而且发挥着越来越重要的作用。

1）信用作用。票据由于以信用为基础，因而可以进入金融市场，成为书面支付凭证。出票人在票据上签署书面的支付保证，付款人或承兑人允诺按照票面规定履行付款义务。票据的使用可以解决债务人临时性资金周转困难的问题。

2）流通作用。票据经过背书可以转让给他人。通过背书及转让，使票据可以在市场上广泛流通。票据作为流通工具可以节省现金的使用。

3）结算作用。票据作为一种支付凭证，广泛用于非现金结算。无论在国内结算领域，还是在国际结算领域，票据都是重要的结算工具。

4）抵偿债务作用。企业之间的债权与债务，以致国际交往所产生的债权与债务均可以使用票据进行结算或相互抵销，这就给债务与债权的清算带来很大方便。

5. 票据行为

票据行为是指以承担票据上的债务为目的而做出的必要法律行为。票据行为有出票、背书、承兑、保证四种。

1）出票。是指出票人制作票据并将其交付给收款人的行为。这属于创造票据的行为，票据上的一切权利义务都是因出票而产生。所以，出票是基本的票据行为，或称主票据行为，除此以外的其他票据行为均属于附属票据行为。出票包括制作票据和交付票据两个部分。

2）背书，又称"里书"。是指票据的收款人（或持有人）为了将未到期的票据转让给他人（即转让票据权利），而在票据的背面或粘贴单上记载有关事项并签章的行为。经过背书的票据必须经过交付才能最终完成背书行为。如果出票人不能偿付，背书人负有偿付责任。背书可分为记名背书（背书时注明受让人名称）和空白背书（背书时不注明受让人名称）。

3）承兑。是指票据付款人承诺在票据到期日支付票据金额的行为。付款人在票据上写明"承兑"字样，并以签章形式对票据的付款责任进行确认之后，即成为承兑人。经承兑的票据，承兑人是该票据的主债务人。

4）保证。是指除票据债务人之外的其他人，以承担票据债务为终极手段担保票据债务履行一种行为。保证的目的在于增加票据的可靠性，提高票据的信用度。保证人所担保的票据债务，既包括应由承兑人付款的债务，也包括出票人、背书人以及参加承兑人的债务。当债务人不能履行债务时，债权人有权向保证人请求履行或赔偿损失。

（二）股票

股票是一种永久性证券，不能退股，但可以转让或抵押。股票作为一种财产所有权凭证，本身并没有价值，但是可以给持有者带来股利收入。股票价格是指股票在证券市场上进行买卖的价格。买卖股票实际上就是购买或转让领取股利收入的凭证。

1. 股票的相关价值

1）股票的票面价值。指公司发行的股票上所标明的票面金额。它以股为单位，数值固定，代表投资入股的货币资本数额，据此可以确定每一股在公司资本中所占的份额。但股票进入市场进行交易（包括新股票发行和老股票转让）时，股票的价格就与原来的票面金额产生了分离。

2）股票的账面价值。这一指标大体反映每股普通股所代表的实际资产价值，其计算公式如下：

普通股每股账面价值 =（公司资产的净值 − 优先股总面值）/ 普通股总股数

3）股票的内在价值。这是股票的理论价值，它是由股份公司的未来收益确定的股票的实际价值。股票内在价值的计算，需要把未来的收益（现金流量）折成现值，现值越大，股票的内在价值就越高。

4）股票的清算价值。指公司终止清算其股票的价值。这一价值可能与股票的账面价值以及市场价值存在较大差异。因为清算时至少要扣除清算费用等支出，而且在一般情况下，被清算的公司总是被迫低价出售资产。

5）股票的市场价值，即前面已提及的股票价格。股票的价格不决定于它的票面价值，而决定于预期收益（股息、红利）与市场利率的对比关系。用公式表示如下：

$$P = \frac{r}{i}$$

其中：P 为股票的市场价格；i 为市场利率；r 为预期收益。

例：票面金额为 1000 元的股票，每年股息 50 元，市场利率为年息 4%，则该种股票的价格为：$50 \div 4\% = 1250$（元）。

可见，股票价格与股息收入成正比，同市场利率成反比。

需要注意的是，上式只是对股票价格决定的理论描述，它表明在证券市场供求平衡的条件下，决定股票价格水平的基本因素。然而，实际场景中的股票价格决定却非常复杂。股票价格不仅要受到经济因素的影响，还要受国家政治局势、政府经济政策和投资者心理状态等因素的影响。

2. 股票的除权除息

（1）除权除息的基本概念

股票在交易市场上的流通，导致上市公司的流通股股东随时处于变化状态。故此，上市公司在实施送股、派息或配股时，需要界定哪些股东可以参加分红或参与配股。一般而言，上市公司会选定一个特定日期，当日持有或买进该公司股票的投资者可以参与送股、派息或配股。这一选定日期被称为股权登记日。能够参加送股、派息或配股的股东名册由证券登记公司统计在案，届时将所应送的红股、现金红利或者配股权划到这部分股东的账户上。股票在除权日当天，股票会在其证券名称前被标记 XR 符号，表示该股已经除权，购买这样的股票后将不再享有分红的权利；如果证券代码前被标记 DR 符号，表示除权除息，购买这样的股票不再享有送股派息的权利；而如果证券代码前被标记 XD 符号，则表示股票除息，购买这样的股票后将不再享有派息的权利。

（2）除权除息价格的计算

除息价的计算公式为：除息价 = 股权登记日收盘价 – 每股所派现金

除权价格的计算分为两种方式：送股除权和配股除权

送股除权价格的计算公式为：送股除权价 = 股权登记日收盘价 /（1+ 送股比例）

配股除权价格的计算公式为：配股除权价 =（股权登记日收盘价 + 配股价 × 配股比例）/（1+ 配股比例）

同时存在分红、派息、配股的股票的除权价格的计算公式为：除权价 =（收盘价 + 配股比例 × 配股价 – 每股所派现金）/（1+ 送股比例 + 配股比例）

专栏 5-3　技术分析的起源

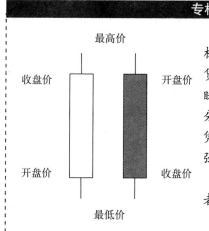

日本本间家族的宗久首创的烛台方法，是图表分析或称技术分析的起源。技术分析作为股票市场及期货市场上的有效价格分析方法，一直受到投资者的青睐。技术分析对价格走势和影响价格的供求状况进行分析，它以市场价格、交易量这些历史信息为基础，凭借图标和各种指标来解释、预测市场的未来走势，强调心理因素对证券价格走势的影响。

如果收盘价低于开盘价，则蜡烛的颜色为红色或者黑色。

如果收盘价高于开盘价，则蜡烛为空心或者白色。

（三）债券

1. 债券价格

债券的价格有发行价格和交易价格两种。一般而言，债券发行不是采用折价方式就是采用溢价方式，按面值发行的情况非常少见。公司债券发行价格确定的主要依据是市场利率。当市场利率等于票面利率（名义利率）时，可以采用票面金额作为发行价格；当市场利率小于票面利率时，债券溢价发行；当市场利率大于票面利率时，债券折价发行。

债券交易价格，也就是市场价格的确定与股票不同，这是因为债券不仅存在利息收入，而且需要到期还本。

如果是到期一次还本付息的债券，按单利计算，其市场价格的计算公式是：

$$P = \frac{S}{1 + i \times n}$$

其中：P 为债券的市场价格；i 为市场利率；S 为债券到期的本利和；n 为债券到期的期限。

例：一张面额 1000 元，期限为 1 年而年息率是 5% 的一次还本付息债券在市场利率为年息 4% 时的价格为：（1000 + 1000 × 5% × 1）÷（1 + 4% × 1）= 1009.62（元）；当市场利率提高为年息 6% 时，其价格则变为：（1000 + 1000 × 5% × 1）÷（1 + 6% × 1）= 990.57（元）。

以上计算过程表明，当市场利率低于债券的原定利息率时，债券的价格就会高于债券的面值；而当市场利率高于债券的原定利息率时，它的价格就会低于债券的面值。

上式所提供的分析过程同样是对债券价格决定的理论分析。与股票一样，债券除受金融市场上的供求关系影响之外，还会受到各种经济因素和社会因素的影响。

2. 债券的收益率曲线

债券的利率期限结构是指债券的到期收益率与到期期限之间的关系。该结构可以通过利率期限结构图表示，图 5-1 和图 5-2 中的曲线即为收益率曲线。

债券收益率曲线是描述某一时点上（或某一天）可交易债券的收益率与其剩余到期期限之间不同组合的数量关系的一条趋势曲线。即在直角坐标系中，以债券剩余到期期限为横坐标、债券收益率为纵坐标而绘制出来的曲线。一条合理的债券收益率曲线可以反映出某一时点上（或某一天）不同期限债券的到期收益率水平。研究债券收益率曲线具有重要的意义，对于投资者而言，可以用来预测债券的发行投标利率，因此可以将其作为二级市场上选择债券投资券种和预测债券价格的分析工具；对于发行人而言，可交易债券的收益率曲线可以为发行债券和实施资产负债管理提供参考。

债券收益率曲线的形状可以反映出当时长短期利率水平之间的关系，它反映了市场对当前经济状况的判断以及对未来经济走势（包括经济增长、通货膨胀、资本回报率等）的预期。债券收益率曲线通常表现为四种情况：一是正向收益率曲线，表明在某一时点上债券的投资期限越长，收益率越高，也就意味社会经济处于增长阶段；二是反向收益率曲线，表明在某一时点上债券的投资期限越长，收益率越低，也就意味着社会经济进入衰退期；三是水平收益率曲线，表明收益率的高低与投资期限的长短无关，也就意味着社会经济出现了极不正常的情况；四是波动收益率曲线，表明债券收益率随投资期限不同而呈现波浪变动，也就意味着社会经济未来有可能出现波动。

在一般情况下，债券收益率曲线通常是一条带有角度的正向曲线，即长期利率应在一定程度上高于短期利率。这是由投资者的流动性偏好引起的。由于期限短的债券的流动性要好于期限长的债券，作为流动性较差的补偿，期限长的债券收益率就必然要高于期限短的债券的收益率。当然，如果供求不平衡导致资金面相对紧张时，也可能出现短高长低的反向收益率曲线。

债券收益率曲线是动态的，随着时点的变化债券收益率曲线也随之发生变化。通过对债券交易历史数据的分析，找出债券收益率与到期期限之间的数量关系，形成合理有效的债券收益率曲线，可以用来分析和预测当前不同期限的收益率水平。

根据收益率曲线的定义，图 5-1 绘制出了银行储蓄的收益率曲线，图 5-2 绘制出了国债收益率曲线。

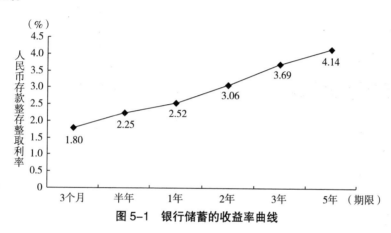

图 5-1　银行储蓄的收益率曲线

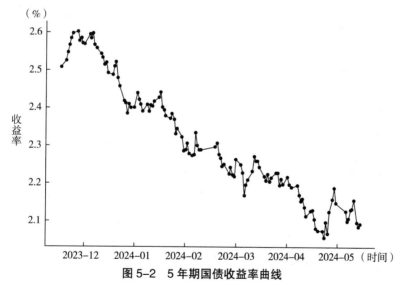

图 5-2　5 年期国债收益率曲线

二、衍生金融工具

衍生金融工具是 20 世纪 70 年代以来国际金融创新浪潮和金融自由化所自然衍生的产物。

1973 年布雷顿森林货币体系解体，浮动汇率制代替了固定汇率制。但是，国际货币新秩序尚未形成，各国的通货膨胀率居高不下，外汇市场上汇率波动频繁而剧烈。在这种情况下，如何合理规避通货膨胀风险、利率风险和汇率风险就成为金融交易的迫切要求。为此，各种各样的衍生金融工具应运而生。美国芝加哥商品交易所（CME）率先开办外汇期货交易，开创了金融衍生品交易的先河。自此以后，随着各国金融自由化的不断发展和金融管制的逐步放松，各类金融衍生工具得以迅速发展。据不完全统计，当前衍生金融工具的种类已超过 1000 种，其中常见的有远期外汇合约，外汇期货、期权，利率期货、期权，股票指数期货、期权，货币互换、利率互换等。衍生金融工具不仅为套期保值者提供了更为便捷的风险管理工具，同时也为投机者提供了更多的冒险机会。

衍生金融工具的迅速拓展还得益于期权定价公式的问世。诺贝尔经济学奖获得者斯科尔斯和默顿在 20 世纪 70 年代初，推出了他们后来据以获奖的期权定价公式。许多相关领域的定价问题也连带得以解决。正是由于他们在理论上的重大突破，才为金融衍生市场的发展奠定了坚实的理论基础。

专栏 5-4　衍生工具发展简史

17 世纪 30 年代：郁金香热

17 世纪 30 年代：米票［最早的期货交易的例子之一发生在日本大阪的淀屋（Yodoya）大米市场。征收一部分大米产量作为地租的地主发现，天气和其他条件难以预料，所以需要现金的地主便将大米运到城里的仓库储存起来。然后，他们卖出仓库收据，即"米票"。持有米票的人有权在未来的某一日期以议定的价格收取一定数量的具有相应质量的大米。］

1865 年：第一份现代期货合约诞生。芝加哥期货交易所（CBOT）引入了被称为期货合约的协议形式，从而使谷物交易趋于规范。

20 世纪 70 年代：金融期货产生。芝加哥商品交易所的分支机构国际货币市场（IMM）于 1972 年成立。这是第一家从事金融期货合约（货币期货交易）的交易所。同年，由于芝加哥期货交易所没有获得从事股票期货交易的许可，于是专门从事期权交易的芝加哥期权交易所（CBOE）在 1973 年成立。也是在这一年，费希尔·布莱克和迈伦·斯科尔斯发表了他们的期权定价公式。

20 世纪 80 年代：场外衍生工具的发展。交易所实行的是公开叫价制，即交易者在交易大厅内相互公开报出自己的指令。与此相反，私下议定衍生合约则可以采用当面协商、电话、电报电传等多种方式进行，这种合约称为场外交易（OTC）。

（一）衍生金融工具的特征

1）复杂性。衍生金融工具的构建和定价过程相对复杂，需要投资者具备一定的专业知识和相关技能。

2）多样性。衍生金融工具的种类繁多，可以根据投资者的不同需求和偏好进行定制和设计。

3）杠杆性。衍生金融工具通常采用保证金交易制度，投资者只需交存少量保证金即可进行较大规模的交易，从而放大了潜在收益和风险。

高风险性。由于衍生金融工具的高杠杆性和复杂性，其交易风险也相对较高。投资者需要充分了解市场情况和自身风险承受能力，谨慎进行交易。

（二）衍生金融工具的主要功能

1. 规避市场风险

许多金融衍生产品的产生都是与当时的投资者需要规避某项特定市场风险有关。有了衍生产品，投资者就可以更好地规避和管理市场的风险。例如，利率远期、利率期货、利率期权等都可以用于规避利率波动的风险。

2. 套利

金融衍生工具的出现，极大地丰富了市场的套利机会，这使套利成为它的一项功能。例如，利率互换就是利用双方比较优势的套利产品。

3. 投机

规避市场风险和套利都是针对风险厌恶的投资者而言的。而对于投机者来说，金融衍生产品无疑增加了市场的投机机会。

4. 提高交易效率

衍生产品提高了市场的流动性，降低了交易成本，提高了整个市场的交易效率。

5. 促进了金融市场完善

衍生产品补充和丰富了金融市场的交易品种，衍生产品和基础产品的组合可以为投资者提供各种收益特征和风险属性相匹配的产品。

在运用衍生金融工具获得收益的同时，应特别强调不能忽视衍生工具所带来的风险。当机构倒闭或发生亏损时，这些组织应该仔细审查它们的风险管理规程，包括衍生工具所扮演的角色。

专栏 5-5　世界性交易所发展年表

以下表格可以为了解目前仍在进行衍生工具交易的世界性交易所的名称及成立时间提供帮助。

1. 1571 年 伦敦皇家交易所	16. 1976 年 香港期货交易所
2. 1744 年 波罗的海交易所	17. 1980 年 国际石油交易所
3. 1773 年 伦敦股票交易所	18. 1982 年 伦敦国际金融期货期权交易所
4. 1790 年 费城股票交易所	19. 1984 年 新加坡国际货币交易所
5. 1792 年 纽约股票交易所	20. 1985 年 斯德哥尔摩期权交易所
6. 1848 年 芝加哥期货交易所	21. 1985 年 巴西商品期货交易所
7. 1870 年 纽约棉花交易所	22. 1985 年 法国国际期货交易所
8. 1872 年 纽约商品交易所	23. 1987 年 巴黎可转让期权市场
9. 1877 年 伦敦金属交易所	24. 1988 年 瑞士期权和金融期货交易所
10. 1878 年 东京股票交易所	25. 1989 年 东京国际金融期货交易所
11. 1881 年 明尼阿波利斯谷物交易所	26. 1990 年 西班牙金融期货交易所
12. 1919 年 芝加哥商品交易所	27. 1993 年 德国股票交易所
13. 1952 年 东京谷物交易所	28. 1997 年 阿姆斯特丹交易所[①]
14. 1960 年 悉尼期货交易所	注：①由阿姆斯特丹证券交易所（1602）和欧洲期
15. 1973 年 芝加哥期权交易所	权交易所（1978）合并形成

1993 年	德国金属公司（Metallgesellschaft AG）因石油期货交易而亏损 18 亿德国马克
1994 年	智利国家铜业公司（CODELCO）因铜和贵金属的违规期货交易而损失约 2 亿美元
1995 年	巴林银行因其新加坡分行的一名交易员签订的价值超过 10 亿美元的金融衍生合约而倒闭

（三）衍生金融工具的交易方式

交易者是指在金融和商品市场上代表其客户或使用自有资金买入或卖出衍生工具合约的市场参与者。交易者可通过下列方式进行衍生金融工具交易：

1. 场内交易（交易所交易）

（1）定义

场内交易，也称为交易所交易，是指所有供求方集中在交易所进行竞价的交易方式。金融衍生工具交易所是一种有组织的市场，它是由从事金融衍生工具交易的交易者依据法律所组成的一种会员制的团体组织。

（2）特点

标准化合约：交易所对交易的金融衍生产品（如期货合约、期权合约等）进行标准化处理，确保交易的公平性和效率。

集中竞价：所有交易者在交易所内通过竞价系统进行交易，价格由市场供求关系决定。

安全环境：交易所为交易提供了一个安全稳定的环境，保障交易双方的权益。

中介与仲裁：交易所充当交易的中介和仲裁人，负责解决交易过程中可能出现的争端。

（3）交易流程

交易者通过交易所会员身份参与交易；交易所提供交易场所和设施，制定交易规章制度；交易者按照交易所的规则进行竞价交易；交易所负责清算和交割，确保交易的顺利进行。

2. 场外交易（OTC 交易）

（1）定义

场外交易，也称为柜台交易，是指交易双方直接成为交易对手的交易方式。这种交易方式不存在固定的场所，由交易者和委托人通过电话、计算机网络等直接进行。

（2）特点

灵活性高：场外交易可以根据每个使用者的不同需求设计出不同内容的产品，满足客户的特定要求。

交易成本低：由于无需支付交易所的会员费和其他费用，场外交易的成本相对较低。

交易双方直接沟通：交易双方直接进行沟通和协商，有助于建立长期合作关系。

（3）交易流程

交易双方通过电话、计算机网络等渠道进行沟通和协商。交易条款和条件确定后，双方签订交易合同。按照合同约定的方式和时间进行交割或结算。

衍生工具的交易方式包括交易所交易和场外交易（见表 5-1）。交易所交易具有标准化、集中竞价、环境安全等特点，适合大规模、标准化的金融衍生产品交易；场外交易则具有灵活性高、交易成本低等特点，适合个性化、非标准化的金融衍生产品交易。投资者可以根据自己的需求和风险承受能力选择合适的交易方式。

表 5-1　场内交易和场外交易的衍生工具的区别

场内交易	场外交易
可用的衍生工具为期货、期权	可用的衍生工具为远期、期权、互换
衍生工具交易在充满竞争的交易大厅内以公开叫价和电子化的方式进行	衍生工具交易在个人基础上以单独协商方式进行
有标准化的、公开发行的合约	没有标准的规格合约
价格透明且易于获得	价格透明度较差
市场参与者互相不知情	市场参与者彼此知晓对方身份
交易时间公开，交易必须依照交易所的相关规则进行	流动性较差，且按顾客要求进行的一次性交易只能在当地的交易时间进行
头寸可以很容易轧平	头寸不能轻易轧平或转移
几乎没有合约在到期日或以实物交付形式终结	绝大多数合约在到期日或以实物交付的形式终结

（四）主要衍生金融工具介绍

由于衍生金融工具种类繁多，分类方法也多种多样，本部分主要按照最为常见的分类对远期、期货、期权和互换等主要衍生金融工具进行介绍。

1. 远期

远期是指交易双方事先签订合约承诺在将来某一特定时间按照特定价格买卖某种金融工具。远期合约通常在两家金融机构之间或金融机构与其客户之间签署。

一份典型的远期合约可以如表 5-2 所示。

表 5-2　远期合约

今天议定的合约……	……未来的日期
议定的条件： 　　价格； 　　数量和质量； 　　结算日期； 　　交付地点； 　　其他条件	结算时： 　　在议定的日期、地点按照议定的条款和条件交付； 　　交付时付款

远期合约是最简单的衍生工具。远期合约所涉及的实物交割虽然在未来进行，但交割价格在合约签订时就已确定，合约的卖方承担了合约到期日向买方提供合约标的物（某种

商品或金融产品）的义务，但是卖方并不一定需要签订合约时就拥有这种标的物，也可以采用合约到期日从现货市场上购入的方式履行合约。因此，一个高效率的远期市场必须以存在高度流动性的现货市场为前提。

远期合约交易的优点：能根据交易双方的具体需求确定未来交割对象的期限和数量，这不仅规避了价格风险，而且更能适应各种具体情况。

远期合约交易的缺点：合约非标准化使远期合约的二级市场很难发展起来。因此，远期交易绝大多数是买卖双方的直接交易，极少在交易所中进行交易。

当前远期合约的类型主要包括汇率远期和利率远期。

2. 期货

期货是一种具有法律约束力的交易合约，它规定了所买卖商品的品种、数额，并且约定在将来某个日期按议定价格进行交割。

期货的特点：买卖成交同实际交割之间存在一段时间间隔。期货作为一种具有法律效力的标准化合约，从本质上而言是一种义务。

期货与远期十分相似，区别在于：远期合约交易一般规模较小，较为灵活，交易双方易于按各自的意愿对合约条件进行磋商；而期货合约交易是在有组织的交易所内完成的，诸如相关资产种类、数量、价格、交割时间、交割地点等合约的内容都有标准化的约定，这使期货交易更加能够实现规模化发展，也更便于规范管理。

期货交易实质上是一种标准化的远期交易。在期货合约中，交易的品种、规格、数量、期限、交割地点等都已经得到了标准化的约定，唯一需要协商的就是合约的价格，这大大加强了期货合约的流动性。期货合约的这一特点使到期时只有不到5%的合约最终进行了实物交割，绝大多数交易者在合约到期日前就通过购买一份内容相同、方向相反的合约来对冲原有期货合约，从而避免进行实物交割。

期货交易的品种既包括现实中存在的资产（如各种外汇期货），也涵盖虚拟的资产（如股票指数期货），这些交易绝大多数都是在交易所内进行的。

国际上著名的期货交易所有：国际货币市场（IMM）、伦敦国际金融期货交易所（LIFFE）、纽约商品交易所（COMEX）。

与商品期货合约及能源期货合约类似，金融期货合约的细节同样随合约类型和交易所的不同而有所不同。一份典型的伦敦国际金融期货期权交易所的合约如表5-3所示。

表5-3　伦敦国际金融期货期权交易所的合约

伦敦国际金融期货期权交易所3月期英镑利率期货	
交易单位	500000 英镑
交付月份	3月、6月、9月、12月
交付日	最后交易日之后第一个营业日
最后交易日	交付月份第三个星期三的 11：00
报价	100 减去利率
最小价格变动（点的规格和价值）	0.01（12.50 英镑）

伦敦国际金融期货期权交易所 3 月期英镑利率期货	
交易时间	07：15-16：02（伦敦时间）
自动数控程序交易日	16：27-17：57

期货价格通常会公布在金融报刊上，代表的形式与表 5-4 中的伦敦国际金融期货期权交易所 3 月期英镑期货信息的形式相类似。

表 5-4　伦敦国际金融期货期权交易所 3 月期英镑期货

月份	开盘	最高	最低	结算
3 月	93.74	93.76	93.74	93.75
6 月	93.55	93.57	93.55	93.56
9 月	93.35	93.37	93.33	93.35
12 月	93.20	93.21	93.17	93.18

注：以 50 万英镑为 100%。

金融期货通常被市场参与者用于保护他们的资产不受价格逆向变动的影响。他们持有的仓盘取决于市场的波动性。针对金融期货交易策略的简单描述如表 5-5 所示。

表 5-5　金融期货交易策略

金融期货合约	卖出空头以兑付	买入多头以兑付
利息率	利息率上升	利息率下降
货币	货币价格下跌	货币价格上涨
股票指数	股票指数价值下跌	股票指数价值上涨

期货可以被典型地分成货币期货、商品期货、金融期货等。

（1）货币期货

货币期货具有两大功能：一是套期保值；二是投机。

在分析这两大功能之前，首先介绍一项期货交易中的最重要技术指标——基差。

基差是指当时市场上商品现货价格与同种商品期货价格的差额。它有两种表达方式：一种是用现货价格减去期货价格，得出的基差称为现货—期货基差（Spot-Future Basis）；另一种是用期货价格减去现货价格，称为期货—现货基差（Future-Spot Basis）。一般情况下，如果不作特别说明，那么基差指现货—期货基差。

基差可能是正值，也可能是负值。但期货合约到期日的基差应当为零。这种现象被称为期货价格收敛于标的资产的现货价格（见图 5-3）。如果标的证券没有收益，或是已知的现金收益较小、抑或已知收益率小于无风险利率时，期货价格应当高于现货价格，如图 5-3（a）所示；当标的证券的已知现金收益较大，或者已知收益率大于无风险利率时，期货价格应当小于现货价格，如图 5-3（b）所示。

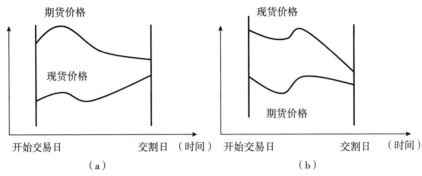

图5-3 期货价格与现货价格之间的关系（交割期限临期维度）

期货价格收敛于现货市场的价格是一种趋势。然而，在实际的收敛过程中，基差并非呈现不断减少并最终收敛于零的图景。这是因为基差会随期货价格和现货价格变动幅度的差异而变化。当现货价格的增长率大于期货价格的增长率时，基差也随之增加，这被称为基差增大。反之，当期货价格的增长率大于现货价格的增长率时，则称为基差减少。

期货价格收敛于标的资产的现货价格这一现象是由套利行为决定的。假定交割期间的期货价格高于标的资产的现货价格，套利者就可以通过买入标的资产同时卖出期货合约并交割来获利。这将促使现货价格上升，期货价格下跌。相反，如果交割期间的现货价格高于期货价格，那么打算买入标的资产的人就会发现，买入期货合约等待空头交割比直接买入现货更划算，同时促使期货价格上升。

对于货币期货市场而言，由于货币期货价格反映的是远期货币的供求双方对远期货币价格的预期，因此期货价格变动一般具备两种特性：一种是平衡变动性（Price Parallelism），即期货价格必与现货价格同方向变动；另一种是合二为一性（Price Convergence），即货币期货契约越接近到期日，期货价格与现货价格的差距越小，乃至期货契约最后交易日（Last Trading Date）收盘时，现货与期货间的基差必等于零。若不等于零，可能引发投机者进行套利。也就是说，卖方可以在交割日从现货市场购入即期外汇交给买方履行交割的义务；反之则相反。

套期保值又称对冲，指交易者目前持有现货头寸或预期未来会存在现货头寸，而且这些现货头寸存在风险敞口。此时必须在期货市场进行一笔与现货头寸等量但买卖方向相反的交易，以补偿或对冲因汇率波动而可能蒙受的损失。

交易者通过套期保值可以达到两个目的：一是锁定资金成本；二是保护资金收益。

套期保值有两种类型：买入对冲（Long Hedge or Buying Hedge）与卖出对冲（Short Hedge or Selling Hedge）。

买入对冲，是指交易者预期未来会在现货市场购入某项金融资产，于是先在期货市场买入与该资产类似或相关的金融期货合约，未来在现货市场买入该类资产的同时，将原先买入的期货合约在期货市场上结清。

卖出对冲是买入对冲的相反模式，是指交易者预期未来将会在现货市场售出某项金融资产，于是首先在期货市场售出与该类资产类似或相关的金融期货契约，在现货市场售出该类资产的同时，将原先已售出的期货契约在期货市场上结清。

下面分别举例说明买入对冲和卖出对冲的操作原理。

1）买入对冲：某美国进口商按合同将于3个月后支付125000英镑的货款。若签约当日英镑的即期汇率为￡1=US\$1.5678，而3个月英镑远期汇率高达￡1=US\$1.6000，故此进口商预期3个月后英镑的即期汇率将会升值。为了规避英镑升值的汇兑损失，该进口商可以进行如下套期保值操作。具体如表5-6所示。

表5-6　买入对冲状况

	即期市场	期货市场
当日	当日即期汇率为￡1=US\$1.5678，预计3个月后英镑即期汇率为￡1=US\$1.6	在预期3个月后英镑的即期汇率价格将在￡1=US\$1.6上下波动的前提下，买入3个月后交割的英镑期货125000英镑，价位为￡1=US\$1.6
3个月后	当时的即期英镑汇率升值至US\$1.6450/￡，美国进口商在即期市场上买入￡125000以备支付	当日英镑期货成交汇率随即期汇率同步升至￡1=US\$1.6500，变卖后可盈利6250US\$

美国进口商的总成本：1.6450×125000US\$ – 6250US\$=199375US\$

单位平均成本：199375/125000US\$=1.595US\$，将进口成本固定在1.6US\$水平以下。

2）卖出对冲：一家日本公司在6个月后将会有5000万英镑的收入，目前的汇率是￡1=J￥150，为防止6个月后英镑贬值，该公司决定采用卖出套期保值的方式规避英镑贬值的风险，操作过程如表5-7所示。

表5-7　卖出对冲状况

现货市场	期货市场
当日的汇率是￡1=J￥150，6个月后将收入5000万英镑，按该汇率水平将收入75亿日元	当日以￡1=J￥152卖出期货合同5000万英镑，价位为76亿日元
6个月后￡1=J￥140，实际收入70亿日元，亏损5亿日元	6个月后￡1=J￥140，买进5000万英镑期货合同，价位70亿日元，盈利6亿日元

这家日本公司6个月后在现货市场出售5000万英镑得到70亿日元，同时在期货市场上获利6亿日元，两者合计76亿日元，超过了该公司在签约时5000万英镑折合75亿日元的金额，即该公司利用卖出对冲固定了未来货款收入的实际价值。

期货交易除可以用作套期保值之外，也可用来投机。这些投机者在自身当前或未来并无现货头寸的情况下进行期货交易，其参与期货交易的目的是想从期货价格的变动中获取利润。

与其他证券市场一样，期货市场的交易者获得盈利的可能与蒙受亏损的可能并存。然而，期货市场吸引了大量的投机者。这是因为期货交易存在杠杆作用。在期货交易市场上，交易者并不需要支付期货合约的全部价值，而仅需要缴纳相当于期货合约价值5%～15%的保证金就可以获得与期货合约等值的期货合约要求权。少量保证金要求是投机者在期货交易中可能取得巨大利润的关键。

对于期货市场乃至整个经济的所有市场而言，投机者存在积极作用。首先，期货市场中套期保值者所转移的风险由投机者承担。众多投机者的存在为套期保值提供了更大的可能空间。其次，投机者的存在提升了市场流动性。如果没有投机者的参与，期货市场的运转肯定会面临许多难以想象的困难。正是这些从自己的分析结论出发，并在期货市场上不断调整价格预期的投机者的存在，才使套期保值者随时能够进行风险转移。尤为重要的

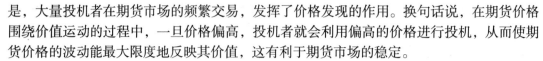

是，大量投机者在期货市场的频繁交易，发挥了价格发现的作用。换句话说，在期货价格围绕价值运动的过程中，一旦价格偏高，投机者就会利用偏高的价格进行投机，从而使期货价格的波动能最大限度地反映其价值，这有利于期货市场的稳定。

（2）商品期货

首先引入一个案例：一家以铜作原材料的生产企业，预计现有的铜储备在3个月后将会用尽，需要重新进货。因此，它准备在期货市场上购买3个月后交割的铜期货。假设当前的现货铜价格为14200元/吨，3个月期的年利率为5%。那么，以什么价格购买期货比较合理？

就上述案例而言，同样可以利用无套利定价原理得出铜期货的价格。所构造的无套利组合如下：①以3个月期的年利率借入资金14200元；②用借入的14200元购入1吨铜现货；③卖出1吨3个月后交割的铜期货。根据无套利定价原理，此时的铜期货为：14200×（1+0.05×3/12）=14377.5元/吨。

但是，如果市场上的铜期货价格是14400元/吨，比14377.5元/吨高，此时投资者是否就一定可以通过构造无风险套利组合获取盈利呢？答案是：不一定！

这是因为，如果按照套利组合原理买进铜现货用作未来铜期货的交割时，还有一项费用必须考虑在内，那就是铜现货的存储费用。如果铜在这3个月期间的存储费用超过了14400-14377.5=22.5元/吨，那么即使当前市场上的铜期货价格为14400元/吨，铜现货多头与期货空头的套利组合也不会产生盈利。所以，与没有存储费用的金融期货不同，在计算商品期货的价格时，必须要加上商品现货的存储费用。

考虑一般的商品期货，假设在t时刻的现货价格为$P(t)$，无风险年利率为r，期货的交割日为T。假设持有期货合约有效期间的存储费用贴现到t时刻的现值为U，那么考虑存储费用的期货价格则可以计算如下：按照无套利定价原理，构建一个由现货多头和期货空头组合而成的资产组合，在保证期初与期末的现金流均为0的情况下，期货的价格为：

$$F(t, T) = P(t)e^{r(T-t)} + Ue^{r(T-t)} = [P(t) + U]e^{r(T-t)} \tag{5-1}$$

在上述案例中，假设铜现货的3个月存储费用恰好为22.5元/吨，那么铜期货的价格为14400元/吨是否就一定合理呢？答案是：也不一定！

这是因为对于需求现货的生产企业来说，它的最终目的是保证在3个月后有现货铜供应。它有两种选择：一是购买现货，存储到交割日时使用；二是购买期货，到时通过交割获得现货。如果现在市场的期货价格刚好等于14400元/吨，那么企业可能宁愿持有现货，存储到3个月后使用。或者说，即使现在的期货价格小于14400元/吨，假设为13900元/吨。也就是说持有期货能赚取这10元/吨的差价，它也可能宁愿持有现货。因为持有现货才可能确保维持企业生产，而不用担心3个月后因为铜短缺而出现生产中断的情况。这部分因为持有现货享有的不用担心未来状况变动的收益被称为便利收益。

便利收益的存在使实际的期货价格与式（5-1）给出的理论价格存在差异，该项差异反映了市场对商品现货供应的预期。如果预期商品现货的供应将会出现短缺，则当前的期货价格会比式（5-1）的价格低一些。反过来，如果预期商品现货的供应在未来相对充足，则当前的期货价格就会比式（5-1）的价格高一些。

（3）外汇期货

外汇期货是交易双方约定在未来某一时间依据议定汇率用一种货币交换另一种货币的标准化合约。1972年5月，芝加哥商业交易所正式成立国际货币市场分部，推出了七种外汇期货合约，从而拉开了期货市场创新发展的序幕。1976年以来，外汇期货市场迅速发展，交易量呈现几何级数的激增。1978年，纽约商品交易所也增加了外汇期货业。1979年，纽约证券交易所宣布设立新交易所专门开展外币和金融期货业务。1981年2月，芝加哥商业交易所首次开设了欧洲美元期货交易。随后，澳大利亚、加拿大、荷兰、新加坡等国家也相继开设了外汇期货交易市场，从此，外汇期货市场开始蓬勃发展。

外汇期货合约是以外汇作为交割内容的标准化期货合同，主要包括以下方面内容：

第一，外汇期货合约的交易单位。每一份外汇期货合约都由交易所规定标准的交易单位。例如，德国马克期货合约的交易单位为每份125000马克。

第二，交割月份。国际货币市场里的所有外汇期货合约的交割月份都是一样的，为每年的3月、6月、9月和12月。交割月的第三个星期三是该月的交割日。

第三，通用代号。在具体操作中，交易所和期货佣金商以及期货行情表都采用代号表示外汇期货。八种主要货币的外汇期货的通用代号分别是，英镑BP、加拿大元CD、荷兰盾DG、德国马克DM、日元JY、墨西哥比索MP、瑞士法郎SF、法国法郎FR。

第四，最小价格波动幅度。国际货币市场对每一种外汇期货报价的最小波动幅度作出了明确的规定。在交易场内，经纪人所做的出价或叫价只能是最小波动幅度的倍数。八种主要外汇期货合约的最小波动价位如下：英镑0.0005美元、加元0.0001美元、荷兰盾0.0001美元、德国马克0.0001美元、日元0.0000001美元、墨西哥比索0.00001美元、瑞士法郎0.0001美元、法国法郎0.00005美元。

第五，每日涨跌停板额度。每日涨跌停板额度是一项期货合约在一天之内高出或低于前一交易日结算价格的最大波动幅度。八种主要外汇期货合约的涨跌停板额度规定如下：马克1250美元、日元1250美元、瑞士法郎1875美元、墨西哥比索1500美元、荷兰盾1250美元、法国法郎1250美元，一旦报价超过涨跌停板额度，则成交无效。

专栏5-7　如何认读外汇期货行情表？

下表是刊载于香港1993年7月19日发行的《亚洲华尔街日报》上的一则外汇期货行市表，它对加拿大元的期货行情进行了报道。

CANADIAN DOLLAR（CME）–100000dlrs; $ PerCan$
Lifetime Open

	Open	High	Low	Settle	Change	High	Low	Interest
Sept	0.7788	0.7816	0.7770	0.7813	+0.0026	0.8335	0.7515	25288
Dec	0.7752	0.7793	0.7750	0.7790	+0.0026	0.8310	0.7470	1345
Mr94	0.7730	0.7770	0.7730	0.7766	+0.0026	0.7860	0.7550	1010

Est Vol 4505; Vol Thur2072; Open int 27634, +32

行情表第一行中的100000dlrs是指加拿大元的合约交易单位，$ PerCan$表示表中的数额指每加拿大元合多少美元，如7788表示每一加元合0.7788美元，左侧第一栏的Sept（9月）、Dec（12月）、Mr94（1994年3月）是指交割月份；第二栏Open（开盘）下面的0.7788，是指芝加哥商业交易所（CME）1993年7月16日开盘时9月交割的加元合美元的价格；第三栏的High0.7816是指1993年7月16日交易的9月交割的加元期货当日曾高达0.7816美元；第四栏中的Low0.7770则表示该加元期货该日曾低至 0.7770 美元；第五栏的 Settle0.7813 表示 1993 年 7 月 16 日的结算价；第六栏的 Change+0.0026 是指同前一交易日的结算价相比，该日的结算价格增加了 0.0026；第七栏中的 Lifetime High0.8335、Low0.7515 是指该加元期货合约曾经到达过的历史最高和最低价格；最后一栏的 Interest 25288 是指未平仓的合约数为 25288 份。

3. 期权

布莱克和斯科尔斯的经典论文发表时，世界上第一个期权交易所——芝加哥期权交易所（CBOE）才刚刚成立一个月（1973 年 4 月 26 日成立）。布莱克和斯科尔斯所创立的期权定价模型马上被期权投资者采用。布莱克—斯科尔斯期权定价理论为金融衍生产品市场的快速发展奠定了基础。

然而，期权定价理论并非起源于布莱克—斯科尔斯定价模型（以下表示为 B—S 定价模型）。在此之前，许多学者都就这一问题展开过研究。最早的是法国数学家路易·巴舍利耶（Lowis Bachelier）于 1900 年提出的模型。随后，卡苏夫（Kassouf，1969）、斯普里克尔（Sprekle，1961）、博内斯（Boness，1964）、萨缪尔森（Samuelson，1965）等分别提出了不同的期权定价模型。但是他们都未能完全提出具体的方程求解过程。本部分主要介绍布莱克和斯科尔斯提出的欧式看涨期权与看跌期权的精确公式。

在风险中性的条件下，欧式看涨期权到期时（T）的期望值为：

$$\hat{E}[\max(S_T - X, 0)] \tag{5-2}$$

其中：$\hat{E}$ 为风险中性条件下的期望值。根据风险中性定价原理，欧式看涨期权的价格 c 等于将此期望值按无风险利率进行贴现后的现值，即：

$$c = e^{-r(T-t)}\hat{E}[\max(S_T - X, 0)] \tag{5-3}$$

在风险中性条件下，可以用 r 取代 $\ln S_T$ 概率分布中的 μ，即：

$$\ln S_T \sim \varphi\left[\ln S + \left(r - \frac{\sigma^2}{2}\right)(T-t), \sigma\sqrt{T-t}\right] \tag{5-4}$$

对式（5-2）右边求值是积分的过程，结果为：

$$c = SN(d_1) - Xe^{-r(T-t)}N(d_2) \tag{5-5}$$

其中，

$$d_1 = \frac{\ln(S/X) + (r + \sigma^2/2)(T-t)}{\sigma\sqrt{T-t}}$$

$$d_2 = \frac{\ln(S/X) + (r - \sigma^2/2)(T-t)}{\sigma\sqrt{T-t}} = d_1 - \sigma\sqrt{T-t}$$

$N(x)$ 为标准正态分布变量的累计概率分布函数（即这个变量小于 x 的概率），根据标准正态分布函数的特性，存在 $N(-x) = 1 - N(x)$。

这就是无收益资产欧式看涨期权的定价公式。

在标的资产无收益的情况下，由于 $C = c$，因此式（5-4）也给出了无收益资产美式看涨期权的价值。

根据欧式看涨期权和看跌期权之间存在的平价关系，可以得到无收益资产欧式看跌期权的定价公式：

$$p = Xe^{-r(T-t)}N(-d_2) - SN(-d_1) \tag{5-6}$$

由于美式看跌期权与看涨期权之间不存在严格的平价关系，故美式看跌期权的定价不存在精确的解析公式，但是可以用蒙特卡洛模拟、二叉树和有限差分等不同方法近似求解，这里我们不再进行介绍。

上述期权的计算公式虽然复杂，但可以运用相关金融工程软件方便地计算得出。

4. 互换

（1）货币互换

货币互换的主要原因是双方在各自国家中的金融市场上具有比较优势。假定英镑和美元汇率为 1 英镑 =1.5000 美元。A 公司想借入 5 年期的 1000 万英镑，B 公司想借入 5 年期的 1500 万美元。但由于 A 公司的信用等级高于 B 公司，同时两国金融市场对 A、B 两家公司的熟悉状况不同，因此市场向它们提供的固定利率也存在差异（见表 5-8）。

从表 5-8 可以看出，A 公司在两个市场上的借款利率均比 B 公司低，可以理解为 A 公司在两个市场上都具有绝对优势，但绝对优势的大小有所不同。A 公司在美元市场上的绝对优势为 2%，而在英镑市场上只有 0.4%。这就是说，A 公司在美元市场上有比较优势，而 B 公司在英镑市场上有比较优势。这样，双方就可利用各自的比较优势进行借款，然后通过货币互换获得自己想要的资金，并通过分享互换收益（1.6%）来降低筹资成本。

表 5-8　市场向 A、B 两家公司提供的借款利率[①]　　　　单位：%

	美元	英镑
A 公司	8.0	11.6
B 公司	10.0	12.0

于是，A 公司以 8% 的利率借入 5 年期的 1500 万美元，B 公司以 12.0% 的利率借入 5 年期的 1000 万英镑。然后，双方首先进行本金的货币互换，即 A 公司向 B 公司支付 1500 万美元，B 公司向 A 公司支付 1000 万英镑。

假定 A、B 公司商定双方平分互换收益，则 A、B 公司都会使筹资成本降低 0.8%，即双方最终实际筹资成本分别为：A 公司支付 10.8% 的英镑利率，而 B 公司支付 9.2% 的美元利率。

此时，双方就可根据借款成本与实际筹资成本的差异计算各自向对方支付的现金流，从而进行利息互换。即 A 公司向 B 公司支付以 10.8% 计息的英镑借款利息共计 108 万英镑，而 B 公司向 A 公司支付以 8.0% 计息的美元借款利息共计 120 万美元。经过互换后，A 公司的最终实际筹资成本降为需要按 10.8% 计息的英镑借款利息总额，而 B 公司的最终实际筹资成本变为以 8.0% 计息的美元借款利息总额加上以 1.2% 计息的英镑借款利息总额。如果汇率水平保持不变，B 公司最终实际筹资成本相当于以 9.2% 计息的美元借款利息总额。若担心未来汇率水平有可能发生变动，B 公司还可以通过购买美元远期或美元期

---

① 表中的利率均为一年计一次复利的年利率。

货来规避有可能产生的汇率风险。

在贷款期满后，双方需要再次进行借款本金的互换，即 A 公司向 B 公司支付 1000 万英镑，同时 B 公司向 A 公司支付 1500 万美元。至此，货币互换结束。如果不考虑本金问题，上述货币互换流程如图 5-4 所示。

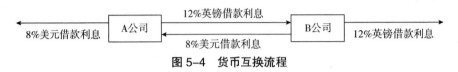

图 5-4　货币互换流程

由于货币互换涉及本金互换，因此当汇率变动很大时，双方将面临一定的信用风险。当然，这种风险比单纯的贷款风险要小得多。

（2）利率互换

利率互换的出现时间相对较晚，资本市场上针对债券发行的最著名的首次利率互换发生在 1980 年 8 月。当时德意志银行（Deutsche Bank）发行了 3 亿美元的 7 年期固定利率欧洲债券，并通过与三家银行进行利率互换，将固定利率换成以伦敦银行同业拆放利率（LIBOR）为基准的浮动利率。在互换过程中，德意志银行按低于伦敦同业拆放利率的利率支付浮动利息，因此获得了利益。而其他三家参与利率互换的银行则凭借德意志银行较高的资信级别从其手中换到了享有优惠利率的固定利率美元债券。利率互换各方都互相利用各自在金融市场上的优势获得了利益。此次利率互换交易的成功，推动了利率互换市场的快速发展，同时也标志着互换交易工具的应用从货币市场转移到信贷市场。

双方进行利率互换的主要原因是在固定利率和浮动利率市场上各自具有比较优势。假定 A、B 两家公司都想借入 5 年期的 1000 万美元。A 公司想获得与 6 个月期相关联的浮动利率借款，而 B 公司则想获得固定利率借款。但两家公司信用等级不同，故市场向它们提供的借款利率也不同，如表 5-9 所示。

表 5-9　市场提供给 A、B 两家公司的借款利率

	固定利率	浮动利率
A 公司	10.00%	6 个月期 LIBOR+0.30%
B 公司	11.20%	6 个月期 LIBOR+1.00%

注：表中的利率均为一年计一次复利的年利率。

从表 5-10 可以看出，无论是固定利率，还是浮动汇率，A 公司的借款利率均比 B 公司低。换句话说，A 公司在两个市场都具有绝对优势。在固定利率市场上，A 公司的借款利率比 B 公司的借款利率低 1.2%，表明 A 公司拥有相较 B 公司而言的 1.2% 的利率优势；而在浮动利率市场上，A 公司的借款利率比 B 公司的借款利率低 0.7%，表明 A 公司拥有相较 B 公司而言的 0.7% 的利率优势。由于 1.2% 大于 0.7%，因此不难得出 A 公司在固定利率市场上拥有比较优势，而 B 公司在浮动利率市场上存在比较优势的基本结论。于是，双方就可利用各自的比较优势为对方借款，然后进行互换，从而达到共同降低筹资成本的目的。此时，A 公司以 10% 的固定利率借入 1000 万美元，而 B 公司以 LIBOR+1% 的浮动利率借入 1000 万美元。由于本金相同，故双方不必交换本金，仅交换利息的现金流。即

A 公司向 B 公司支付浮动利息，B 公司向 A 公司支付固定利息。

通过利用各自在利率方面的比较优势并进行互换，双方总的筹资成本降低了 0.5%（即：11.20%+6 个月期 LIBOR+0.30%-10.00%-6 个月 LIBOR-1.00%），这就是互换带来的利益。互换利益是双方合作的结果，理应由双方分享。具体分享比例由双方商定。我们假定双方各分享一半，也就是说，互换使双方的筹资成本均降低了 0.25%。此时双方的最终实际筹资成本分别是 A 公司支付的 LIBOR+0.05% 浮动利率以及 B 公司支付的 10.95% 的固定利率。

这样，双方就可根据借款成本与实际筹资成本的差异计算各自向对方支付的利息现金流，即 A 公司向 B 公司支付按 LIBOR 计算的利息，而 B 公司向 A 公司支付按 9.95% 计算的利息。

上述互换中，由于双方的借款都需要每隔 6 个月进行利息支付，因此互换协议的条款应规定每 6 个月一方向另一方支付固定利率与浮动利率的差额。假定某一支付日的 LIBOR 为 11.00%，则 A 公司应付给 B 公司 5.25 万美元［1000 万美元 ×0.5×（11.00%-9.95%）］。利率互换流程如图 5-5 所示。

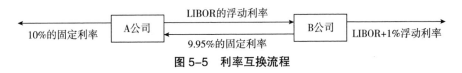

图 5-5　利率互换流程

由于利率互换只交换利息差额，因此信用风险较小。

第四节　金融产品设计

一、金融产品开发概述

（一）金融产品的特征性要素

金融产品的特征性要素包括价格、收益、风险、流动性、可买卖性、数量大小、期限长短等。任何新金融产品的开发，都是原有金融产品自身各种特征要素的重新组合匹配的过程。

（二）金融新产品的类型

根据金融新产品对公司和市场而言的新颖程度，可以将金融新产品划分为发明型、改进型、组合型、模仿型四种类型。不同的新产品具有不同的特点（见表 5-10）。

表 5-10　金融新产品的比较

新产品的类型	开发难度	对资金与技术的要求	开发周期
发明型	最大	需要大量的资金与先进的技术	最长
改进型	较小	较低	较短
组合型	较小	较低	较短
模仿型	最小	花费人力、物力、资金等的成本都较低	最短

1. 发明型新产品

金融企业从客户需求出发，结合金融科技成果研发出来的能给客户带来前所未有体验的全新产品或产品系列。

2. 改进型新产品

通过新技术的应用而开发出来的能够促进原有产品性能产生飞跃性提升的换代产品。例如，银行在传统业务基础上，开发功能更加新颖且更为完善的投资理财产品。

改进体现在对原有产品的性能（如成本、定价、风险等要素）进行以创新为导向的重新整合或者基于国内外政治经济因素不断变化和金融产品的市场需求持续改变的事实而对原有金融产品的性能进行重新定位。简言之，就是赋予原有产品以全新特点。

改进型新产品的市场影响力通常并不逊于发明型新产品，甚至具备更大的发展潜力与发展空间。这是因为，改进型产品的形成基础是原有金融产品，原有金融产品已经为改进型产品提供了一定的市场，同时开发成本较低。更进一步地，改进不同于创新，可能更为简单易行。鉴于此，改进型产品被商业银行广泛采用。金融创新在很大程度上是实际将诸如结算、存款、利率等传统金融产品进行重新组合。

3. 组合型新产品

对两个或两个以上的现有金融产品或服务进行重新组合或稍加改进形成能聚合众多金融服务的新产品。组合型新产品完善和延伸了原有金融产品的功能，能够较好地满足客户的新需求。

4. 模仿型新产品

模仿型新产品指金融企业模仿市场已有产品，对其进行局部改进后形成的新产品。

5. 重新定位产品

面向新的细分市场，对已有产品进行重新定位。

6. 成本缩减产品

从成本缩减导向出发重新界定现有产品的价格和服务范围而形成的对成本敏感型客户更具吸引力的新产品。

狭义的金融产品开发主要指全新型金融新产品的开发。

（三）金融产品的开发途径

1）通过扩大金融产品的服务范围开发新产品。通过拓展产品的服务范围形成既可以销售新产品也可以销售原有产品的新局面，这是较为简单的产品创新。

2）通过现有服务的重新组合或重新包装开发新产品。金融企业提供的金融产品种类繁多，功能各异。面对此种境况，纵使某种金融产品可能非常符合客户需要，也未必能获得客户的认可。这就需要金融企业在改进和组合现有服务的基础上通过功能添加开发更容易赢取更为客户青睐的新产品。这不但能够实现金融产品市场的细分化，而且能进一步满足客户的需求。例如，可转让定期存单就是通过在定期存款的基础功能上添加了金融债券的流动性功能而组合形成的新产品。

3）运用新技术开发新产品。银行利用新技术开发全新型产品和改进型产品。如招商银行的一卡通就是成功运用信息技术开发新产品的典型范例。

4）通过功能改进和挖潜等手段开发新产品。银行对现有产品的功能不足进行改进和修正，或对现有产品进行功能的深度挖掘形成改进型产品。例如，民生银行的商贷通，就是根据小微金融的特点，对现有贷款产品进行功能改进后推出的新产品。

5）通过微创新开发新产品。金融企业在不改变市场现有产品基本功能的前提下，充分考虑客户需求和市场状况的差异，对产品名称、服务、定位、性能等要素进行简单修改而形成的新产品。

6）在对产品门类、产品系列以及产品品牌进行重新整合的基础上，从客户需求与市场状况的变化出发，通过重新组合现有金融产品的特征性要素出发开发新产品。

二、金融产品开发程序

金融产品设计是一个系统而复杂的过程，旨在开发出高度符合监管要求、充分满足客户需求、对客户具有显著吸引力的金融产品。

金融新产品开发一般分为五个阶段：产品概念、产品设计、产品测试、产品推出、产品评价与监测（见图5-6）。

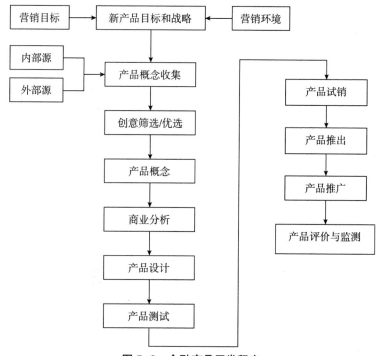

图5-6 金融产品开发程序

（一）金融产品的概念

1. 概念形成

金融产品概念的形成依赖于充分考虑并综合分析诸多因素所形成的凝练结论。这些诸多因素包括但不限于金融产品自身的目标、金融产品开发主体的战略定位以及如何利用金融产品发现并把握市场机会等。

新产品开发战略与金融产品开发企业的营销目标高度相关。以原有和全新为维度对产品本身和销售对象（客户）进行组合所形成的结果是新产品开发战略的构建基础。鉴于此，新产品开发战略可以被分成以下四种：

1）扩大市场份额：将原有产品出售给更多的原有客户。

2）实现市场扩张：将原有产品出售给更多的新客户。

3）进行线性扩展：将新产品出售给原有客户。

4）开发新业务：将新产品出售给新客户。

2. 创意筛选

新产品开发过程中的创意除来自企业内部之外，还可以来自以产品代理商、竞争对手和最终用户等与金融产品开发高度相关的其他行为主体。一旦创意得到确认，就进入创意筛选过程。创意筛选就是将最有价值的创意从全部创意中提取出来的行为。创意筛选的目的是尽快找到好创意，迅速淘汰无效创意。

创意筛选的判定标准主要包括：是否与企业战略目标相匹配；能否顺应金融市场产品发展趋势；可否扩大新产品的市场规模；技术先进性与开发可行性的判定；开发需要的资源条件及配套服务要求的判断；新产品认可程度和营销规划的评判以及对社会效益的综合评价。

（二）金融产品设计

金融产品设计包括产品概念设计、产品概念调研、产品营销分析、产品商业分析、具体设计过程以及风险控制与合规性。

1. 产品概念设计

对筛选得出的金融产品创意进行概念设计的过程。重点是描述新产品的主要性能。

2. 产品概念调研

产品概念设计完成后的产品目标客户与行业调查。重点是了解行业的规模结构、竞争态势、发展趋势、政策环境以及客户的产品概念认知、产品需求内容、产品购买意向、产品改进建议等相关信息。

3. 产品营销分析

基于产品概念调研结果进行的营销规划分析。重点是确定目标市场、制定产品价格以及对新产品销售量及利润水平进行预测。

4. 产品商业分析

对新产品的商业价值进行全面评估的过程。重点是包括新产品市场的全面调查、市场战略的制定、市场需求的估计、新产品开发预算的编制等，具体的分析内容包括：市场调查分析、财务分析、现金流分析、投资回报分析等。

5. 具体设计过程

金融产品的具体设计过程就是在前述产品概念设计、产品概念调研、产品营销分析以及产品商业分析的基础上进行新产品的需求聚合和创意归集，形成明确的产品定位，进而从产品定位出发进行新产品的详尽设计与开发的过程。

6. 风险控制与合规性

新产品设计进程中的风险控制就是通过精确的风险测算和适宜的控制措施降低投资者风险的过程。合规性则指的是确保产品设计符合相关法律法规和监管要求，重点是监管规则的严格遵守与信息披露的充分有效。

（三）金融产品测试

金融产品测试就是判断所设计的新产品的性能和销量是否达到预期。

1. 功能测试

功能测试主要是测试市场和客户对新产品的反应。包括产品功能理解、产品市场反馈和需求满足程度。功能测试的目的是帮助新产品开发人员淘汰客户不太感兴趣的新产品。

功能测试包括客户调研测试和市场测试。

客户调研测试：采用问卷调查、个别面谈或电话访谈等形式对新产品进行调研，调研结果是产品面市前改进的重要参考依据。金融企业通常在选定客户群体中进行客户调研测试，助力产品顺利面市。

市场测试：将新产品或服务投放到市场上测试客户的接受程度。测试结果是新产品市场接受程度的重要体现，同样是产品面市前改进的重要参考依据。

2. 产品试销

新产品设计完成后，在正式推向市场之前还需要进行产品的试销。此环节也称作营销测试。

产品试销主要检验新产品的市场接受程度以及销售规划的可行性与合理性。市场前景不甚明朗且投入较大的新产品更加需要试销。

产品试销环节的主要内容包括：确定试销的时机；确定试销的核心区域与扩展区；检验市场定位的精准性以及判断营销规划的可行性与合理性。

（四）金融产品推出

金融产品推出，就是产品推向市场的过程，也就是产品的销售过程。产品测试和试销完成后，金融产品开发企业需要根据测试和试销的结果对产品的功能进行修正并对合理预期产品的未来市场前景，完成产品面市前的最后准备，从而顺利进入产品推出环节。产品推出环节的主要工作内容包括制订营销计划和促销方案；培训营销人员以及进行新产品宣传推广。

（五）金融产品评价与监测

产品顺利面市后，还需要及时跟踪产品的市场反馈，评估市场绩效，得出新产品是否达到设计要求以及是否应当对产品本身以及市场战略做出调整的基本结论，从而为产品的持续优化打下坚实的基础。

从以上阐述中不难看出，金融工具设计是一个综合性动态演进过程，需要综合考虑市场需求、投资者需求、风险管理和法规要求等诸多因素。

三、金融产品设计案例

本部分以股票挂钩型投资产品为例对金融产品设计过程进行结合实例的解析。

1. 何为股票挂钩型投资产品

股票挂钩型投资产品属于结构式投资工具，通过股票期权合约获取回报。投资回报由单只股票、股票投资组合或股票指数的表现决定。由于此类产品直接与股票的市场表现挂钩，所以风险程度与所投资的股票、股票投资组合或者股票指数发生波动的风险程度相近。客户投资股票挂钩型投资产品在到期时所获得的标的资产数量以及投资损益，视到期时的股票、股票投资组合以及股票指数的当日市场表现厘定。

2. 股票挂钩型投资产品的类别

股票挂钩型投资产品并不属于主动式管理的投资产品，而是一种期权工具，可以分为"看涨式""看跌式""勒束式"三类。投资者可按自身对特定股票价格、股票投资组合的市场表现或股票指数走势的看法而选择。目前，市场上交易的股票挂钩型投资产品大多为"看涨式"和"看跌式"期权。

[例1]"看涨式"股票挂钩型投资产品

证券：盈富基金

发行日：2003 年 5 月 22 日

定价日：2003 年 7 月 7 日

交收日：2003 年 7 月 9 日

期限：48 日

参考价：11.5 港元

潜在年回报率：7.29%（年利率）

如果投资者预期某只股票（该股票是特定股票挂钩型投资产品的标的股票）的价格在未来会保持不变或上升，那么就可以购买以该股票为标的的"看涨式"股票挂钩型投资产品，相当于沽出认沽期权。"看涨式"股票挂钩型投资产品在到期日的投资结果会出现两种情况：

情况一：

如果盈富基金定价日的收市价等于或高于参考价格（此例中为 11.5 港元 / 每股），如图 5-7 的 A 区域所示，那么投资者将获得以年利率 7.29% 为核算基准的投资回报。换句话说，交收当日的 100000 港元在 48 天的投资期限内可以为客户按照 0.96% 的利率赚取回报，该利率与盈富基金的潜在年回报率 7.29%（年利率）相等。

情况二：

如果盈富基金定价日的收市价低于参考价格（此例中为 11.5 港元 / 每股），如图 5-7 的 B 区域所示，则投资者将会在交收日按照参考价格（11.5 港元 / 每股）购买相应数量的股份。这项投资的亏损程度，由盈富基金定价日的收市价决定。

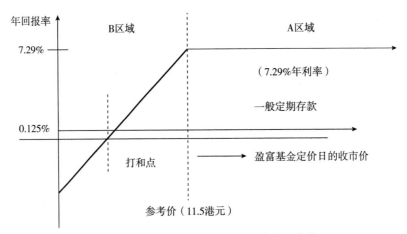

图 5-7 "看涨式"股票挂钩型投资产品收益

[例2]"看跌式"股票挂钩产品。

证券：盈富基金

发行日：2003 年 6 月 11 日

定价日：2003 年 7 月 23 日

交收日：2003 年 7 月 25 日

期限：44 日

参考日：12.5 港元

潜在年回报率：12.86%（年利率）

当投资者预期某只股票（该股票是特定股票挂钩型投资产品的标的股票）的未来价格将会下跌时，则可以购买"看跌式"股票挂钩型投资产品。此操作等同于沽出认购期权。"看跌式"股票挂钩型投资产品在到期日的投资结果同样会出现两种情况：

情况一：

如果盈富基金定价日的收市价低于参考价格（此例中为 12.5 港元/每股），如图 5-8 的 A 区域所示，那么投资者将获得以年利率 12.86% 为核算基准的投资回报。换句话说，如果投资者的投资金额为 984730 港元，那么在交收当日可以获取 1000000 港元，也就是在 44 天的投资期限内可以为客户按照 1.55% 的利率赚取回报，该利率与盈富基金的潜在年回报率 12.86%（年利率）相等。

情况二：

如果盈富基金定价日的收市价等于或高于参考价格（此例中为 12.5 港元/每股），如图 5-8 的 B 区域所示，则投资者在交收当日获得的款项由下述公式的计算结果与零进行比较的较高值决定。如果该公式的计算结果大于零，则由计算结果决定；如果该公式的计算结果小于零，则由零决定。简言之，在该公式的计算结果小于零的情形里，投资者无法获得任何款项。投资者在交收当日获得的款项为：

$$\text{面值／票面值} \times \left[1 - \frac{\text{定价日的收市价} - \text{参考价格}}{\text{参考价格}}\right]$$

假定投资者用 984730 港元购买面值为 1000000 港元的盈富基金。如果盈富基金定价日的收市价为 16 港元，它可获得的款项为 720000 港元。

计算方法是 $1000000 \times \left[1 - \frac{16 - 12.5}{12.5}\right] = 1000000 \times 0.72 = 720000$。因为 720000 大于零，故此投资者的回报为 720000 港元。

以较高者计算：$1000000 \times 0.72 = 720000$（港元）。

如果定价日的收市价高于参考价格达到两倍甚至以上，那么这项投资的亏损可能高到与所付出的全部投资款项相等。在上述例子中，当收市价为 25 港元或以上时，此种情形就会出现。

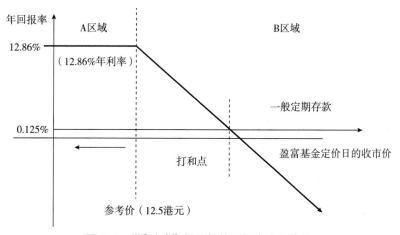

图 5-8　"看跌式"股票挂钩型投资产品收益

本章小结

金融工具作为金融市场的基石和投资者的利器，在促进资金融通、实现财富增值、实施风险管理和反映市场信息等方面发挥着重要作用。随着金融市场的不断发展创新，金融工具的种类和功能也在不断丰富完善，以便为投资者提供更加多元化和更为便捷的投资选择。

本章主要阐述金融工具的内涵、特征和类型，并针对一些主要金融工具进行了重点说明。首先，介绍金融工具的含义和特征；其次，介绍金融工具按不同划分标准进行的分类；最后，介绍常见的基础金融工具和衍生金融工具。

金融工具设计是一个综合性的动态过程，需要综合考虑市场需求、投资者需求、风险管理和法规要求等多项因素。通过科学合理的设计方法，可以设计出符合市场需求且风险可控的金融工具，从而为金融机构和投资者提供优质的金融服务。未来，随着金融市场的不断发展和金融创新的不断深入，金融工具的设计方法也将不断推陈出新。

进一步阅读

弗兰克·J. 法博齐. 金融工具手册［M］. 俞卓著，译. 上海：上海人民出版社，2006.
路透. 金融衍生工具导论［M］. 北京：北京大学出版社，2001.

思考练习题

一、名词解释

1. 利率期限结构
2. 商品期货
3. 金融期货
4. 货币互换
5. 期权
6. 债券
7. 股票

二、判断题

1. 投机将会加大市场波动性，破坏市场的价格发现功能。（　　　）
2. 随着交割月份的临近，期货价格将会远离现货价格。（　　　）
3. 本国利率上升，国外利率不变，则本国汇率近期贬值，远期升值。（　　　）
4. 多头看涨期权与空头看跌期权是一个效果。（　　　）
5. 只有互换双方在各自市场上存在优势时，互换才能够进行。（　　　）

三、选择题

1. 下列哪一项不属于交易所对衍生工具交易的规定？（　　　）

A. 合约数量　　　　B. 合约到期日期　　　C. 合约交付条件　　　D. 合约价格

2. 假设你买入了一份伦敦国际金融期货期权交易所的合约，根据该合约，你拥有在 3 个月后以 96 英镑的价格买入 10000 手长期金边债券的权利。如果你改变主意，你可以不买下这些债券。请问，你买入的是什么合约？（　　　）

A. 期权合约　　　　B. 期货合约

3. 下列哪家交易所于 1972 年首创金融期货交易？（　　　）

A. 伦敦国际金融期货期权交易所　　　　B. 国际货币市场

C. 芝加哥期货交易所　　　　　　　　　D. 芝加哥期权交易所

4. 下列各项中哪些有关商品和金融远期合约的说法是正确的？（　　　）

A. 不再场内进行交易　　　　　　　　　B. 涉及缴纳保证金

C. 有标准且公开的合约条款　　　　　　D. 由私下议定达成

5. 下列各项中哪些有关商品和金融期货合约的说法是正确的？（　　　）

A. 在交易所内进行交易　　　　　　　　B. 不涉及缴纳保证金

C. 被用于投机和对冲　　　　　　　　　D. 由于细节公开，所以它们是透明的

6. 下列哪一项最精确地描述了基差？（　　　）

A. 既定交割月份内不同时间的价格差　　B. 两家交易所现货价格的差值

C. 两家交易所期货价格的差值　　　　　D. 现货价格和期货价格的差值

7. 按复利计算，年利率为 7% 的 500 元贷款，经过两年后产生的利息是（　　　）。

A. 35 元　　　　B. 70 元　　　　C. 72.45 元　　　　D. 70.85 元

8. 以下不属于金融衍生品的是（　　　）。

A. 股票　　　　B. CDO　　　　C. MBS　　　　D. 期货

四、论述题

1. 简述股票相关价值的主要内容。

2. 简述衍生金融工具的分类。

3. 票据的基本特征有哪些？

4. 简述货币互换产生的原因。

5. 论述金融产品开发设计程序的基本步骤。

6. 请简述间接融资和直接融资的概念和主要区别。

五、案例分析题

巴林银行倒闭

1995 年 2 月 17 日，世界各地的新闻媒体都以最夺人眼球的标题报道了一个相同的事件：巴林银行破产。

巴林银行集团是拥有 232 年历史的老牌英国银行，在全球拥有雇员 1300 多人，总资产逾 94 亿美元，所管理的资产高达 460 亿美元，许多的英国王室显贵，包括伊丽莎白二世女王和查尔斯王子都是它的顾客，曾被称为英国的皇家银行。巴林银行经历了 1986 年

伦敦金融市场解除管制的"大爆炸",但仍然屹立不倒,已经成为英国金融市场体系的重要支柱。然而,巴林银行长达两个多世纪的辉煌业绩,却在1995年2月毁于一旦。

巴林银行破产的直接原因是其新加坡分行的一名交易员——尼克·李森进行违规交易造成的。事发时李森刚满28岁。1992年,李森由摩根士丹利的衍生工具部转投巴林银行,被派往新加坡分行。由于工作勤奋、机敏过人而被重用,升任交易员,负责巴林新加坡分行的衍生产品交易。期货交易的成功使李森深受上司的赏识,地位节节上升,以致被允许加入由18人组成的巴林银行集团的全球衍生交易管理委员会。

李森的工作是在日本的大阪及新加坡进行日经指数期货的套利活动。然向,李森并没有严格地按规则去做,当他认为日经指数期货将要上涨时,不惜伪造文件筹集资金,通过私设账户大量买进日经股票指数期货头寸,从事自营投机活动。然而,日本关西大地震打破了李森的美梦,日经指数不涨反跌,李森持有的头寸损失巨大。若此时他能当机立断斩仓,损失还能得到控制,但过于自负的李森在1995年1月26日以后又大幅增仓,导致损失进一步加大。

1995年2月23日,李森突然失踪,其所在的巴林新加坡分行持有的日经225股票指数期货合约超过6万张,占市场总仓量的30%以上,预计损失逾10亿美元之巨。这项损失,已经完全超过了巴林银行约5.41亿美元的全部净资产值,于是英格兰银行于1995年2月26日宣告巴林银行破产。1995年3月6日,英国高等法院裁决,巴林集团由荷兰商业银行收购。

案例分析:请对巴林银行破产的原因进行分析。

第六章 金融风险管理

学习目标

· 了解风险及金融风险的含义；
· 掌握风险度量的典型方法；
· 熟悉风险管理的流程；
· 熟知风险管理技术。

第一节 金融风险概述

一、风险内涵

1. 风险的定义

风险，是指未来事件的不确定性及由此而引发的损失或收益。它源于信息的不完全性、环境的复杂性和人类认知的局限性。风险无处不在。无论是个人生活、企业经营还是国家治理，都不可避免地面临各种风险。

2. 风险的特征

风险具有损失性、客观性、不确定性、主观相关性、可测量性等特征。

1）损失性。事件的不确定性对与之产生联系的主体所带来的负面影响就是损失。

2）客观性。风险存在于我们所生活的客观自然环境和客观人文环境中。

3）不确定性。风险损失何时发生、发生在哪里、发生在哪个主体和客体身上以及损失的严重程度等都是不确定的。

4）主观相关性。指风险事件的发生与否及损失程度与面临风险的主体的行为和决策紧密相关。同一风险事件对不同行为主体而言会产生不同的风险结果，而同一行为者基于同一风险事件的决策和应对策略的不同，也会产生不同的风险结果。

5）可测量性。指人们可以从发生可能性和损失严重程度出发对风险进行定性和定量的估计和判断。

风险的损失性要求人们对风险进行管理，而风险的客观性和不确定性增加了管理难度，风险的主观相关性和可测量性则为人们管理风险提供了空间和方法。

二、金融风险类型

在各种信用活动和货币经营过程之中，不确定因素的存在使货币资金经营者的实际收益与预期收益发生偏差，货币资金经营者因之而获取收益或者蒙受损失的机会或可能被称为金融风险。

（一）主动风险

1）市场风险。又称利率风险和汇率风险，指金融市场的价格变动（如利率、汇率、股票价格等）给投资者带来的损失。市场价格的波动直接影响金融资产的价值，从而引发市场风险。其中利率风险是最主要的市场风险。

2）技术风险。指金融机构因使用不成熟或存在缺陷的技术系统而导致的损失，包括计算机系统故障、网络攻击、账户安全漏洞等。

3）操作风险。指因金融机构内部操作失误、管理不善或存在系统性流程缺陷而引发的损失。例如，交易错误、管理疏忽、内部欺诈等。

4）信用风险。指因债务人违约或信誉下降而导致的损失，有时也称违约风险。

5）流动性风险。指金融机构在面临资金流出时，由于资产无法及时变现或无法以合理价格卖出而导致的损失。

专栏 6-1 信用风险与银行

在现实中，信用风险一直是困扰银行业的重要问题。因呆坏账过多而引发的银行倒闭事例时有发生。尤其是在经济不景气或出现金融危机时期更是如此。

信用分析家采用 5C 维度判断个人或企业的信用状况，即①品德（Character）：偿债决心、声誉以及过去的记录；②资本（Capital）：所拥有资产的价值、稳定性和变现能力；③能力（Capacity）：凭理性有效使用借入资金的能力；④担保品（Collateral）：所抵押资产的出售难易程度；⑤经济状况（Conditions）：所处的宏观经济环境。这五个方面就成为银行客户信用风险产生的原因。

（二）被动风险

1）法律风险。指金融机构因违反法律法规或政策要求而遭受的损失。包括没有遵守监管规定以及由于合同条款不明确而引发的法律纠纷和罚款。

2）企业风险。指金融机构因自身资产管理不当、经营策略失误等内部原因而产生的损失。例如，投资策略失败、内部控制失效等。

3）国家风险。指由于政府政策变化或社会政治不稳定等外部因素给金融机构带来的损失。国家风险通常具有不可预测性和难以控制性。

三、金融风险管理方法

面对金融风险，不应当选择逃避或忽视。积极采取适宜的应对措施以充分利用金融风险带来的潜在机会或有效降低其负面影响就是金融风险管理。

1）风险评估。通过收集和分析相关信息，对风险进行量化评估，了解金融风险发生的可能性和影响程度。

2）风险分散。通过投资组合的多样化降低单项资产或市场整体带来的风险，有助于减少投资组合的波动性。

3）风险对冲。利用金融衍生品等工具对冲潜在风险敞口。例如，通过购买期货或期权合约锁定未来的价格或汇率水平，从而降低市场的价格波动风险。

4）风险转移。通过保险、担保或证券化等方式将风险转移给第三方。

5）风险规避。在识别出高风险因素之后，通过避免高风险投资或避免从事高风险业务活动来减少潜在损失。这要求金融机构在做出决策时充分考虑风险因素并制定与之相适应的风险管理策略。

6）风险承担。在完成风险评估之后，如果认为风险的影响在自身可以承受的范围之内，则选择接受风险并承担因之而引发的后果。

第二节　金融风险度量

一、金融风险度量方法概述

金融风险度量方法多种多样，每种方法都有其独特的优势和适用范围。金融机构和投资者应当根据实际情况选择适宜的方法来对特定风险进行度量和管理。

（一）金融风险度量的定义

金融风险度量是金融风险管理的重要环节，涉及对金融活动中各项损失可能性的甄别鉴定以及可能损失的严重程度的精确估计。

金融风险度量是指运用特定方法和工具，对金融机构或投资组合在特定时期内可能蒙受的损失进行量化评估的过程。

金融风险度量对于金融机构的稳健运营和投资者的资产安全具有重要意义，为制定合理有效的风险管理策略提供重要依据。借助精准的金融风险度量，金融机构能够及时发现可能存在的潜在风险点，准确评估金融风险的严重程度，从而为采取相应风险管理措施，降低损失打下良好的基础。投资者则可以依据风险度量的结果合理配置资产，进而在风险与收益之间寻求平衡。

（二）风险度量的理论基础

1）大数法则。即只要能够观察到的风险样本越多，那么对损失发生频率以及风险造成损失的严重程度所做出的判断就越符合实际。换句话说，能够观察到的风险样本数量越多、预期损失就越趋近于实际损失。

2）概率推理原理。单项风险是一个随机事件，该事件发生的时间、地点以及所造成损失的严重程度都是不确定的。然而，如果从总体角度出发对风险进行考察，那么风险的发生则会呈现出一定的统计意义上的规律性。因此，运用概率论和数理统计方法可以对不同状态的风险发生概率进行推断。

3）类推原理。数理统计学为从部分推断整体提供了成熟严谨的理论和行之有效的方法。在风险管理实务中，风险度量往往缺乏足够的与损失相关的统计资料，同时受时间与经费的限制，很难甚至不可能取得足够的统计数据。因此，可以使用存在统计数据与资料支持的类似事件作为参照，由于这些统计数据与资料是运用科学计量方法获得的，基本符合实际情况，故可以满足风险度量的需要。

4）惯性原理。在风险的产生条件等因素保持相对稳定的情形中，可以利用事物发展的惯性原理，预测未来风险的发生概率以及所产生损失的严重程度。

值得注意的是，风险的产生条件并非一成不变，风险的度量结果可能会与实际状况存在偏离，这就需要在进行风险度量时不仅要考虑引发风险的必然因素，还需要考虑引发风险的偶然因素。

一般而言，投资收益率高的金融资产其风险也高，投资收益率低的金融资产风险也较低；但反之则不一定成立，风险高的投资的收益率不一定高。

二、期望—方差法

风险是未来遭受损失的可能性。之所以在未来可能遭受损失，其根本原因在于未来收益的大小是不确定的。在很多情况下，投资者只能对各种可能发生的结果以及每种结果发生的可能性（概率）进行估计。

投资的收益率通常用期望收益率表示。期望收益率就是未来投资收益的各种可能结果与发生概率的乘积之和。如果用 $E(r)$ 代表期望收益率，一项投资共有 n 种可能结果，其中第 i 种结果的收益率为 r_i，第 i 种投资结果出现的概率为 P，则期望收益率可以表示为：

$$E(r) = \sum_{i=1}^{n} r_i p_i \qquad (6-1)$$

预期收益率是以概率为权重的加权平均收益率。实际发生的收益率与预期收益率的偏差越大，说明收益的不确定性越高，风险也就越大。因此，可以用各种未来投资的收益率与期望收益率的偏离程度表示风险。对单项资产而言，这种偏离程度就是该项资产的方差，数学表达形式为 σ^2。方差的计算公式为：

$$\sigma^2 = \sum_{i=1}^{n} [r_i - E(r)]^2 p_i \qquad (6-2)$$

方差的平方根标准差 σ 也可以用来度量风险的大小。

接下来使用下述举例对期望—方差法进行更加简明的描述。

例：投资人拥有资产 A 和资产 B 两项资产选择，每项资产均存在三种可能结果，每种可能结果所产生的收益拥有不同的发生概率（见表6-1）。

表6-1　资产收益概率分布

	资产 A			资产 B		
	收益率（%）	概率	收益率与概率的乘积（%）	收益率（%）	概率	收益率与概率的乘积（%）
结果 1	45	0.1	4.5	20	0.2	4
结果 2	15	0.7	10.5	5	0.6	3
结果 3	−30	0.2	−6	−10	0.2	−2
总和		9			5	

从表6-1可以看出，资产 A 的期望收益率是9%，资产 B 的期望收益率是5%。运用标准差计算公式可以分别计算出资产 A 和资产 B 的标准差为 $\sigma_A = 0.214$，$\sigma_B = 0.095$。从标准差的角度看，资产 A 的风险比资产 B 的风险大；而两者的期望收益率数值则表明，资

产 A 的期望收益率同样高于资产 B 的期望收益率。

这种方法适用于单项金融资产，仅考虑收益率的波动，忽略了极端情形的发生可能性。

单项金融资产的整体风险是指由所有可能引起市场行情变化的因素相互作用而对其未来收益水平造成的影响，又可以细分为系统风险和非系统风险。系统风险是由全局性因素导致的风险，该风险对所有经济主体而言都会带来损害，如经济危机、通货膨胀等，无法通过资产投资组合的适宜搭配进行抵销；非系统风险则是指由仅能对部分资产的收益率产生影响的因素引发的风险，如石油危机、某项新技术的开发、某项金融资产的市场信息等，这类风险可以通过有效的资产组合降低或弱化。

三、资本资产定价模型

资本资产定价模型（Capital Asset Pricing Model，CAPM）是由美国学者威廉·夏普（William Sharpe）、林特尔（John Lintner）、特里诺（Jack Treynor）和莫辛（Jan Mossin）等于 1964 年在资产组合理论和资本市场理论的基础上发展起来的。该模型主要研究证券市场中资产的预期收益率与风险之间的关系以及资产均衡价格的形成机制，是现代金融市场价格理论的重要支柱，为金融市场的风险测度提供了基础性数量分析工具，推动了金融风险定量分析理论的发展，广泛应用于风险计量、投资决策和公司理财等领域。

1. 模型假设

CAPM 模型建构在一系列假设之上。这些假设包括：

1）投资者理性。投资者是追求效用最大化的理性人，他们会根据资产的收益和风险进行合理决策。

2）风险厌恶。投资者是风险厌恶的，偏好低风险高收益的投资组合。投资者在决策过程中，遵循给定风险水平下追求最高收益，而或在给定收益水平下追求最低风险的基本原则。

3）投资期限相同。投资者在相同的投资期限内进行决策。

4）无摩擦的市场。市场是无摩擦的，不存在交易费用和税收，所有证券都无限可分。这一假设简化了市场环境，使模型能够更容易地展开分析。

5）无操纵的市场。市场是无操纵的，任何单个投资者都只是价格的接受者，无法单独影响市场价格。

6）存在无风险证券。即市场上存在一种无风险证券（如国债），投资者可以按照统一的无风险利率进行任意数额的借贷。这一假设为投资者提供了一项基准收益率，投资者可以使用该收益率评估其他风险性资产的相对吸引力。

7）有效市场。市场是有效的，信息完全且对称，所有投资者都可以知晓资本市场上所有资产的全部方差、协方差以及期望收益数据。这一假设保证了市场的透明度和公平性。

8）同质预期。投资者拥有完全相同的信息结构和预期，所有的投资者都被假定运用均方分析方法进行投资决策组合的筛选。这意味着投资者对同一资产的评估结果是相似的，从而减少了市场中的不确定性和波动性。

9）马科维茨的资产选择理论。投资者都按照马科维茨的资产选择理论所确定的原则进行投资，即根据资产的期望收益、方差和协方差等统计特征来选择投资组合。该假设是 CAPM 模型的重要基础之一。

2. 模型表达式

从上述假定的描述中不难得出如下结论：包括所有的可交易资产在内，全部投资者的风险资产组合均相同。因此，所有投资者持有的都是市场性资产组合。如果用股票来代表所有风险性资产，即假定投资者投资的风险性资产只包括股票，那么投资者在每只股票上的投资比例应等于该股票市值[1]占所有股票总市值的比例。这就是说，所有投资者的投资金额可能不同，风险厌恶程度可能不同，他们在风险性资产组合和无风险资产中的投资比例可能不同，但是，他们的风险性资产的结构却是相同的。这里，定义 β 为证券的整体市场投资收益变动所引起的个股收益变动程度的系数，则有：

$$\beta_i = \frac{\left[\mathrm{cov}\left(r_i, r_m\right)\right]}{\sigma_m^2} \tag{6-3}$$

式（6-3）中的 σ_m^2 为市场性资产组合的方差。从式（6-3）中可以看到，个股的 β 值与市场的系统性风险成反比，与个股收益和市场收益的相关程度成正比。因此，β 值反映了系统性风险对个股收益的影响程度。如果一只股票的 β 值为 1.5，这意味着可以从历史数据出发得出该股票的收益率是市场性组合收益率的 1.5 倍的基本结论。当然，如果一只个股的 β 值为 1，则意味着基于历史数据，该股的收益率与市场性组合的收益率相同。即市场性组合的收益率的 β 值为 1。如果将 β 系数视为个股风险溢价[2]与市场性资产组合风险溢价之间关系的指代指标，那么个股的风险溢价就等于：

$$\mathrm{E}\left(r_i\right) - r_f = \left\{\frac{\left[\mathrm{cov}\left(r_i, r_m\right)\right]}{\sigma_m^2}\right\}\left[E\left(r_m\right) - r_f\right] \tag{6-4}$$

$$= \beta_i\left[E\left(r_m\right) - r_f\right]$$

将式（6-4）中等号左边的无风险利率移项至等式右边，即有：

$$E\left(r_i\right) = r_f + \beta_i\left[E\left(r_m\right) - r_f\right] \tag{6-5}$$

其中：$E\left(r_i\right)$ 为资产 i 的预期回报率；$E\left(r_m\right)$ 为市场性投资组合的预期回报率，即市场整体或代表性指数的预期回报率；$\left[E\left(r_m\right) - r_f\right]$ 为市场风险溢价，反映市场整体对风险的偏好；r_f 为无风险利率，即投资者在无风险状态下可以获得的回报率；β 系数则为衡量单只股票或股票投资组合相对于整个市场而言的价格波动状况的指标。

式（6-5）的含义是：个股的期望收益率等于市场的无风险利率加上市场风险溢价乘以反映个股风险溢价与市场风险溢价的相关关系的 β 值。

如果市场无风险利率为 3%，β 值为 1.2，当市场的风险溢价为 5% 时，个股的期望收益率为（3%+5%×1.2）=9%，当市场的风险溢价降为 4% 时，此时个股的期望收益率就只有 7.8%。阐释个股期望收益率的决定式（6-5）就是一般资本资产定价模型，即 CAPM 模型。

---

[1] 市值就是股票的市场价值，也可以说是股票的市场价格，包括股票的发行价格和交易价格。股票市场价格由市场供求关系决定。股票的面值和市值往往并不一致。股票价格可以高于面值，也可以低于面值，但股票的首次发行价格一般不低于面值。股票价格主要取决于预期股息的多少，银行利息率的高低以及股票市场的供求关系。

[2] 所谓市场风险溢价指的是市场的风险补偿机制，即如果一个投资项目面临较大风险，相应就要求较高的报酬率，风险与报酬成正比。市场风险溢价是相对于无风险收益而言的。一般可以将国库券的利率看作无风险收益率。

式（6-5）中的收益与 β 值的关系实质上就是收益与风险之间的关系。这一函数关系可以用几何形式的证券市场线（Security Market Line，SML）表示（见图6-1）。在此图中，横坐标表示 β 值，纵坐标为某项资产的期望收益率，曲线的起点是市场无风险收益率 R_f。

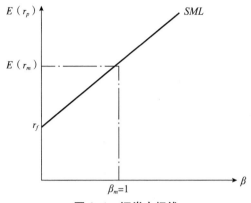

图6-1　证券市场线

3. 模型的不足之处

尽管 CAPM 模型在金融市场中具有极为重要的地位与应用价值，但它也存在一定的限制和不足之处：

（1）假设条件过于理想化

CAPM 模型的假设条件设定的是证券市场的理想状态，与现实市场的运行情况存在一定差距。例如，现实市场并非完全有效、投资者并非完全理性等。

（2）风险度量相对单一

CAPM 模型主要关注系统性风险（市场风险），而忽略了非系统性风险（特定资产或行业的风险）。然而，在实际的投资决策过程中，非系统性风险与系统性风险同等重要，同样需要投资者进行充分考虑和谨慎评估。

（3）并非普遍适用

对某项特定资产或特定市场而言，CAPM 模型的适用性有所降低。例如，在新兴市场或波动性较高的市场中，CAPM 模型的预测精度可能会降低。

专栏6-2　β 系数计算

在资本资产定价模型（CAPM）中，β 系数（Beta Coefficient）用来测度相对市场整体波动而言的单个股票或特定股票投资组合的价格波动状况。它反映了资产的系统性风险，即资产在宏观经济、市场情绪等整体性因素的影响下而发生的价格波动。以下是 CAPM 模型中计算 β 系数的几种典型方法：

一、基于历史数据的计算方法

1. 协方差与方差法

公式：β =（资产收益率与市场收益率的协方差）/（市场收益率的方差）

步骤：①收集过去一段时间内（如4~6年）的特定资产收益率数据和市场（如大盘指数）收益率数据。②计算资产收益率与市场收益率的协方差 $[\mathrm{Cov}(r_a, r_m)]$，这可以使用 Excel 等软件里的 COVAR_P 函数进行。③计算市场收益率的方差 $[\mathrm{Var}(r_m)]$。

将协方差除以方差，就得到了 β 系数。

2. 线性回归法：

公式：β = 资产收益率对市场收益率的回归系数

步骤：①使用统计软件（如 Excel、SPSS 等）分别对资产收益率和市场收益率进行线性回归分析。②回归分析的斜率即为 β 系数，这可以通过 Excel 软件中的 SLOPE 函数求得。

二、基于 CAPM 模型的计算方法

在 CAPM 模型中，β 系数是模型的斜率，可以通过求解以下方程得到：

CAPM 模型公式：$E(r_i) = r_f + \beta_i(r_m - r_f)$

其中：$E(r_i)$ 为资产 i 的期望收益率，r_f 为无风险收益率，r_m 为市场平均收益率，β_i 为资产 i 的 β 系数。

通过将历史数据代入模型，并使用统计方法（如最小二乘法）求解，即可以得到 β 系数的估计值。

三、注意事项

数据选择：计算 β 系数时，应选择足够长的时间段，以确保数据的代表性和稳定性。同时，应注意数据的频率（如日、周、月等），不同频率的数据可能对结果产生不同的影响。

市场选择：市场收益率的选择应具有代表性，通常选择大盘指数（如标普 500、沪深 300 等）作为市场收益率的代理变量。

模型假设：CAPM 模型建构在诸如市场完全有效、投资者理性等一系列假设条件的基础之上。在实际应用中，这些假设可能并不完全成立，因此计算结果可能与市场的实际成果存在一定的偏差。

专栏6-3　马科维茨证券组合模型

1952 年 3 月，美国经济学家马科维茨在《金融》杂志上发表的《资产组合的选择》一文，将统计学中的期望和方差概念引入资产组合问题的研究中，提出了用资产收益率的期望值度量预期收益率、用资产收益的标准差衡量风险的思想，实现了风险的定量化，为金融风险的研究开辟了全新思路。该论文首次在风险定量化的基础上研究了证券资产的投资组合问题，引入了系统性风险和非系统性风险概念，提出了以实现特定预期收益率水平上的风险最小化为基本准则的最优投资组合计算方法，从而改变了过去从常识或经验出发的定性风险度量方法。

资产组合理论的基本思想是风险分散原理。该理论运用数学的二次规划建立起一套模型，系统阐述了如何通过有效分散化来选择最优组合。资产组合理论将方差作为度量风险的方法，方差计算方法的优劣直接决定着资产组合模型的有效性。方差有良好的数学特征，在用方差对特定资产或证券投资组合的风险进行度量时，投资组合的方差可以被进一步分解为投资组合中单项资产收益的方差和各个资产收益之间的协方差，这是马科维茨资产组合理论具有可行性的技术基础；然而，从其诞生之时起，以方差度量风险的方法就一直受到相当多的质疑和批评，法玛、依波特森和辛科费尔镕等对美国证券市场投资收益率分布状况的研究以及布科斯特伯、克拉克对含有期权的投资组合的收益率分布的研究，基本否定了方差度量方法的理论前提——投资收益率呈现正态分布的假设。马科维茨自己也承认："除了方差之外，也存在着多种风险衡量方法可替代，其中理论上最完美的度量方法当属半方差方法。"

四、LPM 模型

风险 LPM（Lower Partial Moment）模型，即下偏矩风险模型，是一种用于量化和管理风险的方法。与传统的风险度量方法（如方差）不同，LPM 模型更侧重于捕捉资产价格低于某一特定水平（如目标收益率或基准收益率）时的风险，这种风险被称为"下方风险"。

LPM 模型认为，投资者通常对资产价格下跌更为敏感，因此只考虑资产价格下跌时的风险更为合理。这种方法在风险管理、资产配置和投资组合优化等领域得到了广泛应用。

风险 LPM 模型的具体公式可以表示为：

$$\mathrm{LPM}_n = \sum_{i=1}^{T} P_i \left[(R_i - R_t) - \right]^n / T \tag{6-6}$$

其中：R_i 为资产在时期 i 的实际收益率；R_t 为目标收益率或基准收益率；$(R_i - R_t)$ 是一个指示函数，当 $R_i < R_t$ 时，其值为 $(R_i - R_t)$；当 $R_i \geqslant R_t$ 时，其值为 0。这意味着我们只关注低于基准水平的收益率；P_i 表示 R_i 发生的概率，T 表示观察期的总时期数；LPM_n 表示 n 阶下偏矩，是衡量下方风险的指标，n 表示阶数（通常取 1 或 2），$n=1$ 时，表示的是一阶下偏矩，它衡量的是损失的平均值；$n=2$ 时，表示的是二阶下偏矩，它衡量的是损失平方的平均值，即损失的平均偏离程度。

这个公式的直观解释是：它计算了在所有观察期中，资产或投资组合收益率低于基准水平的部分（损失部分）的 n 阶矩的加权平均值。

假设某投资者持有一个股票组合，并设定了目标收益率。为了评估该股票组合的风险水平，投资者可以使用风险 LPM 模型进行计算。

通过计算 LPM_1 或 LPM_2，投资者可以了解该股票组合在低于目标收益率时的损失情况。如果 LPM 值较高，说明该股票组合面临较大的下跌风险；反之，则说明风险相对较低。

基于这些计算结果，投资者可以做出相应的调整，如降低风险较高的股票持仓比例、增加风险较低的股票或债券等资产的投资比例等，以实现风险的有效管理。

LPM 模型的优点：①假设条件简单。仅要求投资者为风险厌恶型。这一假设与实际状况较为契合。②能够反映投资者对正负离差的真实态度。缺点：① n 的不同取值，反映的只是风险的不同侧面；②对风险刻画得不够精细，对风险大小进行比较时可能会出现问题。

五、灵敏度方法

灵敏度方法，是利用金融资产价值对其市场因子的敏感程度来度量金融资产的市场风险的方法。标准的市场因子包括利率、汇率、股票指数和商品价格等。假定金融资产的价格为 P，其市场因子为 x_1，x_2，…，x_n，价格 P 是市场因子 x_1，x_2，…，x_n 的函数，因此，市场因子的变化将导致证券价格的变化，即：

$$\frac{\Delta P}{P} = \left(D_1 \Delta x_1 + D_2 \Delta x_2 + \cdots + D_n \Delta x_n \right) \tag{6-7}$$

其中，D_1，D_2，$\cdots$，D_n 是资产价格对相应市场因子的敏感程度，也可以称为灵敏度，或称为风险敞口。灵敏度方法比较适合用于市场因子变化较小情形下的简单金融工具价格决定问题，对于复杂的证券组合或者市场因子呈现大幅波动的情形而言，灵敏度方法或者由于准确性差，或是由于过分复杂而失去了原有的简单直观特色。

六、VaR 法和 CVaR 法

（一）VaR（风险价值）方法

1. 定义

VaR（Value at Risk）是一种用于分析投资组合在一定置信水平上和特定持有期内的可能损失的量化方法。它表示正常市场上投资组合在给定时间段内依照特定置信水平可能遭受的最大损失。

VaR 方法广泛用于银行、保险公司、投资基金等金融机构的风险控制和业绩评估。

进入 20 世纪 90 年代，随着国际金融市场的日趋规范发展，各金融机构之间的竞争态势也发生了根本性变化。特别是金融产品创新的层出不穷，使金融机构之间的竞争从过去的资源争夺转变为内部管理与创新方式的竞争，从而导致各金融机构的经营管理发生了深刻变化。发达国家的银行、证券公司和其他金融机构都在积极参与金融产品（工具）的创新和交易，这使金融风险管理成为现代金融机构稳定发展的基础与核心。在金融创新蓬勃发展的大背景下，传统的资产定价模型（CAPM）无法整合新的金融衍生品，而通过方差和 β 系数所度量的风险仅反映了市场（某项资产或特定投资组合）的波动幅度。这些传统方法很难准确界定和度量金融机构存在的风险。1993 年，G30 集团在研究衍生品种基础上发表了名为《衍生产品的实践和规则》的报告，提出了度量市场风险的风险价值（Value at Risk）模型。随后，JP Morgan 推出了计算 VaR 的 RiskMetrics 风险控制模型。在该模型的基础上，又推出了计算 VaR 的 CreditMetrics 风险控制模型，目前，基于 VaR 度量金融风险已成为国外大多数金融机构广泛采用的金融风险度量方法。

VaR 按字面解释就是"考虑风险的价值"或者说是"风险价值"。一个标准的定义则是："一个机构的 VaR 是指这样的一个损失额。给定概率 P 与持有期限 t，在持有期 t 内特定资产预计超过该损失额的概率只有 $1-P$。"例如，一个证券组合的持有期为 1 天，概率为 95%，VaR 等于 10 美元，表明该证券组合在 1 天里损失超过 10 美元的概率仅为 5%。

VaR 可以被定义为：

$$\text{Prob}\left(\Delta P \geq \text{VaR} \right) = 1 - \alpha \tag{6-8}$$

其中：ΔP 为在 Δt 时间内，某项资产或特定资产组合可能蒙受的损失；α 为给定的置信水平。

就某项资产或特定资产组合而言，在特定持有期内和给定置信水平下，VaR 给出了某项资产或特定资产组合的预期最大可能损失。VaR 的计算主要涉及两种因素：目标时段和置信水平。目标时段指所计算的是未来多长时间内的 VaR，其确定主要依赖于投资组合中的资产的流动性，一般设定为 1 天、1 周、10 天或 1 月；置信水平的确定则主要取决于风险管理者的风险态度，一般取 90%~99.9% 的区间。

为了更好地理解 VaR 的概念，给出如下例证。假设 JP Morgan 公司 2024 年的年报披露，2024 年该公司一天的 95%VaR 值为 1500 万美元。这表明以 95% 的可置信水平进行测算，该公司 2024 年内任意一天的证券组合在未来 24 小时之内，由于市场价格变动而产生的损失不会超过 1500 万美元。

VaR 模型只有在一定假设条件下才能成立并得到有效运用。这些假设条件包括：①市场是有效的；②市场波动是随机的。

2. 优缺点

优点：① VaR 方法可以在事前测度投资组合的风险，而不像以往的风险管理方法那样都是事后度量投资组合风险的大小。VaR 方法以其高度的综合概括能力为投资者提供了一项直观全面的风险量化指标。投资者可以运用 VaR 方法，动态评估和度量其所持有的资产组合的风险，及时调整投资组合，实现风险的分散和规避，提高资产营运质量和运作效率。② VaR 方法可以涵盖影响金融资产价值的众多不同市场因素。更进一步地，该方法还可以用来测度非线性风险问题。VaR 方法不仅能计算单个金融工具的风险，还能计算由多个金融工具组成的投资组合的风险，包括利率风险、汇率风险等，而以往的风险管理方法大多无法计算投资组合的风险。

缺点：① VaR 方法的测算依据是历史数据，因此可能无法准确预测未来极端事件的风险；对于非线性或非正态分布的投资组合，VaR 的计算可能存在较大误差。② VaR 方法主要衡量市场风险，可能忽视其他种类风险。③ VaR 值表示的是一定置信水平上的最大损失，但无法绝对排除高于 VaR 值损失的发生可能性。

专栏 6-4　VaR 的计算方法

1. 方差—协方差方法

这种方法一般假设资产收益率服从正态分布，通过对给定置信水平下的平均值与方差进行估计，就可以计算出相应的 VaR 值。JP Morgan 1994 年公布的 VaR 系统 RiskMetrics 使用的就是该方法，因此该方法也被称为 RiskMetrics 方法。计算公式的基本形式是：

$$VaR = \alpha \cdot \sigma \cdot V$$

其中：σ 为资产的方差；V 为考察期的初始资产价值；α 与前述内容的界定相同，由其确定的置信水平为 $1-\alpha$。

正态分布假设使金融风险的估计模型和计算方法都变得非常简单，并且在对估计特定日期的当日风险或隔夜风险时非常有效。然而，事实证明，收益率的长期分布呈现厚尾特征。这时，如果继续采用正态分布假设会导致对极端事件的 VaR 值的严重低估。因此，在使用方差—协方差方法时，人们对正态分布假设进行了改进，利用 t 分布、混合正态分布或 GARCH 模型完成对 VaR 值的测算。现在的实证研究多采用改进后的分布估计 VaR 值，并且取得了较好的结果。

2. 历史模拟（Historical Simulation）方法

历史模拟法也是一种常用的估计 VaR 值的方法。它不需要对收益率分布做出任何假设，主要通过对过去一段时间内的资产组合收益率的频率分布分析，找到特定历史时期的平均收益率以及给定置信水平上的最低收益率，并以此估计 VaR 值。简言之，历史模拟法就是假设资产收益率分布在样本周期内保持不变，然后利用收益率的历史分布来代替收益率的实际分布，进而获得资产组合的 VaR 值。

历史模拟方法具有计算简单，无须假设资产收益率分布做假设、无须计算任何参数以及能够较好地对非线性和市场大幅波动进行有效处理的优点。然而，该方法也存在相应的不足之处。例如，对极端事件的预测效果很差、需要大量数据、难以进行灵敏度分析以及计算出来的 VaR 值的波动程度较大等。此外，市场因子的未来变化与历史变化完全相同的基本假设与现实并不是非常吻合。

3. 蒙特卡罗（Monte Carlo）方法

蒙特卡罗方法同样是较为常用和相当有效的 VaR 值计算方法之一。该方法于1942年由研制原子弹的科学家提出并加以应用。它是一种基于计算机应用的统计推断方法，该方法同样不需要对资产收益率的总体分布做出假设，只需通过在已有样本中采用有放回的抽样（每个样本被抽到的概率相同）方式来产生伪随机数，直至产生"实际"分布，从而完成对总体特征的推断。由于 Monte Carlo 模拟方法具有全值估计、无须总体分布假设、能够处理非线性与非正态分布等较复杂问题以及计算方法容易执行等优点，这使该方法得到了非常广泛的应用。很多研究者正在致力于该方法的改进和提高。当然，该方法也存在一定的缺点：产生的伪随机数可能会引致错误结果、计算量大以及计算时间长等。

（二）CVaR（条件风险价值）方法

1. 定义

条件风险价值（Conditional Value at Risk，CVaR）是指在一定的置信水平下，某一金融资产或证券组合在未来特定持有期内损失额超过 VaR 的期望值。CVaR 代表了超额损失的平均水平，反映了损失超过 VaR 值时可能遭受的平均潜在损失。

CVaR 的概念用公式可以表示为：

$$\text{CVaR} = E\left(\frac{X}{X \geq \text{VaR}}\right) \tag{6-9}$$

其中：X 为资产组合的损失额。

例：假设 VaR 已知为100万元，某一金融资产在特定时间内超过100万元的损失有两次，分别是200万元和300万元，则 CVaR 可以通过对这两个损失值进行简单平均，即（200 + 300）÷2 计算得出 CVaR 为250万元。

CVaR 方法被广泛用于投资组合管理、风险度量与控制、资本充足性评估等领域。

与 VaR 方法相比较而言，CVaR 技术具有更为优良的数学性质与实用性。这主要体现在：

1）CVaR 是次可加的，因此符合一致性风险度量的条件。次可加性意味着资产组合的分散化将会降低总体市场的 CVaR，即 $\text{CVaR}(X + Y) \leq \text{CVaR}(X) + \text{CVaR}(Y)$ 始终成立。基于正态分布假设下，CVaR 与 VaR 的度量是等价的，因此可以得出相同的最优解。然而，在非正态分布情形里，由于 CVaR 满足次可加性，所以可以求得全局性的最优解，而此时的 VaR 仅为极小值点，可能不存在最优解。

2）CVaR 是尾部损失的平均值，因此反映了损失超出 VaR 时的相关信息。只有充分估计大于 VaR 的全部尾部损失，才可以进行 CVaR 的计算。因而，CVaR 的测度充分考虑了收益率分布的尾部损失，尤其是在收益率分布并非正态分布的情形里（如厚尾、偏斜等），与 VaR 相比较而言，CVaR 更能全面有效地刻画损失分布的数理特征。

3）由于 CVaR 的计算以对 VaR 进行计算为基础，所以在求解出 CVaR 值的同时，也可以得出相应的 VaR 值，这使针对风险实施双重监测成为可能，还可以非常方便地相互印证。

2. 优缺点

优点：提供比 VaR 更为全面的风险评估方法，充分考虑超过 VaR 值情形下的平均损失；CVaR 对尾部风险更加敏感，能够更好地反映出可能招致潜在重大损失的风险。

缺点：CVaR 的计算相对复杂，需要更加强大的运算能力和更为全面的数据支持。在运用 CVaR 方法进行金融风险度量时，要注意与其他风险管理方法的相互结合。特别要注意定量分析与定性分析的结合。尤其是在市场出现异常波动时更应当注重综合运用多种风险度量方法，从而有效地降低预测结果与实际值的偏离程度。

七、其他方法

在传统度量方法的基础上，随着大数据和人工智能的迅猛发展，现代度量方法也在持续创新。

1. 基于大数据和人工智能的风险度量

方法描述：利用大数据和人工智能技术对金融市场上的海量数据进行分析，从而更加全面地评估风险。通过对历史数据的深度挖掘和模式识别，提高对市场风险、信用风险和操作风险等风险的预测精准性。同时，人工智能技术也被用于构建更为复杂的风险管理模型，为金融机构更好地管理风险提供助力。

优势：能够处理和分析大量的复杂数据，进一步提高了针对风险进行预测的准确性和效率。

2. 绿色金融视角的风险度量与管理

方法描述：随着环境问题的日益突出，从绿色金融角度出发对金融风险进行度量与管理已经成为一个全新领域。该领域主要关注与气候变化和环境可持续性相关的风险。

应用：基于与环境相关的数据和指标评估企业和投资组合面临的环境风险，并制定和实施相应的风险管理策略。

第三节　金融风险管理技术

风险管理技术最初是由银行创立并发展起来的，但目前已在证券公司、保险公司、对冲基金及工商企业中被广泛采用。

一、风险管理方法

（一）风险坐标图

风险坐标图是通过将风险发生可能性的高低以及风险发生后对目标的影响程度作为平面直角坐标系的两轴标度绘制在同一平面上而形成的图形。风险发生可能性的高低以及风险发生后对目标影响程度的评估结果可以采用定性和定量两种方式进行描述。定性描述是直接以文字的形式对风险发生可能性的高低和风险发生后对目标的影响程度进行描述，如"极低""低""中等""高""极高"等。定量描述则是用具体的数值对风险发生可能性的高低以及风险发生后对目标的影响程度加以刻画。例如，用概率刻画风险发生可能性的高低，用损失金额刻画风险发生后对目标的影响程度。

表 6-2 是某公司有效评估风险发生的可能性之后对评估结果进行定性与定量描述的示例，可以作为实际操作的参考。

表 6-2　风险的定性与定量描述

定量方法一	评分	1	2	3	4	5
定量方法二	一定时期内发生的概率	10% 以下	10%~30%	30%~70%	70%~90%	90% 以上
定性方法	文字描述一	极低	低	中等	高	极高
	文字描述二	一般情况下不会发生	极少情况下才发生	某些情况下可能发生	较多情况下会发生	经常会发生
	文字描述三	今后 10 年内可能不发生	今后 5~10 年内可能发生 1 次	今后 2~5 年内可能发生 1 次	今后 1 年之内可能发生 1 次	今后 1 年内至少发生 1 次

表 6-3 列示的是某公司在有效评估风险发生后对目标影响程度的基础上对评估结果做出的定性与定量描述，同样可以作为实际操作的参考。

表 6-3　目标影响程度定性定量评估标准

	定量方法一	评分	1	2	3	4	5
	定量方法二	企业财务损失占税前利润的百分比	1% 以下	1%~5%	6%~10%	11%~20%	20% 以上
适用于所有行业	定性方法	文字描述一	极轻微	轻微	中等	重大	灾难性
		文字描述二	极低	低	中等	高	极高
		企业正常运行	不受影响	轻度影响（造成轻微的人身伤害，情况立刻得到控制）	中度影响（造成一定人身伤害，需要医疗救援，情况需要外部支持才能得到控制）	严重影响（企业失去一定的业务能力，造成严重人身伤害，情况失控但无致命影响）	重大影响（重大业务失误，造成重大人身伤亡，情况失控，给企业带来致命性影响）
		财务损失	较低财务损失	轻微财务损失	中度财务损失	重大财务损失	极大财务损失
		企业声誉	负面消息在企业内部流传，企业声誉没有受损	负面消息在当地局部流传，对企业声誉造成轻微损害	负面消息在某些区域流传，对企业声誉造成中等损害	负面消息在全国各地流传，对企业声誉造成重大损害	负面消息流传至世界各地，政府或监管机构进行调查，引起公众关注，对企业声誉造成无法弥补的损害

续表

适用于开采业、制造业	定性与定量结合	安全	短暂影响职工或公民的健康	严重影响一位职工或公民的健康	严重影响多位职工或公民的健康	导致一位职工或公民死亡	导致多位职工或公民死亡
		营运	对营运影响微弱，在时间、人力或成本方面不超出预算的1%	对营运影响轻微，受到监管者责难，在时间、人力或成本方面超出预算的1%~5%	减慢营业运作，受到法规惩罚或被罚款等，在时间、人力或成本方面超出预算的6%~10%	无法实现部分营运目标或无法完成部分关键性业绩指标，受到监管者的限制，在时间、人力或成本方面超出预算的11%~20%	无法实现全部营运目标或无法完成关键性业绩指标，违规操作使业务中止，时间、人力或成本方面超出预算的20%
		环境	对环境或社会造成短暂影响，可不采取行动	对环境或社会造成一定影响，应当告知政府有关部门	对环境造成中等影响需一定时间才能恢复，出现个别投诉事件，应实施一定程度的补救措施	造成主要环境损害，需要相当长的时间来恢复，大规模的公众投诉，应实施重大补救措施	无法弥补的灾难性环境损害，引发公众愤怒，潜在的大规模法律诉讼

通过准确评估风险发生可能性的高低以及风险发生后对目标的影响程度，在得出评估结果并针对评估结果进行定性或定量描述之后，就可以依据评估结果并结合相关描述绘制风险坐标。例如，某公司对9项风险进行了定性评估，认为风险1发生的可能性可以描述为"低"，风险1发生后对目标的影响程度可以描述为"极低"；……；而风险9发生的可能性被描述为"极低"，风险9发生后对目标的影响程度被描述为"高"，则可以绘制如图6-2所示的风险坐标。

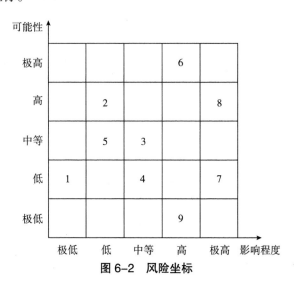

图6-2　风险坐标

例如，某国公司对7项风险进行定量评估，其中，风险1发生的可能性被用概率值刻画为83%，发生后对企业造成的损失为用数值刻画为2100万元；风险2发生的可能性被用概率值刻画为40%，发生后对企业造成的损失用数值刻画为3800万元；……；而风险7发生的可能性被用概率值刻画为处于55%到62%之间，发生后对企业造成的损失用数值刻画则是 7500 万 ~9100 万元，在风险坐标图中表示为特定区域。由此而绘制得出的风险坐标如图 6-3 所示。

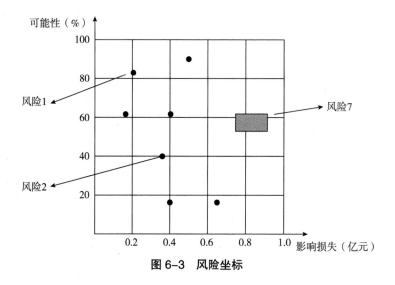

图 6-3　风险坐标

绘制风险坐标图的目的在于对多项风险进行直观比较，从而确定管理各项风险管理的优先顺序和相应策略。例如，某公司绘制了如图 6-4 所示的风险坐标，同时将该图划分为 A、B、C 三个区域，公司决定承担 A 区域中的各项风险，因而不再增加任何风险控制措施；严格控制 B 区域中的各项风险，因而专门补充制定相应的控制措施；对 C 区域中的各项风险进行转移和规避，因而必须优先制定、合理安排、重点实施相应的防范措施。

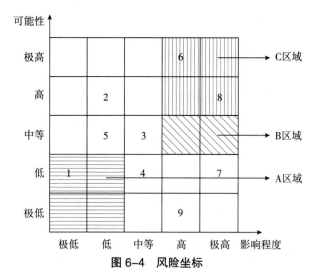

图 6-4　风险坐标

（二）蒙特卡罗方法

蒙特卡罗方法是一种随机模拟数学方法。该方法用来分析评估风险发生的可能性、风险的成因，以及由风险而引发的损益的未来概率分布。具体的操作步骤如下：

1）量化风险。对需要分析评估的风险进行量化处理，确定度量风险的相关变量，并对该变量进行解析，同时收集这些变量的历史数据。

2）通过分析历史相关数据，借鉴常用建模方法，建立能描述这些变量未来变化趋势的概率分布模型。建立概率分布模型的方法很多，例如，差分和微分方程方法、插值和拟合方法等。这些方法大致可以分为两类：一类是对这些变量之间的关系及未来变动状况做出假设，在此基础上直接给定这些变量的未来概率分布类型（如正态分布），并确定分布参数；另一类则是对这些变量的变化过程进行假定，并以此为基础得出这些变量的未来概率分布。

3）得出未来概率分布的初步结果。利用随机数字生成器，将生成的随机数字代入上述概率分布模型，得到针对这些变量未来概率分布的初步结果。

4）修正完善概率分布模型。分析未来概率分布的初步结果，用实际数据验证模型的正确性，并在实践中不断修正和完善模型。

5）利用这些模型对风险进行分析评估。正态分布是蒙特卡罗风险方法中使用最广泛的概率分布。通常情况下，如果一个变量受很多相互独立的随机因素的影响，而其中每一个因素的影响都很小，则该变量服从正态分布。在自然界和社会中大量的变量都符合正态分布。进行正态分布需要两个特征值：均值和标准差。其密度函数和分布函数的一般形式如下：

密度函数：$\phi(x) = \dfrac{1}{\sigma\sqrt{2\pi}}e^{-\frac{(x-\mu)^2}{2\sigma^2}}$，$-\infty < x < +\infty$ 　　　　　　（6-10）

分布函数：$\Phi(x) = P(X \leqslant x) = \displaystyle\int_{-\infty}^{x} \frac{1}{\sigma\sqrt{2\pi}}e^{-\frac{(t-\mu)^2}{2\sigma^2}}dt$，$-\infty < x < +\infty$ 　　（6-11）

其中：μ 为均值，σ 为标准差。

蒙特卡罗方法的建构基础就是在不同模型之间做出选择。因此，模型选择对于蒙特卡罗方法计算结果的精度影响非常大。此外，蒙特卡罗方法计算量很大，通常需要借助计算机完成。

（三）关键性风险指标管理

一项风险事件之所以发生可能有多种原因，但关键原因往往可能只有几个。关键性风险指标管理是对风险事件的关键性成因指标进行管理。

具体操作步骤如下：

1）分析风险的成因，从中找出关键性成因。

2）对关键性成因进行量化处理，确定能够对关键性成因进行准确度量的变量，并结合风险发生概率对这些关键性成因进行赋值。

3）充分考虑发出风险预警信息的需要，在原有赋值的基础上加上或减去一定数值后所形成的新数值就是关键性风险指标。

4）建立风险预警系统。当关键性成因的实际数值与关键性风险指标的值持平时，发出风险预警信息。

5）制定针对风险预警信息出现而应采取的风险控制措施。

6）跟踪监测关键性成因数值的变化趋势，一旦发布预警，就立即实施风险控制措施。

该方法既可以管理单一风险的多项关键性成因指标，也可以针对影响企业主要发展目标的多项关键性风险进行管理。使用该方法需要准确分析风险的关键性成因，保证这些关键性成因能够低难度地进行量化处理，同时要求这些经过量化处理而形成的变量可以非常容易地获得数据支持并进行跟踪监测。

（四）压力测试

压力测试（Stress Testing）是指将金融机构或资产组合整体置于某个（经由主观想象得出的）特定的存在极端情形的市场之中，通过模拟市场冲击和极端情况评估金融机构或资产组合的风险承受能力。

银行压力测试通常包括信用风险、市场风险、操作风险、其他风险等方面的内容。在压力测试的过程中，商业银行应当考虑不同风险之间的相互作用和共同影响。

优势：能够检验金融机构在面临不同风险时的稳健性，帮助机构确定资本需求和风险敞口规模，并为金融机构制定风险管理政策提供助力。

压力测试的方法，大致可以归纳为两大类：

1. 敏感度分析（Sensitive Analysis）

该方法是利用某个特定风险因子或一组风险因子，驱使这些因子在压力测试者认定的极端范围内进行变动，借此分析因子变动对资产组合的影响效果。

优点：能够非常容易地了解风险因子在极端范围内的每次变动对资产组合造成的总体影响和边际影响。

缺点：压力测试者对每次变动的幅度及范围设定必须恰当，否则将会影响压力测试的结果并影响压力测试者的判断。特别是对于那些非线性资产组合而言，情况尤为如此。

2. 情景分析（Scenario Analysis）

将一组风险因子界定为某一特定情景，分析不同情景中压力所造成的损失。

情景分析的事件设计方法有两种：历史情景分析与假设性情景分析。

1）历史情景分析：从历史事件出发，如过去市场上曾经发生过的剧烈波动，评估其对资产组合的影响。举例如下：通过分析1987年美国股市崩盘对特定资产组合的影响及所造成的实际损失，可以与相同资产组合在类似波动情景的情况进行类比，从而得出特定压力对该资产组合的影响和能够造成的实际损失。

优点：一是具有客观性。历史事件是曾经发生过的波动的真实情景，因而建构在历史事件之上的风险值计算具有较强的说服力，同时，风险因子间的相对波动也可以参考历史事件的实际情形，从而使分析结论更加契合客观实际。二是结论较直观。重大历史事件的深刻影响可以使管理者在分析风险的影响及其所带来的损失时更加注重从历史事件出发，在考察风险承受程度时充分考虑重大历史事件的实际影响，从而使管理风险的决策更加有效。

缺点：如今金融市场的波动非常频繁，金融产品创新方兴未艾。历史事件无法包含当今的金融创新产品，而且如果某些资产组合的历史价格并未出现极端波动，会导致此方法的应用效果大打折扣。

2）假设性情景分析：仅以历史情景分析进行压力测试存在前已述及的诸多限制。参考历史事件建构针对每个风险因子而言的极端事件，将使压力测试更加完整，这就是假设性情景分析。除采用这种分析方法时，可以自行设定各种可能的价格、价格波动幅度和各类相关系数的可能取值范围。这些设定主要来自压力测试者的原有经验和主观意愿。

具体操作步骤如下：

第一，针对特定风险管理模型或企业内控流程，进行极端情景设定。极端情景是指处于非正常情况且发生概率很小，但是一旦发生就会带来严重后果的事件。在设定极端情景时，不仅要考虑本企业或本企业的类似企业曾经出现过的历史教训，还要考虑虽然历史上不曾出现，但将来很有可能会发生的事件。

第二，对极端情景发生时风险管理模型或内控流程是否依然有效进行评判，分析可能造成的损失。

第三，进一步修改和完善风险管理模型或企业内控流程。

下面以信用风险管理为例进行具体说明。例如，一家企业有一个信用良好的交易伙伴。除非发生极端情景，否则该交易伙伴一般不会违约。因此，该企业在平时的交易中只需采用常规的风险管理策略和内控流程。采用压力测试方法就是假设该交易伙伴将来会面临极端情景（如财产毁于地震、火灾），被迫违约对本企业也会造成重大损失。而该企业的原有风险管理策略在极端情景下无法有效避免重大损失的产生。鉴于此，该企业就要采取购买保险或相应衍生产品以及开发更多交易伙伴等措施规避风险。

专栏 6-5　压力测试

测试案例：HKMA 于 2006 年对中国香港零售银行业面临宏观经济冲击时的信用风险暴露进行压力测试。结果表明，银行贷款的违约率与关键宏观经济因素（包括中国香港的 GDP、利率、房价以及内地 GDP）之间有明显的相关性。

测试结果是按照 90% 的置信水平，从 VaR 的角度而言，银行能继续盈利，这说明银行面临的信用风险较小；而在极端情形中，按照 99% 的置信水平，从 VaR 的角度而言，有些银行会面临损失，不过这种极端情况发生的概率非常低，仅是一个预警。

测试过程分成以下七个步骤：

步骤一：设定模型；

步骤二：运用模型进行估计；

步骤三：分析模型的估计结果；

步骤四：设计冲击场景；

步骤五：构造频率分布；

步骤六：计算均值和 VaR 值；

步骤七：测算银行营利能力受到的影响。

二、风险管理程序

风险管理的对象是风险，目的是以最小的成本获得最大的安全保障。尽管不同的风险管理主体面临的风险在性质和种类上存在差异，管理风险的具体方法也不尽相同，但风险管理的基本程序却得到普遍认同。一般而言，风险管理的基本程序包括以下环节：风险识别、风险估测、风险评价、风险管理方法选择、贯彻执行风险管理决策和管理效果评价（见图 6-5）。

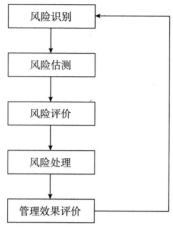

图 6-5　风险管理程序

（一）风险识别

风险识别作为风险管理的第一个环节，是经济主体对面临风险和潜在风险进行判定、归类并对风险性质进行鉴别的过程。在进行风险识别时，可以依赖感性认识和过往经验。这要求风险管理者首先能够结合统计数据、以前发生的风险以及内外部环境的变动觉察到风险的存在。风险管理人员必须熟知风险管理主体的自身条件和外部环境，同时对某些变化和风险极其敏感。及时准确地进行风险识别需要判断出存在哪些风险以及风险的程度如何。如果连已存在的风险都识别不出来，那么根本谈不上进一步的风险管理。

专栏 6-6　商业银行贷款五级分类

商业银行贷款的五级分类是指商业银行依据借款人的实际还款能力对贷款质量进行五级分类，即按风险程度将贷款划分为五类：正常、关注、次级、可疑、损失，后三种属于不良贷款。1998 年 5 月中国人民银行参照国际惯例，结合中国国情，制定了《贷款分类指导原则》。

（二）风险估测

风险估测是在风险识别的基础上对损失进行分析，进而定性估计和预测风险的严重程度，并运用概率论和数理统计知识定量估计和预测风险的发生概率和损失程度。损失的概率分布、损失的发生概率以及期望损失预测值等数理性指标为风险管理决策提供了数理意义上的科学依据，使风险管理更加理性。然而，许多风险无法进行定量估测，或者定量估测缺乏适宜的资料支持，此时只能进行定性估测。

（三）风险评价

风险评价是在风险识别和风险估测的基础上，通过定性和（或）定量分析求解风险的发生概率和损失程度，确定风险等级，并依据危险等级决定是否采取控制措施以及采取何种控制措施。

一般而言，金融机构会进行下述风险评价：

1）市场风险评价。通过分析金融环境和经济环境，对市场价格的稳定性和波动性做出评价。

2）信用风险评价。对交易对手的信用状况和历史违约记录等做出评价，从而确定信用风险的水平。

3）操作风险评价。对诸如系统缺陷、人为错误等操作风险的影响做出评价，并制定相应的控制措施。

4）流动性风险评价。对金融工具的流动性需求以及市场交易活跃度做出评价，保证资金需求及时得到满足。

（四）风险处理

风险处理是依据风险评价结果，结合风险管理目标，选择最佳的风险管理策略和方法并实施的过程。从风险管理主体的角度而言，风险处理的方式可以分为两大类：风险控制和财务处理（见图6-6）。

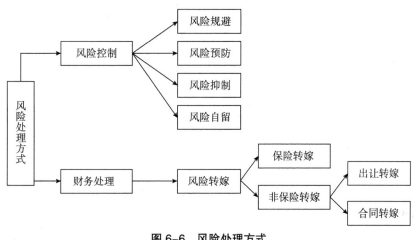

图 6-6　风险处理方式

风险控制是通过各种风险因素的改变降低风险程度，而财务处理则是通过提供资金的方式为损失可能引发的财务困难作准备。

风险规避是指风险管理主体采取措施从根本上杜绝自身面临风险的可能性。例如，银行不向风险极高且信用不好的小企业提供贷款。

风险预防就是在风险出现前采取措施来消除或降低风险。

风险抑制是指在风险出现后采取措施尽量减少损失。

风险自留是指风险管理主体自行承担风险导致的损失，风险管理主体可以通过建立内部风险专项基金或提升风险预防水平来弥补自留风险可能发生的损失。

风险转嫁是指风险管理主体通过购买保险主动将风险转移给保险公司；通过出售行为将风险转移给他人。风险转嫁包括保险转嫁和非保险转嫁。保险转嫁指风险管理主体可以采用向保险公司支付保险费的方式换取风险发生后获得赔偿的权利。非保险转嫁主要包括出让转嫁以及合同转嫁。前者指的是风险管理主体可以通过出让的方式将风险转嫁给他人；合同转嫁则是通过签订合同的方式将风险转嫁给他人。

（五）风险管理效果评价

风险管理效果评价就是对风险管理决策的贯彻程度和执行情况进行检查和评价。具体而言，就是从成本收益比较的角度持续对风险管理决策进行分析、评价和修正的过程。

进行风险管理效果评价的理由主要有以下三个方面：

一是风险的动态变化性。在对风险进行管理的过程中，新风险可能出现，原有风险可能消失或降低。这将显著影响风险管理方案的适用性和有效性。定期进行风险管理效果评价能够及时发现新风险，合理调整风险管理的方向。

二是风险管理决策的动态适用性。随着风险的动态变化，原有的风险管理决策可能无法对新出现的风险进行管理，原有风险的降低或消失也降低了风险管理决策的效力。定期进行风险管理效果评价可以及时发现风险管理中的问题并加以纠正。

三是风险管理评价标准的持续修正性。风险管理评价标准为风险管理提供了重要的参考。然而，风险管理评价标准是在过往的风险管理经验的基础上制定的。这可能使风险管理评价标准无法适应风险管理实务的发展需要。定期进行风险管理效果评价可以根据风险管理的实际需要对风险管理评价标准进行持续修正。

风险管理是一个持续进行的工作，以前的选择并不一定是最佳选择，因此必须根据风险管理主体的内部条件调整与外部环境的变化，重新考察和度量风险，进而选择更适宜的风险应对策略。

总之，金融市场上不可避免地会出现金融风险。深入理解金融风险的类型和特点并采取恰当的风险管理对策可以更好地应对金融风险。

专栏 6-7　美国商业银行的市场风险管理

1. 市场风险的确认与度量

市场风险包括利率风险、汇率风险、股票价格风险以及商品价格风险。市场波动对资产价值和企业运营存在重大影响（如衍生产品、证券、盯市程序、抵押、交易量等方面出现了剧烈波动）。确认市场风险时需要考虑以下因素：产品的市场份额、银行的经营地点、市场垄断性、客户集中度、非标准产品所占比例、产品的利率弹性、对冲效力、交易市场的属性、交易规模、交易复杂性、经济环境对企业运营和资产价值影响。对于那些由意外波动（利率、股票价格、商品价格等的波动）引致的金融工具应当承担的损失，应该采用较高的置信度进行度量。对各类市场风险进行度量的方法和模型主要包括缺口分析（Gap Analysis）、久期分析（Duration Analysis）、外汇敞口分析（Foreign Currency Exposure Analysis）、敏感性分析（Sensitivity Analysis）、情景分析（Scenario Analysis），也可以运用内部模型法（Internal Models Approach）来计算风险价值（VaR），同时采用压力测试（Stress Testing）作为补充。

目前，风险价值（VaR）已经成为度量市场风险的主要方法之一。VaR 是指持有期和置信水平给定时利率与汇率风险对某项资产或资产组合以及金融机构造成的潜在最大损失。VaR 一般使用银行内部的市场风险定量模型进行估算。目前常用的 VaR 模型分析方法主要包括方差—协方差法、历史模拟法和蒙特卡罗法。与传统方法相比，VaR 分析模型能够在不同业务和风险之间进行比较，从而实现隐性风险的显性化，有利于风险的监测和控制。目前，已有许多银行、保险公司、投资基金、养老金基金及非金融公司采用 VaR 方法作为金融衍生工具风险的管理手段。在金融投资中，高收益总是伴随着高风险。交易员可能甘冒巨大的风险去追逐丰厚利润。出于稳健经营的需要，银行必须对交易员的过度投机行为进行约束。运用 VaR 方法进行风险控制，可以使每位交易员或交易部门都明所进行交易的风险程度，同时可以为每位交易员或交易部门设置 VaR 限额，防止过度投机行为的出现。严格的 VaR 管理有利于避免特定金融交易的重大亏损。

美联银行在对其资本市场部业务活动的市场风险进行度量、发布和限制时，也使用风险价值方法（VaR）。资金管理委员会设定了 VaR 的定义和相关假设。它认为包括但不限于：基于特定时期与置信水平计算 VaR，且计算 VaR 要充分考虑恰当的价格波动区间；允许使用协方差降低市场风险水平（如利率、汇率、股票和商品指数或价格等更广义的市场风险中，使用协方差必须依据实际观察值）。资金管理委员会要针对资本市场部设定总体 VaR 限额，同时对其每个分支机构或附属营业机构都确定相应的 VaR 限额，而且这些限额需要信用 / 市场风险委员会批准。超出限额的部分，必须尽快上报资金管理委员会（或在委员会开会前尽可能上报至最高委员会成员），并按季度上报信用 / 市场风险委员会，同时迅速采取校正措施以使总体风险回落至批准限额以内。

2. 市场风险治理

董事会负责制定关键的管理政策，并与信贷融资委员会一起指导 CEO 选择资产负债管理委员会（ALCO）的成员，并赋予其管理资产负债及市场风险的职责。银行及附属机构需要按照授权并依照法律从事传统银行业务、资本市场业务和投资活动。

1）资产负债管理委员会的职责：资产负债及资本资源管理；净利息收入管理；流动性管理；利率敏感性管理；掌控金融市场运行态势并有效管理盈利、流动性和利率敏感程度的波动；指导并监控市场风险管理活动；指导有关新业务和新产品的政策制定；协调税收管理工作。

2）市场风险管理机制。市场活动包括交易、待售资产及主要投资。在管理机制上，一是银行要设立市场风险委员会和市场风险的经理岗，负责评估和监督实际或潜在的市场风险。二是明确交易活动的管理要点，包括：设立头寸限额、确定风险度量评估程序、风险报告要求、信贷审批和控制要求、对交易安全和风险头寸进行独立评价。在 VaR 管理方面，市场风险委员会需要审核市场风险经理构建的 VaR，至少每 24 小时要测量一次特定资产或负债的 VaR 且置信水平必须在 97.5% 以上，估计在 252 天或更长时期内基准价格和利率发生变化是否对此产生有利影响。三是确定待售资产及主要投资活动的管理要点，包括头寸限额、风险衡量和评估程序、风险报告要求、信贷和投资审批要求、适当的估价程序。四是对委托授权、银行内部交易和政策审查领域涉及的市场风险管理做出详细规定。

3. 管理流程

需要进行市场风险控制的业务包括：外汇产品、货币市场及固定收入产品、一般衍生工具、结构性产品等。所采用的风险计量模型和技术包括：估值模型、绘制收入曲线、按风险定值、风险上限和压力测试等。

管理流程：第一，制定市场风险管理政策。第二，数据录入。包括产品价格、产品的历史表现数据以及未平仓合约。第三，计算程序。包括风险计算与估值计算。第四，模型测试。包括压力测试、情景测试和循环测试。第五，输出信息，包括监管报告（资本充足率）、控制上限（资本配置）和管理信息报告。

4. 市场风险经理

市场风险经理岗的责任是评估和监控市场活动产生的实际或潜在市场风险，包括风险度量、模型检验、监控头寸价值，以及汇报风险状况与承受能力。具体职责为：度量风险、运用 VaR 工具、监控头寸价值、批准衍生交易模型、报告风险处理情况。市场风险经理还需要审阅和批准市场风险的不同度量方法、市场风险模型、市场风险验证程序以及市场风险报告。市场风险经理直接对公司首席风险官负责，保证了市场风险经理相对独立性。此外，市场风险经理还需要向资金管理委员会报告没有得到正确监控或未经批准的市场风险，并给出建议，但市场风险经理没有权力执行或指示他人执行交易。

本章小结

金融风险度量对于金融机构的稳健运营和投资者的资产安全具有重要意义，为制定有效的风险管理策略提供了依据。通过精准的风险度量，金融机构可以及时发现潜在风险，评估风险的严重程度，采取相应的风险管理措施降低损失。投资者可以根据风险度量结果合理配置资产，实现风险与收益的平衡。

本章主要介绍了以下三个方面的内容：

一是金融风险的含义及分类。风险就是影响福利的主要不确定性因素。它具有损失性、客观性、不确定性、主观相关性以及可测量性等特征。金融风险是指在各种货币经营和信用活动过程中，不确定因素导致货币资金经营者的实际收益与预期收益发生偏差，从而使资金经营者蒙受损失或获得收益的机会或可能。金融风险包括市场风险、信用风险、流动性风险、购买力风险、经营风险、决策风险和执行风险。

二是度量金融风险的方法。包括期望—方差法、CAPM 模型、LPM 模型、灵敏度方法、VaR 法和 CVaR 法等。金融风险度量方法多种多样，每种方法都有其独特的优势和适用范围。金融机构和投资者应根据实际情况选择适合的方法来度量和管理风险。

三是金融风险管理技术及金融风险管理的基本程序。风险管理的技术包括风险坐标图、蒙特卡罗方法、关键性风险指标管理法及压力测试法等。风险管理的程序则包括五步：风险识别、风险衡量、风险评价、风险处理和管理效果评价。

进一步阅读

柳永明，李宏. 风险管理［M］. 上海：上海财经大学出版社，2006.
郑新立. 风险管理［M］. 北京：北京大学出版社，2006.

思考练习题

一、名词解释

1. 风险

2. 金融风险

3. VaR

4. 风险转嫁

5. 风险度量

二、填空题

1. 在市场风险中，_____最为基础和重要。

2. 信用风险是指由于_____不确定性而使作为授信方的金融机构遭受损失的可能性。

3. 一般来说，投资收益率高的金融资产风险_____。

4. 除均值—方差模型、CAPM模型外，度量金融风险的方法还有_____、_____、_____、_____、_____。

5. 风险管理的技术有_____、_____、_____、_____。

6. 风险处理方式包括_____和_____。

三、判断题

1. 风险的存在既可能带来超出实际的损失，也可能带来超出实际的收益。（　　）

2. 对于单个投资方案而言，只能依据标准差的大小来决定取舍。（　　）

3. 风险与收益是对等的，风险越大收益的机会越多，期望的收益率也就越高。（　　）

4. 实际投资收益率等于无风险收益率与风险收益率之和。（　　）

5. 对于多个投资方案而言，无论各方案的期望值是否相同，标准差最大的方案一定是风险最大的方案。（　　）

6. 贷款的五级分类主要包括正常、关注、次级、可疑、损失。（　　）

四、选择题

1. 银行无力满足客户提取存款和正常贷款需求而使银行收益和信誉蒙受损失的风险称为（　　）。

A. 信誉风险　　　　　B. 存款和贷款风险　　C. 流动性风险　　　　D. 安全性风险

2. 由于市场价格的变动而使银行遭受损失的风险是（　　）。

A. 流动性风险　　　　B. 市场风险　　　　　C. 利率风险　　　　　D. 国家风险

3. 市场风险主要包括（　　）。

A. 汇率风险　　　　　B. 价格风险　　　　　C. 利率风险　　　　　D. 购买力风险

4. 现有两种资产 A 和 B，已知 A 和 B 的期望值分别为 5% 和 10%，标准差分别为 10% 和 19%，那么（　　）。

A. 资产 A 的风险程度小于资产 B 的风险程度

B. 资产 A 的风险程度大于资产 B 的风险程度

C. 资产 A 的风险程度等于资产 B 的风险程度

D. 不能确定

5. 如果两种投资组合预期收益率的标准差相同，但是期望值不同，则这两个组合（　　　）。

A. 预期收益相同　　　B. 标准离差率相同　　C. 预期收益不同　　　D. 未来风险报酬相同

6. 某公司股票的 β 系数为 1.5，无风险利率为 8%，市场上所有股票的平均报酬率为 10%，则该公司股票的报酬率应为（　　　）。

A. 8%　　　　　　　B. 15%　　　　　　　C. 11%　　　　　　D. 12%

7. 风险是由（　　　）构成的。

A. 风险因素　　　　B. 风险事故　　　　C. 风险损失　　　　D. 风险对策

8. 下列属于资本资产定价模型基本假设的有（　　　）。

A. 所有投资者都可以不受限制地以固定利率借入或贷出无限额的资金。

B. 市场存在许多投资者

C. 市场环境下不存在摩擦

D. 所有投资者都是理性的

9. 在商业银行贷款的五级分类中，属于不良贷款的是（　　　）。

A. 正常贷款、关注贷款、次级贷款　　　B. 次级贷款、可疑贷款、损失贷款

C. 次级贷款、关注贷款、损失贷款　　　D. 可疑贷款、次级贷款、关注贷款

五、问答题

1. 简述流动性风险。

2. CAPM 模型的基本内容是什么？

3. 风险管理的技术有哪些？

4. 简述风险管理的程序。

5. VaR 模型的优点有哪些？

6. 简述关键指标管理法的具体流程。

六、综合题

1. 已知目前国库券的收益率为 6%，整个股票市场上的平均收益率为 10%。计算：

（1）市场平均风险报酬率是多少？

（2）若已知某一股票的报酬率为 9.5%，其 β 系数为 0.8，可否投资？

（3）若某股票的必要收益率为 11%，则其股票的 β 系数是多少？

2. 案例分析——海南发展银行破产事件

1998 年 6 月 21 日，中国人民银行发布公告，关闭刚刚诞生 2 年零 10 个月的海南发展银行（以下简称"海发行"）。这家银行经营不到 3 年，就因无法清偿债务而被破产清算，可谓昙花一现。

1993~1996 年：宏观调控为过热的经济踩了急刹车，海南全省房地产市场疲软。1995 年 8 月，海发行成立，这是海南省唯一一家具有独立法人地位的股份制商业银行，其总行

设在海口市，并在其他省市设有少量分支机构。它是通过在全国募集股本，同时兼并 5 家由于大量资金压在房地产上而出现经营困难的信托公司而成立的，注册资本 16.77 亿元人民币。股东 43 家，主要为海南省政府、中国北方工业总公司、中国远洋运输集团总公司、北京首都国际机场等，由海南省政府控股。在成立伊始，海发行就背负着 44 亿元的债务，合并这五家机构的坏账损失总额已高达 26 亿元。

在海发行看似经营平稳且不乏亮点的背后，存在一些经营上的违规操作，如高息揽储和违规放贷。1996 年，海发行的 5 年期存款利率一度高达 22%。在贷款方面，海发行解放支行违规发放贷款总额 9228 万元，占该支行贷款总额的 54%，儋州支行违规账外贷款达到 3700 多万元，占该支行贷款总额的 40%。

1997~1998 年：随着房地产泡沫的破裂，1997 年 5 月，海口城市信用社的主任潜逃，直接导致储户恐慌出现集中提现现象，随后，支付危机波及海南十几家城市信用社。1997 年 7 月，海南省 34 家城市信用社中有 30 家资不抵债。1997 年 12 月，中国人民银行海南省分行宣布关闭 5 家违法违规经营且资不抵债的城市信用合作社，其债权债务由海发行托管，海南省其余 29 家信用社除一家仍独立经营外，其余全部并入海发行。海发行接管的城市信用合作社总资产 137 亿元，总负债却为 142 亿元，资产几乎全是无人问津的房产。

合并后成立的海发行，并没有按照规范的商业银行经营管理运营，而是进行了大量的违法违规经营，其中最严重的是向股东发放巨额无法取得合法担保的贷款，股东的贷款实际上成为股东抽逃资本金的重要手段。资料显示，海发行成立时的 16.77 亿股本，在建行之初，就已经以股东贷款的名义流回到股东手里。仅在 4 个月间，已经发放贷款 10.60 亿元，其中股东贷款 9.2 亿元，而且绝大多数股东贷款属于无合法担保的贷款，有的贷款用途不明。

兼并信用社后，海发行采取了限息政策，即针对原本信用社承诺给予 20% 甚至以上利息的个人储户，海发行只能确保兑付本金及 7% 的利息，各种传闻也更加剧了存款人的恐慌，最终导致挤兑潮。虽然海发行也采取了相应的自救措施，如规定取款次数金额、高息贷款转存、加大讨债力度、吸纳岛外资金等，但都未能如愿解决危机。

1998 年 3 月 22 日，中国人民银行在陆续提供了 40 亿元再贷款之后，也决定不再继续支持，海发行虽然动用了 7 亿元资金企图挽回局面，但最终还是丧失清偿能力。1998 年 6 月 21 日，由于海发行不能及时清偿到期债务，中国人民银行决定关闭海发行，对海发行执行破产清算。

从宣布关闭到正式解散之前，海发行暂时由中国工商银行托管。对于海发行的存款采取自然人和法人分别对待，自然人存款即居民储蓄一律由工商银行兑付，法人债权则进行登记，在清算完毕后按折扣率兑付。公众对工商银行的信任使兑付业务开始后并没有出现大量挤兑现象，大部分居民选择将存款转存至中国工商银行。

请根据海发行倒闭过程，分析并回答以下两个问题：

（1）不到 3 年的时间，海发行从成立走向倒闭。请结合材料与商业银行的相关理论，分析海发行倒闭的原因。

（2）你认为海发行倒闭的案例对我国金融市场、金融机构的管理有何启示？请分别从商业银行应对挤兑风潮的措施（可从事前、事中、事后进行分析）以及金融机构风险管理的角度展开分析。

第七章 投资理财规划

第一节 投资理财概述

一、投资理财的内涵

（一）投资理财的定义

投资理财是指通过合理的财务规划和管理，将资产投入不同的金融产品中，以实现资产保值增值的过程。这既包括传统的银行存款、债券、股票、黄金、外汇、不动产以及艺术品等投资方式，也包括新兴的互联网金融产品、基金、期货、期权等复杂金融工具的交易行为。

（二）投资理财的重要性

理财规划涵盖了现金规划、消费支出规划、教育规划、风险管理与保险规划、税收筹划、投资规划等方面，致力于实现以下目标：

1）实现财务目标。通过理财规划，可以合理配置资产，达到实现财富扩张、增强抗风险能力、提高资产效用的目的。良好的投资理财规划能够显著提升资产质量、增强增值潜力、实现财务目标，如购房、子女教育、退休养老等。

2）提高生活质量。合理的理财规划可以高效运用有限财务资源，合理分析财务状况，在现在与未来之间进行收支平衡，保持稳定的现金流，抵御意外风险，实现财富增值，确保日常生活和突发事件的资金需求得到满足，享受高品质的生活。

风险管理。通过分散投资、购买保险等方式，降低个人或家庭面临的经济风险。

（三）进行投资理财的建议

1. 持续学习

投资理财市场在不断变化，投资者需要不断学习新的知识和技能，不断提升自己的理财能力。例如，可以参加理财培训课程或阅读相关书籍和文章，关注市场动态和财经资讯，及时调整投资策略和资产配置。

2. 保持理性

在投资过程中保持冷静和理性，避免盲目跟风或冲动决策，理性分析市场趋势和投资机会。

3. 定期复盘

定期回顾和总结自己的理财经验和教训，并根据复盘结果调整和优化理财计划。

4. 寻求专业建议

在制订和执行理财计划时，可以寻求诸如财务顾问、投资经理等专业人士的帮助，听取他们的建议。

（四）投资理财策略

1. 风险评估

进行投资理财之前，首先要对自身的风险承受能力进行评估。投资者必须根据自己的风险偏好选择合适的投资产品。不同的投资产品具有不同的风险水平，因此在追求收益的同时应当注重风险控制，避免过度集中投资或者承担过高风险。

2. 资产配置

根据自身的风险承受能力和投资目标，合理配置不同类型的资产。

（1）分散投资

不要将全部资金投入单一的投资产品中，以分散投资、降低风险。分散投资就是投资不同类型的金融产品、不同行业的股票或基金。

（2）长期投资

投资理财是一个长期的过程，需要投资者保持耐心和冷静。避免频繁交易和盲目跟风，坚持长期投资理念，关注企业的基本面和长期发展趋势。

（3）定期定额投资

通过定期定额投资的方式，也可以分散投资风险并降低市场波动对投资收益的影响。例如，可以每月或每季度在基金或股票市场上定期投入固定金额的资金。

二、理财规划的步骤

1. 明确理财目标

根据投资理财主体的特征与需求，确定科学合理的投资理财目标。

根据实际情况设定短期（如一年内购房、购车）、中期（如五年内的子女教育与家庭旅游）和长期目标（如退休规划）。

确保目标的具体性、可量化、可实现。将目标具体化为数字，如每年储蓄多少、投资收益率多少等，以便进行跟踪和评估。

注意：在进行投资理财前，首先需要扣除日常开支，要为当前消费预留足够的资金。

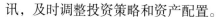

专栏 7-1　生命周期与投资目标

投资者在不同生命周期阶段通常具有不同的投资理念和投资目标。一般来说，随着年龄的增长，投资理念由激进型向保守型转变。此处将生命周期分为以下三个阶段：

1. 青春成长期（20~40岁）

此时期的投资者处于积累财富的阶段，主要的理财需求集中于结婚、住房、养育子女等方面，属于资金需求较大的阶段。青睐具有成长性的投资，偏好资本利得收入而非当前收入，倾向于选择具有高成长性和高投机性的投资工具，在短期内积累大量财富，实现财富的快速增长。

2. 中年稳健期（40~60岁）

此时期的投资者进入个人事业高峰期的稳定发展阶段。由于逐步走向中年，相应的家庭负担有所增加，重点支出项目在子女教育、赡养老人、提高生活质量等方面。在投资上倾向于财富的稳健增长，适宜选择稳健型基金产品或者国债。

3. 颐养天年期（60岁以上）

此时期的投资者进入老年阶段。生活开支多集中于日常消费、身体保健等方面，平安健康地安享晚年尤为重要。此时的投资目标以保值为主，倾向于将资产配置到风险性较低的产品上，切忌持有高风险且投机性较大的股票产品。

2. 收集财务信息

整理个人的收入、支出、资产、负债等财务信息。

分析自身财务状况，评估风险承受能力。

收入评估。详细记录主要收入来源，包括工资、奖金、投资收益等，了解资金流向。

支出评估。分类管理支出，将支出分为固定支出和可变支出，优先保障固定支出，合理控制可变支出。详细列出每月的固定支出（如房贷、车贷、日常生活费用）和变动支出（如购物、娱乐等）。

资产与负债。统计个人的总资产（包括现金、存款、投资、不动产等）和总负债（如贷款、信用卡欠款等），进而了解自身净资产状况。

3. 制订投资理财计划

（1）制订财务计划

根据理财目标和财务状况，制订详细的财务计划。包括编制预算、储蓄计划、投资计划以及风险管理策略等。

收入预算：根据收入评估结果，制定每月或每年的收入预算。

支出预算：根据支出评估结果，制定详细的支出预算，并尽量控制非必要支出。

储蓄计划：在进行收入和支出预算时需要为储蓄留出一定空间，用以应对突发事件或实现长期目标。

建立紧急备用金，一般建议储备3~6个月的生活费用作为紧急备用金。存放方式可以选择活期存款、货币市场基金等流动性高的资产，以便随时取用。

选取与投资目标相一致的投资工具，考虑投资收益和风险以及价值之间的平衡。

（2）构建投资组合

风险承受能力评估：通过问卷调查或咨询专业人士，对自身的风险承受能力进行评估。

投资产品选择：依据风险承受能力和投资目标，选择适宜的投资产品，合理配置资产。常见的投资产品包括股票、债券、基金、黄金等。

分散投资：不要将全部资金投入单一投资产品中，应当通过分散投资来降低风险。可以根据个人情况，将资金分配至不同的投资领域和产品。

（3）利用金融工具

保险产品。购买适当的保险产品，如寿险、意外险、医疗险等，为家庭提供风险保障。

贷款产品。合理利用贷款产品，如房贷、车贷等，此时需注意控制负债比例和还款压力。

理财产品。选择信誉良好的金融机构发行的理财产品，获取稳定收益。

4. 执行理财规划

执行计划。按照预先制订的理财方案执行投资计划。

定期监控。定期检查投资组合的表现和市场情况，确保投资计划符合预期。

5. 评估和调整

调整优化。根据定期监控的结果和市场变化状况，及时调整和优化理财方案。

三、理财规划的内容

1. 现金规划

目的：保持必要的资产流动性，确保有足够的现金应对日常开销和突发事件。

建议：合理安排银行账户，利用自动转账等功能管理现金流。保有 3~6 个月的工资作为生活应急备用金，这部分资金以银行活期存款或货币基金的形式进行存放，以便随时取用。

2. 消费支出规划

目的：在保证生活质量的同时，合理控制消费，避免过度负债。

建议：制定家庭收支平衡表，记录每月的收入和支出情况，明确各项消费的必要性和合理性。对于诸如购房、购车等大额支出，应提前规划好资金来源和负债结构。使用信用卡等支付工具时，应当注意还款期限和利息费用。

3. 教育规划

目的：为子女教育储备资金，选择合适的教育储蓄或投资产品，确保子女能够接受良好的教育，实现教育冀望。

建议：关注教育政策变化，合理规划教育路径和费用。根据孩子的年龄和教育阶段，提前规划好教育费用，包括学费、书本费、兴趣班费用等。同时，可以考虑通过教育储蓄计划、教育保险等方式来积累教育资金。

4. 风险管理与保险规划

目的：分析个人或家庭面临的风险因素，通过购买保险等方式规避风险损失。

建议：根据家庭结构和经济状况，制订完整风险保障规划。选择合适保险产品，如人寿保险、健康保险、意外伤害保险等，以应对可能发生的疾病、意外等风险。

5. 投资规划

目的：通过投资来实现财富的增值和保值。

建议：根据个人的风险承受能力、投资目标以及市场情况，合理配置资产组合。可以选择股票、基金、债券等多种投资方式，实现资产的多元化配置，从而有效控制风险。

6. 税收筹划

目的：在合法合规的前提下，通过合理的税务规划降低税负。

建议：了解国家税收政策，充分利用税收优惠政策，如个人所得税的专项附加扣除等。同时，进行投资理财时也应注意税务规划，避免不必要的税务负担。

7. 退休养老规划

目的：确保在退休后能够维持良好的生活水准。

建议：提前规划退休生活，制订合理的退休养老计划。可以通过社保、企业年金、商业养老保险等方式来积累养老资金，关注养老产品市场发展动态，选择适宜的养老方案。

8. 财产分配与传承规划

目的：在家庭成员之间合理分配财产，确保家庭财富的稳定传承。

建议：制订财产分配规划，明确家庭成员之间的财产权益关系。同时，通过遗嘱、信托等方式规划财产传承，确保在去世后能够顺利地将财产传递给继承人。

理财规划是一个全面而系统的过程，需要个人或家庭根据自身状况制订具体的财务计划并严格执行。通过合理的理财规划，可以实现财务目标、提高生活质量并降低风险。

专栏 7-2　家庭理财规划书（概要）

一、家庭基本信息

成员构成：列示家庭成员及其年龄、职业、健康状况等基本信息。

家庭收入：详细说明家庭的主要收入来源、年收入总额及预期增长情况。

家庭支出：列出固定支出（如房贷、车贷、保险、教育、生活费用等）和可变支出（如旅游、娱乐、购物等），计算月总支出和年总支出。

现有资产：包括现金及等价物、银行存款、房产、车辆、股票、基金、债券、保险等，并估算它们的总价值。

负债情况：列出所有贷款及信用卡欠款等负债，计算总负债额和每月还款额。

二、理财目标分析

短期目标（1年内）：如紧急备用金、旅游、家电更换等。

中期目标（1~5年）：如子女教育基金、购车、房屋装修等。

长期目标（5年以上）：如退休规划、财富传承、慈善捐赠等。

三、风险评估与承受能力测评

分析家庭成员的风险偏好，确定风险偏好的类型（保守型、稳健型还是积极型）。

根据家庭财务状况和未来预期，确定可承受的风险水平。

四、理财策略与规划

紧急备用金：建立3~6个月生活费用的紧急备用金，以活期存款或货币市场基金的形式存放。

债务管理：优先偿还诸如信用卡欠款等高利率负债。通过考虑贷款的重新组合降低利息成本。

资产配置包括以下几个方面：

1）现金及等价物：保持一定比例的流动性资金。

2）固定收益类：如国债、银行理财产品、债券基金，以稳定收益为主。

3）权益类：股票、股票型基金、指数基金等，追求长期的资本增值。

4）其他投资：房地产、黄金、艺术品等。根据家庭状况与市场状况进行灵活配置。

教育规划：设立专门的教育基金账户，采用定投基金、教育储蓄保险等方式积累资金。

退休规划：利用社会保障、企业年金、个人养老金账户及商业保险等工具规划退休生活。

五、执行与监控

定期审察：每年至少审察一次家庭的财务状况和理财规划，根据变化进行调整。

记录分析：详细记录各项收支和投资情况，定期进行财务分析，评估理财效果。

调整优化：根据市场态势、家庭状况和理财目标的变化，及时调整理财规划。

六、附录

家庭成员的保险计划概览。

投资产品的详细说明和风险评估报告。

其他相关的财务文件或参考资料。

第二节　理财产品概述

一、理财产品的类型

（一）按投资对象分类

金融投资。是指股票债券投资或所有权投资。按照投资工具的不同，金融投资又可以进一步分为债券投资、股票投资和衍生金融工具投资。

实物投资。是指对实物财产或收藏品投资。其中，实物财产指土地、建筑物、土地附属财产、知识以及运用这些资产的人力资本等；有形的个人财产包括黄金、艺术品、古玩和其他有价收藏品等。

（二）按投资方式分类

直接投资。是指投资者将货币资金直接投入投资项目形成实物资产或者购买现有企业所有权的投资。通过直接投资，投资者可以拥有全部或部分数量的企业资产及经营所得的所有权，也直接进行或参与投资的经验管理。直接投资包括对现金、厂房、机械设备、交通工具、通信、土地或土地使用权等各种有形资产的投资以及对专利、商标、咨询服务等无形资产的投资。

间接投资。是指投资者购买公司债券、金融债券或公司股票等各种有价证券，并获取收益或承担风险益投资，由于投资形式主要是购买各种有价证券，也被称为证券投资。

（三）按投资地域分类

国内投资是指对本国证券或物权的投资；国外投资是指对境外证券或物权的投资。

（四）按募集方式分类

公募理财产品。指商业银行面向社会公众公开发行的理财产品。这类产品通常具有较广的投资者基础，流动性较好。

私募理财产品。指商业银行面向有资格的投资者公开发行的理财产品。这类产品对投资者的资格有一定要求，通常投资门槛较高，但也可能会提供更为灵活的投资策略和更高潜在收益。

（五）按投资性质分类

固定收益类理财产品。主要投资于存款、债券等债权类资产且比例不低于80%。这类产品的风险相对较低，收益稳定，适合低风险偏好投资者。

权益类理财产品。主要投资于权益类资产，如股票、股票型基金等，同样比例不低于80%。这类产品风险较高，但潜在收益丰厚，适合有一定风险承受能力和投资经验的投资者。

商品和金融衍生品类理财产品。主要投资于黄金、原油期货等商品类金融衍生品且比例不低于80%。这类产品受市场波动影响较大，风险和收益都较高。

混合类理财产品。投资于债权类资产、权益类资产、商品和金融衍生品类资产等不同类型资产，其中任意一类资产的投资比例均未超过80%。这类产品的风险和收益相对平衡，适合中等风险偏好的投资者。

（六）按风险等级分类

低风险理财产品。如储蓄存款、国债、央行票据、银行理财产品等。这类产品风险低，收益稳定，适合保守型投资者。

中风险理财产品。如债券基金、货币基金、信托等。这类产品风险较低，收益稳定且相对较高，适合稳健型投资者。

高风险理财产品。如股票、权证、期货、外汇等。这类产品收益高，但波动幅度较大，适合积极型投资者。

（七）按投资期限分类

短期理财产品。期限在一年以内的理财产品，如货币基金、银行短期理财产品等。这类产品流动性强，适合对资金流动性要求较高的投资者。

中期理财产品。期限在一年至三年之间的理财产品，如债券基金、信托等。这类产品收益和风险适中，适合进行中长期投资规划。

长期理财产品。期限大于三年的理财产品，如股票、房地产等。这类产品可能存在较高的风险和较高的收益，适合有长期投资计划和较强风险承受能力的投资者。

（八）其他分类方式

结构性存款。银行吸收的与金融衍生产品挂钩的存款，通过与利率、汇率、商品、指数的波动幅度挂钩或者与特定实体的信用情况挂钩，使存款人在承担一定风险的基础上获得相应收益的产品。这类产品通常具有保本或部分保本的特点，但收益与挂钩衍生品的市场表现相关。

净值型理财产品。以份额登记且按照单位份额的净值赎回兑付的理财产品。这类产品的收益随市场波动而变化，投资者需要关注产品的净值变化。

封闭式理财产品和开放式理财产品。封闭式理财产品有固定投资期限，未到期不支持赎回或转让；开放式理财产品在特定期限内则是可以进行申购或赎回的。

二、固定收益类理财产品

（一）固定收益类理财产品介绍

1. 银行存款

特点：安全性高，流动性好，但收益率相对较低。

适用场景：适合存放紧急备用金。

注意事项：虽然银行存款风险低，但也要考虑通货膨胀对资金价值的影响。

2. 货币基金

特点：风险较低，收益稳定，流动性好。主要投资于短期高流动性的金融工具，如国库券、商业票据、银行定期存单等。

适用场景：适合需要保持资金流动性的家庭。

常见产品：余额宝、零钱通等。

3. 债券

特点：风险相对较低，收益稳定。债券种类多样，包括国债、地方政府债、企业债等。

适用场景：适合追求稳定收益的家庭，尤其是风险偏好较低的家庭。

注意事项：虽然债券风险相对较低，但也要注意信用风险和利率风险。

4. 银行理财产品

特点：收益率一般高于银行存款和国债，但风险也相应增加。产品类型多样，包括固定收益类、浮动收益类等。

适用场景：适合有一定风险承受能力且追求较高收益的家庭。

注意事项：在购买银行理财产品时，要仔细阅读产品说明书，了解产品的风险等级和收益情况。

5. 政府债券

政府债券是指一国政府为筹措财政资金发行的，承诺在一定时期支付利息并到期偿还本金的债权债务凭证。我国的政府债券是国债，它以中央政府的税收收入作为还本付息的保证，因此风险小、流动性强，但利率低于其他债券。

6. 公司债券

公司债券是指公司依照法定程序发行的、约定在一定期限还本付息的有价证券。发行公司债券是公司筹集资金的一项重要手段，公司债券主要特点有：①偿还性。公司债券是一种信用工具，发行人承诺在预定日期偿还本金并支付利息。②流通性。公司债券可以转让。③安全性。公司债券与公司业绩没有直接联系，与股票相比，风险较小。④收益稳定性，因为公司债券有固定的利率，定期获得利息，还可以在流通中赚取买卖价差。

专栏7-3　国债的种类

按国债形态不同，国债分为凭证式国债、记账式国债与实物国债。凭证式国债是一种国家储蓄债，可记名、能挂失，不能上市流通，从购买之日起计息。记账式国债以记账形式记录债权，通过证券交易所的交易系统发行和交易，可记名、能挂失。实物国债是一种实物债券，它以实物券的形式记录债权，不记名、不挂失，但是可以上市流通。目前，我国一般发行凭证式和记账式国债。

按偿还期限不同，分为短期国债、中期国债和长期国债。一般国家会将一年期以内的国债称为短期国债；一年期至十年期以内的国债称为中期国债；将十年期以上的国债称为长期国债。

按发行目的不同，分为战争公债、赤字公债、建设公债和特种公债。战争公债是政府在战争时期为筹集军费而发行的债券。赤字公债是政府为了弥补财政赤字而发行的公债。建设公债是政府为进行公路、铁路等基础设施建设以及公共工程建设而发行的债券。特种公债是政府在某特定时期为保证特定政策的实施而发行的公债。

按资金来源不同，分为国外债和国内债。国外债是一国政府在国际金融市场上以外国货币为单位发行的债券，投资者一般为外国公民或法人；国内债是一国政府在国内金融市场上以本国货币发行的债券。投资者一般为本国的公民和法人。

按付息方式不同，分为贴息国债和附息国债。贴息国债是按规定折扣率，以低于债券面值的价格发行，到期按面值支付本息的国债。贴息国债的发行价格与其面值的差额即为债券的利息。附息国债是按照债券票面载明的利率和支付方式还本付息的债券。

专栏7-4　适于短期资金管理的金融产品

1. 现金等价物

国库券：国库券是政府为弥补国库收支不平衡而发行的一种政府债券，债务人是国家。国库券期限一般在一年以内，具有高流动性和低风险的特点，是短期资金管理的理想选择。

货币市场基金：货币市场基金主要投资于短期货币工具，如商业票据、银行定期存单、政府短期债券、企业债券等。它们的收益率通常比储蓄存款的利率高，非常容易提现，适合用于短期资金管理。

2. 短期债券和其他固定收益证券

短期债券：短期债券是指偿还期限在一年以内的债券，具有稳定的现金流和确定的到期日，风险相对较低，但收益率高于现金等价物，是短期资金增值的有效途径。

大额可转让定期存单（CDs）：虽然大额可转让定期存单不能提前支取，但可以在二级市场上转让、变现，因此为投资者提供了较好的流动性。

3. 储蓄账户

对于希望保持资金高度流动性的投资者，一个能提供高利率且无提现限制的储蓄账户无疑是明智的选择。这类账户通常允许随时存取，同时提供比普通储蓄账户

更高的利息收益。

　　4. 其他金融工具

　　国债逆回购：国债逆回购虽然主要作为货币市场调节手段运用，但具有申赎方便、灵活性较强、收益率高于存款利率等优点。因此，对于有大额短期闲置资金的投资者来说，也是一项不错的选择。但需要注意的是，国债逆回购需要持有证券账户，因而投资门槛相对较高。

　　（二）国债投资策略

　　由于当前企业债券的流通市场并不完善，多数企业债券不能上市，而且也无法提前支取。与之形成对比的是，国债的信誉高、收益稳定，资金安全有保障，个人投资国债的利息收入还可以免交利息税。与企业债务相较而言，国债越来越受到众多投资者的青睐。这里以国债为例介绍固定收益产品投资策略。

　　国债投资策略分为消极型投资策略和积极型投资策略两种，投资者可以根据自己的资金来源和用途来选择适宜的投资策略。

　　1. 消极型投资策略

　　消极型投资策略是一种不要求通过市场变化获利仅希望保持固定收益的投资方法，其目的在于获得稳定的债券利息收入以及到期安全收回本金。消极型投资策略也被称作保守型投资策略。

　　（1）购买持有

　　购买持有是最简单的债券投资策略，其步骤是：在分析了国债市场上的现存全部债券之后，根据自己的爱好和需要，买进能够满足需求的债券，继而一直持有至到期兑付日。在持有期间，不进行任何买卖活动。

　　这种投资策略虽然十分粗略，但却有一定的好处：

　　首先，这种投资策略的收益固定。投资开始时就已经确定，因此不受市场行情变化的影响。它可以完全规避价格波动风险，同时保证获得确定收益。

　　其次，如果债券自身收益率较高，同时市场利率变化不大甚至逐渐降低，那么这种投资策略也可以获得令人满意的投资效果。

　　最后，这种投资策略的交易成本很低。由于持有期间没有买卖行为，因此手续费很低，等同于增加了收益率。购买持有投资策略比较适用于市场规模较小、流动性比较差的国债，尤其适用于那些对市场并不熟悉或者不善于运用投资技巧的投资者。

　　在实施这种投资策略时，投资者应注意根据资金使用状况来选择适当期限的债券。一般情况下，期限越长的债券，收益率也往往越高。但是期限越长，意味着资金被锁定的时间越长，动用资金的难度越大。因此，最好根据投资者资金动用期限选择到期日与需要资金的日期相近的债券。在购买持有策略下，投资者不应该借入资金购买债券，也不应该留有剩余资金，最好将所有准备用于投资的资金都投资于债券，这样就能获得最大的固定收益。

　　购买持有投资策略的缺点：从本质上看，这是一种比较消极的投资策略。在投资者购进债券后，由于不关注市场行情变化或漠视投资机会，可能会丧失提高收益率的机会。虽然投资者可以获得固定收益率，但是，这种提前锁定的固定收益率只是名义利率，如果发生通货膨胀，实际投资收益率就会发生变化，从而使这种投资策略的价值大打折扣。特别是在通货膨胀比较严重时，这种投资策略可能还会带来比较大的损失。而且如果市场利率上升，同样可能导致这种投资策略的收益率相对较低。这是因为持有意味着不能买卖，因此不能及时转换成收益率较高的债券，导致损失产生。

（2）梯形投资法

梯形投资法，又称等期投资法，就是每隔一段固定时间，在国债发行市场认购一批同期限的债券，并一直持续下去，这样投资者以后就可以每隔一段时间获得一笔固定的本息收入。

梯形投资法的优点：采用此种投资方法的投资者能够依照固定的时间间隔持续获得本金和利息，不至于产生很大的流动性问题，也不至于因为需要变现而卖出尚未到期的债券，致使收益下降。在市场利率不稳定的时期，采用梯形投资法的投资组合的市场价值不会发生很大的变化，投资收益率也不会发生很大的变化。这种投资方法每年只进行一次交易，因而交易成本比较低。

（3）三角投资法

三角投资法，就是利用国债的投资期限不同所获本息也不同的原理，在不同时间连续购买不同时限不同的债券，但是要使所有债券的到期日趋于一致，从而确保到期日能确定获得一笔金额已被预定的本息和。这是因为这个本息和可能早已被投资者计划用于特定消费。三角投资法和梯形投资法的区别在于：虽然投资者都是在连续时期（年份）内进行投资，但梯形投资法是期限相同，而三角形投资法却是到期日相同。

例：小李计划在 2030 年进行一次国际旅游，他决定进行国债投资从而届时能获得足够的资金支持。于是，他可以在 2024 年购买 2024 年发行的 5 年期债券，在 2026 年购买 2026 年发行的 3 年期债券，在 2027 年购买 2027 年发行的 2 年期债券。这些债券在到期时都能收到预定的本息和，并且都在 2029 年到期，从而能保证有足够资金来完成旅游计划。

这种投资方法的特点是，不同时期购买的债券的期限是递减的，因此被称作三角投资法。它的优点是既能够获得固定收益，又能保证在特定日期获得金额确定的资金抵偿前期已经计划好的资金支出。

2. 积极型投资策略

积极型投资策略是指投资者在主动预测市场利率的变化，采用买卖债券获得价差收益的投资方法。这种投资策略着眼于债券市场价格变化所带来的价差收益，关键在于能够准确预测市场利率的变化方向和变化幅度。因此，这种积极型投资策略有时也被称作利率预测法。这种方法要求投资者具有丰富的债券投资知识及市场操作经验，同时需要支付较多的交易成本。投资者追求高收益率的本能导致利率预测法受到众多投资者的欢迎，同时，市场利率的频繁变动也为利率预测法提供了操作空间。

利率预测法的具体操作步骤是：投资者通过对利率的研究对未来变化趋势做出判断，以此为基础调整对所持有的债券，以便在判断准确时获得高于市场平均收益率的回报。因此，正确预测利率变化的方向及幅度是利率预测投资法的前提，而有效调整所持有的债券则是利率预测投资法的主要手段。

（1）预测利率

对利率进行预测是积极型投资策略的核心。利率作为宏观经济运行中的一项重要变量，其变化受到多方面因素的影响，这些影响因素对利率的影响结果难以判断。从宏观经济的角度看，利率反映了市场资金供求关系的变动状况。在经济发展的不同阶段，市场利率有着不同的表现。在经济持续快速增长时期，企业家为了购买机器设备、原材料、建造工厂和拓展服务等而借款，于是，市场上会出现资金供不应求的状况，借款人会为了抢夺日益减少的资金资源而展开竞争，导致利率上升；相反，在经济萧条的市场疲软期，利率会随着资金需求的减弱下降。利率除受到整体经济状况的影响之外，还会受到通货膨胀率、货币政策以及汇率变化等因素的影响。在考虑影响国债价格的利率因素时，应着重分析官方利率和国债回购以及同业拆借市场利率。其中，官方利率的变动次数虽然较少，但幅度较大，且在整个金融市场上的地位特殊，因而会对债券价格产生巨大影响，这种影响甚至会持续很长的时间。而国债回购以及同业拆借市场利率逐日变动且幅度较小，因而对于债券价格的影响程度不会很大，同时持续时间不会很长。

投资者在综合分析社会经济运行态势以及中央银行货币政策抉择的基础上，可以尝试对未来市场利率的变动方向和幅度做出合理预测，并据此开展投资活动。

（2）调整债券组合

在对市场利率的变化方向和幅度进行预测之后，投资者可以据此调整持有的债券组合，实现收益率最大化。

由于市场利率与债券市场价格呈反向变动关系。因此，在市场利率上升时，债券市场价格会下降，而在市场利率下降时，债券的市场价格则会上升。从这项反方向变动关系出发，前者的正确调整策略是卖出所持有的债券，而后者的正确调整策略是买入债券。

国债期限与国债价格变化之间的关系也是有规律可循的。无论债券的票面利率的差别有多大，在市场利率变化相同的情况下，期限越长的债券，其价格变化幅度越大。因此，在预测市场利率下降时，应尽量持有能使价格上升幅度最大的债券，即期限比较长的债券。在预测市场利率将下跌时，应尽量把手中的期限较短的债券转换成期限较长的债券，因为在利率下降幅度相同的情况下，这些债券的价格上升幅度较大。相反，在预测市场利率上升时，若投资者仍想持有债券，则应该持有期限较短的债券，因为在利率上升幅度相同的情况下，这些债券的价格下降幅度较小，因而风险也较小。

国债的票面利率同国债的价格变化之间也是有规律可循的。在市场利率变化状况相同的情况下，票面利率较低的债券的价格变化幅度（价格变化的百分比）会比较大。因此，如果预期利率下跌，在期限相同的情况下，应当尽量持有票面利率低的债券，因为这些债券的价格上升幅度（百分比）会比较大。

债券调整策略的总原则是：如果判断市场利率下跌，尽量持有价格上升幅度最大的债券，即期限较长且票面利率较低的债券；此时需要将原来持有的期限较长且票面利率较高的国债转换成期限较长且票面利率较低的债券，因为在利率幅度下降的情况下，这些债券的价格上升幅度会比较大。

反之，若预测市场利率上升，则应尽量减持票面利率低且期限长的债券，转而投资票面利率高期限短的债券，因为这些债券的利息收入高而且期限短，所以能够较快变现，更

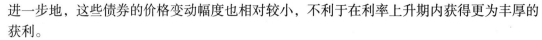

进一步地，这些债券的价格变动幅度也相对较小，不利于在利率上升期内获得更为丰厚的获利。

（3）等级投资计划法

等级投资计划法是一种最简单的公式投资计划法，它是从股票投资技巧中总结得出的。具体方法是投资者按照固定的公式计算出买入和卖出国债的目标价位，然后根据计算结果进行操作。其操作要领是"低进高出"，即低价买进高价卖出。只要国债价格不断波动，投资者就必须严格按照事先拟订好的操作规划买卖国债，行动与否则取决于当时的市场价格水平。具体而言，当投资者决定要购买某种国债，首先确定一个国债价格变动的特定幅度作为等级划分的依据，这个幅度既可以是百分比，也可以是数字。每当国债价格下降一个等级时，就买入一定数量的国债；而当国债价格上升一个等级时，就卖出一定数量的国债。

例：小张选择2028年国债作为投资对象（假设2028年国债的期限为5年，利率为10.5%），同时设定每个等级的国债价格变动幅度为2元。如果他首次购进了100张面值为100元的国债，购进价为120元，那么每当国债价格变动到118元、120元、122元、124元、126元时，就按照国债价格"下降时买进上升时抛出"的原则进行操作。根据等级投资计划法，当国债价格下降到118元时，小张就会再买进100张国债，当价格继续下降到116元时，小张继续买进100张国债。反之，当国债价格回升至118元时，小张就卖出100张国债，在价格继续回升到120元时，小王继续卖出100张国债。这个过程结束后，小张最初投入12000元购买100张国债，价格为120元，经过一段操作调整后，虽然国债价格最后还是120元，小张仍然持有100张，但成本已经不是12000元，而是11600元了，也就是说，小张在这一过程中取得了400元的收益。

等级投资计划法适用于国债价格不断波动的时期。由于国债最终要还本付息，因此，价格呈缓慢上升趋势。在运用等级投资法时，一定要注意国债价格的总体走势，同时国债价格升降幅度即买卖等级的间隔设定要恰当。如果国债市场行情波动较大，买卖等级间隔可以设定得稍微大一些；如果国债市场行情波动较小，买卖等级间隔就要设定得小一些。如果买卖等级间隔设定过大，会使投资者丧失买进和卖出的最佳时机；而如果将买卖等级间隔设定得过小，则导致交易频繁。在考虑手续费因素之后，投资者的获利不大。同时，投资者还要根据资金实力和对风险的承受能力来确定每次买卖的数量。

（4）逐次等额买进摊平法

如果投资者决定投资某种国债，但是该国债的价格波动较大，而且无法准确预测波峰与波谷时，就可以运用逐次等额买进摊平操作法。

逐次等额买进摊平法就是在确定投资某种国债后，首先选择合适的投资期间，在该期间里不考虑价格波动状况，而是定时、定量、定期地进行购买，这样可以使投资者的平均成本低于平均价格。运用这种操作法，每次投资时，要严格控制投入资金的数量，保证投资计划的逐次等额进行。

例：小赵选择2028年5年期国债作为投资对象，在确定的投资时期里计划分5次购买，每次购入国债100张。第1次购入时，国债价格为120元，小赵购入100张；第2次购进时，国债价格为125元，小赵又购入100张；第3次购入时，国债价格为122元，小赵继续购入100张；第4次和第5次小王的购入价格分别是126元和130元。

到整个投资操作计划完成时，小赵购买国债的平均成本为124.6元，此时国债价格已涨至130元，这时如果小王抛出这些国债，将获得的总收益是：（130–124.6）×500 = 2700（元）。

因为国债具有长期投资价值，所以按照这一方法操作，可以稳妥地获取收益。

（5）金字塔式操作法

与逐次等额买进摊平法不同，金字塔式操作法实际是一种倍数买进摊平法。当投资者第1次买进国债后，发现价格下跌时可加倍买进，而且在以后的价格下跌过程中，每一次的购买数量在上次买进数量的基础上增加一定比例，这样就成倍放大了低价购入部分的比重，从而降低了平均总成本。由于这种买入方法呈正三角形趋势，形如金字塔，所以被称为金字塔式操作法。

例：小刘最初以每张120元价格买入2023年5年期国债，投入资金12000元；当国债价格下降到118元时，投入23600元购买200张国债；当国债价格下降到115元时，投入34500元购入300张国债。此时，他三次共投入资金70100元，买入600张国债，每张国债的平均购入成本为116.83元，如果国债价格上涨，只要超过平均成本价，小刘即可抛出获利。

如果在国债价格上升时运用金字塔式操作法买进国债，则需每次逐步减少买进的数量，以保证按较低价买入的国债在总购入数量中占有较大比重。

国债的卖出同样可以采用金字塔式操作法：在国债价格上涨阶段，每次加倍抛出手中的国债，随着国债价格的上升，卖出的国债数额越来越大，以保证高价卖出的国债在总售出数量中占较大比重，从而获得较大盈利。

运用金字塔式操作法买入国债，必须对资金做好安排，避免最初投入资金过多导致后续投资无法加倍摊平。

三、权益性理财产品

（一）股票

权益性投资工具是以获取相关权益为主要目标的投资手段，典型产品是股票。

股票特点：收益波动较大、风险较高，但与此同时可能获得较高收益。

适用场景：适合风险承受能力较高且愿意长期投资的投资者。

注意事项：股票投资需要一定的专业知识和技能，投资者需要谨慎决策，避免盲目跟风。

（二）股票投资策略

1.大型股票投资策略

大型股票是指股本额在10亿元以上的大公司所发行的股票。这种股票的特性是盈余收入大多呈缓慢稳步的增长趋势。由于炒作这类股票需要拥有极其雄厚的资金实力，一般炒家都不轻易介入这类股票的炒作。对应这类大型股票的买卖策略是：可在公司不景气导致的低价区买入股票，而在业绩明显好转、股价随之大幅提升时卖出。由于炒作此类股票需要庞大的资金，因此很少有主力资金介入拉升，可选择在经济景气时入市投资。大型股票在过去的最高价位和最低价位上，具有较强的支撑或阻力作用，所以历史的高价位是投资者进行投资的重要参考依据。

2. 中小型股票投资策略

中小型股票的特性是由于所需炒作资金较之大型股票要少，因此主力资金易于介入，股价的涨跌幅度较大，利多或利空消息对股价影响也大于大型股票，所以经常成为多空主力资金利用消息相互搏杀的主战场。

中小型股票投资策略是耐心等待股价走出低谷转为上涨趋势，同时外部利好因素增多时买进；同时根据外部环境和经营业绩选择卖出时机，在历史高价区附近卖出获利。

一般而言，中小型股票在1~2年内，大多会出现几次涨跌循环。因此，如果能有效把握行情，运用恰当的操作技巧，那么投资中小型股票的获利大多较为可观。

3. 成长股投资策略

成长股是指迅速发展中的企业所发行的具有高收益成长率的股票。收益成长率越大，股价上场的可能性也就越大。投资成长股的策略是在众多股票中准确选出适合投资的股票。成长股的选择，一是要选择成长型的行业。二是要选择资本额较小的股票。这是因为资本额较小的公司，成长的可能性较大。大公司要维持快速扩张非常困难。企业资本额由5000万元变为1亿元比资本额由5亿元变为10亿元容易得多。三是要侧重选择过去一两年里成长率较高的股票。成长股的盈利增长速度远超大部分其余股票，一般为其他股票的1.5倍以上。

与此同时，还要恰当地确定好买卖时机，这是因为成长股的价格往往会因公司经营状况的变化而涨落，而且涨落幅度较之其他股票更大。更为重要的是，成长股在熊市里的价格跌幅较大。因此，可以采取在经济衰退且股价跌幅较大时购进成长股，而在经济繁荣同时股价即将到达顶点时卖出的操作策略。牛市阶段的策略应是：前期投资热门股票，中期购买小盘成长股，当股市进入狂热阶段时，择机卖掉持有的全部股票。由于成长股在熊市里跌幅较大，而在牛市里股价较高，因此适合进取型投资者。

4. 投机股买卖策略

投机股是指那些容易被投机者操纵且价格较低的股票。投机股通常是投机者进行买卖的主要对象，由于这种股票的价格极易发生暴涨暴跌，因此投机和操纵这种股票可能在短时间内赚取可观利润。投机股的买卖策略是：选择资本额较少的股票作为操控目标。对于资本额较少的股票而言，大量资金的进入极易造成价格的大幅波动，此时投资者就可以从股价大幅波动中获取巨额买卖价差。买卖投机股还可以选择优缺点同时并存的股票。这是因为此类股票的优点被大肆渲染时，股价容易暴涨；一旦弱点广为流传，股价将迅速暴跌。

新上市或新技术公司发行的股票也是进行投机股买卖的适宜选择。这类股票常常被人们寄予厚望，可以利用这种心理对其加以操控，使股价出现大幅波动。

那些改组和重建公司的股票同样是进行投机股买卖的可能选择。因为当业绩不佳的公司进行重组时，容易使投机者介入股市对该公司实施操控，致使股价大幅波动。

由于投机股极易被投机者操纵从而出现人为的股价暴涨暴跌现象，普通投资者需要采取对其审慎态度，不要轻易介入。如果盲目跟风，极易被高位套牢，沦为投机者的牺牲品。

5. 蓝筹股投资策略

蓝筹股的特点是投资报酬率相当优厚稳定，股价波幅变动不大。蓝筹股在多头市场中不会领涨，一般在其他股票上涨之后才会缓慢攀升；而当空头市场到来时，投机股率先崩溃，其他股票价格随之跳水，此时蓝筹股往往仍然能坚守阵地，不至于大幅暴跌。

蓝筹股投资策略是按照合适的价格购入蓝筹股后不进行频繁的买卖操作，而是将其作为中长期投资对象。虽然持有蓝筹股在短期内不可能获得丰厚的价差收益，但是也无需担心股市波动。而且一旦出现大的市场行情，蓝筹股也可能收益甚丰。同时，如果长期投资于此类股票，忽略价差收益，投资者也能从分红配股中获取可观收益。对于缺乏股票投资技巧且希望进行长线投资的投资者而言，投资蓝筹股不失为一种理想选择。

6. 循环股买卖策略

循环股是指股价涨跌幅度不很明显，总是在特定价格区里徘徊的股票。有鉴于此，对应的买卖策略是价低时买进，价高时卖出。实施这项策略的关键是如何寻找到适宜的循环股。寻找循环股的普遍方法是依据股票最近3~4年里的价格涨跌幅度，编制反映股价涨跌幅度和最高最低价位的一览表。投资者据此选择性循环股的买卖点。

采用循环股买卖策略时，应当避开以下三类股票：①股价变动幅度非常小的股票。这是因为即使能在最低价买进并在最高价卖出此类股票，但扣除股票交易税费后的收益微乎其微，因而不是理想的投资对象。②股价循环间隔时间太长的股票。从最低价波动到最高价的间隔时间越长，意味着资金占用成本也就越大，因此最好把股价循环的时间间隔限定在一年以内。③成交量过小的股票。这类股票经常会面临买不到或卖不出的情形，因此不宜选择。

7. 业绩剧烈变化型股票投资策略

业绩剧烈变化型股票是在经济或其他因素的影响下公司经营业绩出现大起大落的公司股票。这类股票的价格大多与公司经营业绩同方向变动。业绩看涨，股价飙升；业绩看跌，股价跌落。一般而言，这类股票的价格涨跌幅度较大，同时上涨阶段与下跌阶段的持续时间也比其他股票长。

业绩剧烈变化型股票的投资策略是耐心等待涨势确定后及时买进，亦可抓住短线机会获利，而在跌势确定后及时卖出。如果运用业绩剧烈变化型股票投资策略，就需要投资者随时关注公司的经营业绩变化状况。

8. 价格虚高型股票投资策略

价格虚高型股票指由于存在人为炒作而导致股价明显偏高的股票。这类股票的涨跌情况经常违背常理，因此较难把握股价的波动趋势。甚至在公司处于亏损状态时，也可能由于对利多消息的炒作或者人为操控做多导致股价明显偏高。

价格虚高型股票的投资策略是除非熟悉内幕或具有丰富投资经验，否则就不要在股价暴涨的诱惑下冲动地参与此类股票的买卖。但可以在股价结束盘整之后的拉升初期，使用小额资金抢夺短线获利机会，如果遭遇主力撤离且股价暴跌，必须立即卖出持有股票，不能期望反弹，避免因高位被套牢而蒙受更大损失。

四、投资基金

公募基金分为四大类，即股票基金、混合基金、债券基金、货币市场基金。这四类基金的区别是：①股票基金资产的60%以上投资于股票；②债券基金资产的80%以上投资于债券；③货币市场基金的资产仅投资于货币市场工具；④混合基金的资产投资于股票、债券和货币市场工具，而且投资于股票投资和债券投资的比例不符合第①项和第②项规定。

公募基金的种类众多，因此适用于具有不同风险偏好和收益率诉求，同时愿意在承担一定风险前提下谋求追求高收益的家庭。公募基金的投资风险相对较高，投资者需要根据自己的风险承受能力和投资目标进行选择。

1. 股票型基金和股票为主型基金投资策略

股票型基金和股票为主型基金是当前基金市场上的投资重点。在进行此类基金的实际操作时，投资人必须要精准判断股市的行情发展。只有在股票市场的未来盈利空间大于下跌空间时，才能进行股票型基金和股票为主型基金的投资。如果股票市场处于行情下跌阶段，那么股票型基金很难创造收益。

股票型基金和股票为主型基金的投资策略是明确投资目标，注重那些具有专业股票投资能力的基金。在具体投资品种的选择方面，应注重选择具有较好历史业绩表现的基金。

2. 指数型基金投资策略

指数基金可以细分为两个更小的类别：被动型的指数基金与积极型的指数基金。

被动型的指数基金的特征包括：①基金对成份股的投资数量选择完全参照该成份股在特定指数中所占的权重，基金自身不做出主观判断；②基金经理也不关注市场时机，而是在保证基金绩效曲线与标的指数波动曲线高度拟合的基础上时刻保持高水平的投资仓位。

积极型的指数基金的选股范围仍然是相关指数的成份股，但是此时需要基金经理针对个股的投资比例做出判断并选择投资时机，看好的股票可以多买，不看好的股票可以不买；如果认为后市向好，就加大投资比例，反之则减少投资比例。

投资指数基金的好处在于研判大势比研究个股简单，这是因为大多数上市公司包含纷繁芜杂的信息，普通投资人根本无法据此做出投资判断，而指数基金的绩效表现基本与标的指数代表的市场行情趋势相一致，只要指数的走势良好，那么指数基金的收益率就一定很好。股票行情趋势为投资人选择进行指数基金投资提供了决策参考。

3. 债券基金投资策略

债券基金指的是投资于一揽子政府债券或公司债券的组合，该组合由多种不同到期日与不同票面利率的债券组成，同时以追求固定收益为投资目标。

对于债券基金操作而言，利率走低债券价格上涨时，基金经理人可以选择将债券卖掉，赚取价差；如果利率上升，新购入债券利率上升会使成本上升。因此，如果操作得当，基金净值受到市场利率变动影响有限。

基于所投资的不同种类债券，债券基金还可以分为以下四种：①政府公债基金，主要投资于国库券等由政府发行的债券；②市政债券基金，主要投资于地方政府发行的公债；③公司债券基金，主要投资于公司发行的债券；④国际债券基金。主要投资于国际市场上发行的各种债券。

债券基金有以下特点：①低风险低收益。由于债券收益稳定，风险也较小，因此相对于股票基金的回报率也不高。②费用较低。由于债券投资的管理没有股票投资管理复杂，因此债券基金的管理费也相对较低。③收益稳定。投资于债券会产生定期的利息回报，到期还承诺偿还本金，因此债券基金的收益较为稳定。④注重当期收益。债券基金主要追求当期较为固定的收入。相对于股票基金而言缺乏增值潜力，较适合不愿过多冒险，谋求当

期稳定收益的投资者。

相对于直接投资于债券，投资者投资于债券基金主要有以下优点：①风险较低。债券基金通过资金集中对不同的债券进行组合投资，这样可以有效降低个体投资者直接投资于某种债券而面临的风险。②专家运营。随着债券种类日益多样化，普通投资者要投资债券，不但要针对发债主体展开详尽深入研究，还要利用走势等宏观经济指标做出判断，因此可能面临力不从心的局面。而投资于专家运营的债券基金可以有效化解这种困局。③流动性强。投资者如果直接投资于非流通债券，只有到期才能兑现。而通过债券基金间接投资于债券，就可以获取高流动性，随时可将持有的债券基金转让或赎回。

4. 货币市场基金投资策略

货币市场基金是指投资于货币市场上短期有价证券的一种基金。该基金资产主要投资于短期货币工具如国库券、商业票据、银行定期存单、政府短期债券、企业债券等短期有价证券。

货币市场基金与其他基金相比具有以下特点：①货币市场基金的单位资产净值固定不变，通常为每个基金单位1元。投资该基金后，投资者可进行收益再投资，投资收益就会不断累积，增加投资者所拥有的基金份额。例如，某投资者以100元投资于某货币市场基金，可获得100个基金单位，1年后，若投资报酬是8%，那么投资者就会多8个基金单位，总共108个基金单位，价值108元。②衡量货币市场基金表现好坏的标准是收益率，这与其他基金的净资产价值增值获利模式不同。③流动性好、资本安全性高。这些特点主要源于货币市场是一个低风险高流动性的市场。同时，投资者可以不受到期日限制，随时根据需要转让基金单位。④风险低。货币市场工具的到期期限通常很短，投资组合的平均期限一般为4~6个月，因此风险较低，其价格通常只受市场利率的影响。⑤投资成本低。货币市场基金通常不收取赎回费用，并且管理费用也较低，货币市场基金的年管理费用为基金资产净值的0.25%~1%，比传统的基金年管理费率1%~2.5%还要低。⑥货币市场基金均为开放式基金。货币市场基金通常被视为无风险或低风险投资工具，适合以备不时之需的资本短期投资生息，特别是在利率高、通货膨胀率高、证券流动性下降的情形中，可使本金免遭损失。

5. 开放式投资基金投资策略

开放式基金是指基金发起人在设立基金时，不固定基金单位或者股份总规模，可视投资者需求随时向投资者出售基金单位或者股份，同时可以应投资者要求赎回发行在外的基金单位或者股份的一种基金运作方式。投资者既可以通过基金销售机构购买基金增加基金资产和规模，也可以将所持有的基金份额卖出以减少基金资产和规模。

开放式基金的选择主要遵循以下步骤：

第一步，要了解基金的各种类型和风险。任何投资都是有风险的，所以一定要了解不同投资品种的风险。只有了解风险，才能规避风险。

第二步，挑选合适的基金类型。一般来讲，根据投资者的家庭财务状况以及风险承受能力可以将其分为保守型、温和型、平衡型、自信型、进取型等类型。保守型投资者适宜购买保本基金；温和型投资者适宜购买货币市场基金或债券基金；平衡型投资者适宜购买配置型基金，配置型基金相对灵活，股市行情不好时可以减少股票仓位，投资债券等其他品种以规避风险，股市行情回暖时再加大股票仓位；自信型投资者适宜购买配置型或者股票型的基金；进取型投资者适宜购买股票型基金，同时适当配置流动性较好的货币市场基金，但一定要有较强的风险承受能力。

第三步，挑选好的基金公司。基金公司是一个投资管理机构，专业投资能力和客户服务支持能力至关重要。好的基金公司应该有好的管理和好的服务。

第四步，要了解如何购买基金和所需费用。现在购买基金的渠道主要有银行、券商等代销网点以及基金公司的直销柜台和网络购买平台。购买基金所发生的费用一般有认购费、申购费、管理费和赎回费。

第五步，购入基金后要关注各种披露信息。首先，要关注投资基金的市场表现信息，留意所持基金的表现信息。其次，要分析针对基金的各种评价数据，关注开放式基金评价表、开放式基金业绩排行表、开放式基金仓位测算表等一些权威研究机构公开发布的研究数据。

第六步，要了解基金分红的注意事项。基金分红有三个条件：一是当期要有盈利；二是当期盈利要弥补前期亏损；三是分红之后净值还应保持在1元以上。基金分红有两种方式：一种是现金分红；另一种是红利再投资。红利再投资的好处是简化了再投资的手续，同时减少了了申购费。

第七步，关注两项比较关键的业务。一是基金转换业务，即投资者在出现风险时可以将持有的风险较高的基金转换成同一公司旗下风险比较低的其他产品。基金转换的手续费往往会比较优惠。基金转换业务适用于同一家基金旗下的产品，投资者可以根据市场具体情况实现资产的有效保值和增值。二是定期定额的投资业务，即与银行约定在特定日期定额购买基金公司旗下的产品，这项业务与银行的零存整取业务类似，规避了股市的多空风险以及资金净值起伏的风险。

6. 封闭式投资基金投资策略

封闭式基金目前的市场折价率非常高，市场机会丰富，潜力巨大。投资者在投资封闭式基金时，需要掌握以下投资原则：

1）优先选择小盘封闭式基金，特别是要关注小盘封闭式基金的持有人结构和十大持有人所占的份额。如果基金的流通市值非常小，而且持有人非常分散，则极有可能出现部分主力大肆收购价格急速拉升的现象，为投资者带来短线快速盈利的机会。

2）优先选择折价率较高的基金。封闭基金转为开放基金后，基金价格将向价值回归。基金的投资收益率将在很大程度上取决于折价率，折价率越高的基金，价值回归的空间相应的也越大。

3）适当关注封闭式基金的分红潜力。例如，单位净值是否超过面值，是否具有分红实力。

4）关注基金重仓股的市场表现和股市未来走势。如果未来行情继续向好，基金重仓股涨势良好，会带动基金净值持续增长，使基金更具有投资价值。

5）投资封闭式基金要克服暴利思维。如果基金出现快速上涨行情，要注意及时获利离场。按照目前的折价率进行计算，如果封闭式基金转为开放基金，未来的理论上升空间应该在22%～30%。当基金上涨幅度过大，接近或到达理论涨幅时，投资者要注意及时结算获利。

专栏7-5 开放式基金与封闭式基金的不同之处

比较项目	开放式基金	封闭式基金
发行总额	募集期内净销售额需超过12亿元	最低募集数额不低于2亿元
单位总数	可以增减，随时接受投资者的申购和赎回	封闭期内不变，规模扩大要报请证券监督机构批准
基金时限	无固定时限，投资者可随时向基金管理人赎回基金单位	存续时间不得少于5年，经证券监督机构批准可以续期
交易方式	投资者可以在募集期结束后，在开放日向基金管理人或其代理机构提出或赎回购申请，基金通常不在证券交易所上市交易	投资者所持基金单位在封闭期限内不能赎回，持有人只能在证券交易所将持有基金份额进行转让和买卖
交易价格	依据基金单位资产净增加值加减一定赎回或申购费用	基金的交易价格除以基金净值作为基础外，还受到市场供求关系的影响，出现溢价和折价现象
交易费用	投资者需要缴纳的费用均包含在基金价格之中	在基金价格之外要付出一定比例的证券交易税和手续费
单位资产净值	每个开放日公布	每个工作周公布一次

7. 基金组合策略

投资者要根据自己的风险承受力确定明确的投资目标，然后选择3~4只业绩稳定的基金构建目标关联基金组合，这是决定基金组合长期表现的首要因素。大盘平衡型基金适合作为长期投资目标的实现组合，至于短期投资目标的实现组合，短期和中期波动性较大的基金可能比较适合。一种可做借鉴的简单模式是集中投资于几只能实现投资目标的基金，逐渐增加投资金额，而不是增加关联组合中基金的数目。

在制定目标关联组合时，应遵循简单的原则，注重基金业绩的稳定性而非波动性，即目标关联组合中的基金应该能很好地实现投资分散化并且业绩稳定。投资者可以首选费率低廉、基金经理工作年限较长、投资策略易于理解的基金。此外，投资者还应当经常关注这些目标关联组合的业绩是否良好，如果其表现连续三年落后于同类基金，应当进行更换。

在目标关联组合之外，也可以考虑买入一些行业基金、新兴市场基金或股票投资基金与行业投资基金，在实现投资多元化的同时增加整个基金组合的收益。小盘基金也可以进入购进范围。这是因为它比大盘基金的波动性要大。如果目标关联组合是大盘基金，就可以考虑搭配小盘基金或行业基金。但是这些搭配基金同时具有较高的风险，因此对其要谨慎处理，以免对整个基金组合造成太大影响。

基金组合中应当包含的基金种类和数量并没有一定之规。需要强调的是，整个组合的分散化程度远比基金数目本身重要。如果投资者持有的基金都是成长型的或是集中投资在特定行业，那么即使基金数目再多，也不能达到分散风险的目的。相反地，一只覆盖整个股票市场的指数基金可能比多只基金构成的组合更能分散风险。

投资者应定期审察组合中各基金的业绩表现，并与同类基金进行比较，适时进行更换。风险承受能力不强的投资者，可以考虑将投资在债券基金和股票基金之间进行重新配置。

综上所述，基金组合有"八忌"：没有明确的投资目标、没有核心组合、非核心投资过多、组合失衡、基金数目太多、费用水平过高、没有设定卖出的标准、同类基金选择不当。

五、其他类理财产品

（一）黄金

黄金具有耐用、美观和稀有的特性，是资金保值增值的有效工具，近年来受到投资者的广泛关注。投资者应综合考虑各种因素并制定相应的投资策略以实现资产的保值增值。

1. 市场分析与趋势判断

全球经济形势。黄金价格受全球经济形势影响显著。必须关注全球经济增长速度、通胀水平、贸易状况等因素，这些因素直接影响黄金的避险需求和投资价值。

地缘政治风险。地缘政治紧张局势往往会推高黄金的避险需求。投资者应密切关注国际政治动态，特别是可能影响全球经济金融稳定的地缘政治事件。

货币政策。主要经济体的货币政策对黄金价格存在重要影响。特别是美联储等主要国家的中央银行的利率决策，将直接影响黄金的投资吸引力。投资者需关注中央银行的政策动向，包括加息、降息、量化宽松等。

市场供求关系。黄金市场的供求关系也是影响价格的重要因素。因此需要关注金矿产量、黄金回收量、消费需求等指标，并据此判断市场的供需平衡状态。

2. 投资方式选择

实物黄金。包括金条、金币和黄金首饰等。实物黄金具有保值功能，但需要考虑存储和保险成本，同时流动性相对较低。

黄金ETF。黄金ETF是一种跟踪黄金价格的交易型开放式基金，投资者可以像交易股票那样在证券交易所买卖黄金ETF。黄金ETF具有流动性好、交易便捷的优点，适合不同风险偏好的投资者。

黄金期货。黄金期货是一种衍生品，允许投资者在未来某个日期以约定价格买卖黄金。利用高杠杆效应，投资者只需支付合约价值的小部分作为保证金。但黄金期货风险较高，仅适合经验丰富的投资者。

纸黄金。也称为"黄金凭证"或"黄金账户"，是一种代表黄金所有权的纸质凭证。投资者可以通过买卖这些凭证来赚取差价，不涉及实物交割。纸黄金适合希望参与黄金市场但不想持有实物的投资者。

3. 投资策略与风险管理

1）分散投资。不要将所有资金都投入黄金市场中，而应通过分散投资来降低风险。可以将黄金与其他资产类别（如股票、债券、房地产等）组合在一起投资，实现资产的平衡性增长。

2）长期持有。黄金价格波动较大，短期内波动可能更大。因此，投资者应保持长期投资心态，避免频繁交易和过度追高。

3）设定止损点。在进行黄金投资时，应设定合理的止损点以控制风险。当市场价格触及止损点时，应及时卖出以避免损失进一步扩大。

4）关注市场动态。投资者应持续关注市场动态和相关信息，包括全球经济形势、地缘政治风险、货币政策等。这些信息直接影响黄金价格的走势和投资者的投资决策。

（二）艺术品

艺术品投资是一项专业性很强的投资活动，也是一种非常个性化的投资活动。由于涉及很多主观和人为因素，艺术品的价格往往很难标准化，难以进行准确的市场分析和预测。虽然从理论上讲，持有艺术品具有长期增值的效果，但具体到哪些艺术品或哪位艺术家的作品会有更好的成长空间，却是充满着不确定性。艺术品投资需要投资者具备应有的基本鉴赏知识，属于长线投资产品，不能抱着即时获利的心态去做短线投机。

1. 了解艺术品市场

1）市场趋势与需求。艺术品市场是一个不断发展的领域，了解当前市场的趋势和需求对于投资决策至关重要。例如，国内高收入阶层中超过 20% 的人群有收藏习惯，他们愿意将财产的一定比例投入艺术品收藏中，这也意味着艺术品市场有着稳定的需求基础。

2）政策环境。艺术品市场的政策环境对投资同样存在重要影响。政府发布的相关政策，如文化和旅游部新修订的《艺术品经营管理办法》，为艺术品市场的规范化运营提供了法律保障。

2. 选择合适的艺术品类型

1）多样化投资。艺术品种类繁多，包括字画、邮品、珠宝、古董、瓷器等。投资者应该根据自己的兴趣和风险承受能力，选择多种品类的艺术品进行投资，以分散风险。

2）集中于名家精品。具有较强流通性的名家精品是艺术品投资的重点对象。这些作品通常具有较高的艺术价值和市场认可度，是投资回报的重要保障。

3. 深入研究与鉴定

1）深入研究。在购买艺术品前，投资者应深入研究市场以及相关艺术品的历史表现，了解艺术家、作品和拍卖行的背景。这有助于投资者做出更加明智的决策。

2）专业鉴定。艺术品的真伪和品质是投资成功的关键。投资者应委托专业机构对艺术品进行鉴定，确保作品的真伪和品质，降低投资风险。

4. 长期投资与心态

1）长期投资。艺术品投资是一项中长期投资，投资者应具备长期眼光，理性对待市场波动。不要期望在短时间内获得高额回报，而是要通过长期持有来享受艺术品的保值与增值。

2）良好心态。艺术品投资不仅是为了获取经济利益，更是一种精神和文化享受。投资者应保持良好的心态，享受艺术品带来的审美和收藏满足感。

5. 风险管理

1）分散投资。避免将过多资金集中投资于少数作品，可以选择多元化的艺术品投资组合来分散投资风险。

2）关注市场动向。定期关注艺术品市场动向和最新信息，了解市场和作品的最新情况，为投资决策提供参考。

（三）保险

保险投资适合所有家庭，用于防范不可预见的风险。在选择保险产品时，要根据家庭的实际需求和财务状况进行选择，避免过度投保或购买不适合的保险产品。

1. 产品选择

1）了解保险产品种类。保险产品种类繁多，包括人身保险（如重疾险、医疗险、寿险、意外险等）和财产保险（如财产损失保险、责任保险等）。投资者应根据自身需求和风险承受能力选择合适的保险产品。重点关注保障型保险产品，如重疾险、医疗险等，这些产品能够在实际需要时提供有效的经济保障。

2）产品的比较评估。比较不同保险公司的同类产品，关注保险条款、保障范围、保费价格、理赔服务等关键要素，选择性价比高的产品。评估保险公司的信誉和服务质量，选择有良好口碑并能提供优质服务的保险公司。

2. 投资策略与风险管理

1）分散投资。不要将所有资金都投入保险产品中，而应通过分散投资来降低风险。可以将保险与其他投资品种（如股票、债券、基金等）进行组合投资，实现资产的平衡性增长。

2）长期持有。保险产品通常具有长期保障的特点，投资者应保持长期投资的心态，避免频繁买卖和追求短期收益。通过长期持有保险产品，可以享受稳定的保障和潜在的增值收益。

3）关注市场动态。定期关注保险市场动态和相关信息，包括新产品的推出、政策变动、市场趋势等。这些信息有助于投资者及时调整投资策略和应对市场变化。

第三节　投资理财方案设计

一、投资者特征及财务生命周期

（一）投资者的类型与特征

投资者可以分为保守型、稳健型、进取型三种类型。投资者的性格属性与其选择的投资行为具有相当大的相关性（见表 7-1）。

表 7-1　投资者类型与投资产品

投资者属性	保守型	稳健型	积极型
适宜的 投资产品	保守型基金 组合型基金 债券 / 货币型基金 平衡型基金 银行存款	保守型基金 组合型基金 平衡型基金 股票型基金 股票型基金	股票 房地产 衍生金融商品（期货、期权等）

对于保守型投资者而言，保护本金不受损失和保持资产的流动性是首选目标，投资态度则是希望投资收益极度稳定，不愿用高风险来换取高收益，通常也不太在意资金是否有较大增值空间。

对于稳健型投资者而言，他们渴望获得较高的投资收益，但又不愿为此承受较大的风险，仅可承受一定范围内的投资波动风险，但是又希望自己的投资风险小于市场整体风险，因此希望实现投资收益的长期稳步增长。

对于进取型投资者而言，他们高度追求资金增值，愿意接受反复出现的大幅投资波动，并希望以此换取资金的高成长可能性，为了最大限度地获得资金增值，他们常常将大部分资金投入风险较高的产品。

投资者可以根据自己所属的类型选择适合自己的投资产品。对于性格优柔寡断、性格偏激、心理承受力不强的人不适合进行跌宕起伏、风险较大的投资活动，而适宜进行长期稳定的投资。对于那些性格豪迈、喜欢冒险、偏爱刺激的人来说，适宜进行股票类产品的短线投资。

（二）投资者财务生命周期的界定

由图 7-1 可以看出，投资者在不同的年龄阶段拥有不同的财务状况及财富积累能力。35 岁以前，投资者处于家庭的形成与成长初期，财富不断积累，收入不断增长，此时期望获得高收益；35~60 岁，投资者处于家庭的成长后期与成熟期，事业向顶峰发展，收入持续增加，财富进一步巩固；60 岁以后，投资者收入减少，基本处于财富的支出阶段。

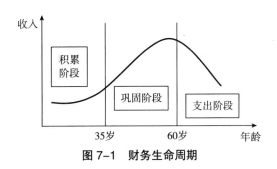

图 7-1　财务生命周期

不同的年龄阶段拥有不同的财务状况和理财需求（见表 7-2）。一个人在 25 岁前，一般处于事业发展的初级阶段，收入有限，生活不稳定，所以最好选择储蓄作为理财途径，防止投资风险导致的财务危机；25~40 岁，则处于收入稳定的阶段，且拥有一定的投资能力，可以采取以股票投资为主的进取型投资方式，追求投资的高收益性；40~60 岁，事业发展进入高峰期，此时收入较高且极为稳定，但与此同时家庭支出较多，负担增加，因此适合采取稳健的投资方式以保持财富的稳定增长，理财计划应侧重风险的防范；60 岁之后，收入以退休金为主，投资应追求稳健，保值是投资的关键。

表 7-2　各年龄段理财方案

25 岁前	25~40 岁	40~60 岁	60 岁以后
收入有限，生活不稳定，投资能力有限；缺乏理财意识，属于"月光族"；理财的主要途径为储蓄	收入稳定，有投资能力；家庭开销不大，适合理财；理财计划以长远为主，从未来支出的角度考虑积极投资	事业进入高峰期，收入稳定，家庭负担增加；应考虑支出结构，支出主项为购房、教育、赡养老人等；理财应长短兼顾；理财目标侧重风险防范	投资应追求稳健，避免较大损失；享受理财收益

（三）影响投资决策的相关因素

投资理财并不是一个孤立的过程，而是在政府、市场和投资理财主体相互影响的经济环境里基于不同目标追求收益规避风险的系统过程。这一特定环境中各主体的行为都会对

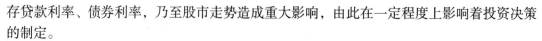

存贷款利率、债券利率，乃至股市走势造成重大影响，由此在一定程度上影响着投资决策的制定。

1. 经济周期

经济周期包括四个典型的阶段：繁荣、衰退、萧条和复苏。在不同的经济周期，经济发展水平有所不同，这可以通过 GDP 变化率、失业率以及生产水平等指标反映出来。

经济发展越强劲，GDP 增长率越高，就业率和生产水平相应也会提高，经济步入繁荣期。如果经济发展势头放缓，当这一趋势持续超过六个月时，经济发展就进入了衰退期。而当衰退趋势加速且不断滑向谷底时，萧条期出现。复苏在衰退和萧条期之后出现，同时伴随着就业率和生产水平的提高。在整个经济循环中，不同阶段转换期内的失业率水平极不稳定。

除此以外，利息率、银行倒闭、企业利润、税收和政府预算等都是反映经济状况的重要参考因素，它们将对居民的财务状况产生直接而又深远的影响；收入水平、投资回报、资本利得和利息支出、税务支出以及购买商品的价格和消费服务的支出同样影响着投资方案的制订。

2. 通货膨胀

通货膨胀是理财规划中必须考虑的一项重要因素。通货膨胀是指社会商品的一般价格水平的持续显著上涨，它不仅对消费产生影响，而且还影响收入水平。通货膨胀的存在，使收入水平不再以货币数量进行衡量，而是应当根据购买力进行调整。

通货膨胀直接影响利率。高通货膨胀率使贷款者的购买力降低，为了获得补偿，他们就希望贷款利率降低。高通货膨胀率也会对股票和债券的价格产生影响，从而影响理财目标的实现和理财方案的制订。相比而言，低通货膨胀率对经济发展较为有利的，也会对利率、股票和债券价格产生积极影响，从而也有利于投资理财规划的制订与实施。

3. 政府行为

政府对于资本市场，尤其是股市存在显著影响。政府针对资本市场的政策和制度设计在很大程度上影响着股市的发展状况与投资者的收益，同时会影响投资方案的制订与调整。政府为金融市场的发展指引方向，同时也引导投资者进行合理有效的投资。政府对于各行业的支持与扶持力度，以及在经济领域里采用的各种调控手段，都在一定程度上影响着投资方向选择和投资方案制订。

4. 投资者自身状况

在形成针对宏观环境的整体认知之后，投资者接下来需要对自身状况进行评测。具体包括自身财务状况、月度收支情况、可用投资金额、设定投资时限、个体投资态度、风险承受能力、个人生涯规划、投资的知识储备、技能掌握程度以及信息来源状况等。只有在准确评测自身财务状况的基础上，才能根据自身需求制订适宜的投资方案。

二、投资方案设计与管理

（一）资产配置方法与步骤

在充分考量自身财务状况和相关影响因素之后，就进入了投资方案制订的实质阶段，即选定何种投资工具构建适宜的投资组合。资产组合管理决策制定的步骤包括资产配置、分散运营、风险和税收的测度以及收益生成过程等，其中最重要的部分是资产配置，即确定投资的种类或设定资产组合中各类投资的比例。国外相关研究表明：在资产配置过程中，85%~95%的投资总体收益首先来自进行的长期资产配置决策，而随之进行的证券选择及投资时机决策对于投资总体收益的影响是微乎其微的。一些研究甚至进一步认为，证券选择与时机选择实际上减少了投资组合的平均收益率，增加了收益的波动性。反之，被动购买股票指数投资基金的投资策略反而可能获得更高的收益率。

资产配置过程的具体步骤如下：

1）确定资产组合中的资产类别。可供选择的主要资产类型有：货币市场工具（通常为现金或银行存款）、固定收益证券（通常为债券）、股票、不动产、贵金属及其他资产。

2）确定资本市场的期望收益率。即运用各类分析方法明确资产组合的预期收益率。

3）确定资产组合的有效边界。即寻找出既定风险水平下能够获得最大预期收益率的资产组合。

4）确定最优资产组合，在充分考虑投资者实际的基础上，选择最能满足投资者风险—收益目标的资产组合。

表 7-3 列出了处于不同年龄段的投资者应当选择的资产组合及其配置状况。

表 7-3　不同年龄段投资组合设计

人生阶段	主要理财需求	建议配置
25~40 岁	结婚、购房、子女养育、赡养父母	50% 股票型基金或股票 20% 定时定额基金 15% 保险 15% 周转金
40~55 岁	储备养老金、提高生活质量、为子女建立经济基础	15% 股票 20% 股票型基金 20% 定时定额基金 20% 储蓄型寿险 15% 债券型基金 10% 周转金
55~65 岁	医疗、养老	13% 股票 27% 定时定额基金 33% 债券型基金 27% 保险 + 周转金
65 岁以上	安享愉悦的老年生活	10% 股票型基金 90% 债券型基金

（二）不同风险承担能力下的资产配置

投资者的资产组合配置状况还与其风险承受能力存在相关关系。按照对风险承受能力由弱到强的顺序，可以将投资者划分为：保守型、轻度保守型、均衡性、轻度进取型、进取型。

保守型投资者会将大部分资产配置于风险较小的投资产品，如现金投资、固定收益投资等；进取型投资者会将大部分资产投入股票、不动产等风险较高的投资产品中去。进取型投资者则会利用杠杆投资的方法来提高可支配资金的收益率，但杠杆投资进一步提升了风险。一般而言，资产的风险越大，预期的收益率就越高。这种风险与收益率的关系大致可以用图 7–2 表示。

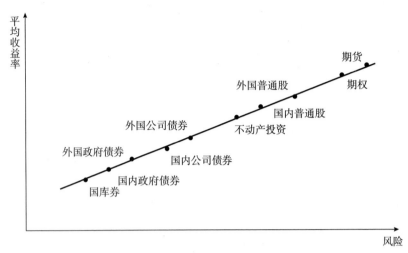

图 7–2　各种投资工具的收益率与风险状况

对于具有不同风险偏好的投资者，往往会选择不同的投资组合。表 7–4 列出了适合不同风险偏好的资产组合。其中的投资比例是理想状态下综合考量多项因素而得到的结果，上面的数字表示资产组合中各资产类型所占的比例，下面的数字则表示各种因素影响下的上述比例的变动范围。

保守型投资者的资产配置策略主要是在确保资产安全的基础上获得稳定的收入，投资于风险较低的现金投资和国内定息投资的比例高达 25% 和 45%，而风险较高的股票投资则低至 15%。这样的投资组合在短期内一般不会出现重大亏损，而且可能在长期投资中获得比较稳定适中的资本增值收益。

轻度保守型投资者的资产组合同样非常强调收入的安全性以及长期稳定的资本增值。组合产生的收入流相对比较稳定，而且由于存在部分股票和不动产投资还可以产生一定的避税收益。

均衡型投资者的资产组合在各种资产类型之间的配置比例相对比较均衡，而且能够实现收入安全性与资本增值之间的长期平衡，但是也可能存在一定程度的波动，因此可能会给客户带来损失。由于这类资产组合存在更大比例的股票和不动产投资，因而在避税方面也会带来更大的利益。

轻度进取型投资者的资产组合策略更加强调资产价值的增长，而非增加现金收入。这类资产中往往有超过一半的资金投资于股票等高风险的资产，而现金投资、固定收益投资所占的比例相对较小。然而，股票、不动产等资产所占比例过高也意味着这类资产组合的市值波动比较频繁，波动幅度较大，亏损可能性增加。

进取型投资者的资产组合策略强调的是中长期收益的最大化。这类资产组合中股票和房地产等高风险、高收益资产占到了绝大部分，故此市场波动状况会给资产组合市值带来很大影响。

专栏 7-6　个人风险承受能力评估

一、评估个人风险承受能力

1.财务状况评估

收入与支出：审查个人的收入来源和支出结构，确保有足够的现金流应对可能的投资损失。

资产与负债：了解个人的总资产和负债情况，对净资产和财务稳定性进行评测，包括现金、投资组合、房产、贷款等。

年龄与职业：年轻人承受风险的能力较强，因为他们拥有更长的时间弥补可能的损失。同时，稳定的职业和收入来源也是评估风险承受能力的重要因素。

家庭状况：家庭责任（如抚养子女、赡养老人）可能影响个人的风险承受能力。

2.投资目标与时间范围

明确个人的投资目标，追求短期高收益还是长期稳定增长。

界定投资的时间范围，短期目标（如购房）通常需要低风险投资，而长期目标（如退休储蓄）则可以考虑风险高但潜在回报率更高的投资。

3.投资知识与经验

个人的投资知识和经验也是评估风险承受能力的重要因素。经验丰富的投资者可能更懂得如何管理风险，经验匮乏的投资者可能需要从低风险投资入手。

4.心理素质

测评面对投资亏损时的心理承受能力，如是否能够保持冷静，从而避免恐慌性抛售。

5.使用评估工具

借助金融机构或投资平台提供的风险承受能力评估问卷，通过回答一系列问题来了解自己的风险承受能力。也可以尝试进行模拟操作，通过实际操作来感受不同投资策略和资产配置的风险与收益。

二、资产配置建议

1.根据风险偏好配置资产

风险偏好高的投资者可以配置较高比例的股票、股票型基金等高风险资产。

风险偏好低的投资者则应配置更多的债券、货币市场基金、定期存款等低风险资产。

2.结合投资目标

追求高收益的投资者可以选择配置更多高收益率股票与私募股权基金等。

追求稳定收益的投资者则应选择配置更多固定收益产品，如国债和企业债等。

3.分散投资

不要将全部资金投入单一资产或单个市场中，应当通过分散投资降低整体风险。可以选择不同行业、不同地区及不同类型的资产进行合理配置。

4.定期评估与调整

市场环境和个人情况都是不断变化的，需要定期评估自己的风险承受能力并相应地对资产配置进行调整。

（三）资产配置策略

资产配置决策取决于投资者的风险偏好以及投资分散化的内在要求。

资产配置主要包括三大相互独立的类别：策略性资产配置、战术性资产配置以及动态资产配置。其中，策略性资产配置对长期投资组合的收益影响最大，它被用来制定长期投资策略，确保投资组合能从市场的大规模变化中受益。战术性资产配置和动态资产配置通常指的是避免市场不利影响的寻求资金安全性战略，其目的一般不是提高投资组合的收益率，而是为了确保资金的安全性。战术性资产配置和动态资产配置的优点是通过采用资产配置的保守性策略削减投资成本。

1. 长期资产配置战略

由于长期资产配置战略涉及较长的时间范围，该过程也被称为战略性资产配置。它的目的是通过一定方式的资产组合实现资产有效配置，满足投资者在基于给定风险水平追求最高收益率的目标。该过程包括以下四项核心因素：

1）投资者需要选择合适的资产构建投资组合；

2）投资者需要确定这些资产在持有或预计期间的预期收益率；

3）在对收益率和风险进行估测的基础上，运用最优化技术寻找在对应特定风险水平上能提供最高收益率的投资组合；

4）在投资者的风险承受范围内选定能提供最优收益率的投资组合。

在进行长期管理资产组合时，投资者一般可以选用下述三种方法：

第一种方法是选定对投资者而言最优的资产组合，并在适当的时限里维持该组合，这种方法被称为购买并持有法。从长期动态平衡角度而言，这种方法无疑是消极的，交易成本和管理费用最低，但不能及时反映环境变化。

第二种方法是恒定混合法，这种方法的设计初衷希望在长期投资里保持投资组合中各类资产的恒定比例。为了维持这种比例，需要在资产价格发生相对变化时，定期进行以维持恒定比例为目标交易以寻求新的平衡。市场时机选择（战术性资产配置）可以被看作恒定混合法的一个变种。这是因为，在资产价格发生变动的条件下，为了维持恒定比例，必然需要对价格发生变化的资产进行重新配置，这将使资产价值发生相对改变。这种重新配置战略以资产价格变化后的估值评价为基础，而不仅是一种机械的规则。

第三种方法是投资组合保险，也就是在保证投资组合最高收益率的同时，将风险限定于一个特定范围。这种方法需要通过交易不断地找寻收益率与风险的动态平衡组合，因此最具有动态性。然而，如何有效运用这种方法是一个难题。

2. 战术性资产配置策略

在长期内最优资产组合已经确定的基础上，投资者根据市场波动导致的资产价格变化适时对资产组合进行调整被称为战术性资产配置，也被称为适时资产组合管理。战术性资产配置策略包括：

1）根据市场波动与外部经济因素变化，通过资产在不同市场间的转换实现资产重新配置，从而提高投资组合的收益率。

2）简单执行建立以选定的最优资产组合为基础的购买并持有政策。

3）实行动态再平衡战略。根据市场变化并结合自身实际，以寻求风险与收益率的最优组合为目标，对持有的资产组合进行动态环境中的重新配置，以期达到新的平衡。战术资产配置可以指一个中期过程，投资期限在1~3年；也可以指一个短期过程，主要利用一些1年内就能获得回报的短线机会。

专栏7-7　定时定额基金

定时定额基金，一般是以股票为主型基金，一般通过在投资时间与投资金额上的平滑处理消除股市的波动性，从而达到降低风险获取收益的目的。如果选择的基金不存在价格的上下波动，如货币型或债券型基金，无法运用定时定额的方式获得利润。因此，一些波动程度稍大的基金，如新兴区域基金、产业（生化、高科技）基金或小型股基金，反而适合作为"定时定额"基金的投资对象。

定时定额的优点包括：

分散投资风险、降低投资成本。定时定额是不对市场状况进行人为判断，按照固定时间投入固定金额。换句话说，基金净值高就买的单位少，基金净值低则买的单位多。定额避免了投资人追高杀低。采用定时定额方式的投资人乐于看到股市下跌。这是因为同样的投资金额此时可以买到更多基金单位，这有利于风险的进一步分散并有效降低基金单位的平均买入成本。

小额投资、聚沙成塔。定时定额方式的采用，可以使投资人在预先通过量入为出原则设定投资预算的基础上，每个月进行固定金额的投资，这无形中会迫使投资人养成类似定期储蓄的习惯。更进一步地，随着时间的累积，定时定额方式的积少成多效应越发明显。

本章小结

通过投资理财可以实现资产合理配置，达到扩张经济实力、提高抗风险能力、增大资金效用的目的。良好的投资理财能显著提升资产质量并充分发挥资产的持续增值潜力。通过投资理财，可以高效运用自身有限的财务资源，科学合理分析自身财务状况，平衡现在和未来的收支，抵御不测风险，实现财产增值，享受高品质的生活。

本章主要讨论了投资理财的主要内容，介绍了投资工具的类别及具体种类，提出了投资理财的步骤与投资方案的设计方法，并辅以案例分析加深理解，切实解决了投资过程中可能面临的各种问题，具有一定的现实指导意义。

进一步阅读

中国金融教育发展基金会金融理财标准委员会.金融理财原理［M］.北京：中信出版社，2007.

李善民，毛丹平.个人理财规划理论与实践［M］.北京：中国财政经济出版社，2005.

思考练习题

一、名词解释

1. 投资理财
2. 投资工具
3. 资产配置
4. 货币型资产
5. 投资风险

二、填空题

1. _____、_____是投资的两大基本特征。
2. 金融投资工具包括_____、_____、_____、_____。
3. 按照风险承受度的不同，投资者可分为_____、_____、_____、_____。
4. 按照投资对象划分，投资可以分为_____和_____。
5. 影响投资决策的因素有_____、_____、_____、_____。

三、判断题

1. 投资的风险是不能衡量的。（　　　）
2. 投资方案的制订首先要了解投资者的自身经济状况及投资目标。（　　　）
3. 对于大型股票适宜采用长期持有的投资策略。（　　　）
4. 财政部发行的国债，由于有政府作担保，往往被市场认为是没有违约风险的。（　　　）
5. 股票型资产的系统风险非常复杂，所以无法规避。（　　　）

四、选择题

1. 实物投资工具包括（　　　）。
A. 期货期权　　　　　B. 邮票　　　　　C. 古董　　　　　D. 股票
2. 资产配置类别不包括（　　　）。
A. 政策资产配置　　　B. 静态资产配置　　　C. 战术资产配置　　　D. 动态资产配置
3. 开放式投资基金的特点包括（　　　）。
A. 具有经验丰富的专家理财团　　　　　B. 投资分散有效规避风险
C. 公开透明，变现灵活　　　　　　　　D. 收益免税
4. 投资理财的步骤包括（　　　）。
A. 确定投资目标　　　　　　　　　　　B. 制订投资规划
C. 投资绩效评估　　　　　　　　　　　D. 修正投资目标或投资方案
5. 固定收益投资工具包括（　　　）。
A. 银行存款　　　　　B. 政府债券　　　　　C. 股票　　　　　D. 公司债券
6. 甲方案：在10年中每年年初付款2万元；乙方案：在10年中每年年末付款2万

元，若利率相同，则两者在第 10 年年末时的终值（　　　）。

A. 甲方案 = 乙方案　　　　　　　B. 甲方案＞乙方案

C. 甲方案＜乙方案　　　　　　　D. 可能会出现上述三种情况中的任何一种

五、问答题

1. 如何理解投资风险和投资收益？

2. 简述资产配置的方法和步骤。

3. 资产配置策略的主要内容有哪些？

4. 简述投资工具的基本类型。

5. 以不同年龄阶段为视角分析投资理财策略。

六、案例分析题

1. 案例一

刘女士和其先生均是打工族，其家庭月收入在 3000 元左右。由于两人家庭条件一般，婚后只是租了一套一居室的房子，月租金 800 元，约占家庭总收入的 1/4。两人几年打工赚的钱不到 3 万元，平时生活精打细算，最大的梦想就是有一套属于自己的房子，但他们也知道这点钱相对当前房价来说无异于杯水车薪，所以他们的理财目标就是能增加收益，尽快过上有房且衣食无忧的小康生活。

根据背景资料，为刘女士制订合理的理财方案。

2. 案例二

张先生在某机关部门工作，月收入 3500 元。太太李小雯是银行职员，月收入 3000 元左右，女儿婷婷，在上小学四年级。其家庭资产除一套已参加房改的 116 平方米的住房外，还有 8 万元银行定期存款，2 万元国债。夫妻双方单位都实行公费医疗，并缴纳养老保险金，二人生病养老基本能得到保障。所以，近年来张先生一家用于提高生活质量的消费支出日渐增大，特别是在保证家庭日常生活开支的同时，用于旅游、文化等方面的消费逐年递增。现在，张先生既有积蓄又有每月 2000 元左右的结余，但他对未来子女教育等预期开支却未敢抱有乐观态度，理财行为也十分谨慎。

根据背景资料，按照张先生一家的需求制订合理的理财方案。

3. 案例三

张女士今年 37 岁，在某合资企业从事营销工作，月收入 3500 元。因感情方面的原因，她去年与丈夫办理了离婚手续。按照协议，108 平方米的住房归张女士所有，同时因购房而办理的住房贷款（贷款本息还剩 10 万元、贷款期限剩余 6 年）也由张女士负责偿还。上小学四年级的女儿归张女士抚养，前夫每月支付 700 元的抚养费。张女士个人资产主要是 4 万元的银行定期存款和 1 万元凭证式国债。

为了自己和女儿生活得更好，张女士努力工作，其营销业绩一直在公司名列前茅。她虽然收入不低，但每月的日常开支也在 2000 元左右，另外还要偿还住房贷款 1700 元，稍不留意，家庭财务就会捉襟见肘。面对还贷压力过大，女儿的教育开支呈现不断上升的局面，张女士开始考虑理财问题。

根据背景资料，为张女士制订合理的理财方案以解决家庭的财务问题。

第八章　国际金融

学习目标

· 掌握国际收支的概念;
· 掌握国际收支平衡表的内容和编制原则;
· 掌握外汇的基本概念;
· 了解国际资本流动的影响;
· 了解国际融资的方式;
· 了解国际投资的类型和特征。

第一节　国际收支

一、国际收支概述

1. 国际收支定义

国际收支是衡量一国经济对外开放程度的主要工具。一个国家的国际收支状况会对国内宏观经济政策和对外经济政策产生影响。一个国家应保持合理的国际储备规模,从而可以保持对外支付的正常进行并维护经济稳定。

国际收支是指一个国家在一定时期内(通常为 1 年)由对外经济往来或对外债权债务清算而引起的所有货币收支。它反映了一国与外国之间的经济交易情况,包括商品、劳务、资本和金融等方面的交易。

国际收支概念有广义和狭义之分。

狭义的国际收支是指一定时期内一国居民与外国居民之间收入和支出的总额。这里的"一定时期"一般是指一年;居民和非居民是相对的概念,"居民"既可以是自然人,也可以是政府机构或法人。

广义的国际收支是指特定时期内一国的居民与他国的居民之间由于各项经济交易所引起的收支活动。它不仅包括外汇收支,还包括一定时期的经济交易。经济交易是指一国居民与外国居民间的商品和资本所有权的交换,以及不需要偿还的单方面转移。

目前,世界各国一般都采用国际货币基金组织编著的《国际收支手册》中针对国际收支进行界定的广义概念,其定义是:国际收支是一定时期的统计报表,它着重反映:①一国与其他国家之间的商品、劳务和收入的交易;②该国货币、黄金、特别提款权以及对其他国家债权、债务的所有变化和其他变化；③无偿转移支付，以及根据会计处理的需要，平衡前两项没有相互抵销的交易和变化的对应记录。

国际收支是一个内涵十分丰富的概念，要正确理解这一概念，需要从以下几个方面着手：

1）国际收支是一个流量概念。流量是指一定时期内发生的变量变动数值。国际收支一般是对一年内的交易进行总结，所以是一个流量的概念。与国际收支相对应，专门记载存量数据的相应概念则是国际投资头寸。国际投资头寸反映了经济体在一定时点处对世界其余地方的资产与负债的价值和构成，该存量的变化主要由国际收支中的各种经济交易引起，有时也可能是因为汇率、价格变化或其他调整引起的计价变化造成的。

2）国际收支反映的内容是以货币进行记录的交易。国际收支所包含的内容是以交易为基础的，而非以货币收支为基础，对于那些未涉及货币收支的交易必须折算成货币才能加以记录。交易是指经济价值从一个单位向另一个单位的转移，包括四类：①交换，即一个交易者（经济体）向另一个交易者提供一定的经济价值并从对方那里获得等值回报。这里所说的经济价值，包括实际资源（货物、服务、收入）和金融资产。②转移，即一个交易者向另一个交易者提供了经济价值，但没有获得任何补偿。③移居，指某人将其住所从一个经济体搬到另一经济体的行为。移居后，这个人的原有资产负债关系转移会使两个经济体的对外资产负债关系发生变化，这一变化应记录在国际收支中。④其他交易，例如，在某些情况下可以推知交易的存在，尽管此时实际流动并未发生，但也需要记录在一国的国际收支中。国外直接投资者的收益再投资就是一项典型的例证。投资者海外子公司所获得的收益中有一部分属于投资者个人，如果他将这部分收益用于再投资，则必须在国际收支中反映出来，尽管这一行为并不涉及两国间的资金与服务的流动。

3）国际收支记录的经济交易必须是本国居民与非居民之间发生的经济交易。居民与非居民的划分以居住地为标准的。在国际收支统计中，居民是指一个国家的经济领土内具有经济利益的经济单位和自然人。在一国居住超过1年以上的法人和自然人均属于该国国民，而不考虑该法人和自然人的注册地和国籍。但作为例外的是，一个国家的外交使节、驻外军事人员、出国留学生和出国就医者，即使在另一国居住超过1年以上，仍然是本国居民，同时是居住国的非居民。此外，国际性机构（如 IMF 等）不是某一国的居民，而是任何一国的非居民。

中国自1996年1月1日起实施的《国际收支统计申报办法》中第三条规定："中国居民是指：（一）在中国境内居留一年以上的自然人，外国及香港、澳门、台湾地区在境内的留学生、就医人员、外国驻华使馆领馆外籍工作人员及其家属除外；（二）中国短期出国人员（在境外居留时间不满一年）、在境外留学人员、就医人员及中国驻外使馆工作人员及家属；（三）在中国境内依法成立的企业事业法人（含外商投资企业及外资金融机构）及境外法人的驻华机构（不含国际组织驻华机构、外国驻华使馆领馆）；（四）中国国家机关（含中国驻外使馆领馆）、团体、部队。"

4）国际收支是一个事后的概念。定义中的"一定时期"一般是指过去的会计年度，因此显然是对已发生事实的记录。

2. 国际收支的重要性

反映经济实力。国际收支状况是衡量一个国家经济实力和国际竞争力的重要指标。经常账户顺差通常表明该国出口竞争力强，经济增长动力足；而经常账户逆差则可能意味着该国经济对外部市场的依赖度较高，存在经济失衡风险。

影响汇率稳定。国际收支状况对汇率存在重要影响。当一国国际收支出现顺差时，外汇市场上对该国货币的需求增加，进而导致该国货币升值；反之，逆差则可能导致本国货币贬值。

指导政策制定。政府可以通过分析国际收支平衡表了解本国经济对外部门的运行状况，从而制定相应的经济政策，如调整汇率政策、实施贸易保护措施或鼓励对外投资等。

二、国际收支理论

国际收支理论是国际金融理论的主要组成部分之一，它是各国政府用以分析国际收支不平衡的原因、采用适时调节政策保持国际收支平衡的理论依据。随着世界各国经济的不断发展，国际收支调节理论也得到了相应地发展和完善。

（一）国际收支理论的起源与发展

国际收支理论起源于 15~16 世纪的重商主义时期，当时的经济学家开始关注国际贸易和国际收支问题。随着时间的推移，国际收支理论经历了多个阶段的发展，包括自由资本主义向垄断资本主义过渡时期的研究和 20 世纪 30 年代中期至 60 年代末的弹性理论、吸收理论与货币理论，以及 20 世纪 70 年代后的国际收支危机理论和内外均衡理论等。

（二）主要国际收支理论概述

1. 国际收支自动调节论

1752 年英国经济学家大卫·休谟（David Hume，1711~1776 年）在《论贸易平衡》一书中提出"价格—铸币流动机制"，认为在金本位制下，国际收支具有自动调节的机制。价格—铸币流动机制的基本内容如下：

当一国国际收支出现逆差，黄金流出本国，货币供应量减少，导致国内物价水平下降，从而刺激出口，抑制进口，结果使国际收支渐趋改善，黄金流出放缓，直到国际收支平衡，黄金流出停止，国内的货币供求和物价水平达到新的均衡。相反，当一国国际收支出现顺差时黄金流入，货币供应量增加，导致国内物价水平上涨，引起进口增加，出口减少，结果国际收支状况发生改变，黄金流入减缓，直到国际收支回归平衡，黄金流出停止，国内货币供求和物价水平达到新的均衡。这就是"价格—铸币流动机制"的基本内容。

价格—铸币流动机制如图 8-1 所示。

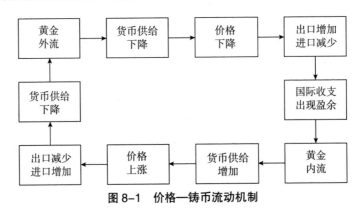

图 8-1　价格—铸币流动机制

休谟的金本位制下国际收支自动平衡理论否定了重商主义认为的一国维持贸易顺差地位就能保有金银进而实现积累的传统论断；同时也消除了各国原有的基于贸易逆差一定会发生黄金和财富的永久性外流的认知恐惧。该理论反映了资本主义自由竞争时期市场价格竞争的规律，满足了各国政府制定对外经济政策的需要，可以说"价格—铸币流动机制"理论，开创了系统研究国际收支调节问题的先河，为当代国际收支调节理论的产生发展奠定了基础。

2. 国际收支弹性分析理论

弹性分析理论产生于 20 世纪 30 年代，是一种适用于纸币流通制度的国际收支理论。由英国经济学家马歇尔提出，后经英国经济学家琼·罗宾逊和美国经济学家勒纳等发展而形成。该理论把汇率水平调整作为调节国际收支不平衡的基本手段，围绕进出口商品的供求弹性来探讨通过货币贬值改善国际收支状况的实现条件。

（1）前提条件

仅考虑汇率变化对进出口商品价格的影响；商品供给完全有弹性，即贸易收支的变化完全取决于该商品的需求变化；不存在劳务的进出口和资本流动，国际收支就等同于贸易收支；收入水平不变致使进出口商品的需求就是这些商品及其替代品的价格水平的函数。

（2）理论内容

弹性分析理论主要研究货币贬值对贸易收支的影响。货币贬值具有促进出口并抑制进口的作用。贬值能否鼓励出口减少进口，进而改善一国的贸易收支状况，取决于供求弹性。所谓进出口商品的供求弹性，是进出口商品的供求数量对进出口价格变化的反映程度：弹性大表明进出口商品价格变动能在较大程度上对进出口商品的供求数量产生影响；弹性小则意味着进出口商品价格变动对供求数量的影响较小。为了实现贬值有助于减少国际收支逆差的目标，必须满足马歇尔—勒纳条件，即一国货币贬值后，只有在出口需求弹性与进口需求弹性之和大于 1 条件下，才会增加出口，减少进口，从而改善国际收支。

马歇尔—勒纳条件的内容：出口需求弹性为 D_x，进口需求弹性为 D_i，当 $D_x + D_i > 1$ 时，货币贬值有利于改善贸易收支；当 $D_x + D_i = 1$ 时，货币贬值对贸易收支不产生影响；当 $D_x + D_i < 1$ 时，货币贬值会使贸易收支的逆差扩大。

弹性分析论主要采用静态分析视角阐释了货币贬值的国际收支效应，没有考虑到现实经济中存在时间因素对货币贬值的影响。一般而言，即使在马歇尔—勒纳条件成立的情况下，货币贬值也不会立即引起相对价格乃至贸易数量的变动，即并不能迅速改善国际收支，而是存在一定的时滞，这一时滞效应被学者称为"J 曲线效应"。

专栏 8-1 J 曲线效应

本国货币贬值后，最初发生的情况是经常项目收支状况会比原先更加恶化，进口增加而出口减少，经过一段时间之后，贸易收入才会增加。因为描述这一运动过程的函数图像酷似字母"J"，所以该变动过程被称为"J 曲线效应"。由于从本币贬值到贸易收支得到改善之间存在长度不等的时滞，因此又称为"时滞效应"。

3. 国际收支吸收理论

1952 年，米德和亚历山大提出了吸收理论，从国民收入和总需求的角度，系统研究了货币贬值政策效应的宏观均衡问题。该理论的建构基础是凯恩斯主义的宏观经济分析，即把经济活动视为一个互相联系的有机整体。其中最重要的分析指标是总供给、总需求、国民收入和就业总量。

在凯恩斯主义宏观经济理论中，国民收入恒等式为：

$$Y = C + I + G + X - M$$

经移项整理后得到：$X - M = Y - (C + I + G)$

以 B 代表国际收支经常项目账户的差额，则有：

$$B = X - M = Y - (C + I + G)$$

其中：A 代表国内支出总额，即 $A = C + I + G$，亚历山大将其命名为"吸收"，则上式变为：

$$B = Y - A$$

吸收理论的结论是国际收支盈余是相对于收入而言的吸收不足，而国际收支赤字则是相对于收入而言的吸收过度。因此，一国国际收支状况可通过改变收入与吸收之间的关系进行调节。

4. 货币理论

随着货币主义在经济学中的兴起，从货币视角研究国际收支调节问题而形成的主要内容和结论逐渐成为国际收支调节理论的重要组成部分。

货币理论认为国际收支本质上是一种货币现象，国际收支失衡是国内外货币存量失衡的反映。因此，调节国际收支的关键在于控制货币供应量，即通过货币政策的施行影响汇率和国际收支。

5. 内外均衡理论

20 世纪 70 年代后，随着全球经济一体化的纵深化发展，各国经济政策相互影响的程度逐步增强，内外均衡理论逐渐成为国际收支调节理论的新发展方向。

内外均衡理论强调在保持国际收支平衡的同时实现国内经济的稳定增长和充分就业等目标。该理论提出了多种政策搭配和协调机制，为实现内外均衡的双重目标提供助力。

三、国际收支平衡表

（一）国际收支平衡表的定义和特点

1. 国际收支平衡表的定义

国际收支状况通常通过国际收支平衡表来反映。

国际收支平衡表（Balance of Payments Statement），又称国际收支账户，是国民经济核算体系中基本核算表的重要组成部分，它是反映一定时期内一国（或地区）同外国全部经济往来的收支流量表。国际收支平衡表是对一个国家与其他国家进行经济技术交流过程中所发生的贸易、非贸易、资本往来以及储备资产的实际流动所做出的系统性记录，是进行国际收支核算的重要工具。

2. 国际收支平衡表的特点

从动态角度出发考察，国际收支活动反映了一国在一定时期内由全部对外往来而产生的货币收付活动。就静态而言，国际收支描述了一国与他国之间货币收支的对比结果，将这些结果加以系统性记录，就形成了国际收支平衡表。国际收支侧重从动态的角度反映本国对外的货币收付活动，而国际收支平衡表则侧重从静态的角度对这种货币收付活动的结果做出反应。

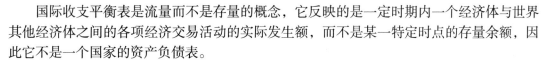

国际收支平衡表是流量而不是存量的概念，它反映的是一定时期内一个经济体与世界其他经济体之间的各项经济交易活动的实际发生额，而不是某一特定时点的存量余额，因此它不是一个国家的资产负债表。

3.国际收支平衡表的意义与作用

1）综合反映国际收支状况。利用国际收支平衡表可以全面了解一国一定时期内的国际收支总体情况，包括收支结构、顺差或逆差等。

2）为政策制定提供依据。国际收支平衡表能够为政府制定对外经济政策、分析影响国际收支平衡的基本经济因素以及采取相应调控措施提供重要依据。

3）促进国际经济合作。国际收支平衡表是国际间经济交流和合作的重要记录，有助于各国了解和评估彼此的经济状况和潜力。

4）提供基础性资料。为其他核算表中有关国外部分的内容提供基础性资料，例如，国内生产总值（GDP）核算中的国外部门部分等。

（二）国际收支平衡表的内容

按照国际货币基金组织颁布的《国际收支手册》的描述，国际收支平衡表的标准组成通常包括两个基本部分：经常账户和资本与金融账户。此外，还可能包括净误差与遗漏项目。该项目的存在，保证了国际收支平衡表的借方总额与贷方总额能够维持相等。

1.经常账户（Current Account）

经常账户主要反映一国与他国之间的实际资源转移，是国际收支中最重要的项目。经常账户包括货物（贸易）、服务（无形贸易）、初次收入和二次收入四个子项。

经常项目出现顺差表明该国为净贷款人，存在逆差则表明该国为净借款人。

1）货物贸易。记录经济所有权在一国居民与非居民之间转移引致的货物进出口。出口列为贷方金额，进口列为借方金额。

2）服务贸易。包括加工服务、运输、旅行、保险和养老金服务、金融服务、知识产权使用费等多个子项。贷方记录本国提供的服务（即服务出口），借方记录本国接受的服务（即服务进口）。

3）初次收入。主要指投资收益和职工报酬等。贷方记录本国居民从外国获得的收入，借方记录本国居民向外国支付的收入。

4）二次收入。主要指居民与非居民之间的转移支付和赠予等。同样遵循贷方记录收入、借方记录支出的原则。

2.资本与金融账户（Capital and Financial Account）

资本与金融账户反映的是国际资本流动，包括短期和长期的资本流出和资本流入。

资本项目包括资本转移和非生产性资产以及非金融性资产的购买或出售。

金融账户记录引起一个经济体对外资产和负债所有权变更的所有权交易，包括直接投资、证券投资（间接投资）和其他投资（包括国际信贷、预付款等），同时也包括储备资产的记录。

储备资产包括外汇、黄金和分配的特别提款权（SDR）等。本年度储备增加额列记为借方金额，减少额则列记为贷方金额。

3.净误差与遗漏（Net Errors and Omissions）

国际收支平衡表的编制人员人为设立了净误差与遗漏项目用以抵销借方净额和贷方净额，从而维持国际收支平衡表借方总额与贷方总额的相等。借方净额或贷方净额的出现，通常是由于统计数据的不完全或错误所致。

专栏 8-2　中国国际收支平衡表（2023 年）

中国国际收支平衡表（年度表）	
	单位：亿 SDR
项目	2023 年
1. 经常账户	1893
贷方	28408
借方	−26514
1. A 货物和服务	2893
贷方	26328
借方	−23435
1. A. a 货物	4452
贷方	23839
借方	−19388
1. A. b 服务	−1559
贷方	2489
借方	−4048
1. A. b. 1 加工服务	90
贷方	97
借方	−7
1. A. b. 2 维护和维修服务	31
贷方	75
借方	−44
1. A. b. 3 运输	−548
贷方	652
借方	−1200
1. A. b. 4 旅行	−1287
贷方	186
借方	−1473
1. A. b. 5 建设	60
贷方	118
借方	−59
1. A. b. 6 保险和养老金服务	−69
贷方	52
借方	−121
1. A. b. 7 金融服务	5
贷方	33

续表

中国国际收支平衡表（年度表）	
借方	−28
1. A. b. 8 知识产权使用费	−238
贷方	82
借方	−320
1. A. b. 9 电信、计算机和信息服务	145
贷方	435
借方	−291
1. A. b. 10 其他商业服务	285
贷方	736
借方	−451
1. A. b. 11 个人、文化和娱乐服务	−20
贷方	10
借方	−30
1. A. b. 12 别处未提及的政府货物和服务	−11
贷方	11
借方	−22
1. B 初次收入	−1113
贷方	1799
借方	−2912
1. B. 1 雇员报酬	54
贷方	170
借方	−116
1. B. 2 投资收益	−1193
贷方	1595
借方	−2789
1. B. 3 其他初次收入	26
贷方	34
借方	−8
1. C 二次收入	114
贷方	281
借方	−167
1. C. 1 个人转移	12
贷方	48
借方	−36

续表

中国国际收支平衡表（年度表）	
1.C.2 其他二次收入	101
贷方	233
借方	−131
2. 资本和金融账户	−1611
2.1 资本账户	−2
贷方	1
借方	−4
2.2 金融账户	−1609
资产	−1716
负债	107
2.2.1 非储备性质的金融账户	−1569
资产	−1676
负债	107
2.2.1.1 直接投资	−1071
2.2.1.1.1 资产	−1390
2.2.1.1.1.1 股权	−831
2.2.1.1.1.2 关联企业债务	−560
2.2.1.1.1.a 金融部门	−157
2.2.1.1.1.1.a 股权	−143
2.2.1.1.1.2.a 关联企业债务	−14
2.2.1.1.1.b 非金融部门	−1233
2.2.1.1.1.1.b 股权	−688
2.2.1.1.1.2.b 关联企业债务	−546
2.2.1.1.2 负债	319
2.2.1.1.2.1 股权	537
2.2.1.1.2.2 关联企业债务	−218
2.2.1.1.2.a 金融部门	13
2.2.1.1.2.1.a 股权	29
2.2.1.1.2.2.a 关联企业债务	−16
2.2.1.1.2.b 非金融部门	307
2.2.1.1.2.1.b 股权	508
2.2.1.1.2.2.b 关联企业债务	−201
2.2.1.2 证券投资	−472
2.2.1.2.1 资产	−579

续表

中国国际收支平衡表（年度表）	
2.2.1.2.1.1 股权	−414
2.2.1.2.1.2 债券	−164
2.2.1.2.2 负债	107
2.2.1.2.2.1 股权	52
2.2.1.2.2.2 债券	55
2.2.1.3 金融衍生工具	−57
2.2.1.3.1 资产	−37
2.2.1.3.2 负债	−20
2.2.1.4 其他投资	31
2.2.1.4.1 资产	329
2.2.1.4.1.1 其他股权	−2
2.2.1.4.1.2 货币和存款	185
2.2.1.4.1.3 贷款	281
2.2.1.4.1.4 保险和养老金	−20
2.2.1.4.1.5 贸易信贷	−83
2.2.1.4.1.6 其他	−32
2.2.1.4.2 负债	−298
2.2.1.4.2.1 其他股权	0
2.2.1.4.2.2 货币和存款	−133
2.2.1.4.2.3 贷款	−219
2.2.1.4.2.4 保险和养老金	0
2.2.1.4.2.5 贸易信贷	−173
2.2.1.4.2.6 其他	227
2.2.1.4.2.7 特别提款权	0
2.2.2 储备资产	−40
2.2.2.1 货币黄金	0
2.2.2.2 特别提款权	−18
2.2.2.3 在国际货币基金组织的储备头寸	8
2.2.2.4 外汇储备	−30
2.2.2.5 其他储备资产	0
3.净误差与遗漏	−283

注：①根据《国际收支和国际投资头寸手册》（第六版）编制，资本和金融账户中包含储备资产。②"贷方"按正值列示，"借方"按负值列示，差额等于"贷方"加上"借方"。本表除标注"贷方"和"借方"的项目外，其他项目均指差额。③金融账户下，对外金融资产的净增加用负值列示，净减少用正值列示；对外负债的净增加用正值列示，净减少用负值列示。

（三）国际收支平衡表的编制原则

1. 居民原则

居民原则即国际收支平衡表主要记载居民与非居民之间的交易。

2. 计价原则

国际收支原则上按成交时的市场价格来计价。

3. 权责发生制原则

一旦经济价值产生、改变、交换、转移或消失，必须对这些交易进行记录。一旦所有权发生变更，随之出现债权债务关系。

4. 复式计账原则

任何一笔交易要求同时在借方贷方进行记录；一切收入项目或负债增加资产减少的项目，都列入贷方；一切支出项目或资产增加负债减少的项目都列入借方；借贷两方的金额相等。如果交易属于单向转移，计账项目只有一方，不能自动进行借方与贷方的匹配，就必须使用某个特定科目进行记账以符合复式计账的基本要求。

专栏 8-3　借贷实例

对于一项会计活动，借贷双方应该如何记录？我们来看下面的实例。

1）进口商品属于借方项目，出口商品属于贷方项目。

2）非居民为本国居民提供劳务或从本国取得收入，属于借方项目；本国居民为非居民提供劳务或从外国取得的收入，属于贷方项目。

3）本国居民对非居民的单方向转移，属于借方项目，本国居民收到的国外单方面转移，属于贷方项目。

4）本国居民获得外国资产属于借方项目，外国居民获得本国资产或对本国进行投资，属于贷方项目。

5）本国居民偿还非居民债务属于借方项目，非居民偿还本国居民债务属于贷方项目。

6）官方储备增加属于借方项目，官方储备减少属于贷方项目。

［例 1-1］A 国企业出口价值 500 万美元的商品，这个出口行为导致该企业在本国银行的外汇存款增加。

借：短期资本流动　　　　　　500 万美元
贷：商品出口　　　　　　　　500 万美元

［例 1-2］A 国的一家企业从海外进口一批物资，价值为 180 万美元，用其海外账户进行支付。

借：商品进口　　　　　　　　180 万美元
贷：短期资本流动　　　　　　180 万美元

［例 1-3］A 国的一位居民到海外旅游，花销 10 万美元，这笔费用从该居民的海外存款账户中扣除。

借：服务进口　　　　　　　　10 万美元
贷：短期资本流动　　　　　　10 万美元

［例 1-4］A 国石油进口商租用 B 国经营的一艘油轮，支付 30 万美元，用海外存款支付。

借：运输支出　　　　　　　　30万美元

贷：短期资本流动　　　　　　30万美元

［例1–5］外商拟投入2000万美元进入A国投资兴办一家合资企业，所占股份为15%。其中以设备的方式投入1200万美元，另800万美元以汇款的方式投资。

借：商品进口　　　　　　　　1200万美元

　　对外国的短期负债　　　　800万美元

贷：外国长期资本流入　　　　2000万美元

［例1–6］A国某企业在海外投资获得200万美元利润，其中150万美元用于当地再投资，16万美元购买当地的商品后运回国内，34万美元汇回国内办理结汇。

借：商品进口　　　　　　　　16万美元

　　官方储备　　　　　　　　34万美元

　　对外长期投资　　　　　　150万美元

贷：海外投资利润收入　　　　200万美元

四、国际收支平衡表分析

分析国际收支平衡表的目的是判断一国的国际收支状况，分析国际收支失衡原因从而为制定国际收支的调节政策提供参考，预测汇率和利率的走向，以及对该国的经济政策、经济发展趋势和资金流向进行展望。

（一）国际收支盈余、赤字与平衡

国际收支平衡可以按照不同分类划分为静态平衡与动态平衡以及自主平衡与被动平衡两种。

1. 静态平衡与动态平衡

静态平衡，一国在某年末国际收支不存在顺差也不存在逆差；

动态平衡，不强调自然年度的年末绝对平衡，而是参照经济实际、运行实际设定平衡实现的计划周期，注重维持计划期内的国际收支均衡。

2. 自主平衡与被动平衡

自主平衡是指由自主性交易实现的国际收支平衡。自主性交易是从商业动机出发谋求利润或其他利益而主动进行的交易。

被动平衡是指通过补偿性交易实现的国际收支平衡。补偿性交易是指一国货币当局为弥补自主性交易的不平衡而进行的调节性交易。

判断一国国际收支是否平衡的标准是自主性交易是否平衡。国际收支不平衡分为国际收支顺差与逆差两种情况。

国际收支顺差：总收入大于总支出。

国际收支逆差：总支出大于总收入。

当国际收支不平衡时，可以通过调整官方储备项目实现平衡。

（二）国际收支平衡表的主要差额

1. 贸易账户差额分析

贸易账户差额指商品进出口之间的差额。贸易账户差额在经常项目中占据重要地位，其数据极易迅速收集，传统上经常被作为国际收支的指代。

贸易收支在全部国际收支中所占比重巨大，可以作为国际收支的近似代表。

商品进出口情况综合反映了一国的产业结构、产品质量和劳动生产率状况，同时也反映了该国的产业是否具有国际竞争能力。

2. 经常账户差额

经常账户差额包括商品收支、劳务收支以及由单向转移引起的收支。经常账户差额综合反映一国的进出口状况。作为一国国际收支的重要衡量指标，经常账户差额通常被用于反映该国国际竞争力的强弱。

3. 基本账户差额

基本账户差额是指由经常账户与长期资本账户余额共同构成的差额。

4. 综合账户差额

扣除官方储备账户后的国际收支账户余额，涵盖经常账户余额以及资本与金融账户的大部分分项。

综合账户差额 = 经常账户差额 + 资本与金融账户差额 − 官方储备账户差额 + 错误和遗漏账户

综合账户差额 =（贸易账户差额 + 收入差额 + 经常转移差额）+ 资本与金融账户差额 − 官方储备账户差额 + 错误和遗漏账户

综合账户差额综合反映了自主性国际收支状况，是全面衡量和分析国际收支状况的重要指标。

（三）国际收支平衡表的分析

国际收支平衡表分析包括静态分析、动态分析以及对比分析。

1. 静态分析

对某国在某一时期（一年、一季或一个月）的国际收支平衡表展开分析。具体而言包括计算和分析表中各项目及其差额，分析各项目差额的形成原因及其对国际收支总差额的影响。

2. 动态分析

从表面上看，国际收支平衡表只能反映某一特定时期的国际收支状况。但必须指出的是，它并非孤立存在，而是与前期及随后的国际收支情况紧密相连。换句话说，它既是前期国际收支状况的自然演进结果，又是后一时期国际收支状况的重要形成原因。因此，要对一国的国际经济地位及国际金融状况进行充分深入研究，就必须遵循动态性原则对不同时期的国际收支平衡表进行综合分析，了解国际收支的长期变化情况。

3. 对比分析

对比分析既包括对一国连续若干时期的国际收支平衡表进行比较分析，也包括针对不同国家同一时期的国际收支平衡表进行比较分析。由于各国国际收支平衡表在项目分类与局部差额统计上存在不同标准，所以后一种比较分析相对比较困难。运用联合国或国际货币基金组织发布的相关资料有助于克服这一困难，这是因为这两个机构公布的重要资料均经过后期的重新整理编制，故此可以进行互相比较。

专栏 8-4　2023 年国际收支平衡表分析

一、总体概况

2023 年，我国国际收支运行总体稳健，延续了基本平衡的状态。在全球经济增长动能趋弱、美欧主要发达经济体维持紧缩货币政策、地缘政治局势依然复杂的背景下，我国加大了宏观调控力度，国民经济回升向好，经济增长内生动力不断恢复，高质量发展持续推进。

二、主要项目分析

1. 经常账户

顺差规模：2023 年，我国经常账户顺差达到 2530 亿美元（按美元计值），与国内生产总值（GDP）之比为 1.4%，继续处于合理均衡区间。这一顺差规模虽然较 2022 年的峰值有所下降，但仍显著高于历史水平，体现了我国经济的韧性和稳定性。

货物贸易：货物贸易顺差是经常账户顺差的主要来源。2023 年，我国货物贸易顺差达 5939 亿美元，为历史次高值，仅次于 2022 年。这主要得益于我国持续推进产业升级以及外贸多元化发展的成效，出口市场份额维持高位。

服务贸易：服务贸易方面，2023 年出现逆差 2078 亿美元，逆差规模较 2022 年有所扩大。这主要是由于居民跨境旅游、留学等服务的恢复增加了对外支出。然而，生产性服务贸易如电信、计算机和信息服务等仍保持顺差，并维持在高位。

2. 资本和金融账户

逆差规模：2023 年，我国资本和金融账户逆差为 2151 亿美元（按美元计值），其中资本账户逆差较小，主要逆差来自非储备性质的金融账户。这表明我国金融市场在吸引外资方面仍面临一定挑战，但同时也显示出我国金融市场的开放程度和国际化程度在不断提高。

直接投资：直接投资方面，虽然全年出现逆差，但第四季度已出现净流入的改善趋势。这表明外商对我国经济的信心有所恢复，直接投资活动在逐步回暖。

证券投资：证券投资方面，2023 年出现净流入，特别是第四季度净流入规模达到近两年高位。外资对我国证券市场的投资兴趣增加，显示出我国证券市场的吸引力和国际影响力在不断提升。

储备资产：储备资产方面，2023 年我国外汇储备保持在 3.2 万亿美元以上，储备资产增加 48 亿美元。这表明我国外汇储备规模充足，有助于维护国际收支平衡和汇率稳定。

三、影响因素分析

全球经济环境：全球经济增长动能趋弱、美欧主要发达经济体维持紧缩货币政策等因素对我国国际收支产生了一定影响。然而，我国通过加大宏观调控力度、推进高质量发展等措施有效应对了外部挑战。

国内政策环境：我国政府采取了一系列措施来加强跨境资金流动监管和风险防范，同时推动金融市场开放和国际化进程。这些措施有助于维护国际收支平衡和金融市场稳定。

四、展望与建议

展望 2024 年，我国国际收支更有条件也更有基础保持基本平衡。一方面，主要发达经济体货币政策逐步调整，全球流动性收紧局面将有所缓解；另一方面，随着各项宏观政策效应持续释放，我国经济延续回升向好态势，基本面对国际收支的支撑作用将进一步增强。

建议继续加强跨境资金流动监测和预警机制建设，防范化解跨境资金流动风险；推动金融市场开放和国际化进程，吸引更多外资进入我国市场；加强国际合作与交流，共同应对全球性经济挑战。

五、国际收支失衡分析

（一）国际收支失衡的影响

1. 国际收支长期性逆差的后果

如果一国的国际收支长期出现逆差，导致的后果包括：本币面临贬值的压力，影响一国的信用，容易使该国陷入经济危机并诱发资金外流。其过程如下：

赤字→对国外产品的净需求及失业增加→国际竞争力下降

资本流出＞资本流入→利率上升→国内经济衰退

2. 国际收支出现长期或巨额顺差的影响

如果一国持续出现巨额的顺差，同样会对该国经济带来不良影响：货币发行量增加；通货膨胀压力加大；本币面临升值压力；容易引发贸易摩擦。

顺差→本国国际储备增加、物价水平上升、通货膨胀加剧→影响国际经济关系

（二）国际收支失衡调节

当一国出现国际收支失衡时，首先进行自动调节，作用机制如下：

1. 金本位制下的自动调节机制

在金本位之下，国际收支自动调节机制是通过物价变化导致资金跨国流动实现的。其过程如下：

逆差→黄金外流→货币供给减少→物价下跌→出口增加→走向顺差→黄金内流

2. 纸币本位制下的自动调节机制

（1）价格机制

国际收支逆差（顺差）→国际储备减少（增加）→货币供给减少（增加）→价格下降（上升）→进口减少（增加）出口增加（减少）→国际收支恢复平衡

（2）利率机制

国际收支逆差（顺差）→国际储备减少（增加）→货币供给减少（增加）→利率上升（下降）→资本流入增加（减少）→资本与金融账户顺差（逆差）→国际收支恢复平衡

（3）收入机制

国际收支逆差（顺差）→国际储备减少（增加）→货币供给减少（增加）→现金余额下降（增加）→支出水平下降（上升）→进口减少（增加）→国际收支恢复均衡

（4）汇率机制

国际收支逆差（顺差）→本币贬值（升值）→汇率上升（下降）→进口减少（增加）出口增加（减少）→国际收支恢复平衡

当国际收支长期出现较大程度的失衡，同时仅通过自动调节机制无法完全弥补此时的失衡时，就要采取人为的政策来进行调节。国际收支调节措施如图8-2所示。

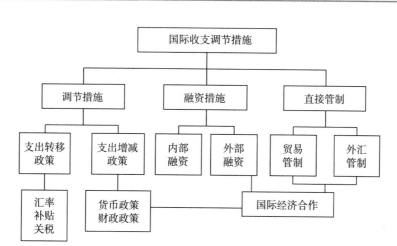

图 8-2 国际收支调节措施

3.国际收支失衡调节措施

（1）财政政策

财政政策采用的手段是：通过调整财政支出和税收使国际收支趋于平衡。

当一国国际收支因进口大于出口而发生贸易逆差时，政府可以削减财政开支或提高税率迫使本国商品价格下降。本国商品价格下降有利于出口而不利于进口，可以逐步消灭国际收支逆差。顺差的情形则相反。

财政政策采用出口退税、进口征税以及财政补贴等办法达成调节进出口的目的。

（2）货币政策

调节国际收支的货币政策手段：再贴现政策、存款准备金政策和公开市场业务政策。

国际收支失衡的货币调节政策如表 8-1 所示。

表 8-1 国际收支失衡的货币调节政策

外部失衡	内部失衡	
	失业	通货膨胀
逆差	紧缩的货币政策→减少国际收支逆差 扩张的财政政策→降低失业率	紧缩的货币政策→减少国际收支逆差 紧缩的财政政策→降低通货膨胀率
顺差	扩张的货币政策→减少国际收支顺差 扩张的财政政策→降低失业率	扩张的货币政策→减少国际收支顺差 紧缩的财政政策→降低通货膨胀率

（3）汇率政策

在一国发生国际收支逆差时，可以施行货币贬值政策，从而达到改善国际收支状况的目的。如果一国发生国际收支顺差，则可以采用货币升值的办法予以解决。

然而，一国通过采用货币贬值手段改善贸易收支状况，需要满足必要的前提条件（马歇尔—勒纳条件）：在进出口商品的供给弹性无穷大的情况下，只要一国进出口商品的需求弹性之和大于1，本国货币贬值就能改善该国的国际收支（贸易收支）状况。

（4）直接管制

一国的政府机构以行政命令的方式直接干预外汇的自由买卖和对外贸易的自由进出

口，从而达到调节国际收支的目的。

（5）国际经济合作

加强国际清算和国际信贷合作是平衡国际收支的重要手段。

（6）外汇平准基金

各国用于干预外汇市场的储备基金被称为外汇平准基金，它由黄金、外汇和本国货币构成。当外汇汇率上升并超出政府限定的目标区间时，可以通过在市场上抛售储备购入本币的方式延缓外币升值过程；反之，当本币升值过快时，可以通过在市场上购入储备投放本币的方式增加本币供给，从而抑制本币升值过程。

通过外汇平准基金的市场操作可以在一定程度上维持汇率稳定。但是，如果一国的经济实力不强，平准基金不够充裕，同时外汇市场遭受的冲击非常剧烈，则外汇平准基金的市场操作对国际收支的调节作用就十分有限。

专栏 8-5　中国的国际收支调整政策选择

一、汇率政策

汇率浮动：为了充分反映经济基本面和国际金融市场的变化，允许人民币汇率根据市场供求关系自由浮动。这种浮动机制能够为自动调节国际收支不平衡提供助力。

汇率干预：为了稳定汇率或对汇率走势进行引导，中国人民银行必要时可以通过在外汇市场上买卖外汇对汇率进行干预。汇率干预有助于减少汇率波动对国际收支的不利影响。

二、货币政策

1. 利率调整

当资本和金融账户出现大量顺差时，中央银行可以通过提高利率来吸引外资流入，同时减少本币供应，抑制通货膨胀和资产泡沫。

逆差情形中可以通过降低利率拉动出口和刺激投资，改善国际收支状况。

2. 存款准备金率调整

采用调整存款准备金率的方式影响银行体系的流动性，进而对货币供应量和信贷规模产生影响。这有助于通过调节总需求影响国际收支。

三、财政政策

增加或减少政府支出：在经常项目出现逆差时，政府可以减少支出从而使总需求降低，进而减少进口，改善国际收支状况。相反，在顺差时可以通过增加支出以刺激经济增长。

调整税收：通过调整税率或税收优惠政策来影响企业和个人的经济行为，继而调节国际收支。

四、贸易政策

1. 出口退税

对出口商品实行退税政策，降低出口企业成本，提高出口竞争力，增加出口收入，改善经常项目的收支状况。

2.进口关税调整

通过调整进口关税来影响进口商品的价格和数量。在经常项目逆差较大时，可以适当提高进口关税从而减少进口，改善国际收支状况。

五、外资政策

1.外资准入与管理

放宽外资准入限制：鼓励外资进入中国市场，通过引进外资来增加资本和金融账户的收入并改善国际收支状况。

加强外资管理：确保外资的合法性和合规性，引导外资流向符合国家产业政策和经济发展方向的领域。

2.跨境资本流动管理

加强对跨境资本流动的监测和管理，防范跨境资本流动风险。通过制定相关政策和措施确保跨境资本流动的合法性和有序性。

六、国际合作与政策协调

加强与其他国家和地区的国际合作，共同应对国际经济金融挑战。通过加强政策协调和信息共享，共同维护国际经济金融的稳定和发展。

中国政府通过汇率政策、货币政策、财政政策、贸易政策、外资政策以及国际合作与政策协调等多种手段来调节国际收支。这些政策工具相互配合、相互补充，共同构成了中国的国际收支调节政策体系。

第二节　外汇及汇率

一、外汇

（一）外汇的定义

1.动态定义

动态定义指借助银行等金融机构把一国货币兑换成另一国货币的行为或活动。

2.广义静态定义

广义静态定义指以外国货币表示的且在国际上能够自由兑换并被各国普遍接受和使用的一系列金融资产。这些金融资产被用来充当国际收支手段、外汇市场干预手段和国际储备手段等，充分发挥出外汇的多功能作用。

广义的静态外汇具有三个明显特点：外币性、可兑换性以及普遍性。外币性是指外汇首先是货币而且必须用外国货币表示，这是外汇的基本特点。可兑换性是指一种外币要成为外汇必须能自由兑换成其他形式的资产或支付手段。普遍性则是指一种外币要成为外汇，必须被各国普遍接受并使用。

3.国际货币基金组织对外汇的定义

国际货币基金组织认为，外汇是货币行政当局（中央银行、货币管理机构、外汇平准基金组织和财政部）以银行存款、财政部国库券、长短期政府债券等形式保有的、在国际收支逆差时可以使用的债权。其中包括无论是以债务国货币还是债权国货币表示，依据中央银行间或政府间协议发行的不能在市场上流通的债券。

4. 中国对外汇的定义

依照 1996 年通过并在 2008 年 8 月 1 日进行修订的《中华人民共和国外汇管理条例》的定义，外汇是指以下以外币表示的可以用作国际清偿的支付手段或资产，具体包括：

1）外币现钞，包括纸币、铸币；

2）外币支付凭证或者支付工具，包括票据、银行存款凭证、银行卡等；

3）外币有价证券，包括债券、股票等；

4）特别提款权；

5）其他外汇资产。

专栏 8-6　与外汇相关的几个重要概念

1）外国货币：就一个国家而言，除本国法定货币之外的其他国家货币，均可以被称为外国货币。应该注意的是，本国货币不管其可否自由兑换，对本国人而言，不能算作外国货币或外钞、外汇。例如，美元对于美国人来说，即使用于对外支付，仍不能算作外钞或外币。

2）通用货币：如果一种外国货币是可自由兑换货币，并在经济往来中被世界各国广泛接受和使用，那么这种外国货币就称为通用货币。典型的通用货币是美元，目前美元在全球外汇储备中约占 60%，全球一半以上的私人财富用美元来表示，2/3 的世界贸易使用美元进行结算。

3）世界货币：在世界范围内流通的可自由兑换货币。一种货币要成为世界货币必须具备两项基本条件：一是排他性。即在统一的国际货币体系中，它是唯一可充当各种手段的货币。二是可以作为最后的国际支付手段。世界货币必须能够充当国际支付手段、国际储备手段和政策干预手段，因此是典型的外汇资产。

4）黄金：黄金已不是外汇，但黄金迄今为止仍保持着充当最终支付手段的特点。

外汇的主要作用：

节约流通费用，便利国际结算；

实现购买力在国际间的转移；

调节国际间资金供求的不平衡；

作为国际储备平衡各国国际收支；

促进国际贸易与国际资本流动的迅速发展；

衡量一国经济实力和经济地位的标准。

专栏 8-7　究竟什么是外汇？

为了加深对外汇的理解，我们引用一个经典的案例。

小王和小李是多年的同学，两人很长时间没有见面。突然有一天，他们不期而遇。

小王：老同学，好久不见。最近忙什么呢？

小李：我前不久出了一趟国。告诉你，在国外时，我还意外地获得了一批外汇。

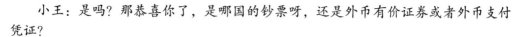

小王：是吗？那恭喜你了，是哪国的钞票呀，还是外币有价证券或者外币支付凭证？

小李：什么有价证券、支付凭证？我不太明白。

小王：你对外汇是什么概念还不太清楚吧。我告诉你：外汇是一种以外币表示的，用于国际之间结算的信用凭证和支付凭证。它包括外国货币，但又不同于外国货币。我国实行的《中华人民共和国外汇管理暂行条例》是这样解释的：外汇包括外国货币（包括钞票、铸币）；外币有价证券（包括政府公债、国库券、公司债券、股票、息票等）；外币支付凭证（包括票据、银行存款凭证、邮政储蓄凭证等）以及其他外汇资金。

小李：这么讲究呀，我得到的只是一个小国家的钞票。你可能都没听说过，我也是在一个偶然的机会里获得的。

小王：老同学，听你这么说，我觉得你那些钞票可能不是外汇。

小李：不会吧。那到底什么样的外币才算是外汇呢？

小王：判断外国钞票是不是外汇，首先要看它能否自由兑换，或者说这种钞票能否重新回流到发行它的国家里，同时可以不受限制地存入该国任意一家商业银行的普通账户里，而且在储户需要时可以任意转账，这样才能称为外汇。例如，外国银行存款、商业上的汇票、银行支票和汇票、期票、外国政府债券等任何可以在外国兑现的外币票据，都是外汇。

小李：那就是我搞错了，我还说要去汇市上博一把呢，看来是空欢喜一场。

（二）外汇价值形态

1. 外币存款

包括外汇现钞存款和现汇存款。外币现钞存款是指境内居民将个人持有的外币现钞存入境内商业银行形成的存款；现汇存款是指将境外汇入或携入的外汇票据转存至境内商业银行形成的存款。

专栏 8-8　我国外币存款业务介绍

1. 服务对象

我国公民、港澳台同胞、居住在中国（含港澳台地区）境内外的外国人、外籍华人和华侨，均可凭实名制认可的有效身份证件在中国银行办理外币储蓄存款。

为中国公民开立的外币存款账户为丙种账户，按照国家外汇管理局《境内居民个人外汇管理暂行办法》的有关规定办理；为港澳台同胞、外国人、外籍华人和华侨开立的外币存款账户为乙种账户，乙种账户内的存款可依照外汇管理局规定在银行自由汇出，但须填写《非居民个人外汇收支情况表》。

2. 存款币种

中国银行外币储蓄存款的币种包括：美元、港币、英镑、欧元、日元、加拿大元、澳大利亚元、瑞士法郎和新加坡元等。

3. 外币储蓄存款品种

中国银行可提供活期、定期及定活两便三大类外币储蓄存款业务。外币定期储蓄存款存期分为一个月、三个月、六个月、一年、二年五个档次。

外币储蓄存款可以选择普通活期、活期一本通、定期一本通、定期存单等多种存款方式。

2. 外币支付凭证

外币支付凭证指以可兑换货币表示的各种信用工具。包括：

1）汇票（Bill of Exchange or Draft，B/E）：指由出票人签发的，要求付款人按照约定期限对指定的收款人或持票人无条件支付一定金额的书面命令。通常由债权人开出，如出口商、债权银行等。涉及的当事人包括出票人、付款人、收款人和承兑人。

2）本票（Promissory Note）：指由出票人本人付款的票据，即通过签发本票，出票人保证即期、定期或未来特定时期向收款人支付一定金额的书面命令。凡存在期限的本票，称为期票。涉及的当事人为出票人与收款人。

3）支票（Cheque or Check）：以银行为付款人的即期汇票，是银行存款人对银行签发的，授权银行对某人及其指定人或持票人即期无条件支付一定金额的书面命令。支票对于出票人而言是债务凭证，而对于持票人来说则是债权凭证。

4）信用卡（Credit Card）：是银行或专门机构为避免具有一定信誉的顾客大量携带现金而向其发放的，用以提款、购买商品或办理其他事务的一种支付工具。

3. 外币有价证券

外币有价证券指用可兑换货币表示的持有者宣示财产所有权或债权的凭证。包括以外币计值的股票、债券和可转让存款单等。

4. 外币现钞和其他外汇资金

外币现钞简称外钞，指用可兑换货币表示的货币现钞。它具三个特点：第一，不同外钞由不同主权国家所发行；第二，不同外钞拥有各自的货币名称和价值单位，并作为发行国的法偿货币在流通中使用；第三，在国际支付中，外钞作为支付手段通常在非贸易往来中使用。

其他外汇资金。包括在国外进行的各种投资及获得的各项收益；各种外汇收款及利息收入；IMF的储备头寸；国际结算中发生的各类外汇应收款项；国际金融市场借款、国际金融组织借款、同业拆入或国际结算中对外应付的外汇款项。

二、国际储备

（一）国际储备的定义与目的

国际储备，又称"国际储备资产"，是指一国官方持有的可用于国际支付，并能维持本国货币汇率的货币资产。

国际储备的主要目的是弥补国际收支赤字、保持汇率稳定，以及应付其他紧急支付的需要。它是一国政府为了调节国际收支和稳定汇率而持有的国际间普遍接受的所有流动资产的总称。

（二）国际储备的构成

1）官方持有的黄金。黄金作为传统的国际储备资产，具有价值稳定、流动性强的特点。

2）官方持有的自由兑换的货币。主要是外汇储备，包括世界主要货币如美元、欧元、日元等。外汇储备是当今国际储备中的主要构成部分，其规模大小直接影响一国国际支付能力的强弱以及汇率稳定。

3）存放于国际货币基金组织的储备资产和特别提款权（SDR）。SDR 是国际货币基金组织根据会员国的认缴份额分配的，可用于偿还国际货币基金组织的债务、弥补会员国政府之间国际收支逆差的一种账面资产。

（三）国际储备的作用

1）干预外汇市场，维持本国汇率稳定。当本币汇率在外汇市场上由于非正常投机炒作而发生大幅波动时，一国政府可以动用外汇储备加以干预，从而维护汇率稳定。

2）适度缓解国际收支不平衡对本国经济的冲击。通过外汇储备的调节，可以减轻国际收支不平衡对国内经济的负面影响。

3）信用保证。一国持有的国际储备数量，是其国家信用的充分体现，可以作为该国政府对外借款的保证。

4）获取竞争优势。一国持有国际储备的数额越多，表明其干预外汇市场，稳定本币汇率的能力越强，可以显著提高一国的国际竞争力。

5）促进国际商品流动和世界经济发展。随着世界经济和国际贸易不断深入发展，国际储备在国际商品流动和世界经济中发挥着重要的媒介作用。

（四）国际储备的管理

1. 币种结构优化

外汇储备的币种结构应该根据国际贸易和投资的实际需求以及国际金融市场的实际变化进行合理配置。币种结构优化包括明确主要货币（如美元、欧元、日元等）的持有比例，以及新兴市场货币的适度引入。

避免过度依赖单一货币，必须通过币种多元化配置来分散汇率风险。

根据国际经济形势和货币政策的变化，适时调整币种结构，保持外汇储备的相对稳定。

2. 资产结构优化

外汇储备的资产结构应该兼顾安全性、流动性和收益性。在确保资金安全性和流动性的前提下，尽可能提高外汇储备的收益率。

投资高品质资产，如政府债券、国际金融机构债券等，这些资产通常具有较低的信用风险以及较高的流动性。

多元化投资，将外汇储备投资于股票、基金、黄金、大宗商品等不同种类资产，在有效分散风险的同时提高收益率。

利用诸如远期合约、期权、掉期等衍生品进行套期保值和风险管理。

3. 委托专业机构管理

将部分外汇储备委托给专业的投资机构进行管理，利用他们的专业经验和能力提高投资效益。

选择知名投资机构，如新加坡政府投资公司（GIC）以及挪威政府全球养老基金（GPFG）等。这些机构在资产管理方面具有丰富的经验和良好的业绩。

制定清晰明确的投资策略和卓有成效的风险控制措施，确保受托机构在投资过程中能在风险控制要求的约束下遵循既定投资策略。

4. 支持国内企业"走出去"

利用外汇储备支持国内企业开展海外投资，推动经济的国际化发展进程。

为国内企业提供外汇贷款及担保等融资支持，帮助它们开展海外并购或绿地投资等活动。

通过与国际金融机构和外国政府进行合作，共同推动国内企业的海外投资项目。

5. 风险管理

在外汇储备运营过程中，必须高度重视风险管理，确保资金安全。

建立健全的风险管理体系，包括风险评估、风险监测、风险预警以及风险处理等不同环节。

采用诸如 VaR（风险价值）、压力测试等先进风险管理工具和技术对投资组合进行风险测算和实时监控。

加强内部控制和审计，确保投资活动的合规性和有效性。

专栏 8-9　中国的国际储备

中国的国际储备主要由外汇储备、黄金储备、特别提款权（SDR）和存放于 IMF 的储备头寸四部分构成。

一、外汇储备

1. 规模与趋势

国家外汇管理局统计数据显示，截至 2024 年 6 月末，中国外汇储备规模为 32224 亿美元，较 5 月末下降 97 亿美元，降幅为 0.30%。尽管有所波动，但整体上仍保持在较高水平，显示出中国外汇储备的稳健性。

近年来，中国的外汇储备规模一直位居世界前列，为中国的经济金融稳定提供了重要支撑。

2. 影响因素

主要经济体的货币政策及预期、宏观经济数据、汇率折算和资产价格变化等因素都会对中国外汇储备规模产生影响。

例如，美元汇率的变动会直接影响非美元资产折算成美元后的价值，从而影响外汇储备的总额。

3. 管理策略

中国注重外汇储备的安全性和流动性，同时兼顾收益性。通过多元化投资和优化资产结构来降低风险并提高收益。

中国外汇储备主要投资于美国国债和机构债券等传统资产，同时也逐步增加对其他国家和地区的债券、股票等资产的投资。

二、黄金储备

1. 数量与趋势

中国黄金储备数量稳定，并呈现出一定的增长趋势。例如，中国黄金储备曾连续多月份增加，显示出中国对黄金作为避险资产的重视程度。

然而，也有个别月份黄金储备保持不变或略有下降，这可能与国际金价波动、

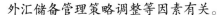

外汇储备管理策略调整等因素有关。

2. 作用与意义

黄金储备在国际储备中具有重要的地位和作用。它不仅可以作为避险资产应对金融风险和货币贬值等挑战，还可以增强国家的信用和地位。

中国增加黄金储备有助于优化国际储备结构、提高储备资产的安全性和流动性。

三、特别提款权（SDR）和在 IMF 的储备头寸

1. 定义与作用

SDR 是国际货币基金组织（IMF）创设的一种储备资产和记账单位，可与黄金、可自由兑换货币一样充当国际储备。

存放于 IMF 的储备头寸则是指会员国在 IMF 普通资金账户中存放的头寸，可以视为会员国对 IMF 的无息贷款。

2. 中国的情况

中国作为 IMF 的重要成员国之一，持有一定数量的 SDR 和存放于 IMF 的储备头寸。这些储备资产在中国的国际储备中虽然不居于主导地位，但也发挥着一定的作用。

四、总结与展望

中国的国际储备由多个部分组成，其中外汇储备占据主要地位。中国注重外汇储备的安全性和流动性管理，并通过多元化投资和优化资产结构来提高收益。未来，随着全球经济的复苏和国际贸易的回暖，中国国际储备规模有望继续保持稳定并持续发挥重要作用。同时，中国也将继续加强与国际金融市场的合作与交流，提高风险应对能力并推动国际金融体系的稳定与发展。

三、汇率

（一）汇率的定义

汇率，亦称"外汇行市"或"汇价"，是指一国货币兑换另一国货币的比率，即以一种货币表示的另一种货币的价格。由于世界各国货币的名称不同，币值不一，所以一国货币对其他国家的货币需要规定一个兑换比率，这就是汇率，用公式表示为：汇率 =A 货币 /B 货币，或汇率 = B 货币 /A 货币。

汇率在国际贸易和国际金融领域里扮演着至关重要的角色，是调节国际收支、稳定金融市场和促进经济发展的重要工具。

（二）汇率的类型

1. 基准汇率和套算汇率

基准汇率：一国选定一种或几种外国货币作为主要货币，制定各主要货币与本国货币的兑换比率，此汇率被称为基准汇率。

套算汇率：根据本国基准汇率套算得出的本国货币对国际金融市场上其他货币的汇率。

2. 即期汇率和远期汇率

即期汇率：外汇买卖双方在成交当日或两个营业日内进行外汇交割时所使用的汇率。

远期汇率：由外汇买卖双方通过签订合同约定在未来一定时期进行外汇交割时所使用的汇率。

专栏 8-10 远期汇率报价

一、基本概念

远期汇率（Forward Exchange Rate）是交易双方达成外汇买卖协议，约定在未来某一时间进行外汇实际交割所使用的汇率。远期汇率的报价通常以即期汇率为标的，并通过"升水"（At Premium）、"贴水"（At Discount）或"平价"（At Par）来表示。

二、报价方式

远期汇率的报价方式主要有两种：直接标价法和间接标价法。

直接标价法：以一定数量的外币兑换本币的价格来表示。例如，直接标价法的即期汇率为 1 美元 =6.6560 人民币，远期汇率可能会表示为 1 美元 =6.6860 人民币（升水）或 1 美元 =6.6260 人民币（贴水）。

间接标价法：以一定数量的本币兑换外币的价格来表示。例如，在间接标价法下的即期汇率为 1 人民币 =0.1500 美元，远期汇率可能会表示为 1 人民币 =0.1520 美元（本币升值，外币贬值）或 1 人民币 =0.1480 美元（本币贬值，外币升值）。

三、报价举例

示例一：直接标价法下的远期汇率报价

即期汇率：1 美元 = 6.6560 人民币

远期汇率（升水）：假设一个月后美元对人民币升水 20 个基点，则远期汇率为 1 美元 = 6.6560 + 0.0020 = 6.6580 人民币。

远期汇率（贴水）：假设一个月后美元对人民币贴水 30 个基点，则远期汇率为 1 美元 = 6.6560 – 0.0030 = 6.6530 人民币。

示例二：间接标价法下的远期汇率报价

即期汇率：1 人民币 = 0.1500 美元

远期汇率（本币升值）：假设一个月后人民币对美元升值，导致远期汇率变为 1 人民币 = 0.1520 美元（注意，这里的升值是相对于本币而言的，即本币购买力增强，能换得更多外币）。

远期汇率（本币贬值）：假设一个月后人民币对美元贬值，导致远期汇率变为 1 人民币 = 0.1480 美元（注意，这里的贬值同样是相对于本币而言的，即本币购买力减弱，能换得的外币减少）。

3. 买入汇率、卖出汇率和中间汇率

买入汇率：银行向同业或客户买入外汇时所使用的汇率。

卖出汇率：银行向同业或客户卖出外汇时所使用的汇率。

中间汇率：买入汇率与卖出汇率的算术平均数。

4. 官方汇率和市场汇率

官方汇率：国家货币管理当局公布的汇率。

市场汇率：外汇市场上由外汇供求关系决定的汇率。

5. 名义汇率和实际汇率

名义汇率：未经物价指数调整而直接由货币供求关系决定的汇率。

实际汇率：对名义汇率用两国价格水平进行调整后形成的汇率，反映的是两种货币的实际购买力之比。

（三）汇率的作用

1. 调节国际收支

汇率变动可以影响进出口商品的相对价格，从而达到调节国际收支平衡的目的。

2. 稳定金融市场

汇率稳定有助于维护金融市场的稳定，防止资本大规模流动对金融市场造成冲击。

3. 促进经济发展

合理的汇率水平有助于促进国际贸易和国际投资，推动经济增长。

（四）汇率的标价

确定两种不同货币之间的比价，首先要明确采用哪个国家的货币作为标准。人们到底以外国货币表示本国货币的价格，还是以本国货币表示外国货币的价格，就涉及汇率的标价方法。

目前，在国际上存在三种不同的标价方法：直接标价法、间接标价法和美元标价法。

1. 直接标价法

直接标价法是以本国货币来表示一定单位的外国货币的汇率表示方法。一般指 1 个单位或 100 个单位的外币能够折合多少本国货币。本国货币越值钱，单位外币所能换到的本国货币就越少，汇率值就越小；反之，本国货币越不值钱，单位外币能换到的本币就越多，汇率值就越大。

在直接标价法下，外汇汇率的升降和本国货币的价值变化呈反比例关系：本币升值，汇率下降；本币贬值，汇率上升。大多数国家都采取直接标价法。市场上的大多数汇率也是直接标价法下的汇率。例如，美元兑日元、美元兑港币、美元兑人民币等。

2. 间接标价法

间接标价法是以外国货币来表示一定单位本国货币的汇率表示方法。一般是 1 个单位或 100 个单位的本币能够折合多少外国货币。本国货币越值钱，单位本币所能换到的外国货币就越多，汇率值就越大；反之，本国货币越不值钱，单位本币能换到的外币就越少，汇率值就越小。

在直接标价法下，外汇汇率的升降和本国货币的价值变化呈正比例关系：本币升值，汇率上升；本币贬值，汇率下降。前英联邦国家多使用间接标价法，如英国、澳大利亚、新西兰等。市场上采取间接标价法的汇率主要有英镑兑美元、澳元兑美元等。

3. 美元标价法

以一定单位的美元为标准来计算应兑换多少其他货币的汇率表示方法。在这种标价方法下，美元的单位始终不变，美元与其他货币的比值是通过其他货币的数量变化体现出来的。美元标价法是伴随着国际金融市场上外汇交易量的激增，为了便利国际间交易在银行之间报价时采用的一种汇率表示法。目前，各大国际金融中心已经普遍采用美元标价法。

外汇市场上的报价通常采用双向报价方式，即同时报出买入价和卖出价。这种报价方式有助于客户根据自己的需求选择买入或卖出外汇。同时，银行或交易商会根据市场情况进行买入价和卖出价之间的点差（Spread）调整，从中获取利润。

专栏 8-11　人民币汇率

2007 年 6 月 13 日人民币汇率中间价（直接标价法）如下：

币种	中间价
美元	7.6282
港币	0.97589
100 日元	6.2701
欧元	10.1390
英镑	15.0554

什么是"中间价"：

中国人民银行授权中国外汇交易中心于每个工作日上午 9 时 15 分对外公布当日人民币对美元、欧元、日元和港币等主要货币的汇率中间价，作为当日银行间即期外汇市场（含询价交易系统和自动撮合系统），以及银行柜台交易的当日报价基准。

中间价的形成方式：

中国外汇交易中心在每日银行间外汇市场开盘前会向该市场上的所有做市商进行询价，并将全部做市商的报价作为人民币兑美元汇率中间价的计算样本，去掉最高和最低报价之后，将剩余的报价进行加权平均，得出当日人民币兑换美元汇率的基准中间价。这个中间价也规定了人民币兑各主要货币的当日可浮动上限与下限。加权平均过程中所使用的权重由中国外汇交易中心根据报价方在银行间外汇市场的历史交易量及历史报价情况进行确定。

另外，人民币兑欧元、日元和港币等货币的汇率中间价，则是由中国外汇交易中心分别根据当日人民币兑美元汇率中间价以及当日上午 9 时国际外汇市场上欧元、日元和港币兑美元的汇率套算确定。

（五）汇率变动的影响因素

一国的汇率总是处于不断变动之中，汇率变动受到众多因素的影响。总体来说，汇率变动的影响因素包括经济因素和非经济因素两大类。

1. 影响汇率变动的经济因素

（1）国际收支状况

国际收支是最重要的影响因素之一。如果一国国际收支处于顺差状态，外汇收入大于外汇支出，并且外汇储备增加，就会增加该国的外汇供给，同时国外对该国货币需求会上升，该国货币升值；反之，如果为一国国际收支处于逆差状态，则货币贬值。

（2）通货膨胀程度

通货膨胀是影响汇率变动的一项极为重要且具有一定规律性的长期因素。通货膨胀可以通过以下三个角度对汇率产生影响：

1）商品与劳务贸易。一国发生通货膨胀，该国出口商品与劳务的国内成本就会提高，进而必然影响这些商品与劳务的国际价格，削弱了该国商品和劳务在国际市场的竞争力，影响外汇收入。同时，在汇率不变的情况下，通货膨胀会使该国的进口成本相对下降，进口的商品和劳务在国内市场上按照也已上涨的国内价格进行出售导致进口利润增加，这会刺激进口，使外汇支出增加。此时，该国的商品与劳务收支状况恶化，与此同时，通货膨胀也扩大了外汇市场上的供求缺口，推动外币汇率上升和本币汇率下降。

2）国际资本流动。一国发生通货膨胀，必然使该国的实际利率降低。投资者为了追求较高的收益率，就会把资本转移至海外金融市场。这又会导致资本项目的收支状况恶化。资本大量外流，将导致外汇市场上外汇的供不应求，外币汇率上升，本币汇率下跌。

3）人们的心理预期。一国通货膨胀不断加重，会影响人们对该国货币汇率走势的心理预期。通货膨胀驱使人们认定本国货币存在贬值空间，因此会大量抢购外汇，其结果必然是外汇汇率的上升与本币汇率的下跌。

（3）利率水平

一国利率水平的高低，是反映借贷资本供求状况的主要标志。

一国利率水平相对提高，会吸引外国资本流入该国，从而增加对该国货币的需求，该国货币汇率就趋于上升。反之，一国的利率水平相对下降，会直接引起国内短期资本流出，从而减少对该国货币的需求，该国货币汇率就会走低。

（4）经济增长率

在其他条件不变的情况下，一国经济增长率相对较高，其国民收入相对也会增加较快，这样会使该国增加对外国商品劳务的需求，导致该国对外汇的需求相对于可以获得的外汇供给而言呈现增长趋势，引发该国货币汇率下跌。

但要注意两种特殊情况：

对于出口导向型国家而言，经济增长的主要推动力量是出口增加。故此，经济的较快增长必然伴随着出口的高速增长，此时出口增加往往会超过进口增加，这样就有可能出现汇率不跌反升的现象。

如果国内外投资者将该国的高经济增长率视为经济前景向好且资本收益率提高的反映，则会导致外国对本国投资增加，如果流入资本能够抵销经常项目的赤字，该国的货币汇率亦可能不跌反升。

（5）财政收支状况

财政赤字增加会增加政府债务，导致货币贬值。

（6）外汇储备规模

一般情况下，一国的外汇储备充足，该国货币汇率往往会趋于上升；如果外汇储备不足或太少，该国货币汇率往往会下跌。

2. 影响汇率变动的非经济因素

（1）政治局势

如果一国出现政府更迭频繁，国内叛乱、战争、与他国外交关系恶化或者遇到严重的自然灾害等事件，同时这些事件的影响又未能得到有效控制的话，就会导致国内经济萎缩或瘫痪，投资者信心下降引发资本外逃，其结果必然是汇率下跌。

（2）新闻及其他信息

在外汇市场上，一个谣言或一则小道消息也会掀起轩然大波。尤其对于某些市场发展

程度较低的国家而言，外汇市场就是消息市场。外汇市场的汇率就在这些真假难辨的信息中不断动荡变化。

（3）心理预期因素

一国的货币之所以有人需要，是因为它有价值。货币价值的大小是人们的主观评价。主观评价会受到心理预期的重要影响。基于对货币价值的影响，心理预期对货币汇率也产生了极为显著的影响，甚至已经发展成为影响外汇市场汇率变动的一项关键性因素。在外汇市场上，只要人们对某种货币的心理预期发生变化，转瞬之间就可能会诱发大规模的资金运动。

导致外汇市场交易者心理预期发生变化的影响因素纷繁芜杂，主要包括一国的经济增长率、国际收支、利率、财政政策以及政治局势。

（4）市场投机

投机者以逐利为主的投机行为，必然会影响到汇率的稳定。一般而言，投机因素对利率的影响同样非常显著。例如，国际上巨额游资的流动就会对一国汇率变动产生很大的影响。

（5）中央银行干预

在开放的市场经济下，中央银行进入外汇市场直接进行货币买卖对汇率会产生直接影响，而且效果非常明显。

（六）汇率制度

汇率制度是指各国普遍采用的确定本国货币与其他货币汇率的体系。汇率制度在汇率确定、汇率变动等方面都存在具体规定。

在国际金融史上，迄今为止出现了三种汇率制度，即金本位体系下的固定汇率制、布雷顿森林体系下的固定汇率制和浮动汇率制。

1. 金本位体系下的固定汇率制

1880~1914 年的 35 年间，主要西方国家大多采用金本位制，即各国在流通中使用具有一定成色和重量的金币作为货币，金币可以自由铸造、自由兑换及自由输出入。在金本位体系下，两国之间货币的汇率由它们各自的含金量之比——金平价（Gold Parity）来决定，如一个英镑的含金量为 113.0015 格林，而一个美元的含金量为 23.22 格林，则：
1 英镑 =113.0015÷23.22=4.8665 美元。

只要两国货币的含金量不变，两国货币的汇率就会保持稳定。当然，这种固定汇率也要受外汇供求以及国际收支的影响，但是汇率的波动仅限于黄金输送点（Gold Transport Point）。黄金输送点是指汇价波动而引起黄金从一国输出或输入的区间范围。汇率波动的最高界限是铸币平价加运输黄金的费用，即黄金输出点（Gold Export Point）；汇率波动的最低界限是铸币平价减运输黄金的费用，即黄金输入点（Gold Import Point）。

当一国的国际收支发生逆差导致外汇汇率上涨超过黄金输出点时，就会发生黄金外流、货币流通量减少、通货紧缩、物价下降的现象，最终结果是商品和服务在国际市场上的竞争能力得到提升。出口增加，进口减少，推动国际收支恢复平衡；反之，当国际收支发生顺差导致外汇汇率下跌超过黄金输入点时，将引起黄金流入，货币流通量增加，物价上涨，出口减少，进口增加，推进国际收支恢复平衡。由于黄金输送点和商品的联动作用，可以将汇率波动限定于特定范围，对汇率起到自动调节的作用，进而保持汇率的相对稳定。在第一次世界大战前的 35 年间，美国、英国、法国、德国等国的汇率从未发生过升贬值的波动。

2. 布雷顿森林体系下的固定汇率制

布雷顿森林体系下的汇率制度，概括起来就是美元与黄金挂钩，其他货币与美元挂钩的"双挂钩"制度。具体内容是：美国公布美元的含金量，1 美元的含金量为 0.888671 克，美元与黄金的兑换比例为 1 盎司黄金 =35 美元。其他货币按各自的含金量与美元挂钩，确定其与美元的汇率。这就意味着其他国家货币都钉住美元，美元成了各国货币的兑换基准。各国货币对美元的汇率只能在平价上下各 1% 的区间内波动，1971 年 12 月后调整为平价上下 2.25% 的波动，超过这个区间，各国中央银行就有义务在外汇市场上进行干预，从而保持汇率的稳定。只有在一国国际收支出现"根本性不平衡"时，才允许汇率贬值或升值。各会员国如需变更平价，必须事先通知国际货币基金组织，如果变动的幅度在原有平价的 10% 以下，国际货币基金组织一般不会产生异议；如果超过 10%，那么就必须征得国际货币基金组织的同意后才能变更。如果在国际货币基金组织明确反对的情况下，会员国擅自变更货币平价，国际货币基金组织有权停止该会员国向其申请借款的权利。

综上所述，布雷顿森林体系下的固定汇率制，实质上是一种可调整的钉住汇率制，它兼有固定汇率与弹性汇率的特点。换句话说，在短期内汇率要保持稳定，这类似于金本位制度下的固定汇率制；但它又允许一国在国际收支发生根本性不平衡时进行调整，这与弹性汇率相类似。

1971 年 8 月 15 日，美国时任总统尼克松宣布美元贬值，同时美元停兑黄金，布雷顿森林体系开始崩溃，尽管 1971 年 12 月十国集团达成了《史密森学会协议》，宣布美元贬值，由 1 盎司黄金等于 35 美元调整到 38 美元，汇兑平价的幅度由 1% 扩大到 2.5%，但到 1973 年 2 月，美元第二次贬值，欧洲国家及其他主要资本主义国家纷纷退出固定汇率制，固定汇率制彻底瓦解。

3. 浮动汇率制度

在浮动汇率制下，各国不再规定汇率上下波动的幅度，中央银行也不再承担维持波动上下限的义务，各国汇率是基于外汇市场中的外汇供求状况而自行浮动和调整的结果。同时，一国国际收支变动状况所引起的外汇供求变化是影响汇率变化的主要因素——国际收支顺差的国家，外汇供给增加，外国货币的价格下跌，汇率下浮；国际收支逆差的国家，对外汇的需求增加，外国货币价格上涨、汇率上浮。汇率上下波动是外汇市场的正常现象，一国货币汇率上浮，就是货币升值，下浮则是贬值。

鉴于各国对浮动汇率的管理方式和宽松程度不一样，该制度做了进一步的分类：按政府是否干预，可以分为自由浮动和管理浮动；按不同浮动形式，可以分为单独浮动和联合浮动；按钉住货币的选择不同，可以分为钉住单一货币浮动和钉住合成货币。

浮动汇率制度的主要特点是：第一，汇率浮动形式多样化，包括自由浮动、管理浮动、钉住浮动、单一浮动、联合浮动等。第二，在浮动汇率制度下，汇率并不是纯粹的自由浮动，政府在必要时依然会对汇率进行或明或暗的干预。第三，由于汇率的变化是由市场的供求状况决定的，因此浮动汇率比固定汇率波动得更为频繁，而且波动幅度较大。第四，由特别提款权计价的一篮子汇价成为汇率制度的组成部分。

专栏 8-12　中国现行的汇率制度

中国的汇率制度是以市场供求为基础、参考一篮子货币进行调节的有管理的浮动汇率制度。这一制度自 2005 年 7 月 21 日起开始实施，并在此后不断得到完善和发展。

一、制度概述

定义：中国的汇率制度是指中国社会对于确定、维持、调整与管理汇率的原则、方法、方式和机构等所做出的系统规定。

基础：以市场供求为基础，即外汇市场上的外汇供求状况成为决定人民币汇率的主要依据。

调节方式：参考一篮子货币进行调节，同时也结合国内外经济金融形势，对人民币汇率进行管理和调节。

管理程度：有管理的浮动汇率制度，意味着中国人民银行会在必要时进行干预，维护人民币汇率的稳定和合理均衡。

二、制度特点

市场供求为基础：人民币汇率的形成充分反映了市场供求关系，汇率决定更加市场化。

参考一篮子货币：通过参考一篮子货币，可以更好地反映人民币在国际市场上的实际价值，避免单一货币汇率波动对人民币汇率产生过度影响。

有管理的浮动：中国人民银行在必要时会进行干预，维护人民币汇率的稳定和合理均衡，防止汇率出现大幅波动。

三、制度实施与调整

实施背景：自 1994 年起，中国开始实行以市场供求为基础的、单一的、有管理的浮动汇率制度。2005 年 7 月 21 日，中国进行了完善人民币汇率形成机制的改革，正式确立了以市场供求为基础、参考一篮子货币进行调节的有管理的浮动汇率制度。

调整机制：中国人民银行会根据国内外经济金融形势的变化，适时调整人民币汇率的浮动区间和中间价。通过公开市场操作等手段，影响外汇市场的供求关系，进而调节人民币汇率。

四、制度的影响与展望

影响：有利于提高人民币汇率的灵活性和市场化程度，增强人民币汇率的弹性和抗风险能力。有利于促进中国对外贸易和投资的便利化，推动中国经济的对外开放和国际化进程。有利于维护中国外汇市场稳定和国际收支平衡，防范金融风险和危机的发生。

展望：随着中国经济的不断发展和金融市场的不断开放，人民币汇率制度将继续得到完善和发展。

未来，中国将更加注重汇率市场的供求关系，加强汇率预期管理，推动人民币汇率在合理均衡水平上保持基本稳定。

四、汇率理论

（一）借贷学说

国际借贷学说（Theory of International Indebtedness）出现并盛行于金本位制时期。其理论渊源可以追溯到 14 世纪。1861 年，英国学者葛逊（George Goschen）较为完整地提出了国际借贷学说。该学说认为，汇率是由外汇市场上的供求关系决定。而外汇供求又源于国际借贷。国际借贷分为固定借贷和流动借贷两种。前者指借贷关系已形成但未进入实际支付阶段的借贷；后者指已进入实际支付阶段的借贷。只有流动借贷的变化才会影响外汇的供求。这一理论的缺陷是没有说清楚哪些因素能具体影响外汇的供求。

（二）购买力平价学说

购买力平价学说（Theory of Purchasing Power Parity，PPP）的理论渊源可以追溯到 16 世纪。1914 年，第一次世界大战爆发，金本位制崩溃，各国货币发行摆脱羁绊，导致物价飞涨，汇率出现剧烈波动。1922 年，瑞典学者古斯塔夫·卡塞尔出版了《1914 年以后的货币和外汇》一书，系统地阐述了购买力平价学说。

购买力平价理论认为，人们之所以需要其他国家的货币，是因为这些货币在其发行国具有购买商品和服务的能力。因此，两国货币的兑换比率应该由两国货币的购买力之比决定。

1. 绝对购买力平价学说

绝对购买力平价学说认为，两国货币的汇率应该等于两国的物价水平之比。即，如果 A 国的物价水平是 PA，B 国的物价水平是 PB，那么 A 国货币兑 B 国货币的汇率就是 e=PA/PB。

这种理论假设商品和劳务在两国之间存在完全可替代性，同时交易成本为零。

2. 相对购买力平价学说

相对购买力平价学说强调两国间货币汇率的升降由两国通货膨胀率的变化引起。它认为，汇率的变动趋势与两国的相对价格水平（或通货膨胀率的差异）保持一致。即，如果 A 国的通货膨胀率高于 B 国，那么 A 国货币相对于 B 国货币会发生贬值。

3. 购买力评价学说的局限性

购买力平价理论假设商品和劳务在国别间的完全可替代性。然而，现实中存在的贸易壁垒、运输成本、文化差异等因素使这一假设难以成立。

购买力平价理论没有考虑资本流动对汇率的影响，但是资本流动在现代国际经济发展中的作用至关重要。

购买力平价理论对物价水平的测量也存在一定的主观性和相关技术性问题。例如，物价指数的选择和商品样本的选择都存在主观随意性。

（三）利率平价学说

利率平价学说（Theory of Interest Rate Parity）的理论渊源可追溯到 20 世纪上半叶。1923 年，凯恩斯对利率平价理论进行了系统阐述。

利率平价理论认为，两国之间的即期汇率与远期汇率的关系与两国的利率存在密切的联系。该理论的主要出发点就是投资者投资国内所获得的短期利率收益应该与按即期汇率折成外汇在国外投资并按远期汇率买回该国货币所得到的短期投资收益相等。一旦出现由于利率差异引起的投资收益差异，投资者就会进行套利活动，其结果是将远期汇率固定在某一特定的均衡水平。与即期汇率相较而言，低利率国家的货币的远期汇率会上升，而高利率的国家的货币的远期汇率会下跌。远期汇率同即期汇率的差价大致等于两国间的利率差。

利率平价学说可分为套补的利率平价（Covered Interest Rate Parity）学说以及非套补的利率平价（Uncovered Interest Rate Parity）学说。

套补的利率平价。假定 iA 是 A 国货币的利率，iB 是 B 国货币的利率，P 是即期远期汇率的涨跌水平。假定投资者采取持有远期合约的套补方式交易时，市场最终会使利率与汇率间形成下列关系：P = iA–iB。其经济含义是汇率的远期升贴水位等于两国货币利率之差。在套补利率平价成立时，如果 A 国利率高于 B 国利率，则 A 国远期汇率必将升水，A 国货币在远期市场上将贬值；反之亦然。汇率的变动会抵销两国间的利率差异，从而使金融市场处于平衡状态。

非套补的利率平价。假定投资者根据对未来汇率变动的预期计算预期收益率，并且在承担特定汇率风险的情形下进行投资活动。假定：Ep 表示预期的汇率远期变动率，则 Ep = iA – iB。其经济含义是远期汇率的预期变化率等于两国货币利率之差。在非套补利率平价成立时，如果 A 国利率高于 B 国利率，则意味着市场预期 A 国货币在远期将贬值。

利率平价学说从资金流动的角度指出汇率与利率之间的密切关系，有助于正确认识现实外汇市场上汇率的形成机制，具有非常重要的实践价值，它主要应用在短期汇率的决定。利率平价学说并不是一个独立的汇率决定理论，而是与其他汇率决定理论相互补充，相辅相成。

利率平价学说的缺陷：①忽略了外汇交易成本。②假定不存在资本流动障碍。实际上，资本在国际间流动会受到外汇率管制和外汇市场不发达等因素的限制。③假定套利资本规模是无限的，这在现实世界中很难成立。④人为预设了投资者追求在两国获得相同的短期投资收益。然而，现实世界中的实际情形却是存在大量"热钱"在追逐汇率短期波动带来的巨大超额收益。

（四）国际收支学说

1944~1973 年，在布雷顿森林体系实行期间各国均实行固定汇率制度。这一期间的汇率决定理论主要从国际收支均衡的角度阐述汇率的决定机制，即如何确定适当的汇率水平。这些理论统称为国际收支学说。它的早期形式就是国际借贷学说。这段时间里有影响的汇率理论主要包括局部均衡分析的弹性论、一般均衡分析的吸收论、内外均衡分析的蒙代尔—弗莱明模型（Mundell–Fleming Model）以及注重货币因素重要作用的货币论。

国际收支学说通过说明影响国际收支的主要因素，分析了这些因素如何通过国际收支的作用对汇率产生影响。

假定 Y、Y' 分别是本国与外国的国民收入，P、P' 分别表示本国与外国的一般物价水平，i、i' 分别是本国与外国的利率，e 是该国的汇率，Eef 则为预期汇率。假定国际收支仅包括经常账户（CA）和资本与金融账户（K），所以有 BP = CA + K = 0。CA 由该国的进出口决定，主要由 Y、Y'、P、P'、e 决定。因此，CA = f1（Y，Y'，P，P'，e）。K 主要由 i、i'、e、Eef 决定，所以 K = f2（i，i'，e，Eef）。故此，BP=CA+K=f1（Y，Y，P，P'，e）+ f2（i，i'，e，Eef）= f（Y，Y'，P，P'，i，i'，e，Eef）= 0。如果将除汇率以外的其他变量均视为给定的外生变量，则汇率将在这些因素的共同作用下变化至某一特定水平，从而起到平衡国际收支的作用，即：e = g（Y，Y'，P，P'，i，i'，Eef）。

国际收支学说指出了汇率与国际收支之间存在的密切关系，有利于全面分析短期汇率的变动和决定。国际收支说并没有对影响国际收支的众多变量之间的关系，及其与汇率之间的关系进行深入分析，从而得出更加具有明确因果关系的结论。国际收支学说本质上是关于汇率决定的流量理论。

（五）资产市场说

1973 年，布雷顿森林体系解体，固定汇率制度崩溃，浮动汇率制度开始登上历史舞台，汇率决定理论有了更进一步的发展。资本市场说在 20 世纪 70 年代中后期成为汇率决定理论的主流。与传统理论相比，汇率资本市场说更加强调资本流动在汇率决定理论中的作用，汇率被看作资产价格，是由资产的供求关系决定的。

依据对本币资产与外币资产之间可替代性的不同假定，资产市场说可以分为货币分析法与资产组合分析法。货币分析法假定本币资产与外币资产完全可替代，而资产组合分析法则假定两者不可完全替代。依照针对价格弹性的不同假定，货币分析法又可以进一步分为弹性价格货币分析法与黏性价格货币分析法。

1. 弹性价格货币分析法

弹性价格货币分析法假定所有商品价格都是完全弹性的，仅需考虑货币市场的均衡。其基本模型为：

lne =（InMs–InMs'）+ a（1ny' – lny）+ b（1ni' – lni），a、b > 0

该模型可以通过卡甘（Cagan）的货币需求函数、货币市场均衡条件 MD/P=L（y，i）= kyaib，MD=MS，以及购买力平价理论推导得出。模型表明，本国与外国之间的国民收入差异、利率水平差异以及货币供给量差异可以通过对各国物价水平的影响而决定汇率水平。

2. 粘性价格货币分析法

1976 年，多恩布什（Dornbuseh）提出了粘性价格货币分析法，也即超调模型（Overshooting Model）。他认为，商品市场与资本市场的调整速度是不一样的，商品市场上的价格水平具有粘性特征，这使购买力平价在短期内无法成立，经济存在着由短期平衡向长期平衡过渡的过程。在超调模型中，由于商品市场价格粘性的存在，当货币供给一次性增加以后，本币的瞬时贬值程度大于长期贬值程度，这一现象被称为汇率的超调。

3. 资产组合分析方法

1977 年，Branson 提出了汇率资产组合分析方法。与货币分析方法相比，该理论具有以下鲜明特点：一是假定本币资产与外币资产的替代是不完全的，风险等因素的存在使非套补的利率平价不再成立，从而需要对本币资产与外汇资产的供求平衡在两个独立的市场上分别进行考察。二是将本国资产总量直接引入了模型。本国资产总量直接制约着各种资产的持有量，而经常项目账户的变动会对这一资产总量造成影响。于是，该模型将流量因素与存量因素进行了结合。

假定本国居民持有三种资产，本国货币 M，本国政府发行的以本币为面值的债券 B，外国发行的以外币为面值的债券 F，一国的资产总量为 W=M+B+e'F，分布于本国货币、本国债券以及外国债券当中。从货币市场角度进行考察，货币供给由政府控制，货币需求是本国利率与外国利率的减函数，是资产总量的增函数。从本国债券市场角度进行考察，本国债券供给同样由政府控制，本国债券需求是本国利率的增函数、外国利率的减函数以及资产总量的增函数。从外国债券市场的角度进行考察，外国债券供给是通过经常账户的盈余实现，短期内保持固定。对外国债券的需求是本国利率的减函数、外国利率的增函数以及资产总量的增函数。

在以上三个市场中，任何资产供求的不平衡都会带来相应的变量（主要是本国利率与汇率）调整。只有当三个市场都处于平衡状态时，该国的资产市场整体上才处于平衡状态。这样在短期内，由于各种资产的供给量是既定的，资产市场的平衡会确定该国的利率与汇率水平。在长期里，针对既定的货币供给和本国债券供给，经常项目账户失衡会带来该国所持有的外国债券总量发生变动，这一变动又会引起资产市场的调整。因此，在长期里，本国资产市场的平衡还要求经常账户处于平衡状态。

国际借贷学说、购买力平价学说、利率平价学说、国际收支学说、资产市场说分别从货币因素、宏观基本面因素、实际市场因素、存量因素和流量因素等不同角度对汇率决定及其变动进行了探究。这些理论都存在优点，但同样存在不足。有的理论只能针对汇率决定的某一方面进行深入详尽阐述。同一种理论在不同时期的解释力也不尽相同。截至目前，并不存在一种具有全面解释力和说服力的汇率决定理论。已有汇率决定理论之间存在相互补充、相互替代关系，共同构成多姿多彩的汇率决定理论体系。

固定汇率制下汇率理论的新发展主要体现在把汇率调整融入政府政策优化分析框架中进行研究。浮动汇率制下汇率理论的新发展则主要体现在将现代经济学的最新进展应用到汇率决定理论的研究中。例如，将预期、不完全信息、博弈论、有效市场理论、GARCH模型、行为金融学及微观市场结构理论等相关理论的研究成果引入汇率决定理论的探究过程中。

五、外汇交易

随着国际贸易的发展而产生的外汇交易（Foreign Exchange Transactions），已经发展成为国际间结算债权债务关系的重要工具，而且也是国际上最重要的金融商品之一。

（一）外汇交易的定义及由来

定义：外汇交易是指不同国家货币之间的买卖行为，主要涉及货币的买卖，如美元兑欧元、美元兑日元等。

由来：外汇交易最初是为了满足国际贸易中的支付需求而产生的。随着全球经济的迅猛发展和金融市场的日益成熟，外汇交易逐渐演变为一种重要的金融投资方式。

（二）外汇交易的种类

1. 即期外汇交易

即期外汇交易又称现汇交易，是交易双方约定成交后在两个营业日内办理交割的外汇交易方式。这种交易方式最为常见，是外汇市场中最主要的交易形式之一。

即期交易的汇率就是即期汇率，或称现汇汇率。通常采用以美元为中心的报价方法，即以某一货币对美元的买进或卖出形式进行报价。

2. 远期外汇交易

远期外汇交易又称期汇交易，指成交后并不立即交割，而是根据合同规定在约定时间办理交割的外汇交易方式。这种交易方式主要用于对冲未来的汇率风险。

3. 外汇期货交易

外汇期货交易指通过买卖以汇率为标的物的期货合约规避汇率风险。外汇期货交易在期货交易所里进行，具有标准化的合约规模和交割日期。

专栏8-13　外汇期货交易示例

买入套期保值示例

1. 背景

某美国进口商从加拿大进口一批农产品，总价值为50万加元，计划在半年后支付货款。为了防范加元升值带来的成本增加风险，该进口商决定利用外汇期货市场进行买入套期保值。

2. 交易细节

即期汇率：假设交易日（如3月1日）的即期汇率为CAD1=USD0.8460。

期货合约购买：进口商买入5份9月交割的加元期货合约，每份合约规模为10万加元，共计50万加元。

买入时的期货价格为CAD1=USD0.8450。

保证金缴纳：进口商为了能够进行外汇期货交易需要按规定缴纳保证金。

3. 期货市场与现货市场对比

半年后（如9月1日），假设即期汇率变成CAD1=USD0.8480，加元升值。

若此时在现货市场上购入50万加元，需要支付USD 500000 × 0.8480 = USD 424000。

期货合约平仓：进口商在期货市场上以CAD1=USD0.8490的汇率卖出5份9月交割的加元期货合约进行平仓。平仓时获得的收益是：USD 500000 × 0.8490 = USD 424500。

4. 盈亏计算

现货市场损失：相比购买期货合约时的即期汇率，现货市场购买需多支付USD 424000 – USD 423000 = USD 1000。

期货市场盈利：期货市场平仓获得USD 424500，相比买入时的成本USD 422500（500000 × 0.8450），盈利USD 2000。

盈亏总额：期货市场盈利USD 2000 – 现货市场损失USD 1000 = 盈利USD 1000。

5. 结论

通过买入套期保值，该进口商成功对冲了加元升值带来的风险，而且在期货市场上获得了盈利，进一步减少了现货市场的损失。

4. 外汇期权交易

外汇期权买卖的是外汇，指期权买方在向期权卖方支付相应期权费后获得一项权利，即在未来某一特定日期或该日之前的任何时间以固定价格购进或售出外汇的权利。

专栏8-14　外汇期权交易示例

示例：某企业购买美元对人民币的看涨期权

1. 背景

某中国企业计划在未来3个月内从国外进口一批货物，并预计需要支付100万美元货款。为了规避人民币贬值（即美元升值）带来的风险，该企业决定购买一份美元对人民币的看涨期权。

2. 期权合约详情

到期日：3 个月后；

行权价格：6.5 元人民币兑换 1 美元；

期权费：根据市场情况和期权合约的具体条款确定，假设为 1 万元人民币；

名义金额：100 万美元。

3. 操作过程

购买期权：企业向银行支付 1 万元人民币的期权费，购买了一份美元对人民币的看涨期权。

等待到期：在接下来的 3 个月内，企业随时关注美元对人民币的汇率变动情况。

4. 到期日状况分析

（1）汇率低于行权价格时的情形

假设到期日的市场即期汇率为 6.4 元人民币兑换 1 美元。此时，企业可以选择不执行期权，而是直接按市场即期汇率购买美元，因为这样做更划算。企业支付的期权费成为沉没成本。

（2）汇率高于行权价格时的情形

假设到期日的市场即期汇率为 6.6 元人民币兑换 1 美元。此时，企业会选择执行期权，以 6.5 元人民币兑换 1 美元的汇率从银行购买 100 万美元。这样，企业每兑换 1 美元可以节省 0.1 元人民币，总共节省了 10 万元人民币（100 万元 × 0.1 元）。虽然企业支付了 1 万元的期权费，但节省的金额远大于期权费，因此整体而言是盈利的。

5. 套汇交易

套汇是指利用不同外汇市场、不同种类货币、不同交割时间以及汇率和利率之间的差异买卖外汇赚取利润的交易方式。套汇交易可分为直接套汇和间接套汇。

套汇交易主要有地点套汇、时间套汇和套利交易三种形式。地点套汇是利用不同地点的外汇市场之间的汇率差异进行套汇；时间套汇是利用不同交割期限的汇率差异来获取利润；套利交易则是利用两国货币市场的利率差异，将资金从低利率国家转移到高利率国家赚取利差收益。

专栏 8-15　套汇交易示例

背景设定：假设存在三个外汇市场：伦敦、纽约和东京。在同一时点上，这三个市场的汇率存在差异。

市场汇率：

伦敦市场：GBP/USD = 1.6270/1.6280（买入 / 卖出）

纽约市场：GBP/USD = 1.6260/1.6270（买入 / 卖出）

东京市场（为了说明问题需要假设东京市场汇率与伦敦市场汇率存在差异，但实际操作过程中可能并不直接涉及该市场）。本例中暂时不直接使用东京市场汇率，但理论上套汇可能涉及更多的市场。

1. 套汇操作

在伦敦市场买入英镑：套汇者观察到伦敦市场的英镑相对便宜（卖出价 1.6280

美元/英镑），于是在伦敦市场上按照 1.6280 美元/英镑的汇率买入 100 万英镑，此时需要支付 1628000 美元。

在纽约市场卖出英镑：套汇者将购买的 100 万英镑在纽约市场上按照更高的汇率（买入价 1.6260 美元/英镑）卖出，获得 1626000 美元（忽略交易成本）。

2. 计算套汇利润

套汇者通过此次交易，以较低的成本（1628000 美元）买入英镑，并在更高的价格（以 1.6260 美元/英镑）上卖出，但实际获得的却是稍微低一些的金额（1626000 美元），此处的关键是计算汇率差额带来的利润。

利润计算：利润从表面上看应当是买入成本（1628000 美元）与卖出收益（1626000 美元）的差额。然而，在计算套汇利润时应当以汇率差为计算基础，即每英镑赚取（1.6280-1.6260）= 0.0020 美元的利润。因此，100 万英镑的套汇利润为 2000 美元。

注意：

在实际操作中，套汇交易会受到多种因素的影响，包括交易成本、市场流动性以及汇率波动等。

上述实例仅用于说明套汇交易的基本原理，实际交易中套汇者会根据市场情况灵活调整策略。

6. 掉期交易

掉期交易（Swap Transaction）是指同时买进和卖出相同金额但交割期限不同的一种外汇交易，主要包括货币掉期交易和利率掉期交易两种形式。进行掉期交易的目的在于规避汇率变动的风险。

专栏 8-16　掉期交易示例

一、货币掉期交易示例

1. 示例背景

某出口企业预计在未来 6 个月内会收到一笔 1000 万美元的出口货款，但企业目前需要支付进口原材料的费用，金额为 800 万美元。由于该企业当前人民币资金充裕而美元资金相对紧张，为了解决资金流动性和规避汇率风险，该企业决定与银行进行一笔货币掉期交易。

2. 交易细节

交易方向：企业向银行换入 800 万美元用于支付进口费用；同时，承诺在未来 6 个月到期时向银行交付 1000 万美元。

即期汇率：假设即期汇率为 1 美元 =6.5 人民币，企业需支付人民币 5200 万元（800 万美元 ×6.5）以获得 800 万美元。

远期汇率：银行和企业协商确定 6 个月后的远期汇率为 1 美元 =6.45 人民币。

到期交割：6 个月后，企业需按约定的远期汇率将 1000 万美元换成人民币，获得人民币 6450 万元（1000 万美元 ×6.45）。

3. 收益与风险

企业通过货币掉期交易解决了当前美元资金短缺的问题，并锁定了未来汇率风险。

如果 6 个月后即期汇率低于 1 美元 =6.45 人民币，企业将通过掉期交易获得汇兑收益；如果高于 1 美元 =6.45 人民币，则存在汇兑损失，但相比未进行掉期交易时的汇率波动风险，这种损失在可控范围之内。

二、利率掉期交易示例

1. 示例背景

某企业从银行获得了一笔 10 年期的固定利率贷款，年利率为 5%。然而，该企业预期市场利率将下降，因此希望以更低的成本进行融资。为此，企业与另一家金融机构进行了一笔利率掉期交易。

2. 交易细节

交易方向：企业按照与金融机构商定的浮动利率向金融机构支付利息，同时从金融机构那里按照 5% 的固定利率获得利息，该利息恰好能抵偿因长期贷款而产生的需要向银行支付的利息。

固定利率：10 年期固定利率贷款的 5% 年利率。

浮动利率：基于市场参考利率（如 LIBOR）加上或减去一定的基点数且经过双方商定而形成的利率。

支付周期：双方约定每季度或每半年支付一次利息。

3. 收益与风险

如果市场利率正如企业所预期的那样出现下降，那么企业向金融机构支付的按照浮动利率计算的利息将会低于它从金融机构那里互换而来的按照固定利率计算的利息，融资成本下降。

如果市场利率不降反升，此时企业将向金融机构支付的按照浮动利率计算的利息将会高于它从金融机构那里互换而来的按照固定利率计算的利息，此时的融资成本相对较高。但相比直接持有固定利率贷款，利率掉期交易无疑为企业规避利率风险提供了一项可行选择。

六、外汇风险管理

（一）外汇交易风险

1. 市场风险

市场风险是外汇交易中存在的最主要风险之一。外汇市场价格波动剧烈，而且受到宏观经济形势、政治事件、自然灾害等诸多因素的影响。这些因素的变化可能导致汇率发生剧烈波动，从而影响外汇交易的盈亏状态。由于外汇市场全天 24 小时都可以交易，而且对走势不加限制，波动剧烈时一个交易日内就可能发生幅度巨大的价格波动，因此投资者很难准确预测汇率走势，从而面临市场风险。

2. 杠杆风险

外汇交易通常采用杠杆交易方式，即投资者可以用较少的资金控制较大的交易头寸。杠杆可以放大盈利，但也会放大亏损。如果市场走势与预期相反，杠杆交易可能导致较大损失，这种损失甚至有可能超过投资者的初始投资。因此，杠杆风险是外汇交易中需要特别关注的风险之一。

3.利率风险

不同国家的利率差异会影响货币的相对价值，从而影响汇率。利率变动可能导致外汇市场的波动，进而影响交易的盈利或亏损。投资者需要密切关注各国利率政策的变化，准确评估利率对汇率交易产生的实际影响。

4.操作风险

操作风险是由于交易者的错误决策、技术故障或操作失误而导致的风险。例如，错误的分析判断、错误的交易时机或错误的交易指令都可能导致交易出现亏损。因此，投资者需要具备良好的交易技能和风险管理能力，从而降低操作风险。

5.法律和监管风险

外汇交易受到各国法律和监管机构的约束和监管。不同国家的法律约束和监管要求不同，投资者在进行外汇交易时需要遵守相关规定，否则很可能面临法律风险和监管风险。例如，某些国家可能禁止或限制外汇交易，或者针对外汇交易设置特殊监管要求。投资者需要了解并遵守所在国家和地区的法律法规和监管要求。

6.市场流动性风险

市场波动剧烈或重大事件发生有可能影响外汇市场的流动性。市场流动性不足可能导致交易执行困难或出现价格滑点，增加投资者的交易成本，降低交易效率。因此，投资者需要关注市场流动性状况，并针对市场流动性采取相应的风险管理措施。

7.网络交易风险

随着网络技术的发展，外汇交易越来越多地在网上交易平台进行。网络交易带来了一定的风险，如黑客攻击、网络故障等。这些风险可能导致交易中断、资金被盗或信息泄露等问题。因此，投资者需要选择安全可靠的交易平台，同时采取行之有效的网络安全维护措施保证交易的顺利进行并为资金安全提供技术保障。

（二）外汇风险管理

外汇风险管理（Foreign Exchange Risk Management）是指外汇资产持有者采用一系列能够进行风险识别、风险度量、风险控制的方法，预防、规避、转移或消除外汇业务经营中的风险，从而减少或避免可能的经济损失，实现在风险一定条件下的收益最大化或收益在一定条件下的风险最小化的活动和过程。

以下是外汇风险管理的详细解析：

1.外汇风险管理原则

1）宏观经济优先原则。在处理企业、部门的微观经济利益与国家整体的宏观利益的问题上，应尽可能将两者利益结合起来，共同防范风险损失。

2）分类防范原则。对于不同类型和存在不同传递机制的外汇汇率风险损失，应采取不同方法来分类防范。

3）稳妥防范原则。包括消除风险、转嫁风险以及从风险中避损得利。

2.外汇风险管理的基本策略

1）完全抵补策略：采取各种措施消除外汇敞口，锁定预期收益或成本，从而达到规避风险的目的。对于银行或企业来说，就是全部套补所持有的外汇头寸。

2）部分抵补策略：消除部分敞口，进行风险自担。在自身承担风险获利的同时也存在受损的可能。

3）完全不抵补策略：任由外汇敞口完全暴露于风险之中，不通过任何人为操作对此种境况进行改变。该策略适用于汇率波动幅度不大、外汇业务量较小的情形。在市场处于低风险高收益发展阶段或者汇率看涨时也可以选择此策略。

3. 外汇风险管理的具体方法

（1）内部措施

选择适宜的计价货币或计价货币组合。

选择本币计价：不涉及货币兑换，进出口商无外汇风险。

选择可自由兑换货币进行计价：出现外汇风险时可方便快捷地将货币兑换成有利的货币，避免遭受更大损失，同时也便于外汇资金的调拨和运用。

选择有利的外币进行计价：关注货币汇率变化趋势，选择有利的货币作为计价结算货币，基本原则是"收硬付软"。

选用"一篮子"货币：通过使用两种以上的货币组合进行计价消除外汇汇率变动带来的风险。

软硬货币搭配：软硬货币此降彼升，具有负相关性质，因此对其进行合理搭配可以有效减少汇率风险。

平衡抵销法：交易主体在一笔交易发生时，再进行一笔与该笔交易在货币、金额、收付日期上完全一致但资金流向相反的交易，从而抵销汇率的变化影响。

组对法：交易主体利用两种资金流彼此对冲抵销或减少风险的方法。

（2）外部措施

利用远期外汇交易、外汇期权、外汇期货、货币市场套期保值等金融衍生工具抵销现有债权债务的外汇风险。

4. 其他风险管理措施

设置止损订单：设定特定的价格水平，当交易达到该价格水平时自动平仓，从而减少亏损。

合理分配资金：确保每笔交易的风险都被控制在可接受的范围内，避免过度集中引发的风险。

深入了解市场：熟悉外汇市场的市场态势、风险因素和交易策略，持续关注市场变化，提高市场嗅觉和分析能力。

采用仓位管理：控制交易仓位的规模，避免风险集聚，通过投资分散化降低整体风险。

操作纪律：制订并严格执行交易计划，不轻易改变交易策略，避免情绪化的交易决策。

持续监测和评估：及时评估和调整交易策略，对历史交易进行反思和总结，从而实现优化交易效果并降低风险的目的。

第三节　国际资本流动

随着世界经济一体化的发展，国际资本流动日益成为世界经济活动中最活跃的因素，它不仅对各国经济产生巨大的影响力，而且已成为当代世界经济发展的主要推动力。分析和研究国际资本流动的规律，对于加强国际经济合作与合理利用外资、加强对国际资本流动的监控等具有重要的现实意义。

一、国际资本流动概述

（一）国际资本流动的定义

国际资本流动是指资本在国际间转移，表现为货币资金和生产要素在国际间的流动。具体包括：贷款、援助、输出、输入、投资、债务的增加和取得、利息收支、买方信贷、卖方信贷、外汇买卖、证券发行与流通等。

专栏 8-17　资本国际流动的三次浪潮

自工业革命以来，世界上发生了三次大规模的资本流动浪潮。每一次浪潮都对当时的世界经济格局产生了重大影响，甚至被某些历史学家称为非正式霸权。

1870~1914 年的第一次浪潮。1870~1914 年，英国对外贷款净额迅猛增长。第一次浪潮以 1914 年第一次世界大战爆发而宣告结束。英国在战争中元气大伤，美国逐渐取代英国成为最大的资本输出国。

20 世纪 70 年代早期至 1982 年的第二次浪潮。20 世纪 70 年代的石油危机使中东产油国积累了大笔石油美元。这些资本又流回到西方银行，再从西方银行流入亚洲和拉丁美洲，其结果是亚洲"四小龙"的经济腾飞以及巴西在 20 世纪 70 年代创造的经济奇迹。

20 世纪 90 年代以来的第三次浪潮。20 世纪 90 年代以来，资本国际流动的突然转向，投资的重点重新转向发展中国家。资本流动的规模已经达到了上万亿美元。

按照流动方向，可以将国际资本流动分为表示资本从境外流入境内的国际资本流入以及表示资本从境内流往境外的国际资本流出。

资本流入（Capital Inflows），表现为本国对外国负债的增加以及本国在外国资产的减少，或者说，外国在本国资产的增加以及外国对本国负债的减少。

资本流出（Capital Outflows），表现为本国对外国负债的减少和本国在外国资产的增加；换个角度则是外国在本国的资产减少和外国对本国负债的增加。对一个国家或地区而言，资本的流入和流出必定存在，但是流入和流出的比例却存在差异。在通常情形中，发达国家是主要资本流出国，而发展中国家则是主要的资本流入国。

随着全球经济一体化的深入发展和金融科技的广泛应用，国际资本流动变得更加频繁和便捷。同时，新兴市场国家的崛起以及全球经济格局的变化也将对国际资本流动产生深远影响。未来，国际资本流动将更加注重可持续发展和绿色投资，数字货币和区块链技术的广泛应用将会彻底改变传统的资本流动模式。

专栏 8-18　国际资本流动的途径：境外上市

国内企业海外上市归纳起来无外乎两大类：直接上市与间接上市。

1.境外直接上市

境外直接上市即直接以国内公司的名义向国外证券主管部门申请发行股票（或

其他衍生金融工具），同时向当地证券交易所申请挂牌上市交易。即我们通常说的 H 股、N 股、S 股等。H 股，是指中国企业在香港联合交易所发行股票并上市，名称取自 Hongkong 的第一个字母"H"；N 股，是指中国企业在纽约交易所发行股票并上市，名称取自 New York 的第一个字母"N"。同样地，S 股是指中国企业在新加坡交易所发行股票并上市，名称取自 Singapore 的第一个字母"S"。

境外直接上市的工作主要包括两大部分：国内重组、审批和境外申请上市。

2. 境外间接上市

由于直接上市程序繁复，成本高且周期长，所以许多企业，尤其是民营企业，为了避开复杂的审批程序，以间接方式在海外发行上市。即国内企业在境外注册公司，境外公司以收购、股权置换等方式取得国内资产的控股权，继而推进境外公司在境外交易所的发行上市。

间接上市主要有两种形式：买壳上市和造壳上市。这两种方式的本质都是通过将国内资产注入壳公司的方式达到以国内资产上市的目的，壳公司可以是已上市公司，也可以是拟上市公司。

间接上市的好处是成本较低，时间较短，可以避开国内复杂的审批程序。但有三大问题需要妥善处理：向中国证券监督管理委员会报送备案材料、壳公司对国内资产的控股比例问题以及上市时机的选择。

（二）国际资本流动理论

1. 理论概述

国际资本流动的一般模型，亦称麦克杜加尔（Macdougall）模型，是一种用于解释国际资本流动的动机及其效果的理论，它实际是一种古典经济学理论。

这种理论认为，国际资本流动的原因是各国的利率和预期利润率存在差异；各国的产品和生产要素市场均是完全竞争市场，因此资本可以自由地从资本充裕国向资本稀缺国流动。例如，在 19 世纪，英国大量资本输出就是基于这两种原因。国际间的资本流动使各国的资本边际生产率趋于一致，从而可以整体提高世界的总产量和各国的福利。

2. 模型分析

国际资本流动一般模型如图 8-3 所示。

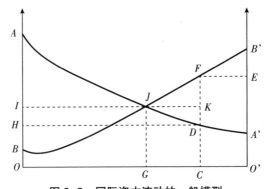

图 8-3　国际资本流动的一般模型

该模型的假定条件是：世界由两个国家组成：一个资本充裕；另一个资本短缺。世界资本总量由横轴 OO' 表示，其中资本充裕国的资本量为 OC，资本短缺国的资本量为 $O'C$。曲线 AA' 和 BB' 分别表示两个国家在不同投资水平下的资本边际生产率。它表明，投资水平越高，每增加一单位资本投入所能带来的产出就越低，也即两国的投资收益分别遵循边际收益递减规律。

（1）封闭经济情形

封闭经济系统是指资本没有相互流动的经济系统。无论是资本充裕国，还是资本短缺国，资本只在国内使用。

如果资本充裕国把全部资本 OC 投入国内生产，则资本的边际收益为 OH，总产出为曲边梯形 $OADC$ 的面积。其中，资本使用者的收益是曲边三角形 HAD 的面积，资本所有者的收益是矩形 $OHDC$ 的面积。

如果短缺国也将全部资本 $O'C$ 投入国内生产，则它的资本边际收益率为 $O'E$，总产出为曲边梯形 $O'B'FC$ 的面积。其中，资本使用者的收益是曲边三角形 $EB'F$ 的面积，资本所有者的收益是矩形 $O'EFC$ 的面积。

（2）开放经济情形

开放经济是指存在资本相互流动的系统。这时，如果资本充裕国把总资本量中的 OG 部分投入本国，而将剩余部分 GC 投入资本短缺国，同时假定后者接受这部分投资，则两国的效益会增大，并且实现了资本的最优配置。

就资本输出国而言，输出资本后的国内资本的边际收益率由 OH 升高为 OI，国内总产出变为曲边梯形 $OAJG$，其中资本使用者的国内收益为曲边三角形 IAJ 的面积，资本所有者的国内收益是矩形 $OIJG$ 的面积。

就资本输入国而言，输入资本后的国内资本总额增加为 $O'G$，总产出为曲边梯形 $O'B'JG$ 的面积，其中总产出增加量为曲边梯形 $CFJG$ 的面积。这部分增加量又被分为两部分：矩形 $CKJG$ 是资本输出国所有的收益，曲边三角形 JFK 则是资本输入国的所得。

由于资本的输出与输入，使资本输出国增加了曲边三角形 JKD 面积的收益，而资本输入国也增加了曲边三角形 JFK 面积的收益。资本流动增加的总收益就为这项收益之和，即 $S\triangle JFK + S\triangle JKD$。

3. 分析结论

从上面的模型分析过程中可以得出下面三项结论：

第一，在各国资本边际生产率相同的条件下，开放经济系统里的资本利用效益远比封闭经济系统里的高，并且总资本能实现最佳的利用。

第二，在开放经济系统里，资本流动可以为资本充裕国带来最高收益；同时，资本短缺国也会因输入了资本而使总产出增加，进而获得新增收益。

第三，在前述两项结论的基础上，再加上资本可以在全世界范围内自由流动，其结果就是在世界范围内重新进行资本最优配置，从而使世界总产值增加并实现最大化，最终促进全球经济发展。

（三）国际资本的影响与作用

1. 对世界经济的影响

促进经济增长：国际资本流动为各国提供了更多的资金来源，有助于促进经济增长和产业升级。

优化资源配置：资本在国际间的流动有助于实现资源的优化配置，提高全球经济的整体效率。

加剧金融市场波动：国际资本流动的投机性和不确定性可能导致金融市场波动加剧，增加金融风险。

2. 对具体国家的影响

发达国家：可能通过资本输出获取更高的利润和市场份额，但同时也面临资本外流的风险。

发展中国家：通过吸引外资促进经济发展和技术进步，但也可能面临外资控制本国市场和产业的风险。

二、国际资本流动的原因

国际资本流动原因是一个复杂且多元的系统，涉及政治、经济、金融、社会和技术等多个方面。

（一）经济因素

1. 利润目标

投资者在国际间进行资本流动的主要目的是追求更高的利润。当某个国家或地区的经济表现良好，或者某一行业的发展前景向好时，国际投资者可能会将资金流入该国或地区，从而获取更高的投资回报。

2. 分散风险

国际资本流动有助于投资者分散风险。通过将资金分布于不同国家或不同资产类别里，投资者可以降低单一市场或单项资产的波动对投资组合的整体影响，提高投资组合的稳定性和安全性。

3. 市场规模

国际大型市场往往能够提供更多的机会和潜力，吸引更多的资本流入。市场规模的扩大意味着更多的消费者和更广阔的市场空间，这会为跨国公司提供更多的发展机会。

4. 资源禀赋和产业结构差异

不同国家的资源禀赋和产业结构存在差异，这种差异会影响国际资本的流动。资本会倾向于流向资源丰富且有竞争力的产业和领域，从而获得更高的利润。

5. 经济增长前景

国际投资者通常会关注一个国家的经济增长前景。如果一个国家拥有稳定的经济增长前景，那么它可能会成为资本流动的理想地。因为投资者青睐稳定经济增长带来的未来投资机会和潜在收益。

6. 利率差异

不同国家的利率水平存在差异，这种差异会影响资本的流动。投资者可能会驱动资金流向高利率国家或地区，获取更高的利息收入。这种差异通常会受到各国货币政策的影响。

（二）政治因素

1. 政治稳定性

政府政策的稳定性和透明度是吸引跨国资本的关键因素。政治动荡和不确定性可能导致资本外流，因为投资者担心他们的投资会受到损害。相反，政治稳定和良好的治理环境可以吸引国际资本的流入。国家间的政治关系和地缘政治变化同样会对国际资本流动产生重要影响。政治紧张或冲突可能导致资本从风险较高的地区流向更安全的地区。

2. 政策环境

一些国家采取降低贸易壁垒、投资便利化程度、知识产权保护和提供税收激励措施等自由化政策吸引国际投资。这些政策有助于改善投资环境，降低投资风险，进而推动国际资本的流动。

（三）金融因素

1. 金融市场发展

金融市场的发达程度也是影响国际资本流动的重要因素。一个成熟的金融市场可以提供更多的投资工具和更便捷的交易方式，从而吸引更多的国际资本流入。

2. 汇率波动

汇率的波动也会对国际资本流动产生影响。如果一个国家的货币升值，可能会增加对外国投资者的吸引力。这是因为他们可以用相对便宜的本地货币购买资产。这种影响在浮动汇率制度下尤为明显。

（四）社会因素

1. 人口因素

人口规模和人口结构的变化会影响国内市场的变化，从而影响国际资本的流动。例如，人口增长较快的国家可能拥有更大的消费潜力和市场空间，从而吸引更多的资本流入。

2. 社会稳定和治安状况

社会稳定和治安状况是影响资本流动的重要因素之一。社会动荡和治安问题会给跨国公司的投资带来风险，影响国际资本的流动。

3. 教育水平和科技创新能力

高素质的人才和创新的科技环境有助于吸引国际资本的流入。这些因素为跨国公司提供了更好的人才储备和技术支持，降低了投资成本和风险。

（五）其他因素

1. 技术因素

随着金融科技的发展，资本流动变得更加便捷和高效。数字货币和区块链技术的广泛应用正在改变传统的资本流动方式，提高资本流动的效率和透明度。

2. 国际投资协定

国际间签订的投资协定和自由贸易协定有助于降低投资壁垒和贸易壁垒，促进资本的跨国流动。这些协定通常包括投资保护条款、争端解决机制等内容，为投资者提供了更多的法律保障。

3. 全球经济一体化

全球经济一体化的加速发展使各国之间的经济联系更加紧密。跨国公司的全球扩张和区域经济一体化的深入发展都在推动国际资本流动和最优配置。

三、国际资本流动的类型

国际资本流动按流动期限分为短期国际资本流动和长期国际资本流动。

（一）短期国际资本流动

1. 短期国际资本流动的概念

短期资本流动则指期限在 1 年以内（含 1 年）的货币资金流动，如国际贸易资金流动、保值性资本流动、投机性资本流动等。

这种国际资本流动，一般都借助于有关信用工具，并通过电话、电报、传真等通信方式来进行。这些信用工具包括短期政府债券、商业票据、银行承兑汇票、银行活期存款凭单、大额可转让定期存单等。

由于通过信汇、票汇等方式进行国际资本转移，周转较慢，面临的汇率风险也较大，因此，短期国际资本流动多利用电话、电报、传真、网络等方式来实现。

国际游资亦称热钱（Hot Money），从广义上来讲，应包括各种形式的短期资本，但从狭义上来说，应该指短期资本中的投机性资本。国际游资的大规模流动所造成的影响是巨大的。

专栏 8-19　什么是国际热钱

国际热线是在世界范围寻找盈利机会的短期国际资本的一部分，又称"国际游资"，它的投资对象主要是外汇、股票及其衍生产品。国际游资具有停留时间短、反应灵敏、隐蔽性强等特点。据国际货币基金组织估计，目前活跃在全球金融市场上的这类资金的规模在 72000 亿美元以上。近年来国际游资的活动甚嚣尘上，已引起全世界的关注。国际游资按照投机性的大小可以分为两种类型：一种是一般的套汇、套利或证券投资资金，投机性不强。持有人主要是各种基金、跨国公司、证券经营机构。主体则是发达国家的各种互助基金、养老基金、保险基金等。大多数基金为了追求盈利和分散风险将其资金的 15% 投放于国外，并将投放于国外市场的资金总额的 10% 注入新兴市场。另一种是投机性很强的资金，如美国的对冲基金，规模较小。这种资金直接冲击、操纵或垄断一国的外汇和股票市场，从市场大幅震荡中牟取暴利，其中最有名的是由索罗斯管理的量子基金。

专栏 8-20　银行承兑汇票的含义和流程

银行承兑汇票是由在承兑银行开立存款账户的存款人出票，向开户银行申请并经银行审查同意进行承兑的，保证在指定日期无条件支付确定的金额给收款人或持票人的票据。对出票人签发的商业汇票进行承兑是银行基于对出票人资信的认可而给予的信用支持。

办理银行承兑汇票的程序如下：

1）银行承兑汇票具体由付款人或承兑申请人向银行提出申请，经银行审查同意，由承兑银行在商业汇票上签字承兑，保证此票到期无条件付款。银行承兑汇票是商业信用与银行信用相结合的信用票据，银行承兑实质是银行对外信用担保的一种形式。承兑银行按票面金额向承兑申请人收取千分之一的承兑手续费，承兑手续费每笔不足十元的，按十元计收。

　　2）收款单位或被背书人将即将到期的银行承兑汇票连同填制好的邮划或电划委托收款凭证，一并送交银行办理转账，根据银行的收账通知，据以编制收款凭证。收款单位将未到期的商业汇票向银行申请贴现时，应按规定填制贴现凭证，连同汇票一并送交银行，根据银行的收账通知，据以编制收款凭证。

　　3）承兑申请人于银行承兑汇票到期前将款项付给收款人、被背书人或贴现银行。付款单位在收到银行的付款通知时，据以编制付款凭证。如果承兑申请人于银行承兑汇票到期日未能足额缴存票款，承兑银行除凭票向收款人、被背书人或贴现银行无条件支付外，应根据承兑协议规定，将未能缴存的承兑金额转入付款人（承兑申请人）的贷款户，作逾期贷款处理，对承兑申请人执行扣款，并对未能缴存的承兑金额每天按万分之五计收罚息。

　　为了加强商业汇票的管理，企业应指定专人负责管理商业汇票，并设立"应收、应付票据备查簿"，对每一笔应收应付票据进行详细登记，到期结清票据，在"备查簿"中逐笔予以注销。

　　2.短期国际资本流动的形式

　　（1）贸易资本流动

　　这是指由国际间贸易往来的资金融通与资金结算而引起的货币资本在国际间的转移。世界各国在贸易往来中，必然会形成国际间的债权债务关系，而为结清这些关系，货币资本必然从一个国家或地区流往另一个国家或地区，就形成了贸易资本流动。一般来说，这种资本流动，是资本从商品进口国向商品出口国转移，具有不可逆转的特点，因此，从严格意义上来说，它属于国际资金流动。

　　（2）银行资本流动

　　这是指各国经营外汇业务的银行金融机构，由于相互之间的资金往来而引起的资本在国际间的转移。这些流动在形式上包括套汇、套利、掉期、头寸调拨以及同业拆借等。

　　（二）长期国际资本流动

　　1.长期国际资本流动的概念

　　长期资本流动通常指期限在一年以上的资本投资，包括直接投资、证券投资和国际借贷等。

　　长期国际资本流动形成的基本条件是各国拥有的相对优势，如所有权优势、内部化优势和区位优势等，而长期国际资本流动的动机则是多样化的，包括利润驱动、生产要素驱动、市场驱动以及政治性投机等。

　　2.长期国际资本流动的形式

　　长期国际资本流动包括直接投资、证券投资和国际中长期贷款等主要类型。

　　（1）直接投资

　　国际直接投资是指一国企业或个人对另一国企业等机构进行的投资。直接投资可以取得对东道国厂矿企业的全部或部分管理和控制权。直接投资主要有三种类型：一是创办新企业，如在国外设立子公司、附属机构或者与多国资本共同投资在东道国设立合营企业等。二是收购国外企业的股权达到一定比例。例如，美国相关法律规定，拥有外国企业股权达到 10% 以上，就属于直接投资。三是利润再投资，投资者在国外投资所获利润并不汇回国内，而是作为保留利润对该企业进行再投资，但这种投资实际上并不引起一国资本的流入和流出。

直接投资的特点有：①投资者一般提供资金、技术与管理经验，对资金缺乏与技术不发达的东道国进行投资，如接受投资国政策得当，将会对经济发展有较大的促进作用；②投资者控制企业、参加管理的最终目的一般是为获取利润；③直接投资不构成东道国的对外负债，按有关企业章程规定，只负定期支付或汇出利润的义务。

（2）证券投资

证券投资也称为间接投资，是指通过在国际债券市场上购买中长期债券，或者在国际股票市场上购买外国公司股票来实现的投资。各国政府、商业银行、工商企业和个人都可购买国际债券或股票进行投资。同样，这些机构也可发行国际债券或股票来筹集资金。对于购买有价证券的国家而言是资本流出，对于发行证券的国家而言则是资本流入。

证券投资的特点：①证券投资者对于投资对象的企业并无实际控制和管理权，即使是购买股票的投资，如没有达到足够的控股比重，也只能收到股票的利息或红利，而直接投资者则持有足够的股权来管理经营所投资的企业，并承担企业的经营风险和享受企业的经营利润；②投资于国际证券能随时转让买卖，具有流动性，而直接投资则不可以。

（3）国际贷款

国际贷款主要包括政府贷款、国际金融机构贷款、国际银行贷款等。

政府贷款是一个国家政府向另一个国家政府提供的贷款，其目的是促进本国商品劳务的出口、企业对外投资等。政府贷款的利率较低，期限也长，其资金来自国家预算资金，但数额一般不大。政府贷款一般是发达国家向发展中国家提供，而且大多是双边的贷款，即两国政府机构之间的资金借贷，但也有少数是多边的，或者是政府机构与民间金融机构共同提供的混合贷款。混合贷款可以包括政府贷款、商业银行贷款和出口信贷等。一般是由借贷双方的政府签订一项总协议，然后依照政府贷款、银行贷款和普通出口信贷的各自不同贷款条件分别签署具体的贷款协议。

国际金融机构贷款是国际金融机构向其成员国政府提供的贷款。国际金融机构贷款不以直接营利为目的，具有援助的性质。贷款利率视其资金来源以及贷款接受国的国民收入水平而定，通常要比私人金融机构的贷款利率低，期限也相对较长。国际金融机构贷款也是专项贷款，即与特定的建设项目相联系，手续非常严格。贷款要按规定逐步提取，而且在提取和具体使用的过程中，有国际金融机构派出的专门人员监督。

国际银行贷款也是国际资本流动的重要组成部分。国际银行贷款不限定用途，借款人可以自由运用资金，而且贷款资金的数额也不受限制，可以很大。大数额的国际银行贷款通常采取辛迪加银团贷款的形式，由一家银行牵头，多家银行参加，共同对借款人提供贷款资金，并且共同承担贷款风险。国际银行贷款不仅数额大，而且期限可以很长。但是，与其他类型的国际贷款相比，国际银行贷款的利率高，不带有任何援助性质，以直接营利为目的。此外，国际银行贷款除按国际金融市场利率向借款人收取利息外，还要求借款人承担与借贷协议的签署、贷款资金的调拨与提取相关的一系列杂项费用。能否借到国际银行贷款全凭借款人自身的信誉，或有无高信誉政府机构的担保，所以一般低收入发展中国家难以大规模利用国际商业银行贷款资金。

第四节　国际融资与国际投资

一、国际融资

（一）国际融资定义与特点

1. 国际融资的定义

国际融资是指在国际资本市场上，通过特定方式（如发行债券、股票、租赁等）和渠道，实现资金的跨国流动和融通。它涉及不同国家的法律、监管和货币体系，需要遵守国际规则和惯例。

资金融通包括两个方面，即从资金提供者角度讲的资金融出和从资金筹集人角度讲的资金融入。前者涉及在国际金融市场上的各个金融机构如何运用各种金融工具来提供金融产品或金融服务；后者则是指从资金需求者的角度出发，一般而言指企业，如何选择适合本企业属性、经营状况需要、有利于企业资本结构改善的融资，获取生产经营过程中所需要的、来源于企业外部的资金，或是从企业资本角度讲，如何使企业资本形成并扩大。

2. 国际融资的特点

1）跨国性。国际融资活动跨越国界，涉及不同国家和地区的经济主体。

2）规模较大。基于跨国经营和投资的需求，国际融资的规模通常较大。

3）期限较长。国际融资的期限一般较长，满足长期投资的需要。

4）风险较高。由于涉及不同国家的法律、监管和货币体系，因此国际融资的风险相对较高。

5）需要严格的风险管理和担保措施。为确保资金的安全和有效使用，国际融资需要有严格的风险管理和担保措施。

3. 国际融资的风险与防范

汇率风险。由于国际融资通常采用国际货币进行交易，汇率波动可能对融资成本和风险产生较大影响。因此，需要采取有效的汇率风险管理措施。

信用风险。借款人可能因经营不善或其他原因无法按时偿还债务，导致信用风险。为降低信用风险，需要对借款人进行严格的信用评估和风险管理。

政治风险。包括政策变动、战争、内乱等可能对国际融资活动产生不利影响的政治因素。为防范政治风险，需要密切关注国际政治形势和政策动态。

4. 国际融资发展趋势与前景

全球化趋势。随着全球化的加速发展，国际融资市场呈现出全球化的发展趋势。跨国公司、外资银行等机构积极参与国际融资活动，推动全球金融市场的融合。

电子化趋势。信息技术的发展使国际融资市场呈现出电子化的发展趋势。电子化交易、电子化支付等新型融资方式不断涌现，提高了融资效率和透明度。

多元化趋势。国际融资市场的多元化趋势表现为融资方式的多样化、融资主体的多样化以及融资产品的多样化。这种多元化趋势满足了不同主体的融资需求，提高了市场的活力和竞争力。

（二）国际融资的主要方式

1. 国际信贷融资

国际信贷融资是一种通过政府、金融机构或企业间的借贷行为实现的融资方式。借款人向资金提供者借款，并承诺在未来的某个时间点偿还本金和利息。

适用场景：大型项目融资。对于需要大量资金支持的跨国项目，如基础设施建设、能源开发等，国际银行贷款能够提供长期大额的资金支持；企业扩张与运营。企业在国际市场上进行扩张或日常运营时，可能需要额外的流动资金或资本支出，国际银行贷款也能够满足这些需求；短期资金需求。对于短期内的资金需求，如季节性库存增加、应收账款回收周期延长等，国际银行贷款同样可以提供灵活的短期贷款解决方案。

特点：贷款期限灵活，可以是短期、中期或长期；利率可以根据市场条件采取浮动或固定形式；贷款金额通常较大，适合大型项目或企业。

优势：资金来源广泛，手续相对简便；贷款条件可以根据借款人的信用状况灵活调整。

国际信贷作为一种融资方式，所采用的基本法律文件主要有信贷协议及债券承购协议等。国际信贷的数额都较大，牵涉到不同国家的当事人和利害关系人，所以必须签订书面信贷协议。这种协议在对事实的陈述与保证、贷款的先决条件、约定事项、违约事件及补救方法等方面都存在共同的必须遵守和使用的条款。

（1）借款人对事实的陈述

在国际信贷协议中都存在陈述与保证条款，由借款人对其承担借款义务的合法权利及其财务、商务状况等事实如实做出说明，并且贷款人需要保证真实性。一般说来，借款人主要对法律和经济方面的状况做出陈述和保证。

（2）法律方面的内容

1）借款人是依法注册成立的公司，有订立合同、经营业务的合法权利。

2）借款人已经取得签订和履行贷款协议的必要授权。

3）借款人签订和履行贷款协议不违反借款人所在国的法律、条例、法院命令或借款人公司的章程，也不与对借款人或对其资产存在约束力的任何合同或抵押权发生抵触。

4）借款人已得到签订和履行贷款协议所必需的政府许可以及主管部门的批准。

5）贷款协议对借款人有法律约束力，可依照协议规定强制执行。协议的签订、生效、履行或强制执行等，无须向任何政府机关或官方机构办理申报、注册和登记等手续。

6）借款人保证外国法院就贷款协议所做出的判决，在借款国所需国法院能得到强制执行。

7）借款人保证贷款人不会因其签订履行或强制执行贷款协议而受到任何不利影响。

8）政府或政府机构作为借款人时，须说明贷款交易属司法上的商业性行为，借款人不享有主权豁免，他在贷款协议项下的义务，须受民法和商法管辖。

（3）借款人在经济方面所作的陈述和保证的内容

1）经过审定的最新财务报表真实地反映了制表时借款人的财务状况以及到制表日为止的财务年度内借款人的经营情况。借款人保证在上述账目中不存在任何没有披露的重大负债，而且从制定决算表之日以来，借款人的财务状况没有发生重大的不利变化。

2）借款人从未有过不履行合同、法律文书或不履行抵押权项下的义务，也不曾发生违约事件。

3）借款人未卷入任何诉讼或行政诉讼程序，也不存在可能对借款人的经营或财务状况造成重大不利影响的诉讼威胁。

从陈述和保证的时间来看，贷款人一般都要求所谓"永久保证"，即借款人所做出的陈述与保证不仅在贷款协议签订时是正确的，而且在整个贷款协议有效期内都真实无误。借款人必须承担因法律和业务状况的变化而致使陈述与保证失实的风险。通常贷款人要求借款人做出陈述与保证并非一次完成的。如果贷款是在一段时间内分次提取的，贷款人通常要求借款人在每次提取贷款之前都要做出陈述与保证。在一些贷款协议中甚至规定，陈述与保证应每6个月重复一次。

（4）贷款的先决条件

按照国际惯例，贷款协议中一般都包括明确的贷款义务履行的先决条件。借款人只有满足这些条件，才能获得贷款。主要包括：

1）各类担保文书，如保证书等；

2）批准贷款协议的文件副本以及向代表借款人的特定人员授权的文件副本；

3）其他为贷款协议生效和履行所必需的官方或法人的批准、授权、注册和许可的文件副本；

4）借款人组织机构的成立文件副本、律师意见书等。

（5）借款人获得每笔贷款之前应满足的先决条件

借款人在提取每笔贷款之前，还应该做到：

1）陈述与保证真实无误；

2）保证贷款协议具有与协议签订时相同的法律效力；

3）没有任何违约或继续违约事件，也不存在可能引起违约的情况；

4）使贷款人收到他所要求的与贷款协议规定的条件有关的文书、证书或保证。

在签订协议时，双方当事人可以根据具体的情况增加或减少有关先决条件的条款。在实践中，有些贷款协议把两种先决条件结合在一起，有的贷款条件则分别规定，无论何种方式都不影响其法律效果。

（6）约定事项

在国际信贷协议中，一般都订立有关约定事项的条款，其内容是要求借款人必须做什么，不能做什么。约定事项的范围广泛，其目的也各不相同。在众多的约定事项中，最重要的有以下三项：

1）消极担保条款。要求借款人承担的义务为：在偿还贷款以前，借款人不得在其资产或收入上设定任何担保物权（包括抵押权、担保权、留置权、质询权或其他），也不得允许这些担保物权继续存在。这样可以防止借款人将其资产为另一债权人设定担保权益，从而使无担保权益的贷款人从属于新的有担保权益的债权人，处于后受清偿的不利地位。此外，还可以间接限制借款人举借新债，以免影响其还款能力。但是，消极担保条款在借款人遵守时才有意义，若借款人违反规定，将其资产抵押或出质给其他债权人，贷款人无权要求法院撤销这些担保物权。通常只能以借款违约为由，加速贷款到期，要求借款人立即还贷。

2）平等地位条款。该条款要求借款人对无担保物权的贷款人承担义务，不得给予任何其他无担保物权的债权人以法律上的优先权，要求借款人按比例平等原则清偿其对不同债权人的款项。在国际融资信贷中，此条款和消极担保条款总是同时使用的。都是为了维护原贷款人的地位，使之不因新贷款人的出现而遭受歧视。

3）财务约定事项。国际信贷协议中的财务约定事项的作用为：一是用以监督和指导借款人的财务活动，如限制借款人承担有危险的债务等；二是借款人违反财务约定事项时，向贷款人发出警报，使贷款人可以赶在借款人实际破产以前加速贷款到期，免受损失。在财务约定事项中一般规定借款人必须对贷款人做到：

第一，借款人应向贷款人提供经过适当审计程序的财务报表，并根据贷款人的合理要求提供有关的营业及财务状况的信息。一般贷款人有理由根据怀疑借款人财务状况恶化时，将向借款人提出进一步提供有关信息的要求。

第二，借款人应遵守规定的资产测定标准。英美法系国家的商业银行在国内借贷业务中的资产测定标准正在进入国际金融领域。这些测定资产的主要指标为：表明企业稳固程度的负债与资产净值比率；最低资产净值；流动资产对流动负债的比率；最低周转资本额；限制分派股息。

此外，约定事项还包括合并条款，贷款的用途条款以及限制处分资产条款。

2. 国际股权融资

国际股权融资是指在国际股票市场上发行股票筹集股权资本的行为。

股权融资不需要偿还本金，但会稀释原有股东的股权；投资者成为公司股东后，有权分享公司未来的利润和增长收益。股权融资能够长期稳定地筹集资金，且不需要承担固定的债务负担。

适用场景：快速成长型企业。对于处于快速成长阶段的企业来说，股权融资可以提供稳定的资金支持，同时不需要承担固定的债务负担；技术创新型企业。技术创新型企业通常需要大量的研发资金和市场推广费用，股权融资可以帮助这些企业吸引到具有战略眼光的投资者，共同推动企业的技术创新和市场拓展；并购或重组。企业在进行并购或重组时，需要大量的资金支持，股权融资可以为企业提供足够的资金，同时避免增加企业的债务负担。

国际股权融资主要包括：

1）境外直接上市。境外直接上市是指股份有限公司向境外投资人发行股票，并将该股票直接在境外公开的证券交易所挂牌上市，这种股票称为境外上市外资股。

2）境外借壳上市。在这种方式下，国内企业股票不直接上市，而是通过某个特定的"壳"达到间接上市，获取国际资本市场资金的目的。这里所说的"壳"是指已在境外证券交易所上市或能够比较容易取得境外证券交易所上市资格的公司，而该公司又与国内企业存在密切联系，那么企业就可以借助这个"壳"间接上市。境外借壳上市又分为两种：境外造壳上市和境外买壳上市。

3. 国际债券融资

国际债券融资是指跨国公司在国际债券市场上发行债券筹集资金的行为，包括外国债券和欧洲债券。外国债券是以发行所在国货币为面值的债券，而欧洲债券则是在标价货币所属国家之外发行的国际债券。

适用场景：长期资金需求。企业需要长期稳定的资金来源时，可以通过发行国际债券来筹集资金。债券期限通常较长，有助于企业对长期财务战略做出规划；多元化融资。为了降低融资成本并分散融资风险，企业可能会选择在国际债券市场上发行债券，吸引来自不同国家和地区的投资者；提升企业形象。在国际债券市场上成功发行债券，可以提升企业的国际知名度和市场声誉，有助于企业在国际市场上获得更多的商业机会。

债券期限一般较长，利率固定或浮动；债券可以在国际市场上自由买卖，流动性较好。融资成本相对较低（相对于银行贷款），能够吸引不同国家的投资者。

4. 国际租赁融资

国际租赁融资是指跨国公司通过租赁方式获得所需设备或资产的使用权，同时支付租金的行为，包括融资租赁和经营租赁。融资租赁通常涉及设备的长期租赁，并在租赁期满时可能获得设备的所有权。

租赁融资能够缓解企业的资金压力，同时规避设备过时或技术更新的风险，灵活性高，可以根据企业实际需求调整租赁方案。

适用场景包括以下三个方面：

设备更新与升级：企业需要更新或升级生产设备时，可以通过国际租赁融资获得所需设备的使用权，避免一次性投入大量资金。

技术引进与消化吸收：企业引进国外先进技术或设备时，可以通过国际租赁融资降低技术引进的门槛和风险，同时利用租赁期消化吸收先进技术。

现金流管理：对于现金流紧张的企业来说，国际租赁融资可以帮助企业缓解资金压力，优化现金流管理。

5. 国际贸易融资

国际贸易融资是指在国际贸易过程中，银行或其他金融机构为进出口商提供的与贸易相关的金融服务，包括信用证、托收、保理、福费廷等多种方式。

特点：与国际贸易活动紧密相关，旨在促进贸易的顺利进行。

优势：能够降低贸易风险并提高贸易效率。

适用场景包括以下两个方面：

进出口贸易。企业在从事进出口贸易时，可以利用国际贸易融资工具（如信用证、托收等）降低贸易风险、加速资金周转。

供应链融资。在供应链管理中，企业可以利用国际贸易融资为供应链上下游企业提供资金支持，增强供应链的稳定性和竞争力。

专栏 8-21　福费廷

福费廷（FORFEITING），又称为未偿债务买卖、包买票据或票据买断，是一种国际贸易融资方式。具体而言，它是指包买商（如银行或专业金融机构）从出口商那里无追索权地购买已经承兑的，并通常由进口商所在地银行担保的远期汇票或本票的业务。以下是对福费廷的详细解析：

1. 定义与特点

定义：福费廷是一种无追索权的融资方式，即包买商在购买应收账款后，即使出现坏账，也无权向出口商追索。

债权形式：包括信用证、汇票、本票、投保出口信用险的债权、有付款保函/备用信用证担保的债权、IFC 等国际组织担保的债权及其他可接受的债权工具。

业务类型：福费廷业务主要涉及延期付款的大宗贸易交易，通过购买经进口商承兑的远期汇票或本票，为出口商提供即时的资金回收途径。

2. 业务流程

以银行作为包买商为例，福费廷业务的典型流程如下：

签订协议：客户与银行签订福费廷业务协议书（首次办理业务时签订），并提交相关申请资料，如福费廷业务申请书、债权转让函、信用证正本及其项下出口单据等。

审核与寄单：银行审核通过后，向开证行或指定行寄单索汇。

支付款项：银行在收到承兑电后，将福费廷款项支付给客户。

还款：远期信用证项下的收汇款项专项用于归还福费廷融资款项。

3. 业务优势

规避风险：福费廷业务可以帮助出口商规避交易对手的国家风险、买方信用风险、汇率风险、利率风险等。

资金回收：通过无追索权地购买应收账款，出口商可以迅速实现资金回收，提高资金使用效率。

简化手续：与传统融资方式相比，福费廷业务手续相对简化，便于企业操作。

4. 注意事项

风险评估：在开展福费廷业务时，银行或包买商需要对进口商的信用状况、进口国家的外汇政策等进行全面评估，从而降低风险。

货币选择：由于货币风险的存在，包买商通常会选择那些可用于再融资且汇率相对稳定的货币进行交易。

费用与成本：福费廷业务会涉及一定的手续费和融资成本，企业在选择时需要综合考虑因之而产生的成本与收益。

总结：福费廷作为一种国际贸易融资方式，具有无追索权、资金回收快、能有效规避风险等优势，对于出口商而言是一种重要的融资手段。然而，在实际操作中，企业也需要关注风险评估、货币选择以及费用和成本等问题。

6. 国际项目融资

国际项目融资是专为某些大型基础设施项目或特定项目发放的贷款，以项目自身的收入作为还款来源，方式包括 BOT（建设—经营—转让）模式、PPP（政府和社会资本合作）模式等。

特点：融资结构复杂，涉及多个参与方；融资额大、周期长、风险高；高度依赖项目未来的现金流量和资产价值。

优势：能够吸引更多的投资者参与大型项目的建设，减轻政府财政压力。

项目融资从本质上讲是一种无追索取（或有限追索权）的融资贷款。贷款方在对经济实体提供贷款时，只是查看该经济实体的现金流和收益，并将此作为偿还债务的资金来源，同时将该经济实体的资产视为这笔贷款的担保物。

项目融资有自己的适用范围。其资产必须是能够被明确界定的，即这些资产必须能够从公司或项目发起人的其他资产中被合法地分离，这样就可以估算项目的现金流，保证贷款银行能够确定相应的担保形式。适用场景：大型基础设施项目，如高速公路、桥梁、港口、机场等。这些项目通常需要大量的资金投入，建设周期较长，国际项目融资能够提供定制化的融资方案，满足项目的特殊需要；资源开发项目，如石油、天然气、矿产等资源的勘探和开发项目。这些项目通常具有高风险与高收益并存的特点，国际项目融资能够吸引具有风险承受能力的投资者参与；公共事业项目，如供水、供电、供气等公共事业项目。这些项目关系到国计民生，但往往投资大、回收期长。国际项目融资可以通过政府支持、特许经营等方式降低投资风险，吸引投资者参与；制造业项目，如大型轮船、飞机的制造都可以采用项目融资方式。

常见的项目融资模式包括以下几种：

（1）以"设施使用协议"为基础的项目融资模式

经由某项工业设施或服务型设施的提供者和使用者经过友好协商而共同签订的一种具有"无论提货与否均需付款"或"无论使用与否均需付款"性质的协议。以该协议为基础的项目融资安排，主要应用于一些带有服务性质的项目，如石油、天然气管道项目、发电设施、某种专门产品的运输系统以及港口、铁路设施等。利用这种融资模式，关键是项目设施的使用者能否提供强有力的具有"无论提货与否均需付款"或"无论使用与否均需付款"性质的承诺。这项承诺要求项目设施的使用者在融资期间定期向设施的提供者支付预先确定金额的项目设备使用费，即这种承诺是无条件的。这种无条件承诺的合约权益将被转让给提供贷款的银行，通常再加上项目发起人的完工担保，就构成了项目信用保证结构的主要组成部分。而且从理论上讲，项目设施的使用费在融资期间应当能够足以支付项目债务的还本付息。

该融资模式的结构如图8-4所示。

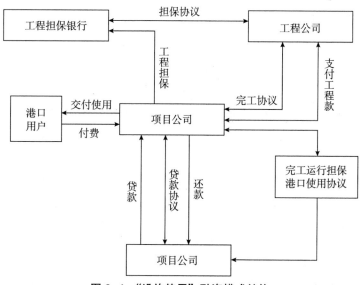

图8-4 "设施使用"融资模式结构

（2）以"产品支付"为基础的项目融资模式

产品支付融资模式是在石油、天然气和矿产品等资源类开发项目中运用的具有无追索权或有限追索权的融资模式。它以产品和这部分产品销售收益的所有权作为担保品，并非以项目产品的销售收入来偿还债务，而是直接以项目产品本身来还本付息。

该融资模式的流程如图 8-5 所示。

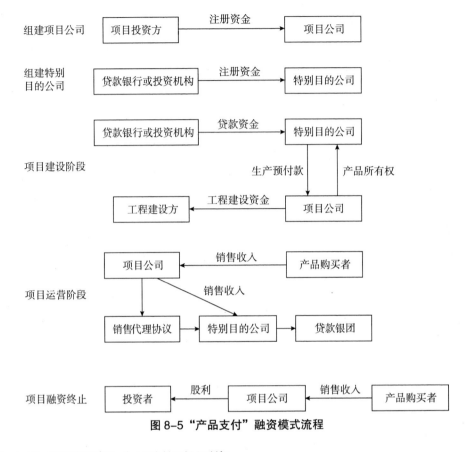

图 8-5 "产品支付"融资模式流程

（3）以"租赁融资"为基础的项目融资

租赁是一种租赁人可以获得某一设备或某一工厂的使用权但不需要在使用初期支付该设备或工厂全部资本开支的融资手段。在西方国家，根据租赁协议中承租人和出租人所承担的责任以及租赁期间资产的使用价值占全部使用价值的比重，将租赁分为经营租赁和金融租赁两种基本形式。

经营租赁一般是指租赁期较短并且在租赁期内承租人有权取消租约，将租赁物退还给出租人的租赁协议。在租赁期间内，出租人承担对被出租资产的保养和维修责任，承租人的责任仅限于按期缴纳租金，在租赁期结束时有权选择是将租赁资产退还给出租人还是购入。经营租赁一般适用于厂房、土地、轮船、飞机、建筑机械、铁路运输设备等通用性强或易于移动的资产的出租。

金融租赁是指一种租赁期限相对较长，承租人不能随意提前终止租约的租赁协议。在租赁期限内，出租人虽然拥有被出租的资产，但责任只局限于提供一种融资。占有和使用被出租资产所需要的一切费用和成本，包括维修、保养，以及相关税收均需要由承租人承担。承租人按照租赁协议定期支付租金，并且向出租人保证在租赁期满时支付一笔资金购买所租赁的资产。

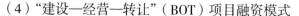

（4）"建设—经营—转让"（BOT）项目融资模式

BOT 融资模式，又被称作"特许权投融资方式"，是指投资人或财团作为项目发起人，从某个国家的地方政府获得基础设施项目的建设和运营特许权，然后组建项目公司，负责项目建设的融资、设计、建造和运营。在特许期内，项目公司拥有所投资建造设施的所有权（但不是完整意义上的所有权），允许向设施的使用者收取适当的费用，并以此回收项目投融资、建造、经营和维护的成本费用并偿还贷款。特许期结束后，项目公司将所投资建造设施无偿移交给政府。

BOT 融资的特点：

1）无追索或有限追索，BOT 融资方式是无追索权的或仅有有限追索权的，举债不计入国家外债，债务偿还只能依靠项目的现金流量。

2）所有权与经营权分离，在特许期内，承包商拥有项目的所有权和经营权，但这种所有权是受限的，因为特许期结束后需要将项目移交给政府。

3）风险与收益并存。承包商名义上承担了项目全部风险，因此融资成本较高。但同时，由于 BOT 项目通常涉及大型基础设施，所以收益相对稳定且可观。

4）提高效率与服务质量。BOT 模式通过引入市场竞争机制，促使承包商提高项目设计、建设和营运效率，从而使用户得到较高质量的服务。

5）外汇影响。BOT 融资项目的收入一般是当地货币，若承包商来自国外，项目建成后将会有大量外汇流出。

6）资产负债表外融资。BOT 融资项目不计入承包商的资产负债表，承包商不必暴露自身财务情况。

BOT 投资方式主要用于建设收费公路、发电厂、铁路、废水处理设施和城市地铁等基础设施项目。这些项目通常具有投资规模大、建设周期长、回收期长等特点，适合采用 BOT 模式进行融资和建设。

专栏 8-22　BOT 融资模式与传统融资模式比较

一、定义与目的

BOT 融资模式：是政府与私营企业之间的一种合作模式，政府将某些基础设施项目的特许权授予私营企业，由私营企业负责项目的融资、建设、运营，并在特许期结束后将项目移交给政府。该模式旨在利用私营企业的资金、技术和管理经验来推动基础设施建设，同时减轻政府的财政压力。

传统融资模式：通常指企业通过银行、证券市场等渠道筹集资金，用于企业的日常运营、扩张或项目投资。这种模式下，政府或企业直接承担项目的所有风险，并通过传统的信用担保、抵押贷款等方式获取资金。

二、融资主体与方式

BOT 融资模式：融资主体通常是项目公司，该项目公司由投资者（如私营企业、国际财团等）组建，负责项目的具体运作。融资方式多样化，包括股权融资、债务融资等，且融资来源广泛，包括国际金融机构、国内商业银行等。项目公司的资产及项目产生的收入是偿还贷款的主要来源，投资者及公司股东不承担贷款的偿还责任，贷款机构也无权追索该项目以外的资产及收益。

传统融资模式：融资主体通常是政府或企业本身。融资方式相对单一，主要通过银行贷款、发行债券等方式进行。资金来源较为有限，且往往受到政策、信用等因素的限制。

三、风险分担与回报机制

BOT 融资模式：通过政府与私营企业之间的合作，实现了风险的有效分担。政府提供政策支持和项目特许权，私营企业承担项目的融资、建设和运营风险。同时，私营企业通过提供产品或服务获得收益，并在特许期结束后将项目移交给政府。在这种模式下，私营企业的利润回报与项目的成功运营密切相关。

传统融资模式：风险主要由政府或企业自行承担。政府或企业负责项目的全部投资、建设和运营，并承担所有相关风险。回报机制也相对简单，主要通过项目的直接收益或政府补贴等方式实现。

四、项目管理与运营效率

BOT 融资模式：由于私营企业的参与，项目管理通常更加高效。私营企业拥有更多的自主权和市场经验，能够更快地适应市场变化，提高项目的运营效率。同时，私营企业为了获得更多的利润回报，通常会更加注重项目的成本控制和质量管理。

传统融资模式：项目管理可能受到政府体制、政策变化等因素的影响，导致运营效率相对较低。此外，由于缺乏市场竞争机制，项目的成本控制和质量管理也可能存在不足。

五、政策环境与市场影响

BOT 融资模式：通常需要得到政府的批准和支持，并签订详尽的特许权协议。政府对项目的政策支持和监管对于项目的成功至关重要。同时，BOT 项目能够吸引更多的社会资金参与基础设施建设，促进市场经济的发展。

传统融资模式：相对较为独立，但也可能受到政策变化和市场环境的影响。政府的政策导向和市场需求对于传统融资模式下的项目成功与否同样具有重要影响。

总结：BOT 融资模式与传统融资模式在定义与目的、融资主体与方式、风险分担与回报机制、项目管理与运营效率以及政策环境与市场影响等方面均存在显著差异。BOT 融资模式通过引入私营企业的资金、技术和管理经验，实现风险的有效分担和项目的高效运营，为基础设施建设提供了新的思路和方法。

专栏 8-23 产品支付模式、设施使用模式和BOT 模式比较

模式类别	融资成本	投资风险	所有权和经营权	资金来源	信用担保	适用范围
产品支付	较高	较高	合一	股本和购买产品收到的资金	产品销售	资源型项目
设施使用	一般	一般	合一	股本和债务	无论使用与否均需付款	基础设施、服务性项目
BOT 模式	较高	一般	随阶段不同而不同	私有资本	政府行为	部分基础设施

PPP 融资模式，即 Public-Private-Partnership（公共私营合作制），是一种优化的项目融资与实施模式，旨在通过政府与私人组织之间的合作，共同建设城市基础设施项目或提供某种公共物品和服务。

一、定义与背景

定义：PPP 模式是指政府与私人组织之间基于特许权协议形成的一种伙伴式的合作关系，通过签署合同明确双方的权利和义务，确保合作的顺利完成，并实现比独立行动更为有利的结果。

背景：为了弥补传统融资模式（如 BOT 模式）的不足，近年来，PPP 模式在全球范围内得到了广泛应用。该模式最早在英国应用，并逐渐推广至其他国家和地区。

二、典型结构

PPP 模式的典型结构为：政府部门或地方政府通过政府采购形式与中标单位组建的特殊目的公司（SPV）签定特许合同。特殊目的公司一般是由中标的建筑公司、服务经营公司或对项目进行投资的第三方组成的股份有限公司，负责筹资、建设及经营。政府通常与提供贷款的金融机构达成一个直接协议，承诺按与特殊目的公司签定的合同支付有关费用，以确保特殊目的公司能够顺利获得金融机构的贷款。

三、融资方式

在 PPP 项目的融资运用上，存在两种形式的融资方式：股权融资和债券融资。

股权融资：主要通过引入股权投资基金的方式实现，包括政府引导基金、社会化股权投资基金等。政府引导基金是由政府设立并按照市场化方式运作的政策性基金，用于引导社会资金进入 PPP 项目。社会化股权投资基金则主要由社会资本充当主力，通过成立股权投资基金的方式为 PPP 项目提供资金支持。

债券融资：包括使用银行贷款、融资租赁、信托资管保险的债权计划以及发行 PPP 债券等方式。这些方式能够为 PPP 项目提供长期稳定的资金支持。

四、优点与意义

引入社会资本：PPP 模式能够吸引更多的社会资本参与公共基础设施建设，缓解政府财政压力。

提高效率与降低风险：政府与私人组织之间的合作能够引入更有效率的管理方法与技术，降低项目建设和运营风险。

保障项目质量：由于具有明确的合同条款和监管机制，PPP 模式能够确保项目的质量和效益。

促进公共利益：PPP 模式能够确保公共基础设施项目的建设和运营符合公共利益需要并提高服务质量。

总结：PPP 融资模式是一种具有广泛应用前景的融资模式。通过政府与私人组织之间的合作，共同建设公共基础设施项目或提供公共物品和服务，不仅能够缓解政府财政压力、提高效率并降低风险，而且还能够促进公共利益最大化。

7. 其他融资方式

出口信贷，由政府或政府支持的金融机构提供的用于支持本国出口商扩大出口的贷款。

国际金融机构贷款，如世界银行、亚洲开发银行等提供的贷款，通常用于支持发展中国家的基础设施建设和社会经济发展。

二、国际投资

（一）国际直接投资

1. 国际直接投资的定义

国际直接投资是指投资者为了在国外获得长期的投资效益并获得对企业的控制权，通过直接建立新的企业、公司或并购原有企业等方式进行的国际投资活动。从一国角度出发，国际直接投资也被称为对外直接投资或外国直接投资（Foreign Direct Investment，FDI）。

2. 国际直接投资的特点

1）控制权。投资者通过投资获得对国外企业的部分或全部控制权，能够参与或影响企业的经营管理决策。

2）长期性。国际直接投资追求的是长期投资回报，而非短期的资本增值或利润分红。

3）生产要素跨国流动。国际直接投资不仅涉及资本的跨国流动，还伴随着技术、管理经验、市场渠道等生产要素的跨国转移。

4）高风险高收益。由于投资周期长、不确定性大，国际直接投资具有较高的风险性，但同时也可能带来较高的收益。

5）主要通过跨国公司进行。90% 以上的国际直接投资是通过跨国公司进行的，跨国公司成为国际直接投资的主要载体。

3. 国际直接投资的类型

1）按投资者是否建立新企业进行分类：

创建新企业：投资者在国外直接建立新的企业、公司或分支机构。

控制现有国外企业：通过并购等方式获得对国外现有企业的控制权。

2）按投资主体与投资企业之间参与国际分工的方式进行分类：

水平型投资（横向型投资）：投资者在国外建立与国内生产和经营方向基本一致的子公司或其他企业。

垂直型投资（纵向型投资）：投资者在国外建立子公司或附属机构，与母公司之间实行纵向专业化分工协作。

混合型投资：投资者在国外生产的产品与国内产品完全不同，这种方式较为少见，主要由少数巨型跨国公司采用。

3）按投资主体的性质进行分类：

私人直接投资（民间直接投资）：由私人投资者进行的国际直接投资。

国家直接投资（官方直接投资）：由国家或政府机构进行的国际直接投资。

4. 国际直接投资的方式

1）在国外创办新企业。包括创办独资企业、设立跨国公司分支机构和子公司。

2）合作建立合营企业。与东道国或其他国家共同投资，合作建立合营企业，共同经营、共担风险、共负盈亏。

3）直接收购现有的外国企业。通过购买外国企业的股权或资产，获得对该企业的控制权。

4）购买外国企业股票达到一定比例。如某些国家规定，拥有外国企业股权达到一定比例（如10%）以上即构成国际直接投资。

5）以投资者从国外企业获得的利润作为资本对该企业进行再投资。这是一种特殊的投资方式，利用已有投资项目的收益进行再投资，从而可以扩大生产规模或开展新的投资项目。

专栏8-25　国际投资风险的评估方法

国际投资风险评估方法旨在为识别、量化和评估潜在的风险因素提供支持，以便投资者能够做出明智决策。

一、定性评估方法

1. 专家咨询与问卷调查

通过向行业专家、学者及有经验的投资者发放问卷或对其进行访谈，收集他们对特定投资项目或市场风险的看法和判断。

优点：能够获取专业意见和深入见解；缺点：可能受主观因素影响较大。

2. 集体讨论与情景分析

组织多个利益相关者进行集体讨论，模拟不同情景下的投资环境和风险变化，评估潜在风险。

优点：能够综合考虑多方意见和多种因素；缺点：需要较长时间和进行充分准备。

3. 政策分析与行业基准比较

分析投资目标国的政策环境、法律法规及其对投资的影响，同时采取与行业基准进行比较的视角评估投资风险。

优点：能够揭示政策风险和行业趋势；缺点：需要深入了解目标市场与行业。

二、定量评估方法

1. 统计推断与计算机模拟

利用历史数据和统计模型对投资风险进行量化分析，通过计算机模拟预测未来风险状况。

优点：能够提供较为准确的量化结果；缺点：对数据质量和模型准确性要求较高。

2. 失效模式与影响分析（FMEA）

识别投资项目中可能发生的失效模式（即风险点），评估其对项目目标的影响程度，并制定相应的预防措施。

优点：能够系统地识别和管理风险；缺点：需要专业知识和经验支持。

3. 事件树分析

从一个初始事件出发，通过逻辑推理和概率分析，预测可能发生的连锁反应和最终结果，在此基础上评估投资风险。

优点：能够直观地展示风险传递路径和后果；缺点：对事件之间关系的准确性要求较高。

三、综合评估方法

1. 风险矩阵法（LP 风险矩阵法）

综合考虑风险发生的可能性和影响程度，将两者相乘得到风险等级，并根据风险等级制定相应的风险管理策略。

优点：能够全面评估风险并确定优先级；缺点：评估标准的确定可能具有一定的主观性。

2. 德尔菲法（Delphi Method）

通过匿名函询的方式征求专家的意见，经过多轮反馈和修正，最终达成共识并以此对投资风险进行评估。

优点：能够充分利用专家的智慧和经验；缺点：耗时较长且可能受到专家个人偏见的影响。

3. 决策树法

利用树枝形状的图像模型来描述投资风险评价问题，通过决策树分析不同方案在不同状态下的结果和概率，并以此为基础评估投资风险。

优点：能够清晰地展示决策过程和风险状况；缺点：对复杂问题的建模和求解可能较为困难。

四、其他评估方法

1. 检查表评价法

根据预先设计的检查表对投资项目进行逐项评估，发现潜在风险。

2. 压力测试与敏感性分析

评估投资项目在极端情形中或关键变量发生变化时的运营绩效和风险承受能力。

专栏 8-26　FDI 概念的进一步界定

对外直接投资（FDI）是当代资本国际化的主要形式之一。按照国际货币基金组织的定义，FDI 是指：在投资人以外的国家所经营的企业拥有持续利益的一种投资，其目的在于对该企业的经营管理具有发言权。

跨国公司是 FDI 的主要形式。截至 1999 年，5.3 万家跨国公司拥有约 3.5 万亿美元资产。跨国公司的投资主要是在发达国家之间，且基本分布于日本、美国以及欧盟。日本早前的 FDI 主要投资于东南亚，20 世纪 80 年代后，80% 投资于美国，20% 投资于欧洲，目前是中国的第三大外资来源国。从 1997 年亚洲金融危机以来，日本的对外投资趋缓。

关于国际直接投资（FDI）的本质，有的学者强调"经营资源"，尤其是企业的无形资产。例如，日本学者原正行认为，FDI 是企业特殊经营资源在企业内部的国际转移；另一位日本学者小岛清认为，FDI 是以经营管理上的技术性专门知识为核心。有的学者则强调"控制权"，如 A.G. 肯伍德和 A.L. 洛赫德（1992）认为，FDI 是指一国的某公司在另一国设立分支机构，或获得该国某企业的控制权。相关国际机构、政府部门与理论界，如联合国跨国公司与投资司、国际货币基金组织、WTO、美国商务部均认为国际直接投资与国际间接投资的根本区别在于是否获得被投资企业的控制权。这是因为 FDI 所形成的无形资产处于核心地位。与此同时，货币资本则处于次要的地位，只能进行间接投资，所以，FDI 不仅直接参与经营管理，而且其直接目标就是获得被投资企业的控制权。鉴于此，有学者认为，FDI 是指一国或地区企业通过垄断优势（主要表现为无形资产）的国际转移，获得部分或全部外国企业控制权，以实现最终目标和直接目标高度统一的长期投资行为。

（二）国际间接投资

1. 国际间接投资的定义

国际间接投资是指投资者不直接参与国外企业的经营管理，而是通过购买外国股票、债券等金融资产来获取收益的一种投资方式。

2. 国际间接投资的特点

1）无控制权。国际间接投资对筹资者的经营活动无控制权，仅通过购买证券获取收益，而国际直接投资对筹资者的经营活动拥有控制权。

2）灵活性与流动性。随着二级市场的日益发达与完善，证券可以自由买卖，所以国际间接投资具有较高的灵活性和流动性。

3）投资内涵不同。国际间接投资又可称为"国际金融投资"，一般只涉及金融领域的资金，即货币资本运动；国际直接投资则是生产要素的投资，不仅涉及货币资本运动，还涉及生产资本和商品资本的运动以及对资本使用过程的控制。

4）获取收益不同。国际间接投资的收益是利息和股息；而国际直接投资的收益是利润。

专栏 8-27　间接投资与直接投资比较

项目	国际间接投资	国际直接投资
定义	通过购买外国股票、债券等金融资产来获取收益	投资者直接参与国外企业的经营管理
特点	灵活性高、风险分散、专业性强	控制程度高、收益高、风险高
收益	利息和股息	利润
风险	市场风险、汇率风险、信用风险、政策风险	市场风险、汇率风险、经营风险、政治风险

3. 影响国际间接投资的因素

1）利率与汇率。国际间接投资受国际利率差异的影响且表现为一定的自发性，往往自发地从低利率国家向高利率国家流动。同时，汇率的波动也可能对投资收益产生影响。

2）世界政治经济局势。国际间接投资受到世界经济政治局势变化的影响，经常在国

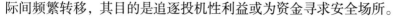

际间频繁转移，其目的是追逐投机性利益或为资金寻求安全场所。

4.国际间接投资的类型

（1）国际股票投资

国际股票投资是指投资者购买外国公司发行的股票，从而成为该公司的股东，享有公司利润分红和资本增值的权利。

（2）国际债券投资

国际债券投资是指投资者购买外国政府、企业或其他机构发行的债券，债券发行人承诺在一定期限内还本付息。

（3）国际中长期银行信贷

国际中长期银行信贷指一国借款人在国际金融市场上向外国贷款银行借入的中长期货币资金。

（4）出口信贷

出口信贷又称对外贸易中长期信贷，是一国为支持和扩大本国大型设备的出口，提高国际竞争力，而对本国出口给予利息补贴并提供信贷担保的方法。出口信贷通常与特定商品的出口相关联，旨在为出口商提供融资支持，促进本国商品的国际销售。

（5）政府贷款

政府贷款是指一国政府从官方的预算拨款中以优惠贷款方式向另一国政府提供的资金，也称双边官方援助性贷款。政府贷款通常具有利率低、期限长、条件优惠等特点，是国际间经济合作和援助的重要方式之一。

（6）国际金融机构贷款

国际金融机构贷款主要指世界银行集团、各区域开发银行等提供的开发性贷款。这些贷款机构通常具有广泛的国际影响力和雄厚的资金实力，能够为发展中国家提供重要的融资支持，促进经济和社会发展。

（7）国际项目贷款

为了兴建工程项目，一国政府或一个部门除可以向世界银行申请贷款外，还可以利用政府贷款、商业贷款等方式进行筹资。国际项目贷款通常与具体的工程项目相关联，贷款期限和利率等条件会根据项目的具体情况而有所不同。

本章小结

本章主要介绍了国际金融领域中的三个重要问题：国际收支、外汇及汇率、国际资本流动。在国际收支部分主要介绍了国际收支的概念、理论并重点介绍了国际收支平衡表的基本内容。外汇及汇率部分则介绍汇率的定义、汇率的标价方法及影响汇率变动的因素以及汇率制度。

在国际资本流动部分介绍了国际资本流动的概念、特征、诱因及类型。国际资本流动是全球经济一体化的重要组成部分，对各国经济发展和金融稳定具有重要影响。各国应加强政策协调与合作，共同应对国际资本流动带来的机遇与挑战。

国际融资作为跨国界的资金融通活动，在促进国际经济合作和推动贸易往来方面发挥着重要作用。随着全球化的深入发展和信息技术的不断进步，国际融资市场将呈现出更加广阔的发展前景。

进一步阅读

张莲英.国际金融学［M］.北京：中国社会科学出版社，2006.

薛荣久.国际金融［M］.北京：对外经济贸易大学出版社，2003.

思考练习题

一、名词解释

1. 国际收支平衡表

2. 外汇

3. 汇率

4. 直接标价法与间接标价法

5. 国际资本流动

二、填空题

1. 国际收支账户可以分为四大类：_____、_____、_____、_____。

2. 国际收支平衡表中经常账户包括的项目有_____、_____、_____、_____。

3. 国际收支的差额种类有_____、_____、_____。

4. 纸币本位制下国际收支自动调节的机制是_____、_____、_____、_____。

5. 在国际收支平衡表中，当收入大于支出时，我们称之为_____；反之当支出大于收入时，我们称之为_____。

6. 能用于进行国际结算的支付手段的狭义外汇，必须具有_____性、_____性和_____性。

三、判断题

1. 股息，红利等投资收益属于资本收支项目。（　　）

2. 在经济繁荣时期，由于国内需求旺盛，进出口业务会发生相应的变动，则国际收支可能出现顺差。（　　）

3. 在纸币流通条件下，一国的国际收支已无法借助黄金的输入输出自动调节。（　　）

4. 外汇就是外国货币。（　　）

5. 一国货币贬值一般有利于进口而不利于出口。（　　）

四、选择题

1. 国际收支是一个（　　　）。

A. 存量　　　　　B. 流量　　　　　C. 不一定　　　　　D. 都不是

2. 国际收支平衡表中最基本和最重要的项目是（　　　）。

A. 经常项目　　　B. 资本项目　　　C. 贸易收支　　　D. 平衡项目

3. 以下属于长期资本流动的有（　　　）。

A. 国际直接投资　　　　　　　　B. 国际中长期证券投资

C. 国际中长期信贷　　　　　　　D. 以上都是

4. 在其他条件不变的情况下，一国货币升值会使该国（　　　）。

A. 物价上涨　　　B. 收入增加　　　C. 进口增加　　　D. 利率上升

5. 从长期讲，影响一国货币币值的因素是（　　　）。

A. 国际收支状况　　B. 经济实力　　　C. 通货膨胀　　　D. 利率高低

6. 短期资本流动与长期资本流动除期限不同之外，另一项重要区别是（　　　）。

A. 投资者的意图不同

B. 短期资本流动对货币供应量有直接影响

C. 短期资本流动使用的是 1 年以下的借贷资金

D. 长期资本流动对货币供应量有直接影响

五、问答题

1. 国际收支平衡表的编制原则是什么？

2. 试述影响汇率变动的因素有哪些？

3. 怎样理解国际资本流动中利率与汇率的关系？

4. 简述国际资本流动的积极影响。

5. 某公司欲从欧洲货币市场借款，借款期限为三年，当时瑞士法郎的利率为 3.75%，美元的利率为 11%，美元与瑞士法郎的汇价为 1 美元 =1.63 瑞士法郎。权威机构预测：三年之内美元贬值幅度不会超过 6%。请问该公司是借美元合算还是借瑞士法郎合算？

参考文献

［1］黄达，张杰.金融学［M］.北京：中国人民大学出版社，2024.

［2］兹维·博迪.金融学（第二版）［M］.北京：中国人民大学出版社，2018.

［3］弗雷德里克·S.米什金.货币金融学（第十二版）［M］.王芳，译.北京：中国人民大学出版社，2021.

［4］姜波克.国际金融新编［M］.上海：复旦大学出版社，2022.

［5］张亦春.金融市场学［M］.北京：高等教育出版社，1999.

［6］曹龙骐.金融学［M］.北京：高等教育出版社，2019.

［7］谢太峰，郑文荣.金融学［M］.北京：机械工业出版社，2006.

［8］崔健军.金融调控论［M］.西安：西安交通大学出版社，2006.

［9］朱启贵.金融调控与资金流量核算［M］.上海：上海交通大学出版社，2000.

［10］孔祥毅.宏观金融调控理论［M］.北京：中国金融出版社，2003.

［11］杰夫，马杜拉.金融市场与金融机构［M］.北京：中信出版社，2003.